C. H. BECK
STUDIUM

JOHN LYONS

Die Sprache

VERLAG C. H. BECK MÜNCHEN

Aus dem Englischen übertragen und für den deutschen Leser eingerichtet von Christoph Gutknecht (Leitung u. Gesamtredaktion) in Zusammenarbeit mit Heinz-Peter Menz, unter Mitarbeit von Ingrid v. Rosenberg

Die englische Originalausgabe erschien unter dem Titel „Language and Linguistics" 1981 bei Cambridge University Press
Mit 3 Abbildungen und 4 Tabellen im Text

CIP-Kurztitelaufnahme der Deutschen Bibliothek

Lyons, John:
Die Sprache / John Lyons. [Aus d. Engl. übertr. u. für d. dt. Leser eingerichtet von Christoph Gutknecht (Leitung u. Gesamtred.) in Zusammenarbeit mit Heinz-Peter Menz, unter Mitarb. von Ingrid v. Rosenberg]. – 4., durchges. Aufl. – München : Beck, 1992.
(C. H. Beck Studium)
Einheitssacht.: Language and linguistics ⟨dt.⟩
ISBN 3-406-36676-7

ISBN 3 406 36676 7

4., durchgesehene Auflage. 1992
Einbandentwurf von Bruno Schachtner, Dachau

Satz und Druck: Appl, Wemding
Bindung: Sellier, Freising
Printed in Germany

Inhalt

Vorwort zur deutschen Ausgabe

Das faszinierende und einzigartige Phänomen der menschlichen Sprache hat seit Tausenden von Jahren die Aufmerksamkeit nicht nur der Wissenschaftler, sondern auch der Nicht-Fachleute auf sich gezogen. Besonders in den letzten Jahrzehnten stand die Erforschung der Sprache im Blickpunkt zahlreicher Wissenschaften, speziell der modernen Linguistik.

Bei dem Versuch, auf die zentrale Frage „Was ist Sprache" eine Antwort zu finden, wurden unterschiedliche Theorien über die Sprache aufgestellt und im Rahmen immer weiterentwickelter Forschungsmethoden auf ihre Gültigkeit überprüft. Erkenntnisse der früheren Sprachwissenschaft wurden bestätigt oder korrigiert, neue Einsichten gewonnen und weitere Fragen formuliert, vor allem über das Verhältnis von Sprache und Geist, Sprache und Gesellschaft sowie Sprache und Kultur.

Dieses Buch ist eine Orientierungshilfe für alle, die sich als Studenten der Linguistik und verwandter Disziplinen, als Ausübende eines praktischen Berufes oder allgemein als Sprachinteressierte einen Überblick über wesentliche Teilgebiete der Linguistik und deren Arbeitsweise verschaffen wollen.

Die vielfältigen theoretischen und methodischen Ansätze für die Erforschung der Sprache werden dabei so vorgestellt, daß der Leser die Entwicklung der Forschungsrichtungen von älteren Untersuchungen bis in die Gegenwart verfolgen kann.

Dabei wird deutlich, in welchem Ausmaß bei der wissenschaftlichen Erforschung der Sprache – ausgehend von der Fragestellung über die Datenerhebung und Hypothesenbildung bis hin zur Entwicklung einer Theorie – eine ständige Reflexion der verwendeten Analysetechniken und Begriffe nötig ist. Um dem Laien, vor allem dem Studienanfänger, den Zusammenhang zwischen den Teilbereichen der Sprachforschung deutlich zu machen, belegen zahlreiche Vor- und Rückverweise im Buch das Ineinandergreifen der Argumente.

Für die deutschsprachige Übersetzung und Bearbeitung wurden die Beispiele – wo immer dies möglich war – aus der deutschen Sprache gewählt. Andererseits wurden die besonderen Ausprägungen der englischen Sprache hervorgehoben, wenn es darum ging, diese zu charakterisieren.

Das Literaturverzeichnis wurde um deutschsprachige Titel vermehrt, bei englischsprachigen Titeln wurde auf deutsche Übersetzungen hingewiesen. Alle Titel wurden durch eine vorgestellte Verweiszahl jeweils den einzelnen Kapiteln zugeordnet.

University of Sussex/Universität Hamburg — *John Lyons*
Februar 1983 — *Christoph Gutknecht*

1. Sprache

1.1. Was ist Sprache?

Linguistik ist die wissenschaftliche Beschäftigung mit Sprache. Auf den ersten Blick scheint diese Definition, die man in den meisten Lehrbüchern und allgemeinen Abhandlungen zu diesem Thema findet, recht klar zu sein. Aber was bedeutet, genaugenommen, ‚Sprache' und ‚wissenschaftlich'? Und kann Linguistik, wie es gegenwärtig getan wird, zu Recht als eine Wissenschaft bezeichnet werden?

Die Frage „Was ist Sprache?" ist kaum weniger tiefgreifend als die vergleichbare Frage „Was ist Leben?", die Grundlage und zugleich Rahmen für die biologischen Teildisziplinen ist. Natürlich hat der Biologe bei seiner täglichen Arbeit nicht ständig die Frage „Was ist Leben?" vor Augen. Sie markiert eher deren philosophische Dimension. Der Biologe ist normalerweise, wie andere Wissenschaftler auch, zu sehr mit den Details eines speziellen Problems beschäftigt, um sich den Implikationen solch allgemeiner Fragen zuzuwenden. Trotzdem legt die Frage „Was ist Leben?" – die Annahme, daß allen Lebewesen eine bestimmte Eigenschaft oder ein Bündel von Eigenschaften gemeinsam ist, die sie von leblosen Dingen unterscheiden – die Zielpunkte der Beschäftigung des Biologen fest und rechtfertigt die relative Selbständigkeit seiner Disziplin. Obwohl erst die Frage „Was ist Leben?" der Biologie ihre eigentliche Existenzberechtigung verleiht, ist es nicht so sehr die Frage selbst, sondern es ist neben der besonderen Interpretation, die ihr der Biologe gibt, auch die Aufschlüsselung ihrer detaillierten Implikationen in einem nach aktuellem Erkenntnisstand anerkannten theoretischen Rahmen, die die täglichen Überlegungen und Forschungsbemühungen des Biologen anregt. Genau dies gilt auch für den Linguisten bezüglich der Frage „Was ist Sprache?".

Als erstes bemerkt man an der Frage „Was ist Sprache?", daß das Wort ‚Sprache' im Singular ohne den unbestimmten Artikel benutzt wird. So, wie sie im Deutschen formuliert wird, unterscheidet sie sich grammatisch, wenn nicht auch in der Bedeutung, von der oberflächlich ähnlichen Frage „Was ist eine Sprache?" Mehrere europäische Sprachen haben zwei Wörter, nicht nur eines, anstelle des deutschen Wortes ‚Sprache': z.B. französisch ‚langage', ‚langue', italienisch ‚linguaggio':‚lingua', spanisch ‚lenguaje':‚lengua'. Hier entspricht der Unterschied zwischen diesen Wörtern in gewisser Weise dem Unterschied zwischen den beiden Bedeutungen des Wortes ‚Sprache' im Deutschen. Im Französischen zum Beispiel beziehen sich das Wort ‚langage' auf Sprache im allgemeinen und das Wort ‚langue' auf eine bestimmte Sprache. Im Deutschen hingegen kann man von einer Person sowohl sagen, sie könne sich einer Sprache (z.B. des Englischen, Chinesischen, Malaiischen, Suaheli usw.) bedienen, als auch, sie könne sich (im Gegensatz zu anderen Lebewesen) der Sprache bedienen. Philosophen, Psychologen und Linguisten weisen meist darauf hin, daß es die Fähigkeit zu sprechen ist, die den Menschen am deutlichsten von anderen Lebewesen unterscheidet. Die Berechtigung dieser Behauptung soll in diesem Kapitel geprüft werden. An dieser Stelle muß die offen erkennbare, aber wichtige Tatsache hervorgehoben werden, daß man sich nicht der Sprache bedienen kann, ohne eine bestimmte natürliche Sprache zu benutzen.

Gerade wurde der Begriff ‚natürliche Sprache' gebraucht; dies führt zu einem weiteren Punkt. Das Wort ‚Sprache' wird nicht nur auf das Deutsche, das Chinesische, auf Malaiisch, Suaheli usw. angewandt – jedermann wird zugeben, daß es sich hierbei wirklich um Sprachen handelt –, sondern auch auf eine Vielzahl anderer Kommunikations-, Notations- oder Kalkül-Systeme, bei denen nicht ohne weiteres einzusehen ist, daß sie diesen Beinamen verdienen. Mathematiker, Logiker und Informatiker zum Beispiel konstruieren für bestimmte Zwecke häufig Notationssysteme, die, ob sie nun zu Recht Sprachen genannt werden oder nicht, eher künstlich als natürlich sind. Diese Einschränkung gilt auch für Esperanto, das am Ende des 19. Jahrhunderts zum Zwecke internationaler Kommunikation erfunden wurde, – obwohl es auf schon vorher existierenden Sprachen aufbaut und unbestreitbar eine Sprache ist. Es gibt andere Kommunikationssysteme, menschliche und nicht-menschliche, die ganz eindeutig eher natürlich als künstlich sind, aber keine Sprachen im strengen Sinne des Begriffes darstellen, obwohl das Wort ‚Sprache' meistens auf sie angewandt wird. Man denke in diesem Zusammenhang nur an solche Ausdrücke wie ‚Zeichensprache', ‚Körpersprache' oder ‚die Bienensprache'. Die meisten Leute würden wahrscheinlich sagen, daß das Wort ‚Sprache' hier metaphorisch oder in übertragenem Sinne benutzt wird. Dabei ist interessant, daß solche Ausdrücke normalerweise im Französischen eher durch ‚langage' als durch ‚langue' wiedergegeben werden. Das französische Wort ‚langage' (wie das italienische ‚linguaggio' und das spanische ‚lenguaje') ist allgemeiner als das jeweils andere Wort, nicht nur, weil es sich auf Sprache im allgemeinen, sondern auch, weil es sich auf Kommunikationssysteme bezieht, ob sie nun natürlich oder künstlich, menschlich oder nicht-menschlich sind. Im Deutschen wird in beiden Fällen, in enger und weiter Bedeutung, das Wort ‚Sprache' benutzt.

Der Linguist beschäftigt sich hauptsächlich mit natürlichen Sprachen. Die Frage „Was ist Sprache?" geht von der Annahme aus, daß die in der Welt gesprochenen natürlichen Sprachen – man kann Tausende von ihnen unterscheiden – jeweils ein spezielles Beispiel für etwas Allgemeineres darstellen. Der Linguist will herausfinden, ob alle natürlichen Sprachen etwas gemeinsam haben, was anderen menschlichen oder nicht-menschlichen Kommunikationssystemen nicht eigen ist, so daß es dann richtig wäre, das Wort ‚Sprache' auf alle natürlichen, nicht aber auf die anderen Kommunikationssysteme anzuwenden – es sei denn, sie gründen sich auf schon vorher existierende natürliche Sprachen, wie zum Beispiel Esperanto. Dieser Frage soll dieses Kapitel gewidmet sein.

1.2. Einige Definitionen von ‚Sprache'

Es gibt zahllose Definitionen von Sprache. Wir wollen einige exemplarisch betrachten. Jede der folgenden Aussagen über Sprache hebt, ob sie nun eine Definition zum Ziel hat oder nicht, bestimmte Punkte hervor, die später wieder aufgenommen werden sollen. Alle Aussagen stammen aus klassischen Werken bekannter Linguisten und sollen insgesamt dazu dienen, erste Hinweise auf die Eigenschaften zu geben, die von Linguisten als für Sprache wesentlich betrachtet werden.

(i) Bei Sapir (1921; dt. 1961:17) heißt es: „Sprache ist eine ausschließlich dem Menschen eigene, nicht im Instinkt wurzelnde Methode zur Übermittlung von Gedanken, Gefühlen und Wünschen mittels eines Systems von frei geschaffenen Symbolen." Diese Definition ist aus mehreren Gründen unzureichend. Selbst wenn wir die Begriffe ‚Gedanke', ‚Gefühl' und ‚Wunsch' weit auslegen, bleibt dennoch festzustellen, daß vieles durch Sprache übermittelt wird, das nicht durch einen dieser Begriffe abgedeckt wird. Besonders der Begriff ‚Gedanke' ist aufgrund seiner Vielschichtigkeit ungenau. Auf der anderen Seite gibt es viele Systeme frei geschaffener Symbole, die wir nur insofern zu den Sprachen rechnen, als wir eine erweiterte oder metaphorische Bedeutung des Wortes ‚Sprache' empfinden. Zum Beispiel würde das, was man gemeinhin ‚Körpersprache' nennt – was also auf bestimmten Gesten, Körperhaltungen und Blick-Kontakten basiert – von Sapirs Definition abgedeckt werden. Ob sie ausschließlich dem Menschen eigen ist und nicht im Instinkt wurzelt, ist wohl zugegebenermaßen zweifelhaft. Aber dies gilt auch für die Frage, ob Sprachen, die man zu Recht so nennt, sowohl rein menschlich als auch nicht-instinktgeleitet sind.

(ii) In ihrem Werk *Outline of Linguistic Analysis* schreiben Bloch und Trager (1942:4): „Eine Sprache ist ein System willkürlicher Lautsymbole, mit deren Hilfe eine soziale Gruppe gemeinsam handelt." An dieser Definition fällt auf, daß sie, im Gegensatz zu Sapirs Feststellung, nur indirekt und implizit auf die kommunikative Funktion von Sprache hinweist und statt dessen das Schwergewicht auf die soziale Funktion von Sprache legt. Damit bietet sie, wie zu zeigen sein wird, nur ein recht verengtes Bild der Rolle von Sprache in der Gesellschaft. Die Definition von Bloch und Trager unterscheidet sich darin von der Sapirs, daß sie die Eigenschaft der Willkürlichkeit anspricht und Sprache ausdrücklich auf gesprochene Sprache beschränkt (und damit den Ausdruck ‚Schriftsprache' zu einem Widerspruch in sich macht). Der Begriff ‚Willkürlichkeit' (= Arbitrarität) wird hier in einem sehr speziellen Sinne benutzt. Auch darauf wird dieses Kapitel noch eingehen; ebenso auf die Beziehung zwischen Sprachsystem und gesprochener Sprache. Hier muß vorerst nur die Feststellung getroffen werden, daß es bei natürlichen Sprachen einen engen Zusammenhang zwischen gesprochener Sprache und Sprachsystem, das sie logischerweise voraussetzt, gibt. Man kann nicht sprechen, ohne sich eines Sprachsystems zu bedienen (d.h. ohne in einer bestimmten Sprache zu sprechen), andererseits kann man sich aber einer Sprache bedienen, ohne zu sprechen. Wenn man auch davon ausgehen kann, daß ein Sprachsystem von gesprochener Sprache logisch unabhängig ist, so gibt es doch gute Gründe anzunehmen, daß in allen bekannten natürlichen Sprachen die gesprochene Sprache historisch und, vielleicht, biologisch der Schriftsprache und allen anderen nicht-lautlichen Formen von Sprache vorausgeht. Dies ist die Meinung der meisten Linguisten.

(iii) In seinem *Essay on Language* vertritt Hall (1968:158) die Ansicht, Sprache sei „die Institution, mit deren Hilfe Menschen miteinander kommunizieren und unter Verwendung gewohnheitsmäßig benutzter, oral-auditiver, willkürlicher Symbole in Interaktion treten". Hier ist vor allem die Tatsache wichtig, daß sowohl die Kommunikation als auch die Interaktion in die Definition eingeführt werden (wobei ‚Interaktion' umfassender und in dieser Hinsicht besser ist als ‚Kooperation') und daß der Terminus ‚oral-auditiv' ungefähr dem Begriff ‚lautlich' entspricht, wobei der Unterschied nur darin besteht, daß ‚oral-auditiv' sich sowohl auf den Hörer als auch den Sprecher bezieht (d.h. sowohl auf den Empfänger als auch auf den Sender der lautlichen Signale, die wir als sprachliche Äußerungen identifizieren).

Hall und Sapir behandeln Sprache als eine rein menschliche ‚Institution'. Die Bezeichnung ‚Institution' verdeutlicht die Ansicht, daß die Sprache, deren sich eine bestimmte Gesellschaft bedient, Teil der Kultur dieser Gesellschaft ist. Das Merkmal Willkürlichkeit soll später noch einmal besonders beleuchtet werden. Am bemerkenswertesten an Halls Definition ist jedoch seine Verwendung des Begriffs ‚gewohnheitsmäßig benutzt'. Dafür gibt es historische Gründe. Die Linguistik und die Sprachpsychologie wurden ungefähr dreißig Jahre lang sehr stark von der Reiz-Reaktions-Theorie der Behavioristen beeinflußt, besonders in Amerika. Im theoretischen Rahmen des Behaviorismus erhielt der Begriff ‚Gewohnheit' eine besondere Bedeutung. Er bezog sich auf die Verhaltensmuster, die als statistisch vorhersagbare Reaktionen auf bestimmte Reize identifizierbar waren. Vieles, von dem man normalerweise nicht annimmt, daß es aus ‚Gewohnheit' getan wird, wurde dem Bereich dieses behavioristischen Begriffs zugeordnet, und viele linguistische Werke übernehmen diesen mehr oder weniger technisch-methodischen Gebrauch des Begriffs und verpflichten sich damit, wenigstens implizit, auf die eine oder andere behavioristische Reiz-Reaktions-Theorie des Sprachgebrauchs und des Spracherwerbs.

Es wird heute im allgemeinen anerkannt, daß diese Theorie, wenn schon nicht gänzlich unbrauchbar, so doch nur sehr begrenzt in der Linguistik und der Sprachpsychologie anwendbar ist.

Unter Sprach-‚Symbolen‘ versteht Hall vermutlich die Lautsignale, die tatsächlich im Verlauf der Kommunikation und der Interaktion vom Sender zum Empfänger übermittelt werden. Aber es ist jetzt klar, daß es keine Bedeutung des Begriffs ‚Gewohnheit‘ gibt, wonach die Sprachäußerungen entweder selbst Gewohnheiten sind oder mit Hilfe von Gewohnheiten gebildet werden. Wenn ‚Symbol‘ sich nicht auf Sprachäußerungen bezieht, sondern auf die Wörter oder Phrasen, aus denen diese sich zusammensetzen, wäre es immer noch falsch, daraus abzuleiten, daß ein Sprecher bei dieser oder jener Gelegenheit aus Gewohnheit dieses oder jenes Wort benutzt. Eine der wichtigsten Erkenntnisse über menschliche Sprache ist die, daß es im allgemeinen keine Beziehung zwischen Wörtern und den Situationen gibt, in denen sie gebraucht werden, etwa in der Weise, daß das Auftreten bestimmter Wörter vorhersagbar wäre, so wie gewohnheitsmäßiges Verhalten aus den Situationen selbst heraus vorhersagbar ist. Zum Beispiel bringen wir nicht gewohnheitsmäßig immer dann eine Äußerung hervor, die das Wort ‚Vogel‘ enthält, wenn wir uns zufällig in einer Situation befinden, in der wir einen Vogel sehen; tatsächlich ist es in solchen Situationen nicht wahrscheinlicher, daß wir das Wort ‚Vogel‘ benutzen, als in allen anderen denkbaren Situationen. Sprache ist, wie sich später noch zeigen wird, *reizfrei*.

(iv) Robins (1979 a: 9–14) gibt keine formale Definition von Sprache, sondern weist zu Recht darauf hin, daß solche Definitionen „dazu neigen, trivial und uninformativ zu sein, wenn sie nicht auf einer allgemeinen Sprachtheorie und einer linguistischen Analyse basieren“. Er führt aber doch eine Reihe von auffälligen Tatsachen an, „die in jeder ernst zu nehmenden Sprachtheorie berücksichtigt werden müssen“. In allen Neuauflagen dieses Standardwerkes bemerkt er, Sprachen seien „Symbolsysteme, die fast ganz auf reiner oder willkürlicher Konvention beruhen“, wobei er aber besonders ihre Flexibilität und Anpassungsfähigkeit hervorhebt.[1]

[1] In früheren Auflagen (1964: 14; 1971: 13) schreibt er: „Sprachen sind – entsprechend den sich wandelnden Bedürfnissen und Verhältnissen ihrer Sprecher – unbegrenzt erweiterungsfähig und modifizierbar.“ In der jüngsten Ausgabe heißt es statt ‚unbegrenzt erweiterungsfähig‘ jetzt ‚anpassungsfähig‘.

Es gibt vielleicht keine logische Unvereinbarkeit zwischen der Ansicht, daß Sprachen Systeme von Gewohnheiten seien (‚Gewohnheit‘ in spezifischer Bedeutung verstanden), und der Ansicht, die von Robins zum Ausdruck gebracht wurde. Es ist schließlich denkbar, daß sich ein System von Gewohnheiten im Laufe der Zeit als Reaktion auf die sich ändernden Bedürfnisse des Benutzers selbst wandelt. Aber normalerweise ist es nicht der Begriff ‚Gewohnheit‘, den wir mit anpassungsfähigem Verhalten assoziieren. Der Begriff der unbegrenzten Erweiterungsfähigkeit wird später noch genauer behandelt werden, wobei sich herausstellen wird, daß man zwischen der Erweiterungsfähigkeit und der Modifizierbarkeit eines Systems und der seiner Produkte unterscheiden muß. Was das System anbelangt, so ist es auch wichtig, zu erkennen, daß einige Arten von Erweiterungen und Modifikationen theoretisch interessanter sind als andere. Zum Beispiel ist die Tatsache, daß jederzeit neue Wörter in den Wortschatz einer Sprache eindringen können, von geringerem theoretischen Interesse als die Tatsache, daß neue grammatische Strukturen im Laufe der Zeit entstehen können. Eine der Hauptfragen der Linguistik ist, ob es für die letztere Modifizierbarkeit irgendwelche Grenzen gibt und, wenn ja, wo diese Grenzen liegen.

(v) Die letzte Definition, die hier zitiert werden soll, berührt einen ganz anderen Punkt: „Von jetzt ab werde ich unter einer *Sprache* eine (endliche oder unendliche) Menge von Sätzen verstehen, jeder endlich in seiner Länge und konstruiert aus einer endlichen Menge von Elementen." Diese Definition entnehmen wir Chomskys Werk *Syntaktische Strukturen* (1957; dt. 1973: 15), dessen Veröffentlichung die Bewegung auslöste, die als Transformationsgrammatik bekannt wurde. Im Unterschied zu den anderen Definitionen beabsichtigt diese, weit mehr abzudecken als nur natürliche Sprachen. Aber laut Chomsky sind alle natürlichen Sprachen in ihrer gesprochenen und geschriebenen Form Sprachen im Sinne seiner Definition, da (a) jede natürliche Sprache eine endliche Zahl von Lauten hat (und, sofern sie über ein alphabetisches Schreibsystem verfügt, eine endliche Zahl von Buchstaben im Alphabet) und (b) jeder Satz als eine endliche Folge dieser Laute (oder Buchstaben) dargestellt werden kann, obwohl es in der Sprache unendlich viele verschiedene Sätze geben kann. Es ist die Aufgabe des Linguisten, eine bestimmte natürliche Sprache zu beschreiben und zu entscheiden, welche der begrenzten Sequenzen von Elementen in dieser Sprache Sätze sind und welche Nicht-Sätze. Und es ist auch die Aufgabe des Sprachtheoretikers, der die Frage „Was ist Sprache?" als „Was ist natürliche Sprache?" interpretiert, möglichst die strukturellen Eigenschaften zu entdecken, wenn es solche gibt. Hierin unterscheiden sich ‚natürliche Sprachen' von denen, die im Gegensatz zu ihnen ‚künstliche Sprachen' genannt werden können.

Es ist Chomskys Überzeugung – und er hat dies in seinen neuesten Werken immer stärker betont –, daß es nicht nur solche strukturellen Eigenschaften gibt, sondern daß diese auch so komplex, abstrakt und so hochgradig speziell auf ihren jeweiligen Zweck zugeschnitten sind, daß sie auf gar keinen Fall von Anfang an von einem Kind erlernt werden können, das sich mit dem Erwerb seiner Muttersprache herumplagt. Sie müssen dem Kind irgendwie vor und unabhängig von seiner Erfahrung mit irgendeiner natürlichen Sprache bekannt sein und von ihm auch im Verlaufe des Spracherwerbs benutzt werden. Weil Chomsky dieser Meinung ist, bezeichnet er sich selbst als Rationalisten, nicht als Empiristen (zu diesem Punkt vgl. 7.4).

Chomskys Definition von ‚Sprache' wurde hier ausführlicher zitiert, weil sie sich von den anderen in Stil und Inhalt unterscheidet. Sie sagt über die kommunikative Funktion von natürlichen oder künstlichen Sprachen nichts aus; sie sagt auch nichts über den symbolischen Gehalt der Elemente oder deren Aufeinanderfolge. Ihr Zweck ist es, auf die rein strukturellen Eigenschaften von Sprachen aufmerksam zu machen und anzudeuten, daß diese Eigenschaften in mathematisch präziser Weise untersucht werden können. Chomskys Hauptbeitrag zur Linguistik besteht darin, daß er besonders die von ihm so genannte *Struktur-Dependenz* der Prozesse, durch die Sätze in natürlichen Sprachen gebildet werden, hervorgehoben und eine allgemeine Grammatiktheorie formuliert hat, die von einer speziellen Definition dieser Eigenschaft ausgeht (vgl. 4.6).

Die fünf Definitionen von ‚Sprache', die oben zitiert und kurz besprochen worden sind, sollten dazu dienen, den Leser mit den Eigenschaften bekannt zu machen, die einige Linguisten nach derzeitigem Erkenntnisstand für die bekannten menschlichen Sprachen für wesentlich halten. Die meisten von ihnen vertreten die Meinung, daß Sprachen Symbolsysteme sind, die zum Zwecke der Kommunikation entwickelt wurden. Und so sollen auch unten in dem Abschnitt „Die semiotische Betrachtungsweise" Sprachen betrachtet werden: Semiotik ist die Disziplin oder Forschungsrichtung, die das symbolische und kommunikative Verhalten erforscht. Die Frage, die an jener Stelle wichtig werden wird, ist die, ob es eine einfache Eigenschaft oder eine Menge von Eigenschaften gibt, die natürliche Sprachen von anderen *semiotischen* Systemen unterscheidet. Einige der hier schon erwähnten Eigenschaften sind Willkürlichkeit, Flexibilität, Modifizierbarkeit, Unabhängigkeit von Reizkontrolle und Struktur-Dependenz. Weitere Eigenschaften sollen zu gegebener Zeit hinzugefügt werden. Die Beziehung zwischen Sprache und gesprochener Sprache wird in Kapitel 1.4 behandelt.

1.3. Sprachverhalten und Sprachsysteme

Es ist jetzt an der Zeit, den Bedeutungsgehalt des Begriffs ‚Sprache' weiter zu differenzieren. Auf die Unterscheidung zwischen Sprache im allgemeinen (im Französischen ‚langage') und einer bestimmten Sprache (‚langue') wurde bereits hingewiesen. Das englische Adjektiv ‚linguistic' ist ähnlich mehrdeutig (auch wenn es eher auf ‚language' als auf ‚linguistics' bezogen werden kann). So wird die Bezeichnung ‚linguistic competence' (Sprachkompetenz), die Chomsky und, in seiner Nachfolge, andere Linguisten für die Fähigkeit einer Person, eine bestimmte Sprache zu beherrschen, wählten, im Alltagsenglisch ebenso selbstverständlich auf die Fähigkeit einer Person angewandt, überhaupt sprechen zu lernen und zu sprechen. Auch wenn ‚Sprach(e)' in Wortkomposita auftritt, unterliegt es dieser Mehrdeutigkeit: ‚Sprach-Kompetenz',

‚Sprach-Erwerb'. Meistens spielt diese Mehrdeutigkeit keine Rolle oder wird durch den Kontext aufgelöst. Wo notwendig, werden diese beiden Bedeutungen von Sprache im vorliegenden Buch auseinandergehalten werden.

Eine bestimmte Sprache zu benutzen und nicht eine andere, bedeutet, ein bestimmtes Verhalten und nicht ein anderes anzunehmen. Sowohl Sprache im allgemeinen als auch bestimmte Sprachen können als ein Verhalten oder eine Aktivität angesehen werden, wovon wenigstens ein Teil beobachtbar und als *Sprachverhalten* erkennbar ist; dies gilt nicht nur für teilnehmende Beobachter (d. h. Sprecher und Hörer, soweit die Aufmerksamkeit auf gesprochene Sprache begrenzt ist), sondern auch für Beobachter, die zu der Zeit nicht an dem charakteristisch interaktiven und kommunikativen Verhalten beteiligt sind. Darüber hinaus ist es externen Beobachtern möglich – obwohl es das Wesen des Sprachverhaltens ist, kommunikativ zu sein, oder es im allgemeinen wenigstens sein sollte, wenn vielleicht auch nicht bei jeder Gelegenheit –, Sprachverhalten als das zu erkennen, was es ist, selbst wenn sie die bestimmte Sprache, die gerade benutzt wird, nicht kennen und die Äußerungen, die das Produkt des beobachteten Verhaltens sind, nicht interpretieren können.

Sprache kann sehr wohl in Hinblick auf das Verhalten betrachtet werden (was nicht mit einem behavioristischen Standpunkt identisch ist). Aber Sprache im allgemeinen und bestimmte Sprachen können noch von mindestens zwei anderen Standpunkten aus betrachtet werden. Einer von diesen hängt mit der terminologischen Unterscheidung zusammen, die Chomsky zwischen ‚Kompetenz' und ‚Performanz' getroffen hat, der andere mit der etwas abweichenden Unterscheidung, die Ferdinand de Saussure im Französischen zu Anfang des Jahrhunderts zwischen ‚langue' und ‚parole' vornahm.

Wenn von jemandem gesagt wird, daß er Deutsch spreche, so kann damit zweierlei gemeint sein: (a), daß er gewohnheitsmäßig oder gelegentlich eine bestimmte Art von Verhalten zeigt, oder (b), daß er die Fähigkeit hat (egal, ob er sie nutzt oder nicht), diese bestimmte Art von Verhalten zu praktizieren. Bezeichnet man (a) als *Performanz* und (b) als *Kompetenz,* so läßt sich feststellen, daß Performanz Kompetenz voraussetzt, wohingegen Kompetenz nicht Performanz voraussetzt. So formuliert, ist die Unterscheidung zwischen Kompetenz und Performanz relativ unumstritten. Dies gilt auch für Chomskys weiteren Punkt, daß man, wie weit man den Begriff ‚linguistic competence' auch faßt, immer noch anerkennen muß, daß das Sprachverhalten bestimmter Personen bei bestimmten Anlässen über ihre linguistische Kompetenz hinaus von vielen anderen Faktoren bestimmt wird. Vieles an Chomskys detaillierten Ausführungen zum Begriff der linguistischen Kompetenz ist sehr umstritten: hierzu mehr im Abschnitt 7.4. Hier genügt es festzuhalten, daß, wenn Linguisten eine bestimmte Sprache beschreiben, das Ergebnis für Chomsky nicht eine Beschreibung der Performanz als solcher (d. h. des Verhaltens) ist, sondern der Kompetenz ihrer Sprecher, soweit sie rein linguistisch ist. Sie liegt der Performanz zugrunde und ermöglicht diese erst. Linguistische Kompetenz ist das

Wissen von einer bestimmten Sprache. Da die Linguistik sich damit beschäftigt, die Determinanten der linguistischen Kompetenz zu identifizieren und eine zufriedenstellende Beschreibung zu liefern, muß sie laut Chomsky als ein Zweig der kognitiven Psychologie bezeichnet werden.

Die Unterscheidung zwischen ‚langue' und ‚parole', wie sie ursprünglich von Saussure vorgenommen wurde, faßte eine Reihe voneinander logisch unabhängiger Unterscheidungen zusammen. Von diesen waren einerseits die Unterscheidung zwischen dem, was potentiell oder konkret manifestiert ist, und andererseits die Unterscheidung zwischen ‚sozial' oder ‚individuell' am wichtigsten (vgl. 7.2). Was Saussure eine ‚langue' nannte, ist jede beliebige bestimmte Sprache, die der gemeinsame Besitz einer gegebenen *Sprachgemeinschaft* ist (d. h. derer, die anerkannterweise dieselbe Sprache sprechen). Das französische Wort ‚langue', das, wie bereits erwähnt, ein gewöhnliches Wort mit der Bedeutung ‚Sprache' ist, bleibt im Deutschen und Englischen normalerweise unübersetzt, wenn es als Terminus im Saussureschen Sinn benutzt wird. Es soll im vorliegenden Buch durch den Terminus ‚Sprachsystem' ersetzt werden – vorerst in Abgrenzung gegen den Begriff ‚Sprachverhalten', ähnlich, wie Saussure ‚langue' und ‚parole' gegenübergestellt hat. Ein *Sprachsystem* ist ein soziales Phänomen oder eine soziale Institution, die, für sich genommen, völlig abstrakt ist, da sie keine physische Existenz besitzt, die aber zu bestimmten Gelegenheiten von individuellen Mitgliedern der Sprachgemeinschaft als *Sprachverhalten* aktualisiert wird. Bis zu einem gewissen Grade kann das, was Chomsky linguistische Kompetenz nennt, einfach als das Wissen des typischen Sprechers über das jeweilige Sprachsystem betrachtet werden, nicht als das Sprachsystem selbst. Aber Saussure legte großen Wert auf die Feststellung, daß Sprachsysteme sozial und institutionell charakterisiert seien. Deshalb war er der Ansicht, daß die Linguistik mit der Soziologie und der Sozialpsychologie enger verwandt sei als mit der kognitiven Psychologie. Viele andere Linguisten haben den gleichen Standpunkt eingenommen. Andere dagegen haben geltend gemacht, daß Sprachsysteme unabhängig von ihren psychologischen oder soziologischen Korrelaten untersucht werden können und sollten: vgl. hierzu Kapitel 2. Festzustellen bleibt: Sagt man, ein Linguist sei an Sprache interessiert, so ist damit gemeint, daß sein Interesse in erster Linie auf die Struktur von Sprachsystemen gerichtet ist.

1.4. Gesprochene und geschriebene Sprache

Der Primat der gesprochenen vor der geschriebenen Sprache bildet eines der Grundprinzipien der modernen Linguistik. Das bedeutet jedoch nicht, daß Sprache mit gesprochener Sprache gleichzusetzen ist. Man muß zwischen den sprachlichen Signalen und dem *Medium*, in dem die Signale realisiert werden, unterscheiden. So ist es zum Beispiel möglich, etwas Geschriebenes laut vorzulesen und, umgekehrt, etwas Gesprochenes niederzuschreiben. Des Lesens und Schreibens kundige muttersprachliche Sprecher einer Sprache sind im allgemeinen in der Lage anzugeben, ob der Prozeß der Übertragung eines Sprachsignals aus einem Medium in ein anderes korrekt durchgeführt wurde oder nicht. Soweit Sprache in diesem Sinne unabhängig von dem Medium ist, in dem die sprachlichen Signale realisiert werden, behaupten wir, daß Sprache die Eigenschaft hat, nicht an ein Medium gebunden zu sein. Dies ist eine höchst wichtige Eigenschaft – eine Eigenschaft, der viel zu wenig Aufmerksamkeit bei der allgemeinen Diskussion über die Grundeigenschaften von Sprache geschenkt worden ist. Wie wir sehen werden, steht diese Eigenschaft in Zusammenhang mit anderen, mit denen zusammen sie zur Flexibilität und Anpassungsfähigkeit von Sprachsystemen beiträgt.

In welchem Sinne gilt dann ein Primat der gesprochenen Sprache? Und warum neigen viele Linguisten dazu, natürlichen Sprachen das Bestimmungsmerkmal zuzuschreiben, Systeme von Lautsignalen zu sein?

Zunächst einmal sehen es Linguisten als ihre Pflicht an, die Einseitigkeit der traditionellen Grammatik und des traditionellen Sprachunterrichts zu korrigieren. Bis in die jüngste Vergangenheit haben sich Grammatiker fast ausschließlich mit der Sprache literarischer Texte beschäftigt und wenig Notiz von der alltäglichen Umgangssprache genommen. Allzuoft haben sie die Normen des literarischen Sprachgebrauchs als Normen für die Korrektheit der Sprache schlechthin angesehen und den umgangssprachlichen Gebrauch, soweit er vom literarischen Gebrauch abweicht, als ungrammatisch, nachlässig oder sogar unlogisch verurteilt. Im Laufe des 19. Jahrhunderts wurden bei der Erforschung der historischen Entwicklung von Sprachen große Fortschritte erzielt. Sprachwissenschaftlern wurde immer stärker bewußt, daß Veränderungen in der Sprache schriftlicher Texte aus verschiedenen Epochen – Veränderungen, durch die im Laufe der Jahrhunderte das Lateinische ins Französische, Italienische oder Spanische verwandelt wurde – mit den Veränderungen der entsprechenden gesprochenen Sprache erklärt werden können. Kontinuität und Ubiquität des Sprachwandels werden erheblich durch die Überlieferung schriftlicher Texte der Vergangenheit verschleiert, weil diese durch konservative Traditionen der Schriftsprache in vielen Kulturen geprägt sind und weil in juristischen, religiösen und literarischen Texten über große Zeiträume hinweg ein in der Standardsprache zunehmend überholter Sprachstil benutzt wurde. Alle großen Literatursprachen der Welt sind letzten Endes von der gesprochenen Sprache bestimmter menschlicher Gemeinschaften abgeleitet worden. Dementsprechend ist der historische Zufall dafür verantwortlich, wenn der Sprachgebrauch einer bestimmten Region oder sozialen Schicht Grundlage für die Entwicklung einer standardisierten Literatursprache einer Gesellschaft wird und damit zwangsläufig später die Dialekte anderer Regionen oder anderer Schichten als minderwertige Varianten dieser Sprache angesehen werden, wie es oft der Fall ist. Das traditionelle Vorurteil zugunsten der

Standardsprache in ihrer Schriftform ist so stark, daß es für Linguisten sehr schwierig ist, den Laien davon zu überzeugen, daß die nicht zum Standard gehörenden Dialekte meistens nicht weniger regelgeleitet oder systematisch sind als die standardisierten Literatursprachen und auch ihre eigenen Normen für Korrektheit haben, die vom muttersprachlichen Sprecher beachtet werden. Für Studenten der Linguistik ist es eine der schwierigsten Grundaufgaben, die Fähigkeit zu erwerben, die gesprochene Sprache für sich und als solche zu betrachten, ohne daran zu denken, daß die Aussprache eines Wortes oder eines Ausdrucks durch die Schreibung festgelegt wird oder werden sollte.

Natürlich rechtfertigt aber der Wunsch, durch eine vorurteilsfreie Erforschung der gesprochenen Sprache wieder die Ausgewogenheit zu erreichen, nicht die Annahme, daß gesprochener Sprache grundlegendere Bedeutung zukommt – und nicht einfach nur gleiche Bedeutung – wie geschriebener Sprache. Was bedeutet dann ‚grundlegend'? Was ist unter dem ‚Primat der gesprochenen Sprache' zu verstehen? Zu keiner Zeit gibt oder gab es eine Gesellschaft, der keine gesprochene Sprache zur Verfügung stand. Es besteht kein Grund, an der *historischen Priorität* der gesprochenen Sprache gegenüber der geschriebenen Sprache zu zweifeln. Obwohl Sprachen, wie wir sie heute in den meisten Teilen der Welt kennen, sowohl in geschriebener als auch in gesprochener Form auftreten können, waren weite Teile der Bevölkerung vieler Gesellschaften bis vor kurzem entweder ganz oder größtenteils analphabetisch. Die historische Vorrangstellung ist jedoch nicht so wichtig wie andere Arten von Prioritäten, die der Begriff ‚grundlegend' in diesem Zusammenhang impliziert: strukturelle, funktionale und, vielleicht, biologische Prioritäten.

Die *strukturelle Priorität* der gesprochenen Sprache kann folgendermaßen erklärt werden: Wenn wir für den Augenblick von allen stilistischen Unterschieden zwischen sich entsprechenden geschriebenen und gesprochenen Sprachsystemen absehen und von der Annahme ausgehen, daß jeder akzeptable gesprochene Satz in einen akzeptablen geschriebenen Satz umgewandelt werden kann und umgekehrt, dann haben wir keinen Grund anzunehmen, der eine sei aus dem anderen abgeleitet worden, es sei denn, man betrachtet die historische Entstehung. Die Struktur geschriebener Sätze hängt von identifizierbaren Formunterschieden ab, die Struktur gesprochener Sätze von identifizierbaren Lautunterschieden. Im theoretischen Idealfall einer Eins-zu-eins-Entsprechung zwischen gesprochenen und geschriebenen Sätzen einer Sprache sind alle geschriebenen Sätze und die ihnen jeweils entsprechenden gesprochenen Sätze *isomorph* (d. h. von gleicher innerer Struktur). Wird dann in einer Sprache ein alphabetisches Schriftsystem verwendet, so entsprechen in einem niedergeschriebenen Satz bestimmte Buchstaben bestimmten Lauten, und bestimmte Kombinationen von Buchstaben, wie Wörter und Ausdrücke, stehen in einer Eins-zu-eins-Beziehung mit bestimmten Kombinationen von Lauten. Nicht alle Kombinationen von Buchstaben sind akzeptabel, ebensowenig wie alle Kombinationen von Lauten akzeptabel sind. Aber in dieser Hinsicht gibt es einen wichtigen Unterschied zwischen Buchstaben und Lauten. Die Möglichkeit, daß die Laute einer bestimmten Sprache Kombinationen miteinander eingehen können, hängt teilweise von der Eigenschaft des Mediums ab (die Aussprache einiger Lautkombinationen ist entweder unmöglich oder zu schwierig) und teilweise von den spezifischen Beschränkungen der jeweiligen Sprache. Welche Kombinationsmöglichkeiten zwischen einzelnen Buchstaben bestehen, ist von deren Form her gänzlich unvorhersehbar. Sie sind aber in allen Sprachen, die sich eines alphabetischen Systems bedienen, mehr oder weniger voraussagbar anhand der Assoziation bestimmter Formen mit bestimmten Lauten und der Fähigkeit dieser Laute, sich in der gesprochenen Sprache miteinander zu verbinden. Deshalb hat die gesprochene Sprache in dieser Hinsicht strukturell grundlegendere Bedeutung als die geschriebene Sprache, auch wenn beide auf der Ebene größerer Einheiten, wie z.B. der von Wörtern und Ausdrücken, im theoretischen Idealfall möglicherweise isomorph sind. Es muß aber betont werden, daß diese Feststellung nicht bezüglich der Sprachen gilt, die Schriftsysteme benutzen, in denen es keine Assoziation bestimmter Formen mit bestimmten Lauten als solchen gibt, sondern nur mit Wörtern. Sie gilt zum Beispiel nicht für das klassische Chinesisch mit seinen traditionellen Schriftzeichen und auch nicht für die klassischen ägyptischen Hieroglyphen. Weil es im Chinesischen im allgemeinen keine strukturelle Priorität der gesprochenen Sprache gegenüber der geschriebenen Sprache gibt, kann weitgehend dieselbe geschriebene Sprachform als Entsprechung sehr unterschiedlicher gesprochener Dialekte benutzt werden, für deren Sprecher die jeweils anderen Dialekte unverständlich wären.

Funktionale Priorität ist leichter zu erklären und zu verstehen. Selbst heute noch wird in den gebildetsten der modernen industrialisierten und bürokratisierten Gesellschaften die gesprochene Sprache bei sehr viel mehr Gelegenheiten benutzt als die geschriebene Sprache, und die geschriebene Sprache dient nur als funktionaler Ersatz für die gesprochene Sprache in solchen Situationen, die die stimmlich-auditive Kommunikation unmöglich, unzuverlässig oder ineffektiv machen. Außerdem hat die Erfindung des Telefons und des Tonbandgerätes den Gebrauch der gesprochenen Sprache in Situationen ermöglicht, in denen vormals die geschriebene Sprache benutzt worden wäre. Die geschriebene Sprache wurde ursprünglich zum Zwecke der zuverlässigen Kommunikation über Entfernungen hinweg und der Erhaltung wichtiger juristischer, religiöser und kommerzieller Dokumente erfunden. Die Tatsache, daß geschriebene Texte die ganze Geschichte hindurch für so wichtige Zwecke benutzt wurden und zuverlässiger und beständiger sind als mündliche Äußerungen (oder es zumindest so lange waren, bis moderne Methoden der Lautaufzeichnung entwickelt wurden), hat zu der größeren Formalisierung und dem größeren Prestige der Schriftsprache in vielen Kulturen beigetragen.

Wir wenden uns jetzt der umstritteneren Frage der *biologischen Priorität* zu. Es gibt vieles, was nahelegt, daß der Mensch genetisch vorprogrammiert ist, nicht nur Sprache zu erwerben, sondern auch – und dies ist Teil desselben Prozesses – sprachliche Laute zu erzeugen und zu erkennen. Es ist oft darauf hingewiesen worden, daß das, was der Linguist die Sprechwerkzeuge (oder Sprechorgane) nennt – die Lunge, die Stimmbänder, die Zunge, die Zähne usw. –, alles einem biologisch elementareren Zwecke dient als dem, Lautsignale zu erzeugen. Das ist zweifellos richtig: Die Lungen werden bei der Atmung gebraucht, die Zähne beim Kauen und so weiter. Trotzdem beginnen alle Babys mit dem Lallen, wenn sie einige Monate alt sind (es sei denn, sie werden durch irgendeine geistige oder physische Krankheit daran gehindert). Lallen, durch das eine weit größere Menge an Lauten erzeugt wird, als sich in der Sprache der Menschen finden läßt, mit denen das Kind in Kontakt kommt, kann auf befriedigende Weise nicht mit dem papageienartigen Nachahmen der Laute, die es um sich herum hört, erklärt werden. Ferner hat man heute durch Experimente nachgewiesen, daß Babys schon in den ersten Lebenswochen in der Lage sind, zwischen Sprachlauten und anderen Lauten zu unterscheiden, und auch die Bereitschaft besitzen, ihnen Aufmerksamkeit zu schenken. Die nächsten Verwandten des Menschen unter den höheren Primaten zeigen nicht dieselbe Disposition, Laute zu erzeugen und zu unterscheiden, die für die menschliche Sprache charakteristisch sind, obwohl sie weitgehend über den gleichen physiologischen Apparat verfügen. Dies mag der Hauptgrund dafür sein, warum alle Versuche, Schimpansen das Sprechen beizubringen, fehlgeschlagen sind, obwohl ein beachtliches Maß an Erfolg zu verzeichnen war, als man sie Sprachen oder sprachähnliche Systeme lehrte, deren Signale manuell erzeugt und visuell gedeutet wurden. (Es ist heute bekannt, daß Schimpansen in ihrer natürlichen Umgebung untereinander mit Hilfe von Gesten und Lautsignalen kommunizieren, wobei ihre Gesten als Signalsystem sehr viel stärker differenziert zu sein scheinen als ihre Rufzeichen: vgl. 1.7.) Schließlich sei noch auf die Tatsache verwiesen, daß die zwei Hemisphären des menschlichen Hirns nach der Kindheit funktional asymmetrisch sind, wobei jeweils eine Hemisphäre bezüglich der Durchführung bestimmter Handlungen überwiegt. Bei den meisten Menschen dominiert die linke Hemisphäre; sie führt die Verarbeitung der meisten Sprachsignale durch und ist auch in der geistigen Verarbeitung von Sprachlauten der rechten Hemisphäre überlegen; dies gilt aber nicht für Laute und Geräusche anderer Art (vgl. 8.3).

Erkenntnisse dieser Art klingen überzeugend, sind in Wahrheit aber nicht schlüssig. Es gibt eine einleuchtende Hypothese, derzufolge sich die menschliche Sprache an irgendeinem Punkt in der Evolution der Gattung aus einem System von Gesten und nicht von Lauten entwickelt hat. Es gibt viele Gründe, warum dies geschehen sein könnte. Ganz gleich, ob diese Hypothese richtig ist oder nicht: Die im vorangegangenen Abschnitt zusammengetragenen Belege führen zu der Schlußfolgerung, daß für den Menschen im gegenwärtigen Stadium der evolutionären Entwicklung Laute (und besonders die Menge der hörbaren Laute, die durch die menschlichen Sprechwerkzeuge hervorgebracht werden können) das natürliche oder biologisch primäre Medium darstellen, in dem Sprache realisiert wird. Wenn das richtig ist, können sich die Linguisten nicht nur in ihrem Gebrauch des Begriffs ‚Sprechorgane' bestätigt fühlen, sondern auch in ihrer Annahme einer nicht-zufälligen Beziehung zwischen Sprachen und gesprochener Sprache.

Es bleibt aber die Tatsache bestehen, daß es einen Unterschied zwischen der biologischen und der logischen Priorität gibt. Wie schon erwähnt wurde, hat Sprache in einem hohen Maße die Eigenschaft, von einem Medium in ein anderes übertragbar zu sein. Bei normaler Entwicklung lernen Kinder auf natürliche Weise, die gesprochene Sprache zu beherrschen (d. h. aufgrund ihrer biologischen Anlagen und ohne besondere Schulung). Demgegenüber sind Lesen und Schreiben spezielle Fertigkeiten, die den Kindern erst auf der Grundlage ihres vorhergehenden Wissens von der gesprochenen Sprache beigebracht werden müssen. Trotzdem können sowohl Kinder als auch Erwachsene ohne übergroße Schwierigkeiten das Lesen und Schreiben erlernen, und es ist sogar möglich, wenn auch ungewöhnlich, die Schriftform einer Sprache zu erlernen, ohne vorher die entsprechende gesprochene Form beherrscht zu haben. Es ist auch möglich, Kommunikationssysteme zu erlernen, die auf Gesten aufbauen und weder auf gesprochene noch geschriebene Sprache zurückgehen, so wie das bei einigen Systemen der Taubstummensprache der Fall ist. Wenn wir eine Gesellschaft entdecken sollten, die ein schriftliches oder ein auf Gesten aufbauendes Kommunikationssystem benutzt, das alle anderen charakteristischen Eigenschaften von Sprache aufweist, aber niemals in gesprochener Form realisiert wurde, so würden wir dieses System sicherlich eine Sprache nennen. Man sollte deshalb nicht zu viel Gewicht auf die biologische Priorität von gesprochener Sprache legen.

Wenn der Linguist sich dann dem Problem zuwendet, bestimmte Sprachen zu beschreiben, ist er gut beraten, die einander entsprechenden geschriebenen und gesprochenen Sprachformen nur als mehr oder weniger, nicht aber als absolut isomorph anzusehen. Wie oben schon gesagt, tritt nur im theoretisch postulierten Idealfall vollständige Isomorphie auf. Kein bisher entwickeltes Schriftsystem (mit Ausnahme der von Phonetikern erarbeiteten speziellen Transkriptionssysteme) ist in der Lage, alle wichtigen Merkmale gesprochener Sprache wiederzugeben. Daraus folgt, daß im allgemeinen der schriftsprachlich vorgegebenen Realisierung eines Satzes mehrere Realisierungen entsprechen können, die sich im Hinblick auf Betonung, Intonation usw. unterscheiden. Interpunktion, der Gebrauch von Kursivschreibweise und Großbuchstaben haben in der geschriebenen Sprache fast die gleiche Funktion wie Betonung und Intonation in der gesprochenen Sprache, können diese aber niemals exakt wiedergeben. Man muß auch beachten, daß es immer funktionale und strukturelle Unterschiede der sich entsprechenden gesprochenen und geschriebenen Sprachformen gibt. Der Grad der Unterschiedlichkeit variiert aus historischen und kulturellen Gründen von Sprache zu Sprache. Im Arabischen und

Tamil beispielsweise ist der Unterschied in Grammatik und Wortschatz sehr erheblich. Im Englischen und Deutschen ist dieser Unterschied nicht so erheblich. Aber selbst im Englischen gibt es Wörter und Ausdrücke (z. B. ‚load of old cobblers'), die als zu umgangssprachlich für die geschriebene Sprache empfunden werden, und umgekehrt solche, die als zu formell für die gesprochene Sprache gelten (z. B. ‚any arrangements made heretofore notwithstanding'). Ähnlich ist im Deutschen der Ausdruck ‚kaputtmachen' umgangssprachlich akzeptabel, nicht aber in der geschriebenen Sprache; und umgekehrt ist die Einladungsformulierung ‚erlaube ich mir, Sie höflichst zu ... einzuladen' in einer schriftlichen Einladung vielleicht angemessen, während sie als mündliche Äußerung in einem Gespräch als zu formell empfunden wird – oder als ironisch.

In diesem Zusammenhang ist die Unterscheidung zwischen ‚umgangssprachlich' und ‚literarisch' sehr wichtig. Man muß einerseits klar unterscheiden zwischen ‚umgangssprachlich' und ‚gesprochen' und andererseits zwischen ‚literarisch' und ‚geschrieben'. Diese Unterscheidung läßt sich in der Praxis aber nur schwer durchhalten. In einigen Sprachen ist die analytische Trennung zwischen den Unterschieden der Medien (z. B. ‚gesprochen' gegenüber ‚geschrieben') und der Stilebenen (‚umgangssprachlich' gegenüber ‚literarisch') nicht besonders sinnvoll. Dies gilt auch für die Trennung zwischen den Unterschieden der Medien und den Unterschieden der Dialekte (‚hochsprachlich' gegenüber ‚dialektal' usw.). Das theoretische Postulat des Isomorphismus zwischen geschriebener und gesprochener Sprache ist wesentliches Element der Fiktion der Homogenität, die wir weiter unten (1.6) betrachten werden.

1.5. *Die semiotische Betrachtungsweise*

Semiotik ist unterschiedlich definiert worden: als wissenschaftliche Erforschung von Zeichen, von symbolischem Verhalten oder von Kommunikationssystemen. Innerhalb der Semiotik sind die Unterschiede zwischen Zeichen, Symbolen und Signalen viel diskutiert worden, ebenfalls der Bedeutungsumfang des Begriffs ‚Kommunikation'. Fürs erste nehmen wir an, daß Semiotik etwas mit Kommunikationssystemen zu tun hat, und wir fassen ‚Kommunikation', grob gesprochen, als etwas auf, dem nicht notwendigerweise die *Absicht* zugrunde liegt, Information zu übertragen. Nur wenn man den Begriff so versteht, kann man auch von tierischer Kommunikation sprechen, ohne einige umstrittene philosophische Fragen aufzuwerfen.

Bestimmte Begriffe sind für die Erforschung aller Kommunikationssysteme – menschlicher und nicht-menschlicher, natürlicher und künstlicher – wichtig. Ein *Signal* wird von einem *Sender* durch einen Kommunikations-*Kanal* an einen *Empfänger* (oder eine Gruppe von Empfängern) übermittelt. Das Signal hat eine bestimmte *Form* und trägt eine bestimmte *Bedeutung* (oder *Nach-*

richt). Die Beziehung zwischen der Form und der Bedeutung des Signals wird durch das hergestellt, was in der Semiotik gemeinhin der *Code* genannt wird: Die Nachricht wird vom Sender kodiert und vom Empfänger dekodiert.

Aus dieser Sicht sind natürliche Sprachen Codes und können mit anderen Codes verglichen werden: was den Kanal anbelangt, durch den die Signale übermittelt werden; was die Form und die Struktur der Signale, die Art und die Bandbreite der Nachrichten, die kodiert werden können, anbelangt usw. Die Schwierigkeit besteht darin, zu entscheiden, welche der Eigenschaften der Codes oder der Kommunikationssysteme, in denen sie auftreten, zum Zwecke des Vergleichs wesentlich und welche unwesentlich sind. Das Problem wird durch die Tatsache noch verwickelter, daß viele der Eigenschaften, die man als Kriterien herausgreifen könnte, abstufbar sind, so daß es vielleicht wichtiger ist, die Codes bezüglich der Frage, in welchem Grade ein Merkmal vorhanden ist, zu untersuchen, als einfach festzustellen, ob ein Merkmal überhaupt vorhanden ist oder nicht. Ziemlich absurde Vergleiche sind zwischen Sprachen und den Kommunikationssystemen bestimmter Tierarten aufgestellt worden, wobei nur bestimmte Merkmale herausgegriffen und andere völlig außer acht gelassen wurden und wobei auch nicht auf den Stellenwert der Merkmale geachtet wurde.

Was den Kommunikations-Kanal betrifft, so muß nur gesagt werden, daß, im Gegensatz zu den Codes vieler Tiere – wenn nicht gar aller –, Sprache leicht von einem Medium ins andere übertragbar ist. Darauf wurde schon im vorangegangenen Abschnitt hingewiesen. Begrifflich besteht natürlich zwischen Medium und Kanal eine enge Verbindung, da die Eigenschaften des Mediums sich aus denen des üblicherweise verwendeten Übermittlungskanals ableiten. Es ist aber trotzdem notwendig, die beiden Begriffe im Hinblick auf Sprache zu unterscheiden. Sowohl geschriebene als auch gesprochene Sprache kann über eine ganze Reihe von Kanälen übermittelt werden. Wenn wir den Begriff ‚Medium' und nicht den Begriff ‚Kanal' benutzen, beschäftigen wir uns nicht so sehr mit der tatsächlichen Übermittlung von Signalen bei bestimmten Gelegenheiten, sondern mit den systematischen funktionalen und strukturellen Unterschieden zwischen dem, was üblicherweise geschrieben, und dem, was üblicherweise gesprochen wird. Auch wenn es auf den ersten Blick paradox aussehen mag: Schriftdeutsch kann über den Lautkanal (d.h. durch gesprochene Sprache) und gesprochenes Deutsch kann durch schriftliche Notation in normaler orthographischer Schreibung übermittelt werden (wenn dies auch nicht zur vollständigen Zufriedenheit gelingt).

Im Vergleich zu anderen Codes oder Kommunikationssystemen ist das auffälligste Merkmal von Sprache vielleicht ihre Flexibilität und Vielseitigkeit. Wir können Sprache benutzen, um unseren Gefühlen Ausdruck zu verleihen, um unser Handeln mit dem unserer Mitmenschen zu koordinieren, um zu drohen oder etwas zu versprechen, um Befehle auszugeben, Fragen zu stellen und Erklärungen abzugeben. Wir können uns auf die Vergangenheit beziehen, die Gegenwart und die Zukunft; auf Dinge, die vom Augenblick der Äußerungssituation weit entfernt sind – selbst auf Dinge, die nicht existent sind oder sein können. Kein anderes menschliches oder nicht-menschliches Kommunikationssystem weist die gleiche Flexibilität und Vielseitigkeit auf. Zu den spezifischeren Eigenschaften, die zu dieser Flexibilität und Vielseitigkeit von Sprache (d. h. von jedem Sprachsystem) beitragen, gehören vier, die oft besonders hervorgehoben worden sind: Arbitrarität, Dualität, Diskretheit und Produktivität.

(i) Der Begriff ‚Arbitrarität' bedeutet hier in seiner fachsprachlichen Verwendung ‚nicht auf ein allgemeingültiges Prinzip zurückführbar'. Das eindeutigste und am häufigsten erwähnte Beispiel für *Arbitrarität* in der Sprache hat mit dem Zusammenhang zwischen Form und Bedeutung zu tun, dem Zusammenhang zwischen Signal und Nachricht. In allen Sprachen finden sich einzelne Beispiele für Lautmalerei (Onomatopoesie): vgl. den nicht-arbiträren Zusammenhang zwischen Form und Bedeutung solcher Wörter wie ‚Kuckuck', ‚Kiebitz', ‚krachen' im Deutschen oder ‚cuckoo', ‚peewit', ‚crash' im Englischen. Aber die Mehrzahl der Wörter in allen Sprachen ist nicht onomatopoetisch: Die Verknüpfung zwischen Form und Bedeutung ist insofern arbiträr, als es unmöglich ist, aus einer gegebenen Form die Bedeutung zu erschließen und, umgekehrt, aus einer gegebenen Bedeutung die Form abzuleiten.

Es ist klar, daß so verstandene Arbitrarität die Flexibilität und Vielseitigkeit eines Kommunikationssystems vergrößert, indem die Erweiterung des Vokabulars nicht durch die Notwendigkeit beschränkt wird, Form und Bedeutung nach einem allgemeingültigen Prinzip zur Deckung zu bringen. Andererseits hat die Tatsache, daß der Zusammenhang zwischen Form und Bedeutung auf der Ebene der Wortschatzeinheiten arbiträr ist, die Wirkung, daß im Prozeß des Spracherwerbs erhebliche Anforderungen an das Erinnerungsvermögen gestellt werden. Die Verknüpfung einer bestimmten Form mit einer bestimmten Bedeutung muß für jede Wortschatzeinheit einzeln gelernt werden. Aus semiotischer Sicht hat diese Arbitrarität also sowohl Vorteile als auch Nachteile: Sie macht das System flexibler und anpassungsfähiger, macht es aber eben auch schwerer und mühsamer, es zu erlernen. Außerdem macht Arbitrarität in einem semiotischen System es für jeden, der mit diesem System nicht vertraut ist, schwerer, die empfangenen Signale zu interpretieren. Aber auch dies hat Vor- und Nachteile für die Benutzer des Systems. Vermutlich waren in der Entwicklung der Sprache die Vorteile stärker als die Nachteile. Bei den meisten Kommunikationssystemen der Tiere gibt es einen nicht-arbiträren Zusammenhang zwischen der Form eines Signals und seiner Bedeutung.

Arbitrarität ist, soweit sie sich auf Sprache bezieht, nicht auf den Zusammenhang zwischen Form und Bedeutung beschränkt. Sie begegnet uns in beträchtlichem Maß auch auf der Ebene grammatischer Strukturen von Einzelsprachen, da sich nämlich Sprachen grammatisch voneinander unterscheiden. Wenn dies nicht so wäre, wäre es viel leichter, Fremdsprachen zu erlernen.

Umstrittener ist Chomskys These, daß vieles von dem, was die grammatischen Strukturen aller menschlichen Sprachen gemeinsam haben, einschließlich einer bestimmten Strukturabhängigkeit, ebenfalls arbiträr ist, in dem Sinne, daß es nicht auf die Funktionen von Sprache, die situativen Bedingungen, unter denen Sprache erworben oder benutzt wird, und auch nicht auf die Eigenart der menschlichen Erkenntnisprozesse im allgemeinen zurückgeführt werden kann. Chomsky ist der Ansicht, daß die Menschen genetisch mit einem Wissen von den angeblich arbiträren allgemeinen Prinzipien, nach denen die Strukturen aller Sprachen festgelegt werden, ausgestattet sind. Über diese Hypothese soll hier nur gesagt werden, daß nicht alle Linguisten darin übereinstimmen, daß alle solche allgemeinen Prinzipien, die aufgestellt werden können, arbiträr in dem angenommenen Sinne sind, und daß gegenwärtig in vielen theoretisch-linguistischen Forschungsarbeiten versucht wird, nachzuweisen, daß dies nicht der Fall ist. Wir wollen auf diesen Punkt in Kapitel 8 zurückkommen.

(ii) Unter *Dualität* versteht man das Vorhandensein von zwei Struktur-*Ebenen*, wobei *Einheiten* der primären Ebene sich aus *Elementen* der sekundären Ebene zusammensetzen und beide Ebenen ihre eigenen Organisationsprinzipien haben. Sicherlich ist aufgefallen, daß hier eine terminologische Unterscheidung zwischen ‚Element' und ‚Einheit' getroffen wurde. Es handelt sich um keine der eingeführten terminologischen Unterscheidungen in der Linguistik, sie ist aber für die Erklärung hilfreich und wird deshalb in diesem Buch aufrechterhalten.

Vorerst können wir uns unter den Elementen gesprochener Sprache Laute vorstellen, oder genauer, wie sich in Kapitel 3 herausstellen wird, Phoneme. Die Laute tragen selbst keine eigene Bedeutung. Ihre einzige Funktion besteht darin, sich zu einer Einheit zu verbinden, die dann eine bestimmte Bedeutung hat. Weil die kleineren Elemente der unteren Ebene keine eigene Bedeutung tragen, während die größeren Einheiten der höheren Ebene im allgemeinen, wenn nicht gar stets, eine bestimmte, identifizierbare Bedeutung haben, werden die Elemente als sekundär und die Einheiten als primär bezeichnet. Alle Kommunikationssysteme besitzen solche primären Einheiten, aber diese Einheiten bestehen nicht immer aus Elementen. Nur wenn das System sowohl Einheiten als auch Elemente besitzt, hat es die Eigenschaft der Dualität. Dies ist bei den meisten Kommunikationssystemen der Tiere offensichtlich nicht der Fall, und wo dies der Fall ist, sind die Einheiten nicht so miteinander verknüpft, daß Wörter sich zu Phrasen und Sätzen verbinden, wie in allen menschlichen Sprachen.

Der Vorteil der Dualität ist offenkundig: Eine große Anzahl verschiedener Einheiten kann aus einer kleinen Anzahl von Elementen gebildet werden – zum Beispiel viele tausend Wörter aus dreißig oder vierzig Lauten. Wenn diese primären Einheiten systematisch in verschiedener Weise kombiniert werden können, wird die Zahl der verschiedenen Signale und damit die Zahl der verschiedenen Nachrichten, die übermittelt werden können, enorm gesteigert. Wie wir gleich sehen werden, ist die Zahl der verschiedenen Sprachsignale, die in den Sprachen gebildet werden können, unendlich.

(iii) *Diskretheit* ist der Gegenpol zu Kontinuität oder kontinuierlicher Variation. In der Sprache ist Diskretheit eine Eigenschaft der sekundären Elemente. Nehmen wir zur Illustration das Wortpaar ‚Miene' und ‚Mähne'. Die beiden Wörter unterscheiden sich sowohl in der gesprochenen als auch in der geschriebenen Sprache in ihrer Form. Es ist aber durchaus möglich, einen Vokal zu artikulieren, der zwischen den beiden Vokalen liegt, die normalerweise beim Aussprechen dieser beiden Wörter gebildet werden. Wenn wir aber im gleichen Kontext diesen Vokal an die Stelle der Vokale in ‚Miene' und ‚Mähne' setzen, so haben wir dann noch kein drittes Wort artikuliert, das sich von den anderen beiden unterscheidet oder ihnen merkmalsverwandt ist. Wir haben dann etwas artikuliert, das überhaupt nicht als Wort aufgefaßt wird oder allenfalls als eine fehlerhafte Aussprache des ersten oder zweiten Wortes verstanden wird. Formale Identität in der Sprache besteht entweder vollständig oder gar nicht, nicht aber mehr oder weniger.

Obwohl Diskretheit nicht logisch von Arbitrarität abhängig ist, bewirken beide zusammen eine größere Flexibilität und Effizienz der Sprachsysteme. Es wäre zum Beispiel möglich, daß zwei Wörter sich in ihrer Form minimal, aber diskret unterscheiden, dabei aber in der Bedeutung ähnlich sind. Dies geschieht im allgemeinen aber nicht: ‚Miene' und ‚Mähne' stehen sich bedeutungsmäßig nicht näher als irgendein anderes willkürlich herausgesuchtes deutsches Wortpaar. Die Tatsache, daß Wörter, die sich in der Form nur minimal unterscheiden, in der Bedeutung eher erhebliche als minimale Unterschiede aufweisen, wirkt sich dahingehend aus, daß die Diskretheit der formalen Unterschiede zwischen ihnen erhöht wird: In den meisten Kontexten ist das Vorkommen des einen Wortes viel wahrscheinlicher als das Vorkommen des anderen, und dadurch wird die Möglichkeit des Mißverständnisses bei schlechten Signalübertragungsbedingungen reduziert. Bei Kommunikationssystemen der Tiere tritt Nicht-Diskretheit (d. h. kontinuierliche Variation) oft in Verbindung mit Nicht-Arbitrarität auf.

(iv) Die *Produktivität* eines Kommunikationssystems ist die Eigenschaft, die die Konstruktion und Interpretation neuer Signale ermöglicht, d. h. von Signalen, die bislang noch nicht aufgetreten oder auch nicht auf einer Liste zuvor geprägter Signale sind, zu der der Benutzer Zugang hat – ganz gleich, wie umfangreich diese Liste sein mag. Die meisten Kommunikationssysteme der Tiere scheinen bezüglich der Zahl der verschiedenen Signale, die der Benutzer übermitteln oder empfangen kann, sehr beschränkt zu sein. Auf der anderen Seite erlauben alle Sprachsysteme ihren Benutzern, unendlich viele Äußerungen zu bilden und zu verstehen, die sie vorher noch niemals gehört oder gelesen haben.

Die Bedeutung der Produktivität ist in der neueren linguistischen Literatur besonders von Chomsky hervorgehoben worden, wobei vor allem auf das Problem hingewiesen wurde, wie der Spracherwerb bei Kindern erklärt werden kann. Die Tatsache, daß Kinder schon in einer sehr frühen Phase dazu in der Lage sind, Äußerungen zu erzeugen, die sie noch niemals zuvor gehört haben, kann als Beweis dafür angesehen werden, daß Sprache nicht nur durch imitatives Lernen erworben wird.

Bei der Diskussion über die Produktivität muß hervorgehoben werden, daß es nicht so sehr die Fähigkeit zur Erzeugung neuer Äußerungen ist, die bei der Bewertung von Sprachsystemen von entscheidender Bedeutung ist. Zum Beispiel ist es irreführend, zu behaupten, daß das von der Biene zum Anzeigen der Nektarquelle verwendete Kommunikationssystem produktiv sei, wenn man darunter verstehen will, daß es in dieser Hinsicht menschlichen Sprachen vergleichbar sei. Die Biene erzeugt unendlich viele verschiedene Signale, die sich bezüglich der Vibrationen ihres Körpers und des Winkels, den sie zur Sonne einnimmt, unterscheiden. Die Signale variieren; es gibt beliebig viele Signale; doch alle liegen innerhalb eines kontinuierlichen, nicht transzendierbaren Spektrums (hier: des Vollkreises); die Verbindung zwischen Signalform und Bedeutung ist nicht-arbiträr. Das System kann von der Biene nur dazu benutzt werden, die Information über die Entfernung und die Richtung der Nektarquelle zu übermitteln.

Auffällig an der Produktivität natürlicher Sprachen, wie sie sich in deren grammatischen Strukturen zeigt, ist die extreme Komplexität und Heterogenität der Prinzipien, die ihr eigen sind. Aber wie vor allem Chomsky immer wieder betont, sind diese Komplexität und Heterogenität nicht uneingeschränkt: Sie sind *regelgeleitet.* Innerhalb der Grenzen, die durch die Regeln der Grammatik gesetzt werden, die selbst vielleicht teilweise universal und teilweise nur ein spezifisches Merkmal bestimmter Sprachen sind, können sich muttersprachliche Sprecher einer Sprache kreativ ihrer Sprache bedienen (auf eine Weise, die Chomsky als für den Menschen charakteristisch ansieht), um unendlich viele Äußerungen zu erzeugen. Dieser Begriff der regelgeleiteten Kreativität ist mit dem Begriff der Produktivität eng verknüpft (vgl. 7.4) und ist wichtig für die Entwicklung des Generativismus gewesen.

Die vier oben aufgeführten und kurz besprochenen Eigenschaften – Arbitrarität, Dualität, Diskretheit und Produktivität – stehen alle auf vielfältige Weise miteinander im Zusammenhang. Soweit wir wissen, gibt es sie in allen Sprachen, und sie spielen fortwährend eine große Rolle. Ob sie auch in einem anderen Kommunikationssystem als der Sprache vorhanden sind, ist fraglich. Wenn dies der Fall ist, so treten sie aber nicht so deutlich hervor oder stehen miteinander in einem nicht so engen Zusammenhang.

Es ist aber auch wichtig, darauf hinzuweisen, daß diese vier Eigenschaften, die vom Übermittlungskanal und vom Medium vollkommen unabhängig sind, weniger charakteristisch für den nicht-verbalen Teil der Sprachsignale sind. Äußerungen sind nicht einfach nur Folgen von Wörtern. Die Wortketten (d.h.

der *verbale* Teil) jeder gesprochenen Äußerung werden von den deutlich voneinander zu unterscheidenden *prosodischen* und *paralinguistischen* Phänomenen überlagert: Zu den prosodischen Merkmalen zählen Betonung und Intonation, zu den paralinguistischen Tempo, Lautstärke usw. Mit gesprochenen Äußerungen verbindet man auch eine Reihe von nicht-lautsprachlichen Phänomenen (Bewegung der Augen, Kopfnicken, Gesichtsausdruck, Gesten, Körpersprache usw.), die die Bedeutungsstruktur der Äußerung zusätzlich prägen und vielleicht auch als paralinguistisch angesehen werden können. Normalerweise beschäftigt sich der Linguist nur mit den prosodischen Phänomenen, wobei die Wortgestalt durch das Sprachsystem selbst festgelegt wird. In gesprochener Sprache sind sowohl prosodische als auch paralinguistische Merkmale integrale Bestandteile des gesamten normalen Sprachverhaltens. Da den prosodischen und paralinguistischen Merkmalen des Sprachverhaltens aber die vier Eigenschaften der Arbitrarität, Dualität, Diskretheit und Produktivität fehlen – oder sie diese Eigenschaften nicht so klar zeigen wie der verbale Teil der Sprache –, ähneln sie eher den Merkmalen von verschiedenen Kommunikationsformen von Tieren.

Ist Sprache also nur dem Menschen eigentümlich? Die Antwort auf diese Frage hängt genau wie die Antwort auf die Frage „Ist der Mensch einzig unter den Lebewesen?" davon ab, auf welche Eigenschaften man sich konzentrieren und welche man bei der Definition von Sprache als entscheidend ansehen will. Es ist gleichermaßen legitim, entweder die auffallenden und substantiellen und graduellen Unterschiede zwischen Sprache und Nicht-Sprache hervorzuheben oder die nicht so auffälligen Ähnlichkeiten. Der Linguist, der Psychologe und der Philosoph neigen dazu, erstere zu betonen; der Ethnologe, der Zoologe und der Semiotiker würden wahrscheinlich letztere hervorheben.

1.6. Die Fiktion der Homogenität

Bis jetzt sind wir immer von der Fiktion der Homogenität ausgegangen: von dem Glauben oder von der Annahme, daß alle Mitglieder derselben Sprachgemeinschaft genau dieselbe Sprache sprechen. Es ist natürlich möglich, den Begriff ‚Sprachgemeinschaft' so zu definieren, daß es per definitionem keine systemhaften Unterschiede in Aussprache, Grammatik oder Wortschatz der Sprache gibt. Aber wenn der Begriff dahingehend interpretiert wird, daß er sich auf eine Gruppe von Menschen bezieht, von denen man normalerweise sagt, daß sie dieselbe Sprache sprechen, z. B. Deutsch, Englisch, Russisch oder Dänisch, dann wird es eine empirisch zu beantwortende Frage, ob alle Mitglieder einer bestimmten Sprachgemeinschaft in jeglicher Hinsicht die gleiche Sprache sprechen oder nicht.

Abgesehen von den kleinsten Sprachgemeinschaften der Welt trifft man überall mehr oder weniger offen erkennbare Unterschiede im *Akzent* oder im

Dialekt. Der Begriff ‚Akzent' ist eingeschränkter als der Begriff ‚Dialekt'. Er bezieht sich nur auf die Art und Weise, wie die Sprache ausgesprochen wird und hat keinen Einfluß auf Grammatik und Wortschatz. Es ist zum Beispiel durchaus möglich und keineswegs ungewöhnlich, daß ein Ausländer sofort als solcher an seinem Akzent erkannt wird, obwohl er die Sprache, was die Grammatik und den Wortschatz anbelangt, so gut spricht wie ein muttersprachlicher Sprecher. Und es ist auch möglich, daß zwei muttersprachliche Sprecher im selben Dialekt mit einem deutlich unterscheidbaren Akzent sprechen. Das ist besonders dann häufig der Fall, wenn der betreffende Dialekt aus historischen Gründen den Status einer nationalen oder regionalen *Standardform* angenommen hat. Zum Beispiel sprechen die meisten gebildeten Insel-Briten einen Dialekt des Englischen, der einer bestimmten Art von Standard-Englisch sehr nahe kommt; aber sie sprechen diese Standardform mit einem Akzent, der ihre geographische oder soziale Herkunft erkennen läßt. In der Umgangssprache werden ‚Akzent' und ‚Dialekt' als getrennte Phänomene angesehen. Für viele Linguisten hingegen zählen Unterschiede im Akzent zu den dialektalen Unterschieden. Diese rein terminologische Frage hat, für sich genommen, keine Konsequenzen. Aber man muß sich darüber im klaren sein, daß das, was ansonsten ein und derselbe Dialekt ist, in sehr unterschiedlicher Weise ausgesprochen werden kann. Es ist genauso wichtig, sich darüber im klaren zu sein, daß Dialektunterschiede überall dort, wo es keine anerkannte oder vor langem entstandene nationale oder regionale Standardform gibt, dazu neigen, sowohl in der Aussprache als auch in der Grammatik und im Wortschatz sehr viel größer zu sein als in den meisten heutigen englischsprachigen Sprachgemeinschaften.

Obwohl der Linguist den Begriff ‚Dialekt' benutzt und ihn wie der Laie auf den Begriff ‚Sprache' bezieht, indem er sagt, daß eine Sprache aus mehreren verschiedenen Dialekten bestehen kann, so akzeptiert er jedoch nicht die Implikation, die man in der Alltagssprache üblicherweise mit dem Begriff ‚Dialekt' verbindet. Vor allem aber akzeptiert er nicht, daß der Dialekt einer bestimmten Region oder einer bestimmten Schicht eine minderwertige oder degenerierte Form des Standards sei: Er weiß schließlich, daß sich aus historischer Sicht der Standard-Dialekt – auf den der Laie vielleicht lieber den Begriff ‚Sprache' als den Begriff ‚Dialekt' anwendet – lediglich von seiner Entwicklung her, nicht aber von seinem Ursprung her substantiell von den vom Standard abweichenden Dialekten unterscheidet. Er weiß ebenfalls, daß solche abweichenden Dialekte nicht weniger systemhaft sind als regionale oder nationale Standardformen, soweit sie einer ausreichend großen Anzahl von verschiedenen Funktionen im täglichen Leben der jeweiligen regional oder sozial abgegrenzten Sprechergruppe dienen. Darauf wurde oben schon hingewiesen. Wir werden darauf in späteren Kapiteln dieses Buches in ausführlicher, exemplifizierender und modifizierender Weise zurückkommen. Betrachtet man eine regionale oder nationale Standardform aus heutigem sozialen und kulturellen Blickwinkel, so hat man guten Grund, sie als fundamental andersartig als die abweichende Form anzusehen, mit der sie assoziiert wird und mit der sie historisch verwandt ist.

In der Umgangssprache beruht die Unterscheidung zwischen den Begriffen ‚Dialekt' und ‚Sprache' im Kern oft nur auf politischen und kulturellen Überlegungen. Zum Beispiel werden Mandarin und Kantonesisch als Dialekte des Chinesischen bezeichnet; aber sie unterscheiden sich viel stärker als zum Beispiel Dänisch und Norwegisch oder gar Holländisch, Flämisch und Afrikaans, die häufig als verschiedene Sprachen bezeichnet werden. Man könnte annehmen, daß das Kriterium der kollektiven Verständlichkeit genügt, um eine politisch und kulturell neutrale Grenzlinie zwischen Sprachen zu ziehen. Dies ist in der Tat das Hauptkriterium, das ein Feldforschung betreibender Linguist anwendet, wenn er die Grenzen einer Sprachgemeinschaft bestimmen will. Dabei gibt es aber auch Probleme. Es kommt häufig vor, daß Dialektvariationen sich in einem weiten Raum graduell und mehr oder weniger kontinuierlich vollziehen. So kann es vorkommen, daß zwei Sprecher aus zwei weit voneinander entfernt liegenden Gebieten sich gegenseitig nicht verstehen können, obwohl es keinen Punkt zwischen zwei benachbarten Dialekten gibt, an dem die wechselseitige Verständigungsmöglichkeit plötzlich zusammenbricht. Dann gibt es noch das weitere und schwierigere Problem, daß Verstehbarkeit nicht immer symmetrisch verläuft; außerdem kann sie auch in nur abgestufter, partieller Weise vorhanden sein. Es ist durchaus möglich, daß X das meiste von dem versteht, was Y sagt, und daß Y so gut wie nichts von dem versteht, was X sagt, wenn jeder zu dem anderen in seinem eigenen Dialekt spricht. Aus vielerlei Gründen ist es deshalb oft schwierig, eine klare Unterscheidung zwischen verschiedenen Sprachen und verschiedenen Dialekten ein und derselben Sprache vorzunehmen.

Es kommt tatsächlich oft vor, daß keine klare Unterscheidung zwischen dem Dialekt der einen Region und dem der ihr benachbarten Region getroffen werden kann. Wie eng auch immer wir das Dialektgebiet aufgrund sozialer und geographischer Kriterien abgrenzen, wir werden immer ein gewisses Maß an Variation in der Sprache derjenigen feststellen, die per definitionem als Sprecher ein und desselben Dialekts angesehen werden. Letzten Endes werden wir einräumen müssen, daß jeder einzelne seinen individuellen Dialekt hat: daß er seinen eigenen *Idiolekt* hat, wie die Linguisten dies nennen. Jeder Idiolekt unterscheidet sich von jedem anderen mit Sicherheit bezüglich des Wortschatzes, der Aussprache und vielleicht auch, wenn auch in geringerem Maße, der Grammatik. Außerdem ist der Idiolekt nicht ein für allemal am Ende der Phase des Spracherwerbs festgelegt: Er erfährt während des ganzen Lebens eine Modifizierung und Erweiterung.

Zusätzlich zu der Variationsdimension, die mit der Skala Sprache-Dialekt-Idiolekt erfaßt werden kann, gibt es eine weitere Dimension systemhafter Variation in den Äußerungen der Mitglieder einer Sprachgemeinschaft: die Dimension *Stil.* Auf stilistische Unterschiede ist schon im Zusammenhang mit der Unterscheidung zwischen literarischer und umgangssprachlicher Sprache hingewiesen worden, einer Unterscheidung, die aus der Unterscheidung zwischen geschriebener und gesprochener Sprache hergeleitet wird, damit aber keineswegs identisch ist. Aber die stilistische Variation beinhaltet viel mehr. Wann immer wir in unserer Muttersprache sprechen oder schreiben, tun wir dies in einem bestimmten Stil, der von der Situation abhängig ist, desgleichen von den Beziehungen, die zwischen uns und der Person, an die wir schreiben oder mit der wir sprechen, bestehen, von dem Zweck und der Art der Kommunikation und von einigen anderen Faktoren. Die stilistischen Entscheidungen, die wir treffen, sind immer systemhaft und identifizierbar, ob sie nun bewußt oder unbewußt erfolgen. Die richtige stilistische Wahl zu treffen, ist eine wichtige Fähigkeit bei der richtigen und wirksamen Nutzung einer Sprache. In gewissem Sinne ist deshalb jeder muttersprachliche Sprecher einer Sprache, stilistisch gesehen, multilingual. So wie es im Prinzip möglich ist, jeden Idiolekt als ein unabhängiges Sprachsystem zu betrachten, ist es auch möglich und nicht weniger sinnvoll, jeden unterscheidbaren Stil als ein unabhängiges Sprachsystem zu bezeichnen.

1.7. Es gibt keine primitiven Sprachen

Man hört Laien immer noch häufig davon sprechen, daß es primitive Sprachen gebe. Sie wiederholen dann meistens auch noch den diskreditierenden Mythos, daß es einige Völker gebe, deren Sprache nur aus einigen hundert Wörtern besteht, die durch Gesten ergänzt werden. Tatsache ist aber, daß jede Sprache, die bislang untersucht worden ist, sich bei genauerer Erforschung als ein komplexes und hoch entwickeltes Kommunikationssystem herausgestellt hat, egal wie primitiv und unzivilisiert die Gesellschaft, die diese Sprache benutzt, uns auch in anderer Hinsicht erscheinen mag. Natürlich ist auch die ganze Vorstellung von einer kulturellen Evolution von Barbarei zur Zivilisation selbst sehr fragwürdig. Aber es ist nicht Aufgabe des Linguisten, hierüber ein Urteil zu fällen. Was er aber sagen kann, ist, daß zwischen den verschiedenen Phasen der kulturellen Entwicklung, die die Gesellschaften durchgemacht haben, und der Art der Sprache, die in den Phasen ihrer kulturellen Entwicklung gesprochen wurde, bislang keine Korrelation entdeckt worden ist. Zum Beispiel gibt es so etwas wie die Sprache des Steinzeitalters nicht, auch keine Art von Sprache, die für Gesellschaften von Nahrungssammlern oder Gesellschaften von Hirten oder auf der anderen Seite für moderne Industriegesellschaften bezüglich ihrer allgemeinen grammatischen Struktur typisch ist.

Im 19. Jahrhundert hat es Spekulationen über Sprachentwicklungen von struktureller Komplexität zu Einfachheit oder auch von Einfachheit zu Komplexität gegeben. Heute enthalten sich die meisten Linguisten solcher allgemeinen Spekulationen über die evolutionäre Sprachentwicklung. Sie wissen, daß es keinen Beweis für eine solche Entwicklungsrichtung gibt, die aufgrund des Studiums der heutigen gesprochenen Sprachen oder der ausgestorbenen alten Sprachen, die uns bekannt sind, rekonstruierbar wäre, selbst wenn es eine solche Entwicklungsrichtung in der Evolution der Sprache von ihren Anfängen in prähistorischer Zeit bis heute tatsächlich geben sollte. Die meisten älteren Spekulationen der Wissenschaftler über die Evolution von Sprache waren voreingenommen, da sie von sogenannten Flexionssprachen wie dem Lateinischen und Griechischen ausgingen.

An dieser Stelle muß etwas über den Ursprung von Sprache gesagt werden, ein Problem, das Geist und Phantasie der Menschen seit undenklicher Zeit beschäftigt hat. Es wurde besonders intensiv aus säkularer Sicht, im Unterschied zu religiöser und übernatürlicher Betrachtungsweise, von den griechischen Philosophen und später teilweise wieder, besonders im 18. Jahrhundert, aus einer tendenziell ähnlichen Sicht erörtert. Die frühen Diskussionen spielten eine große Rolle bei der Entwicklung der traditionellen Grammatik. Die Argumente des französischen Philosophen Condillac und des deutschen Philosophen Herder im späten 18. Jahrhundert trugen dazu bei, den Weg für ein besseres Verständnis der Interdependenz zwischen Sprache, Denken und Kultur vorzubereiten. Seit dem 19. Jahrhundert neigten die meisten Sprachwissenschaftler – bis auf wenige Ausnahmen – dazu, die Frage nach dem Ursprung von Sprache als ein Problem anzusehen, das sich für alle Zeit wissenschaftlicher Erforschung entzieht. Der Grund dafür ist, daß – wie wir sahen – die Sprachwissenschaftler im 19. Jahrhundert die Unmöglichkeit erkannten, in der Sprachentwicklung irgendwelche Anzeichen für eine evolutionäre Entwicklung von einem primitiveren zu einem fortgeschritteneren Stadium zu entdecken, ganz gleich, wie weit die Geschichte bestimmter Sprachen aufgrund der uns tradierten Texte zurückverfolgt wird.

Aber es gibt andere, teilweise neue Erkenntnisse. Der Ursprung von Sprache ist erneut Gegenstand wissenschaftlicher Diskussionen. Es ist vielleicht noch zu früh, um von Ergebnissen zu sprechen. Man kann aber schon sagen, daß es heute viel plausibler als noch vor einigen Jahren erscheint, daß Sprache als ein auf Gesten beruhendes Kommunikationssystem entstanden ist, nicht als ein lautliches Kommunikationssystem. Ein Stück Beweiskraft hat der Erfolg, den Psychologen hatten, als sie Schimpansen beibrachten, ziemlich komplexe und in gewisser Weise auch sprachähnliche Systeme von Gesten zu verstehen und anzuwenden. Es scheint so zu sein, daß die in früheren ähnlichen Versuchen festgestellte Unfähigkeit der Schimpansen, Sprache zu erlernen, mit relativ kleinen aber wichtigen Unterschieden in den Sprechwerkzeugen von Menschen und Schimpansen erklärt werden kann. Aufgrund der Untersuchung von Fossilien scheint auch klar geworden zu sein, daß die Sprechwerkzeuge des Neandertalers den unseren weniger ähnlich waren als denen der Schimpansen und anderen Primaten, die nur eine begrenzte Anzahl von Rufen besitzen, aber in der Wildnis miteinander mit Hilfe von Gesten recht weitreichend kommunizieren. Diese und andere Erkenntnisse legen nahe, daß Sprache sich anfangs als System von Gesten entwickelt hat – zu der Zeit, als die Vorfahren des Menschen den aufrechten Gang annahmen und dadurch die Hände frei wurden, als das Hirn sich vergrößerte und die spezifischen Fähigkeiten für komplexe Denkvorgänge sich in der dominanten Hemisphäre ausbildeten. Zu einer bestimmten Zeit muß das System von Gesten aus biologisch zwingenden Gründen zu einem Lautsystem umgewandelt worden sein und damit auch die Eigenschaft der Dualität erhalten haben, die, wie wir gesehen haben, eine beträchtliche Erweiterung des Wortschatzes erlaubt. Daraus folgt wiederum, daß nicht alle Eigenschaften von Sprache, wie wir sie kennen, von Anfang an vorhanden gewesen sind und daß Sprache sich in der Tat aus Nicht-Sprache entwickelt hat.

Es bleibt aber nicht nur die Tatsache bestehen, daß in allen bekannten Sprachen der vokal-auditive Kanal für die Übermittlung benutzt wird, sondern auch, daß alle bekannten Sprachen von nahezu gleicher Komplexität sind, was ihre grammatische Struktur anbelangt.

Zu den obigen Verallgemeinerungen muß bezüglich der *Pidginsprachen* eine einzige Ausnahme gemacht werden. Bei diesen handelt es sich um spezialisierte Sprachen, die für den Handel oder verwandte Zwecke von Leuten benutzt werden, die sonst keine andere gemeinsame Sprache besitzen. Für Pidginsprachen ist eine vereinfachte Grammatik und ein äußerst begrenzter Wortschatz charakteristisch – im Vergleich zu der Sprache oder den Sprachen, auf der bzw. denen sie basieren. Sie werden daher auch nur für sehr begrenzte Zwecke benutzt. Wenn es dazu kommt, was oft geschieht, daß eine Pidginsprache in einer Sprachgemeinschaft als Muttersprache benutzt wird, dann stattet sie sich selbst nicht nur mit einem umfangreicheren Vokabular aus, sondern entwickelt auch ihre eigene grammatische Komplexität. Aus diesem Grunde, und nicht so sehr wegen ihres Ursprungs, unterscheidet der Linguist zwischen Pidginsprachen und *Kreolsprachen.* Das Erscheinungsbild von Kreolsprachen kann dem von Pidginsprachen stark ähneln, aber Kreolsprachen stehen primitiven Sprachen – d. h. Sprachen mit nur rudimentärer Funktion – nicht näher als irgendeine der tausend natürlichen Sprachen, die, soweit wir wissen, nicht als Pidginsprachen entstanden sind (vgl. 9.3).

Es gibt aber im Wortschatz verschiedener Sprachen erhebliche Unterschiede. Daher kann es notwendig sein, eine andere Sprache oder wenigstens ein spezialisiertes Vokabular zu erlernen, um ein bestimmtes Fach zu studieren oder zufriedenstellend darüber zu reden. In diesem Sinne kann eine bestimmte Sprache für bestimmte Zwecke besser geeignet sein als eine andere. Das bedeutet aber nicht, daß eine Sprache intrinsisch reicher oder ärmer als eine andere ist. Man kann davon ausgehen, daß alle lebenden Sprachen ihrer Natur nach wirkungsvolle Kommunikationssysteme sind. Da sich die Kommunikationsbedürfnisse einer Gesellschaft wandeln, wandelt sich auch ihre Sprache, um diesen Bedürfnissen gerecht zu werden. Der Wortschatz wird dadurch erweitert, daß Wörter aus anderen Sprachen entlehnt oder aus schon vorhandenen Wörtern neu gebildet werden. Die Tatsache, daß viele Sprachen, die in sogenannten unterentwickelten Ländern gesprochen werden, kein Wort für die Vorstellungen und die Produkte der modernen Naturwissenschaften und Technologien haben, bedeutet nicht, daß die betreffenden Sprachen primitiver sind als die Sprachen, die solche Wörter besitzen. Es bedeutet lediglich, daß bestimmte Sprachen bislang noch nicht von denjenigen benutzt worden sind, die sich mit der Entwicklung von Wissenschaft und Technologie beschäftigen.

Es muß abschließend betont werden, daß der Grundsatz, daß es keine primitiven Sprachen gibt, weniger Ergebnis linguistischer Forschung als eine Arbeitshypothese ist. Wir müssen die Möglichkeit offen halten, daß Sprachen sich in ihrer grammatischen Komplexität unterscheiden können und daß diese Unterschiede von den Linguisten bisher bloß noch nicht erforscht worden sind. Es wäre genauso unwissenschaftlich, zu leugnen, daß diese Möglichkeit besteht, wie zu behaupten, daß das Lateinische seinem Charakter nach vornehmer und ausdrucksvoller sei als die Sprache der Hottentotten oder der Ureinwohner Australiens.

2. Linguistik

2.1. Teildisziplinen der Linguistik

Wie wir gesehen haben, kann man sowohl Sprache im allgemeinen als auch bestimmte Sprachen von verschiedenen Standpunkten aus betrachten. Daher läßt sich das Gesamtfeld der Linguistik in verschiedene Teilgebiete aufgliedern – je nachdem, welchen Gesichtswinkel man wählt, welche Phänomene man für besonders wichtig erachtet und von welchen Voraussetzungen man ausgeht.

Zunächst haben wir zwischen *allgemeiner* und *deskriptiver* Linguistik zu unterscheiden. Diese Distinktion ist eigentlich recht einleuchtend, denn sie entspricht jener, die wir zwischen dem Studium von Sprache im allgemeinen und der Beschreibung bestimmter natürlicher Sprachen getroffen haben. Die Frage „Was ist Sprache?“, die wir im vorhergehenden Kapitel zunächst als für die Definition der gesamten Disziplin bedeutsam herausgestellt haben, ist genaugenommen die Kernfrage der allgemeinen Linguistik. Allgemeine und deskriptive Linguistik sind durchaus keine voneinander getrennten Gebiete; sie sind vielmehr, ob direkt oder indirekt, voneinander abhängig: Während die allgemeine Linguistik die Begriffe und Kategorien bereitstellt, auf die sich Analysen einzelner Sprachen zu beziehen haben, liefert die deskriptive Linguistik die sprachlichen Daten, die die von der allgemeinen Linguistik vorgelegten Grundannahmen und Theorien bestätigen oder widerlegen. Die allgemeine Linguistik könnte beispielsweise die Hypothese aufstellen, alle Sprachen verfügten über Nomen und Verben. Der Vertreter der deskriptiven Linguistik könnte dies auf der Basis empirisch evidenter Befunde durch den Hinweis darauf widerlegen, daß es zumindest eine Sprache gibt, bei deren wissenschaftlicher Beschreibung die Unterscheidung zwischen Nomen und Verben nicht getroffen werden kann. Um jedoch die Hypothese zu bestätigen oder zu widerlegen, hat der deskriptiv arbeitende Linguist mit bestimmten Begriffen wie ‚Nomen‘ und ‚Verb‘ zu operieren, die ihm von der allgemeinen Linguistik zur Verfügung gestellt worden sind.

Es gibt natürlich eine Vielzahl von Gründen dafür, daß man eine bestimmte Sprache beschreiben möchte. Viele Wissenschaftler im Feld der deskriptiven Linguistik tun dies, und zwar nicht deshalb, weil sie Datenmengen für die allgemeine Linguistik sammeln oder widerstreitende Theorien und Hypothesen überprüfen wollen, sondern weil sie ein grammatisches Nachschlagewerk oder ein Lexikon für den praktischen Gebrauch erstellen möchten. Dessenungeachtet besteht zweifelsfrei eine gegenseitige Abhängigkeit zwischen den beiden komplementären Teilgebieten der allgemeinen und deskriptiven Linguistik.

Während des 19. Jahrhunderts haben sich Linguisten hauptsächlich mit der detaillierten Erforschung der historischen Entwicklung bestimmter natürlicher Sprachen und mit der Ausarbeitung allgemeiner Hypothesen zum Sprachwandel beschäftigt. Die Teildisziplin, die sich diesen speziellen Fragestellungen zuwendet, nennt man daher *historische Linguistik*. Natürlich kann man sich auch im Rahmen der historischen Linguistik – ebenso wie in nicht historisch orientierten Teilbereichen – allgemein-sprachwissenschaftlichen Fragen oder Problemen bestimmter Einzelsprachen zuwenden. Wir können an dieser Stelle gut die Fachausdrücke ‚diachronisch' und ‚synchronisch' einführen, die von Saussure geprägt worden sind (auf dessen Unterscheidung zwischen ‚langue' und ‚parole' wir im vorhergehenden Kapitel verwiesen haben). Eine *diachronische* Sprachbeschreibung sucht die historische Entwicklung einer Sprache aufzuzeigen, indem sie die sich im Laufe der Zeit in der Sprache vollziehenden Veränderungen festhält; ‚diachronisch' ist also gleichbedeutend mit ‚historisch'. Demgegenüber ist eine *synchronische* Sprachbeschreibung nicht historisch ausgerichtet: Sie betrachtet den Zustand einer Sprache, so wie er sich zu einem bestimmten Zeitpunkt darstellt.

Wir wenden uns nun einer dritten Zweiteilung zu: derjenigen in *theoretische* und *angewandte* Linguistik. Verkürzt läßt sich folgendes feststellen: Die theoretische Linguistik untersucht Sprache im allgemeinen und die verschiedenen Einzelsprachen, um zu einer Theorie hinsichtlich ihrer Struktur und Funktionen zu gelangen, wobei diese Art der Erforschung von Sprache und von Sprachen nicht auf eine praktische Verwertbarkeit der Ergebnisse abzielt. Die angewandte Linguistik dagegen ist verwendungsorientiert und möchte die Begriffe und Befunde der Linguistik für eine Vielzahl praktischer Aufgaben – u.a. auch den Sprachunterricht – nutzen. Im Prinzip ist die Unterscheidung zwischen theoretischer und angewandter Linguistik unabhängig von den beiden anderen Distinktionen, die wir bereits getroffen haben. In der Praxis wird zwischen den Begriffen ‚theoretische Linguistik' und ‚allgemeine Linguistik' kaum unterschieden: Fast jeder, der den Begriff ‚theoretische Linguistik' verwendet, geht davon aus, daß das Ziel der theoretischen Linguistik in der Formulierung einer überzeugenden Theorie zur Struktur von Sprache an sich besteht. Und die angewandte Linguistik basiert selbstverständlich auch auf den Ergebnissen der allgemeinen und deskriptiven Linguistik.

Die vierte und letzte Zweiteilung, der wir uns zuwenden wollen, richtet sich sowohl auf einen kleineren als auch auf einen größeren Blickwinkel in bezug auf unseren Gegenstandsbereich; es gibt dafür keine allgemein gebräuchliche terminologische Distinktion: Wir verwenden daher die Begriffe ‚Mikrolinguistik' und ‚Makrolinguistik'. Wir wollen damit ausdrücken, daß die *Mikrolinguistik* den kleineren, die *Makrolinguistik* den größeren Blickwinkel auswählt. In extrem enger Auslegung ist also die Mikrolinguistik lediglich an der Struktur von Sprachsystemen interessiert; sie berücksichtigt nicht, wie die natürlichen Sprachen erworben, im Gehirn gespeichert oder in ihren verschiedenen Funktionen vom Sprachbenutzer eingesetzt werden. Die Mikrolinguistik läßt fernerhin das wechselseitige Beziehungsgeflecht von Sprache und Kultur, die physiologischen und psychologischen Mechanismen, die insgesamt mit dem sprachlichen Verhalten in Zusammenhang stehen, außer acht; sie interessiert sich – wie es bei Saussure (oder genauer: den Herausgebern seiner Schriften) heißt – allein für das Sprachsystem, dessen Glieder sich alle gegenseitig bedingen und in dem Geltung und Wert des einen sich nur aus dem gleichzeitigen Vorhandensein des anderen ergeben. In extrem weiter Auslegung befaßt sich die Makrolinguistik mit allem, was auf irgendeine Weise mit Sprache im allgemeinen und den Einzelsprachen zu tun hat.

Da sich neben der Linguistik auch viele andere Disziplinen mit Sprache befassen, ist es nicht verwunderlich, daß im Bereich der Makrolinguistik verschiedene interdisziplinäre Gebiete auszumachen sind, die – je nach Ausrichtung – entsprechende Benennungen tragen: Soziolinguistik, Psycholinguistik, Ethnolinguistik, Stilistik usw.

An dieser Stelle sollte hervorgehoben werden, daß die Unterscheidung zwischen Mikrolinguistik und Makrolinguistik unabhängig von derjenigen zwischen theoretischer und angewandter Linguistik ist. Im Prinzip gibt es nämlich hinsichtlich jedes Teilgebiets der Makrolinguistik auch einen theoretischen Aspekt. So ist es zum Beispiel in jenem Teilgebiet der angewandten Linguistik, der sich mit Sprachunterricht beschäftigt, wichtig, den größeren Blickwinkel bezüglich der Struktur und Funktionen von Sprachen zu wählen. Daher haben auch manche Autoren den von uns als Makrolinguistik bezeichneten Bereich innerhalb der angewandten Linguistik angesiedelt.

Wir werden uns in späteren Kapiteln einigen Feldern der Makrolinguistik zuwenden. Man könnte der Meinung sein, angesichts der allgemein anerkannten Bedeutung von Sprache für so viele Disziplinen sollte die Linguistik den größtmöglichen Blickwinkel für ihren Gegenstandsbereich wählen. Das ist in einem gewissen Sinne zweifellos richtig. Das Problem liegt aber darin, daß es ein befriedigendes theoretisches Bezugssystem bislang nicht gibt – vielleicht nie geben wird –, innerhalb dessen das Phänomen Sprache gleichzeitig von einem psychologischen, soziologischen, kulturtheoretischen, ästhetischen und neurophysiologischen (oder einem anderen, ähnlich bedeutsamen) Gesichtspunkt beurteilt werden kann. Die meisten Linguisten würden heute sagen, daß die theoretische synchronische Mikrolinguistik den Kern ihrer Disziplin bildet und ihr eine gewisse Einheitlichkeit und Kohärenz verleiht. Ungefähr die Hälfte dieses Buches bezieht sich auf diesen Kernbereich; der verbleibende Teil ist der historischen Linguistik und ausgewählten Gebieten der Makrolinguistik gewidmet.

2.2. *Ist die Linguistik eine exakte Wissenschaft?*

Es ist üblich, die Linguistik als Sprachwissenschaft oder aber als die wissenschaftliche Erforschung von Sprache zu definieren (vgl. 1.1). Schon die Tatsache, daß in diesem Buch wie auch in anderen Einführungen in die Linguistik ein ganzer Abschnitt der Erörterung des wissenschaftlichen Status der Disziplin gewidmet wird, verlangt eine Erläuterung. Schließlich empfinden Disziplinen, deren wissenschaftlicher Status unbezweifelt ist – Physik, Chemie, Biologie usw. –, nicht die Notwendigkeit, ihren Anspruch auf Wissenschaftlichkeit zu rechtfertigen. Warum sollte die Linguistik ihren Wissenschaftlichkeitsanspruch so besorgt verteidigen? Und warum entsteht so oft der Eindruck, daß die Sprachwissenschaftler, wenn sie diesen Wissenschaftlichkeitsanspruch verteidigen, des Guten zu viel tun? Der Leser hat durchaus Grund, argwöhnisch zu sein.

Zunächst muß geklärt werden, was eigentlich unter ‚Wissenschaft' zu verstehen ist: Die deutsche Bezeichnung kann nämlich auf eine größere Zahl von Disziplinen angewendet werden, als dies z.B. beim englischen Begriff ‚science' der Fall ist. Die englischen Wörter ‚science' und ‚scientific', die sich in erster Linie auf die Naturwissenschaften und die für sie charakteristischen Forschungsmethoden beziehen, implizieren sehr spezifische Bedeutungen, die ihre Anwendung auf die Linguistik mehr noch als auf andere Disziplinen erschweren, wenn auch Formulierungen wie ‚the social sciences' (Sozialwissenschaften), ‚the behavioural sciences' (Verhaltenswissenschaften) und sogar ‚the human sciences' (Humanwissenschaften) immer häufiger auftreten. Sind mit dem Wort ‚Wissenschaft' in der Überschrift also weitergehende Implikationen verbunden, oder steht es nur einfach für „etablierte akademische Disziplin"?

Doch es geht bei dieser Frage um mehr, als diese Interpretation erkennen läßt. Die meisten Sprachwissenschaftler, die der Definition ihres Faches als wissenschaftliche Erforschung von Sprache zustimmen, tun dies aus der Vorstellung heraus, daß es einen Unterschied gibt zwischen einer wissenschaftlichen und einer nicht-wissenschaftlichen Art, etwas zu tun. Ebenso wie einige Philosophen und Wissenschaftshistoriker mögen auch sie über einige Implikationen des Terminus ‚wissenschaftlich' verschiedener Meinung sein. Aber über die grundsätzlichen Unterschiede zwischen einer wissenschaftlichen und einer nicht-wissenschaftlichen Untersuchung von Sprache sind sie sich einig. Beginnen wir mit diesen Punkten, über die Einvernehmen herrscht.

Der erste und wichtigste besteht darin, daß die Linguistik *empirisch* ausgerichtet ist, nicht so sehr spekulativ oder intuitiv: Sie befaßt sich mit nachprüfbar gesicherten Daten, die sie durch Beobachtung und Experimente gewonnen hat. In diesem Sinne empirisch zu sein, ist für die meisten Menschen geradezu der Echtheitsstempel für wahre Wissenschaftlichkeit. Mit dieser Eigenschaft, empirisch fundiert zu sein, eng verbunden ist die, *objektiv* zu sein. Sprache ist etwas, das wir gern als gegeben hinnehmen: etwas, mit dem wir seit unserer Kindheit auf eine alltagspraktische, unreflektierte Weise vertraut sind. Diese praktische Vertrautheit mit Sprache steht aber ihrer objektiven Untersuchung leicht im Wege. Mit der Vorstellung des Laien von Sprache schlechthin und von bestimmten Sprachen im besonderen sind vielfältige soziale, kulturelle und nationalistische Vorurteile verbunden. So kann z. B. ein Akzent oder Dialekt einer bestimmten Sprache für an sich reiner gehalten werden als ein anderer; oder eine Sprache mag als primitiver beurteilt werden als eine andere. Das mindeste, was Objektivität verlangt, ist, daß Ansichten dieser Art hinterfragt und Ausdrücke wie ‚rein' oder ‚primitiv' entweder klar definiert oder aber abgelehnt werden.

Viele Vorstellungen über Sprache, die der Sprachwissenschaftler in Frage stellt, ohne sie damit völlig zu verwerfen, mögen als schlichte Erkenntnis des gesunden Menschenverstandes erscheinen. Aber schon Bloomfield (1935: 3) sagte über die Behandlung sprachlicher Fragen durch den sogenannten gesunden Menschenverstand: „Wie so vieles andere, das im Gewand des ‚gesunden Menschenverstandes' daherkommt, ist dieses Denken in Wirklichkeit höchst komplex und leitet sich letztlich aus den Spekulationen antiker und mittelalterlicher Philosophen her." Nicht alle Linguisten messen diesen philosophischen Spekulationen über die Sprache einen so geringen Wert bei wie Bloomfield. Aber der Kern seiner Aussage ist zutreffend. Die Begriffe, die der Laie benutzt, wenn er über Sprache spricht, und die Einstellungen, die er zur Sprache hat, haben eine historische Dimension. Und sie würden ihm oft weniger treffend und selbstverständlich erscheinen, wenn er etwas über ihre Geschichte wüßte.

Wir werden in diesem Buch nicht näher auf die Geschichte der Linguistik eingehen. Einige allgemeine Anmerkungen erscheinen uns dennoch angebracht. In Einführungswerken zur Linguistik ist es üblich, eine scharfe Trennungslinie zwischen der *traditionellen Grammatik* und der modernen Linguistik zu ziehen und den wissenschaftlichen Charakter der letzteren im Gegensatz zum nicht-wissenschaftlichen Status der erstgenannten hervorzuheben. Es gibt gute Gründe, diese Trennung vorzunehmen und darauf hinzuweisen, daß viele der in unserer Gesellschaft gängigen falschen Vorstellungen über die Sprache sich historisch erklären und auf die philosophischen und kulturellen Voraussetzungen zurückführen lassen, die für die Entwicklung der traditionellen Grammatik bestimmend waren. Einige von diesen falschen Vorstellungen sollen im nächsten Abschnitt angesprochen und diskutiert werden. Es muß jedoch betont werden, daß die Linguistik wie jede andere wissenschaftliche Disziplin auf der Vergangenheit aufbaut, nicht nur, indem sie traditionelle Lehren in Frage stellt und widerlegt, sondern auch, indem sie sie fortentwickelt und neu formuliert. Etliche der neueren Arbeiten zur Linguistik haben über der Beschreibung der großen, während der letzten hundert Jahre in der wissenschaftlichen Untersuchung auf dem Felde der Sprachforschung gemachten Fortschritte versäumt, die Kontinuität der abendländischen Sprachtheorie von den frühesten Zeiten bis zum heutigen Tage hervorzuheben. Und sie waren oft auch etwas anachronistisch in ihrer Unfähigkeit, die traditionelle Grammatik gemäß deren eigenen Zielsetzungen zu beurteilen. Schließlich darf man nicht vergessen, daß die Begriffe ‚Wissenschaft' und ‚wissenschaftlich' (oder deren Vorläufer) zu verschiedenen Zeiten verschieden ausgelegt wurden.

Es sollte auch erwähnt werden, daß das, was im allgemeinen mit dem Begriff ‚traditionelle Grammatik' bezeichnet wird – d.h. die abendländische Sprachtheorie, die über die Renaissance und das Mittelalter zurückreicht bis zu den Arbeiten der Römer und davor der Griechen –, wesentlich reicher und vielfältiger ist, als gemeinhin erkannt wird. Darüber hinaus war das, was Generationen von widerwilligen und uninteressierten Schülern in der Schule lernten, oft nur eine mißverstandene und verstümmelte Version der traditionellen Grammatik. In den letzten Jahren haben die Linguisten begonnen, den Beitrag, den die traditionelle Grammatik zur Entwicklung ihrer Disziplin geleistet hat, etwas differenzierter zu sehen. Noch immer ist an den Originalquellen, die sich aus früheren Epochen erhalten haben, eine Menge Forschungsarbeit zu leisten. Doch es gibt bereits einige Darstellungen der Geschichte sprachwissenschaftlicher Forschung, die den Ursprung und die Entwicklung der traditionellen Grammatik befriedigender erläutern, als es zur Zeit Bloomfields und seiner unmittelbaren Nachfolger möglich war.

Kehren wir nun zurück zum gegenwärtigen Stand der Linguistik. Zumindest in ihren selbstgesetzten Grundannahmen und Positionen ist ihr Charakter ohne Zweifel empirischer und objektiver als der der traditionellen Grammatik. Wir werden einige dieser Grundannahmen und Positionen im folgenden Abschnitt genauer betrachten. Aber ist die moderne Linguistik in der Praxis auch wirklich so empirisch und so objektiv, wie sie behauptet? Hier können sicherlich Zweifel angemeldet werden. Und hier ist auch auf einem komplexeren Diskussionsniveau Anlaß zu Fragen über das Wesen wissenschaftlicher Objektivität und die Anwendbarkeit der allgemein so bezeichneten ‚wissenschaftlichen' Methode auf die Untersuchung von Sprache.

Tatsächlich gehen durchaus nicht mehr alle Wissenschaftler und Wissenschaftstheoretiker davon aus, daß es eine einzige, auf alle Wissenschaftszweige anwendbare Untersuchungsmethode gibt. Der bloße Begriff ‚die wissenschaftliche Methode' hat einen deutlich altmodischen, fast ans 19. Jahrhundert gemahnenden Klang. Manchmal wird behauptet, daß wissenschaftliche Untersuchung notwendigerweise in Form von induktiven Verallgemeinerungen auf der Basis nicht durch Theorie kontrollierter Beobachtungen vor sich gehen müsse. Genau dies beinhaltet für viele der Begriff ‚die wissenschaftliche Methode'. Aber selbst in den Naturwissenschaften haben nur sehr wenige Wissenschaftler jemals so gearbeitet. Was immer wissenschaftliche Objektivität bedeuten mag, es ist mit Sicherheit damit nicht gemeint, daß der Wissenschaftler sich der Theorienbildung und der Formulierung allgemeiner Hypothesen enthalten soll, bis er eine ausreichende Menge von Daten angehäuft hat. Wissenschaftliche Daten – darauf hat man oft hingewiesen – werden nicht durch Erfahrung gegeben, sondern werden ihr entnommen. Beobachtung schließt notwendigerweise selektive Aufmerksamkeit ein. Es gibt keine theorieneutrale und hypothesenfreie Beobachtung und Datensammlung. Um es mit einem zur Zeit modischen Ausspruch, der ursprünglich von Popper stammt, zu sagen: Beobachtung ist notwendigerweise und von Anfang an theoriegeladen.

Die Formulierung ist anregend, aber umstritten. Sie wurde in Reaktion auf das stark empiristische Wissenschaftsbild geprägt, das den Vertretern des logischen Positivismus vor dem Zweiten Weltkrieg eigen war. Linguistikstudenten sollten zumindest ein wenig über den *Empirismus* und den *Positivismus* wissen. Fehlen ihnen diese Kenntnisse – die nicht einmal sehr detailliert oder tief sein müssen –, so kann man nicht erwarten, daß sie einige der theoretischen und methodologischen Probleme verstehen, an denen sich heute die verschiedenen linguistischen Schulen scheiden. Im folgenden wird das notwendige Minimum an Hintergrundinformation geliefert, und zwar, so weit es geht, unparteiisch und ohne Anlehnung an eine Position bei bekannt strittigen Fragestellungen. Man muß hinzufügen, daß diese Kontroversen für alle Wissenschaftsbereiche relevant sind, nicht nur für die Linguistik. Doch haben sie für den Linguisten ein besonderes Gewicht, da jüngere Entwicklungen in dieser Diziplin und in der Sprachphilosophie, die mit dem Werk und den Ideen von Chomsky verknüpft sind, die allgemeinere Diskussion über Empirismus und Positivismus in Philosophie, Psychologie und anderen nicht im engeren Sinne naturwissenschaftlichen Disziplinen stark geprägt haben (vgl. 7.4).

Empirismus bedeutet sehr viel mehr als die Anwendung empirischer Methoden der Nachprüfung und Bestätigung: Daher muß man streng zwischen ‚empiristisch' und ‚empirisch' unterscheiden. Der Terminus ‚Empirismus' bezieht sich auf die Ansicht, daß alles Wissen aus der Erfahrung stammt – das griechische Wort ‚empeiria' bedeutet etwa soviel wie „Erfahrung" – und, genauer noch, aus der sinnlichen Wahrnehmung. In einer jahrhundertealten philosophischen Kontroverse ist der Empirismus immer dem ‚Rationalismus' – abgeleitet von lateinisch ‚ratio' in der Bedeutung „Geist", „Intellekt" oder „Verstand" – gegenübergestellt worden. Die *Rationalisten* unterstreichen die Rolle, die der Verstand beim Erwerb von Wissen spielt. Insbesondere vertreten sie die Meinung, daß es gewisse apriorische Begriffe und Propositionen gibt (‚a priori' bedeutet in der philosophischen Tradition „vor aller Erfahrung"), aufgrund deren der Geist die aus der Erfahrung gewonnenen Informationen deutet. Bei der Behandlung des Generativismus werden wir noch auf einige besondere Aspekte der Kontroverse zwischen Empirismus und Rationalismus zurückkommen (vgl. 7.4).

Zwischen Empirismus und Positivismus muß für unsere Zwecke nicht unterschieden werden. Der Empirismus ist älter und als philosophische Grundannahme umfassender in seinem Anwendungsbereich. Doch beide gehen Hand in Hand und sind in allem, was uns hier beschäftigt, eng miteinander verbunden. Der Positivismus beruht auf der Unterscheidung zwischen den sogenannten feststehenden (positiven) Erfahrungsdaten und transzendentaler Spekulation verschiedenster Art. Er neigt zu einer diesseitigen und antimetaphysischen Auffassung der Welt und verwirft jede Berufung auf immaterielle Entitäten. Ziel der Vertreter des *logischen Positivismus* im Wiener Kreis war es, ein einziges System einer allumfassenden Wissenschaft zu entwerfen, in dem sich die Summe allen positiven Wissens schließlich als ein System von präzis formulierten Sätzen darstellen ließe.

Zwei spezifischere Prinzipien waren für dieses Vorhaben von entscheidender Bedeutung. Das erste war das berühmt gewordene *Verifikationsprinzip*: Es besagt, daß keine Aussage bedeutungsvoll ist, die nicht durch Beobachtung oder durch wissenschaftliche Standardmethoden, die auf Beobachtungsdaten angewendet werden, verifiziert werden kann. Das zweite zentrale Prinzip war das des *Reduktionismus*: Dieses besagt, daß einige Wissenschaften grundlegender sind als andere – Physik und Chemie gelten als grundlegender als Biologie, Biologie ihrerseits als grundlegender als Psychologie und Soziologie, und so weiter – und daß in der großen Synthese der allumfassenden Einheitswissenschaft die Begriffe und Sätze der weniger grundlegenden Wissenschaften auf die Begriffe und Sätze der grundlegenderen Wissenschaften zurückgeführt (d. h. in deren Begriffssystem umformuliert) werden müßten. Im Gegensatz zum Verifikationsprinzip wurde der Reduktionismus nicht nur zum Kennzeichen der Mitglieder des Wiener Kreises aus den vierziger Jahren, sondern zu dem eines weitaus größeren Kreises von Wissenschaftlern.

Das Verifikationsprinzip ist inzwischen aufgegeben worden (obwohl es bei der Erstellung der Wahrheitswert-Theorie der Bedeutung eine Rolle spielte: vgl. 5.6), und das Prinzip des Reduktionismus wird heute von Wissenschaftlern und Vertretern der Wissenschaftstheorie weit weniger häufig verfochten als im Jahre 1933, als Bloomfield sein berühmtes Handbuch der Linguistik schrieb. Bloomfield wird in diesem Zusammenhang erwähnt, weil er, was kaum verwunderlich ist, ein überzeugter Anhänger des Empirismus und Positivismus war. Dies wird im zweiten Kapitel seines Buches deutlich. Er stand in der Tat in enger Verbindung mit der Einheitswissenschaftsbewegung und bekannte sich voll zum Prinzip des Reduktionismus. Bloomfield hat, mehr als irgendein anderer Sprachwissenschaftler dies tat, der Linguistik (besonders in Amerika) das Idealziel gesetzt, wirklich wissenschaftlich zu sein. Daher läßt sich in der Linguistik ein historisch erklärbares Erbe des Empirismus und des Positivismus erkennen.

Der Reduktionismus und noch mehr der Positivismus üben heute auf die meisten Wissenschaftler nicht mehr solche Anziehungskraft aus wie einstmals. Heute wird weitgehend akzeptiert, daß es so etwas wie eine einzig wahre wissenschaftliche Methode, die sich auf alle Gebiete anwenden ließe, nicht gibt und daß verschiedene methodische Ansätze nicht nur als vorübergehend notwendig in einzelnen Disziplinen hingenommen werden müssen, sondern auch wegen nicht vollständig auflösbarer Unterschiede in den Forschungsgegenständen langfristig gerechtfertigt sein können. Vom 17. Jahrhundert an, seit den Zeiten eines Descartes und Hobbes, haben immer wieder Philosophen, die sich mit wissenschaftstheoretischen Fragen befaßten, Zweifel am Programm der Positivisten angemeldet, geistige Prozesse mit jenen Methoden und Begriffen erklären zu wollen, die für die Naturwissenschaften charakteristisch sind. Ein großer Teil der Psychologie und der Soziologie des 20. Jahrhunderts wie auch weite Bereiche der Linguistik dieses Jahrhunderts waren in der Grundeinstellung positivistisch. Aber in allen drei Disziplinen, und am deutlichsten in der Linguistik, wird der Positivismus seit kurzem als methodisch impraktikabel oder steril angegriffen.

Kurz gesagt, die Frage, ob eine Disziplin wissenschaftlich ist oder nicht, kann nicht mehr – wenn das überhaupt je möglich war – befriedigend durch Hinweis auf die sogenannte wissenschaftliche Methode beantwortet werden. Jede anerkannte Wissenschaft setzt ihre eigenen, charakteristischen theoretischen Konstrukte und ihre eigenen Methoden der Datengewinnung und Dateninterpretation ein. Was im vorausgegangenen Kapitel als Fiktion bezeichnet wurde – das Sprachsystem –, kann man mit einem wissenschaftlich seriöseren Begriff als ein *theoretisches Konstrukt* beschreiben. Zum Realitätsgehalt solcher Konstrukte kann man Fragen stellen, genauso wie man sie auch zum Realitätsgehalt theoretischer Konstrukte in der Physik oder Biochemie stellen kann. Nutzbringender ist es jedoch, jedes solcher postulierten theoretischen Konstrukte daraufhin zu befragen, welche erklärende Funktion es im Hinblick auf die Daten erfüllt.

Alles, was bisher über den Empirismus, Positivismus und den gegenwärtigen Status der sogenannten wissenschaftlichen Methode gesagt worden ist, kann als mehr oder weniger den Tatsachen entsprechend und unumstritten gelten. Jetzt wenden wir uns den umstrittenen Punkten zu.

Der erste hat mit Poppers Begriff der theoriegeladenen Beobachtung zu tun. Kontrovers ist hier der Gebrauch des Terminus ‚Theorie'. Woran Popper dabei dachte und was er angriff, war die strenge Unterscheidung, die die Vertreter des logischen Positivismus zwischen der Beobachtung trafen, die ihnen als theoretisch neutral galt, und der Theoriekonstruktion, die sie als das Ergebnis induktiver Verallgemeinerung ansahen. Zweifellos zu Recht stellte er die Schärfe dieser Unterscheidung und insbesondere auch die Ansicht in Frage, daß Beobachtungen und Datensammlung der Formulierung von Hypothesen vorausgehen können und müssen. Gewöhnlich ist die Auswahl der Daten durch eine Hypothese bestimmt, die der Wissenschaftler prüfen möchte; und es spielt dabei keine Rolle, wie er zu dieser Hypothese gekommen ist. Die Tatsache, daß die positivistische Vorstellung von der nicht-selektiven Beobachtung und Datensammlung untauglich ist, bedeutet jedoch nicht, daß überhaupt keine Unterscheidung zwischen vortheoretischen und theoretischen Konzepten zu treffen sei. Es ist ein Mißbrauch des Begriffs ‚Theorie', darunter alle vorgefaßten Vorstellungen und Erwartungen zu subsumieren, mit denen man sich Beobachtungsgegenständen nähert und nach denen man seine Auswahl trifft. Auf die Unterscheidung zwischen vortheoretischen und theoretischen Konzepten werden wir in späteren Kapiteln noch mehrfach zurückkommen. Und wir werden davon ausgehen, daß Beobachtung, wiewohl notwendig selektiv, in der Linguistik wie in anderen Erfahrungswissenschaften befriedigenden methodologischen Kontrollen unterworfen werden kann.

Ein zweiter umstrittener Punkt – und ein zur Zeit in der Linguistik sehr wichtiger – hat mit der Rolle der Intuition und den methodologischen Problemen zu tun, die sich in diesem Zusammenhang ergeben. An dem Terminus ‚Intuition' haften gewisse, recht unglückliche Alltagsassoziationen. Wenn man von den Intuitionen spricht, die ein Sprecher in bezug auf seine Muttersprache hat, meint man nur seine spontanen und ungeschulten Urteile über die Akzeptabilität oder Nicht-Akzeptabilität von Äußerungen, die Äquivalenz oder Nicht-Äquivalenz von Äußerungen usw. Es gab einmal eine Zeit, in der einige Linguisten meinten, es sei im Prinzip möglich, der Notwendigkeit, solche intuitiven Urteile immer von muttersprachlichen Sprechern erfragen zu müssen, zu entgehen, indem man einfach ein genügend umfangreiches *Korpus* von natürlich vorkommenden Daten sammelt und einer ausführlichen und systematischen Analyse unterzieht. Heutzutage vertreten nur noch sehr wenige Linguisten diesen Standpunkt. Es ist klar geworden, daß viele natürlich vorkommende Äußerungen aus Gründen, die, linguistisch gesehen, irrelevant sind, nicht-akzeptabel sind, und auch, daß kein Materialkorpus, wie groß es auch sein mag, Beispiele für jede Art möglicher Äußerungen enthalten wird. Doch es bleibt unbestritten, daß die Linguistik sich auf das Beweismaterial der Intuition beruft. Diese Kontroverse hat zwei Aspekte.

Der erste betrifft die Frage, ob die Intuitionen, auf die sich der Linguist bezieht, Teil der sprachlichen Kompetenz eines muttersprachlichen Sprechers an sich sind. Wenn dies der Fall ist, dann werden nach Chomskys Definition von ‚Kompetenz' und seiner Formulierung der Ziele der Linguistik die Intuitionen selber ein Teil dessen, was die Beschreibung einer jeden natürlichen Sprache deutlich erklären muß. Die meisten Linguisten würden vermutlich nicht sagen wollen, daß in der Beschreibung einer Sprache die Intuitionen eines muttersprachlichen Sprechers als Daten behandelt werden müssen. Auf diese Frage werden wir bei der Erörterung des Generativismus zurückkommen (vgl. 7.4).

Der zweite Teil der Kontroverse bezieht sich auf die Zuverlässigkeit, die Urteile muttersprachlicher Sprecher als Darstellung oder Prognosen des eigenen Sprachverhaltens sowie des Sprachverhaltens anderer besitzen. Die Linguisten scheinen sich darüber einig zu sein, daß solche Urteile, zumindest in bestimmten Fällen, höchst unzuverlässig sind. Es ist nicht nur so, daß Sprecher der gleichen Muttersprache oft untereinander uneins sind über das, was sprachlich akzeptabel ist, ohne daß es weitere Hinweise dafür gäbe, daß sie verschiedene Dialekte sprechen, sondern man hat auch nachgewiesen, daß ihre Urteile sich mit der Zeit ändern. Darüber hinaus kommt es häufig vor, daß ein muttersprachlicher Sprecher eine Äußerung, die ihm ein Vertreter der deskriptiven Linguistik zur Beurteilung vorlegt, als nicht-akzeptabel ablehnt, dann aber selbst diese Äußerung in irgendeinem natürlichen Verwendungszusammenhang benutzt. Was die Beobachtungen der eigenen Sprache durch Linguisten betrifft, so sind sie, wenn auch häufig aus anderen Gründen, mindestens so unzuverlässig wie die von Laien. Der Linguist mag zwar weniger um die konventionellen Maßstäbe des korrekten Sprachgebrauchs besorgt sein (z. B. mag er keine Hemmungen haben, freimütig zuzugeben, daß er manchmal ‚brauchen' ohne ‚zu' zu gebrauchen pflegt). Aber seine Urteile laufen eher Gefahr, durch sein Wissen um die Folgerungen verzerrt zu werden, die für diese oder jene theoretische Fragestellung aus ihnen erwachsen. Die Vorstellungen, die der Linguist über sein eigenes Sprachverhalten und das von anderen haben mag, können sehr wohl theoriegeladen sein, auch wenn dies für seine unmittelbare Beobachtung spontaner Gespräche nicht gilt.

In der Tat gibt es für eine ganze Reihe von Problemen in der theoretischen Linguistik bei der Sammlung zuverlässiger Daten sehr ernsthafte methodologische Schwierigkeiten. Doch sind sie nicht schwerwiegender als die methodologischen Probleme, denen sich alle Forscher gegenübergestellt sehen, die auf den Gebieten der Psychologie, Soziologie und allgemein der Sozialwissenschaften arbeiten. Und in mancher Hinsicht ist die Position des Sprachwissenschaftlers günstiger als die der meisten Sozialwissenschaftler, weil ziemlich klar ist, welcher Anteil des beobachtbaren Verhaltens dem Sprachverhalten zugerechnet werden kann. Außerdem bleibt es ihm bei der Beschreibung jeder beliebigen Sprache in ganz beträchtlichen Teilbereichen erspart, sich mit der Frage der Zuverlässigkeit der Intuitionen des muttersprachlichen Sprechers oder der seiner eigenen Introspektion auseinanderzusetzen, weil dieses Problem dort keine Relevanz hat. Man sollte also die methodologischen Schwierigkeiten, die sich für die linguistische Forschung ergeben, nicht überbewerten.

Im letzten Absatz wurden Psychologie, Soziologie und die anderen Sozialwissenschaften erwähnt. Viele Sprachwissenschaftler, vielleicht sogar die meisten, würden ihre Disziplin unter die Sozialwissenschaften einordnen. Aber die Linguistik läßt sich im Rahmen keiner Einteilung der akademischen Disziplinen, die entweder von der Zweiteilung in Natur- und Geisteswissenschaften oder von der Dreiteilung in Natur-, Sozial- und Humanwissenschaften ausgeht, leicht einordnen.

Die zunehmende Verwendung von Begriffen wie ‚die Verhaltenswissenschaften', ‚die Humanwissenschaften' oder ‚die Geowissenschaften' sind ein Zeichen dafür, daß viele Disziplinen die Notwendigkeit von strategischen oder taktischen Neugruppierungen empfinden, die nur noch wenig mit den konventionellen Einteilungen zu tun haben. Ob die Linguistik als akademische Disziplin in der einen oder anderen Fakultät untergebracht wird, ist weitgehend eine verwaltungstechnische Frage. Die Linguistik hat, wie gezeigt, natürliche Verbindungslinien zu einer ganzen Reihe von anderen akademischen Fächern. Wenn man sagt, daß die Linguistik eine exakte Wissenschaft ist, bestreitet man damit nicht, daß sie, ihrem Gegenstandsbereich nach, eng mit solchen besonders eindeutig zu den Humanwissenschaften zählenden Fächern wie der Philosophie und der Literaturwissenschaft verwandt ist.

In den folgenden Abschnitten wird eine Reihe von Prinzipien erörtert werden, die heute in der Linguistik allgemein als selbstverständlich gelten. Zum größten Teil lassen sie sich aus dem wissenschaftlichen Ideal der Objektivität herleiten. Da die moderne Linguistik sich durch die Betonung ihres objektiven Charakters in dieser Hinsicht so oft gegen die traditionelle Grammatik abgegrenzt hat, werden ihre Prinzipien häufig in Gegenüberstellung zu den Prinzipien dargestellt, die die charakteristischen Grundhaltungen und Grundannahmen der Vertreter der traditionellen Grammatik bestimmten.

2.3. Terminologie und Notation

Jede wissenschaftliche Disziplin hat ihr eigenes Fachvokabular. Die Linguistik bildet darin keine Ausnahme. Die meisten Fachtermini, die Linguisten benutzen, erwachsen aus ihrer Arbeit an sprachlichen Phänomenen und sind demjenigen, der aufgeschlossen und ohne Vorurteile an das Fach herangeht, leicht verständlich.

Manchmal wird der Vorwurf erhoben, daß die Terminologie oder der Fachjargon der Linguistik unnötig kompliziert sei. Warum neigt der Linguist so sehr dazu, neue Begriffe zu prägen? Warum gibt er sich nicht damit zufrieden, von Lauten, Wörtern und Wortarten zu sprechen, anstatt solche neuen Termini zu erfinden wie ‚Phonem', ‚Morphem' und ‚Formklasse'? Die Antwort ist, daß die meisten der in der Alltagssprache in bezug auf die Sprache benutzten Begriffe – deren Mehrzahl ursprünglich als Fachtermini der traditionellen Grammatik entstand – ungenau und mehrdeutig sind. Das soll nicht heißen, daß Linguisten sich nicht zuweilen, wie alle Spezialisten, unangebrachter terminologischer Pedanterie schuldig machten. Im Prinzip jedoch dient das Spezialvokabular der Linguistik, wenn es kontrolliert und angemessen eingesetzt wird, der Klärung und nicht der Mystifikation. Es beseitigt Mehrdeutigkeiten und trägt dazu bei, mögliche Mißverständnisse zu vermeiden.

Mit der Notation verhält es sich wie mit der Terminologie. Wir sind gezwungen, uns der Sprache zu bedienen, um über Sprache allgemein und über spezifische Sprachen sprechen zu können. Dabei müssen wir fähig sein, genau anzugeben, auf welche Einzelheiten, Teilbereiche und Merkmale einer Sprache wir uns beziehen. Die Verwendung spezieller Schreibkonventionen macht dies sehr viel leichter. Es könnte sich ja beispielsweise für uns die Möglichkeit ergeben, zwischen der Bedeutung eines Wortes und seiner Form und zwischen jedem dieser beiden Faktoren und dem Wort selbst zu unterscheiden. Unglücklicherweise gibt es keine allgemein anerkannten Schreibkonventionen, mit deren Hilfe man diese und andere Unterscheidungen deutlich machen könnte. Im vorliegenden Buch werden wir in solchen Fällen zur Unterscheidung einfache und doppelte Anführungsstriche und Kursivschrift verwenden. So werden wir z. B. unterscheiden zwischen „Tisch" und *Tisch,* wobei die erste Notationsvariante die Bedeutung und die zweite die Form (oder eine der Formen) des Wortes ‚Tisch' bezeichnet. Indem wir diese Konvention benutzen, können wir, wie wir sehen werden, wenigstens zwei Dimensionen des Wortes ‚Wort' auseinanderhalten: Im ersten Sinn bezieht es sich auf etwas, das wir in einem Wörterbuch der betreffenden Sprache zu finden erwarten. Im zweiten Sinn bezieht es sich auf das, was in einem geschriebenen Text zwischen zwei Lücken als eine Reihe von Buchstaben gedruckt wird.

Später werden noch andere Schreibkonventionen eingeführt werden, die es uns ermöglichen, zwischen gesprochenen und geschriebenen Formen, zwischen gesprochenen Formen einer Art (phonetisch) und gesprochenen Formen anderer Art (phonologisch) zu unterscheiden usw. Hiermit soll in erster Linie verdeutlicht werden, daß verschiedene Schreibkonventionen zwar nicht absolut erforderlich, wohl aber sehr nützlich sind, um auf Sprachdaten zu verweisen und den Aussagegegenstand klar zu benennen. Dazu haben sie den weiteren Vorteil, daß sie den Sprachwissenschaftler zwingen, sorgfältig über bestimmte Unterscheidungen nachzudenken, die sonst vielleicht unbemerkt blieben. Sehr häufig erweist es sich als schwierig, in der Anwendung einer bestimmten Schreibkonvention ganz konsequent zu sein. Diese Schwierigkeit führt dann zu einem Überdenken der theoretischen Unterscheidung, für die die Schreibkonvention ursprünglich eingerichtet wurde. Dies ist einer der in allen Wissenschaften beschrittenen Wege zu neuer Erkenntnis.

2.4. Die Linguistik ist deskriptiv, nicht präskriptiv

Der Begriff ‚deskriptiv' wird in Abgrenzung zu den Begriffen ‚allgemein' einerseits und ‚historisch' andererseits verwendet. Der Gegensatz, um den es hier geht, besteht darin, ob man *beschreibt,* wie die Dinge sind, oder *vorschreibt,* wie sie sein sollten. Alternativ zu ‚präskriptiv' könnte man als Gegenbegriff zu ‚deskriptiv' auch ‚normativ' verwenden. Wenn man sagt, daß die Linguistik eine deskriptive (d. h. nicht-normative) Wissenschaft ist, meint man damit, daß der Linguist die Regeln zu entdecken und zu beschreiben versucht, nach denen sich die Mitglieder einer Sprachgemeinschaft tatsächlich richten, und daß es nicht seine Absicht ist, ihnen andere (d. h. äußere) Regeln oder Normen der Korrektheit zu oktroyieren.

Es ist vielleicht verwirrend, den Begriff ‚Regel', wie es gerade geschehen ist, in diesen zwei sehr verschiedenen Bedeutungen zu gebrauchen. Ob zu Recht oder zu Unrecht, Sprachwissenschaftler verwenden diese Begriffe nun einmal. Es ist daher vielleicht hilfreich, den Unterschied zwischen diesen beiden Arten von Regeln – wir wollen sie immanent oder transzendent nennen – am Beispiel eines anderen Phänomens als dem Sprachgebrauch zu illustrieren. Nehmen wir das sexuelle Verhalten in einer bestimmten Gesellschaft. Wenn wir bei der Untersuchung des sexuellen Verhaltens den rein deskriptiven (d. h. nicht-normativen) Standpunkt einnehmen, werden wir versuchen herauszufinden, wie Menschen sich tatsächlich verhalten: ob sie voreheliche sexuelle Kontakte haben und, wenn ja, welcher Art und von welchem Alter an; ob Männer und Frauen ihren Partnern gleichermaßen treu oder untreu sind usw. Insoweit das Verhalten bestimmter Gruppen innerhalb der Gemeinschaft in der Praxis von erkennbaren Prinzipien beherrscht wird – ob die Mitglieder dieser Gruppe sich zu diesen Prinzipien bekennen oder sich ihrer überhaupt bewußt sind oder nicht –, können wir sagen, daß ihr Verhalten regelgeleitet ist: Die Regeln sind ihrem tatsächlichen Verhalten *immanent*. Aber diese Regeln (wenn man sie zu Recht so nennen kann) sind im Status, wenn auch nicht unbedingt im Inhalt, sehr verschieden von den Verhaltensmaßregeln, die das Gesetz, die etablierte Religion oder einfach die konventionelle Moral vorschreiben mögen. In der Praxis mögen die Menschen den hier als *transzendent* (d. h. von außen kommend oder nicht-immanent) bezeichneten Regeln für das sexuelle Verhalten folgen oder nicht. Darüber hinaus mag es Unterschiede zwischen dem Verhalten der Menschen und dem, was sie darüber sagen oder denken, geben. Alle diese Unterschiede finden Entsprechungen im Sprachverhalten. Die wichtigste Unterscheidung ist jedoch die zwischen transzendenten (d. h. präskriptiven) und immanenten (d. h. deskriptiven) Regeln. *Man tut dies/jenes (nicht)* kann den präskriptiven Charakter einer Anweisung haben (wenn z. B. die Mutter dem Kind sagt *Man spricht nicht mit vollem Mund!*; es kann aber auch den deskriptiven Charakter einer Aussage haben, z. B. in *Man trinkt in Deutschland nicht viel Guinness*).

Der Grund dafür, daß die Vertreter der modernen Linguistik so hartnäckig auf der Unterscheidung zwischen deskriptiven und präskriptiven Regeln bestehen, liegt einfach darin, daß die traditionelle Grammatik stark normativen Charakter hatte. Der Grammatiker sah es als seine Pflicht an, die Standardformen der korrekten Sprache zu formulieren und sie den Sprechern dieser Sprache, wenn nötig, aufzuzwingen. Viele der normativen Vorschriften der traditionellen Grammatik werden dem Leser vertraut sein: „Benutze nie eine doppelte Verneinung!" (*Keine Menschenseele hab' ich nicht gesehen*), „Spalte nie ein Pronominaladverb!" (*Da bin ich noch gar nicht zu gekommen*), „Wer ‚brauchen' ohne ‚zu' gebraucht, braucht ‚brauchen' gar nicht zu gebrauchen" usw. Beispiele aus der englischen Sprache wären: „Beende nie einen Satz mit einer Präposition!" (*That's the man I was speaking to*); „Hinter dem Verb ‚to be' steht derselbe Kasus wir vor ihm!" (so daß es nach dieser Regel nicht *It's me* heißen dürfte, sondern *It's I* heißen müßte); „Der Infinitiv darf nicht aufgespalten werden!" (wie in *I want you to clearly understand,* wo *clearly* zwischen *to* und *understand* eingeschoben ist).

Wenn man die obigen Beispiele betrachtet, sieht man schnell, daß sie ihrem Charakter nach recht heterogen sind. Es gibt einige Dialekte im Englischen, in denen die sogenannte doppelte Verneinung nie angewandt wird (d.h. in ihnen wird *I didn't do nothing* nie als Äquivalent für die englische Standardform *I didn't do anything* verwendet). Dagegen gibt es andere, in denen sie, von einem rein deskriptiven Standpunkt aus betrachtet, die korrekte Konstruktion bildet. Geht man von einem präskriptiven Prinzip aus, auf dessen Grundlage der tatsächliche Sprachgebrauch beurteilt und als nicht-akzeptabel bewertet werden kann, und leitet hieraus die Gründe für die Ablehnung der doppelten Verneinung ab, so wird gern die Logik als Entscheidungsinstanz herangezogen. Die Logik sagt uns, so heißt es dann, daß zwei Negationen eine positive Aussage ergeben. Dazu sind mehrere Anmerkungen zu machen. Zunächst einmal zeugt es von einem falschen Verständnis dessen, was Logik überhaupt ist und wie sie funktioniert: Doch wir brauchen hier nicht auf das Wesen der logischen Axiome einzugehen und auch nicht auf die komplexe Frage, wie sich die sogenannte natürliche Logik des gewöhnlichen Sprachverhaltens zu den Systemen der Logik verhält, die die Logiker konstruieren und zum Gegenstand ihrer Forschung machen. Es geht einfach darum, daß an den sogenannten Doppelnegations-Konstruktionen nichts an sich Unlogisches ist. In den Dialekten, in denen sie regelmäßig auftreten, finden sie ganz systematisch nach den grammatischen Regeln und Deutungsprinzipien Verwendung, die in den fraglichen Dialektgemeinschaften dem Sprachverhalten immanent sind. Ein zweiter Punkt, den man sich klarmachen muß, ist, daß man die sogenannte Doppelnegations-Konstruktion, wie sie in einigen englischen Dialekten zu finden ist, nicht angemessen beschreiben kann, ohne daß man Merkmale der Betonung und Intonation mit in die Betrachtung einbezieht. Die Regeln der Standardsprache (d.h. die Regeln, die dem Sprachverhalten der Sprecher eines bestimmten Dialekts immanent sind) lassen im Englischen *I didn't do nothing* (etwa mit der Bedeutung „Es ist nicht wahr, daß ich nichts getan habe") zu, wenn *didn't* betont ist oder aber, was zusätzliche Implikationen oder Voraussetzungen einschließt, *do* oder *nothing* mit besonders starker Betonung ausgesprochen werden. In Dialekten, in denen *I didn't do nothing* (mit normaler, d.h. unemphatischer Betonung) auch „I didn't do anything" bedeuten kann, kann es natürlich auch die gleichen Bedeutungen haben wie in der Standardform des Englischen. Aber Betonung und Intonation verhindern Mißverständnisse. Schließlich sei angemerkt, daß bei vielen Sprachen die sogenannte Doppelnegations-Konstruktion in der Standardliteratursprache vorkommt: z.B. im Französischen, Italienischen, Spanischen und Russischen, um nur einige der bekannteren modernen europäischen Sprachen zu nennen. Sogar der angesehenste Dialekt des Altgriechischen – das klassische Griechisch, wie es sich in den Schriften Platons, Sophokles' und Thukydides' oder sogar des Vaters der Logik selbst, Aristoteles', findet – verfügte über eine Doppelnegations-Konstruktion. Und die Wurzeln der traditionellen Grammatik liegen schließlich in der Beschreibung der literarischen Dialekte des alten Griechenlands.

Andere normative Vorschriften der traditionellen Grammatik – wie z. B. die Verdammung des aufgespaltenen Infinitivs (*... to clearly understand*) und des *It's me* im Englischen – sind dadurch entstanden, daß Prinzipien und Kategorien, die in erster Linie zur Beschreibung des Griechischen und Lateinischen aufgestellt worden waren, auf die modernen Sprachen übertragen wurden. Was das Beispiel des gespaltenen Infinitivs im Englischen angeht, verhält es sich so, daß die Formen, auf die der Begriff ‚Infinitiv' angewandt wird, nicht nur im Griechischen und Lateinischen, sondern auch im Französischen, Russischen, Deutschen usw. Einwort-Formen sind. Traditionell werden auch die englischen Zweiwort-Formen *to understand, to go* usw. als Infinitive bezeichnet, obgleich ihre Funktion nur zum Teil mit der des lateinischen Infinitivs vergleichbar ist. Wie wir später sehen werden, ist die Frage, ob eine Form gespalten werden kann (in dem Sinne, wie wir vom gespaltenen Infinitiv sprechen), eines der Hauptkriterien, die der Linguist heranzieht, um zu entscheiden, ob es sich bei der zur Diskussion stehenden Form um eine Ein- oder Zweiwort-Form handelt. Wenn man davon ausgeht, daß aufgrund anderer Kriterien und durch die Schreibkonventionen der Schriftsprache die sogenannten Infinitive des Englischen Zweiwort-Formen sind, kann es im Prinzip keinen Einwand dagegen geben, sie aufzuspalten. Was die Kritik an der Verwendung solcher Ausdrücke wie *It's me* im Englischen angeht, so ist der springende Punkt, daß unterschiedliche Kasus nicht in allen Sprachen im Sinne der traditionellen Grammatik erkennbar sind (*ich* gegenüber *mir* und *mich, er* gegenüber *ihm* und *ihn;* oder englisch *I* gegenüber *me, she* gegenüber *her, he* gegenüber *him* usw.). Und es findet sich auch nicht in jeder Sprache etwas, das nach seiner Funktion und seinen grammatischen Charakteristika als ein Verb mit der Bedeutung „sein" bzw. „to be" identifiziert werden kann. Darüber hinaus ist selbst in Sprachen, die sowohl verschiedene Kasus als auch ein Verb haben, das mit dem lateinischen ‚esse' und dem deutschen ‚sein' oder englischen ‚to be' gleichgesetzt werden kann, die Zahl der möglichen Konstruktionen so groß, daß die traditionelle Regel „Hinter dem Verb ‚to be' steht derselbe Kasus wir vor ihm" sich sofort als das enthüllt, was sie tatsächlich ist: eine auf dem Vorbild des Lateinischen beruhende normative Regel, deren verallgemeinerte Fassung sich nicht stützen läßt.

Interessanterweise sagen und schreiben viele Sprecher, deren Englisch von Vertretern der traditionellen Grammatik als gut bezeichnet werden würde, *between you and I, He told you and I* usw. Solche Konstruktionen verletzen eine weitere traditionelle Vorschrift für das Englische: „Verben und Präpositionen verlangen ein Objekt im Akkusativ." Vermutlich sind diese Konstruktionen durch einen Vorgang entstanden, den man oft *Hyperkorrektur* nennt: die Ausweitung einer Regel oder eines Prinzips auf eine Reihe von Phänomenen, auf die sie ursprünglich nicht zutrafen. Die Grundlage ist also ein Mißverständnis über den Anwendungsbereich. Das Wesen der Vorschrift wird mißverstanden – um so mehr, als viele Sprecher ganz natürlich *You and me will go* sagen würden, dagegen nie *Me will go* oder *He told I.* Die Regel wird statt dessen als Anweisung interpretiert (bei deren Verletzung man Gefahr läuft, als schlechter Sprecher des Englischen zu gelten), *you and I* stets für *you and me* (oder *me and you*) einzusetzen. Das führt nicht nur zu Bildungen, die den Vertretern der traditionellen Grammatik als korrekt erscheinen würden (*You and I will go together* usw.), sondern auch zu solchen, die sie ablehnen würden: *between you and I, He told you and I* usw. Damit ist natürlich nicht gemeint, daß jeder Sprecher des Englischen, der *between you and I, He told you and I* usw. sagt, selbst die traditionellen Regeln richtig oder falsch angewendet hat. Diese Konstruktionen sind inzwischen bei Sprechern des Standardenglischen in der Mittel- und Oberschicht Englands so verbreitet, daß sie wohl von der Mehrheit derer, die sie benutzen, auf natürliche Weise im normalen Prozeß des Spracherwerbs gelernt worden sein müssen. Es kann jedoch kaum Zweifel daran bestehen, daß ihr Ursprung dem Verfahren der Hyperkorrektur zuzuschreiben ist.

Weder auf die Logik noch auf die lateinische Grammatik kann man sich vernünftigerweise berufen, um zu entscheiden, ob etwas im Englischen korrekt ist oder nicht. Gleiches gilt für die nicht hinterfragte Autorität der Tradition um der Tradition willen („So habe ich es gelernt und auch meine Eltern und schon meine Großeltern") oder auch den Sprachgebrauch der angeblich besten Stilisten unter den Schriftstellern einer Sprache. In unserer Gesellschaft ist die Meinung weit verbreitet, oder war es doch bis vor kurzem, daß mit Sprachwandel notwendigerweise ein Verfall oder eine Korruption der Sprache einhergehen. Diese Ansicht ist nicht haltbar. Alle Sprachen unterliegen einem Wandel. Das ist eine Erfahrungstatsache. Und es ist Aufgabe der historischen Sprachwissenschaft, die Einzelheiten solcher sprachlichen Veränderungen zu untersuchen, soweit sie der Erforschung zugänglich sind, und durch erklärende Theorien über den Sprachwandel unser Verständnis vom Wesen der Sprache zu vertiefen. Die Faktoren, die den Sprachwandel bestimmen, sind komplex und entziehen sich weitgehend einer wissenschaftlichen Erklärung. Doch man verfügt über hinreichende Erkenntnisse – und dies nicht erst seit kurzem, sondern bereits seit der Mitte des 19. Jahrhunderts –, daß jedem vorurteilslosen Betrachter des Sprachwandels klar sein muß, daß jeder Veränderung, die zu einem bestimmten Zeitpunkt als Verfallserscheinung eines traditionellen Standardgebrauchs verurteilt wird, eine frühere Veränderung der gleichen Art entspricht, die genau den Gebrauch erst hervorbrachte, den die Traditionalisten nun als unverrückbar korrekt hinstellen.

Auch das Prinzip, die Sprache müsse den Normen entsprechen, die die angesehensten Schriftsteller gesetzt haben, ist nicht haltbar – d.h. unhaltbar in bezug auf den Gebrauch, der gemeinhin von ihm gemacht wird. Es gibt keinen Grund für die Annahme, daß der Schriftsteller, mag er auch ein Genie sein, der Gnade teilhaftig ist, über eine sichere Kenntnis der transzendenten Regeln der Korrektheit zu verfügen, die uns übrigen versagt ist. Tatsächlich ist die traditionelle Grammatik stark an der Literatur orientiert. Der Grund liegt darin, daß in verschiedenen wichtigen Epochen in der Entwicklung der europäischen Kultur – von der Blütezeit der Wissenschaft in Alexandria im 2. Jahrhundert v.Chr. bis zum Humanismus in der Renaissance – die grammatische Beschreibung erst des Griechischen, dann des Lateinischen auf die Aufgabe ausgerichtet war, die Literatur einer vergangenen Zeit Lesern nahezubringen, die den Dialekt des Griechischen oder Lateinischen, auf dem die Sprache der klassischen Texte fußt, nicht von Natur aus sprachen und nach Lage der Dinge auch nicht sprechen konnten. Die literarische Ausrichtung der traditionellen Grammatik ist nicht nur historisch erklärlich, sondern, was die Beschreibung des Griechischen und Lateinischen angeht, auch völlig gerechtfertigt. Sie ist jedoch völlig ungerechtfertigt, wenn es um die grammatische Beschreibung moderner gesprochener Sprachen geht.

Für Sprache gibt es keine absoluten Normen der Korrektheit. Wir können sagen, daß ein Ausländer einen Fehler gemacht hat, wenn er etwas sagt, das den Regeln zuwiderläuft, die dem Sprachgebrauch der muttersprachlichen Sprecher immanent sind. Wenn wir wollen, können wir auch sagen, daß der Sprecher eines sozialen oder regionalen, vom Standard abweichenden Dialekts ungrammatisch gesprochen hat, wenn seine Äußerung den der jeweiligen Standardsprache immanenten Regeln widerspricht. Aber wenn wir das sagen, setzen wir natürlich voraus, daß er beabsichtigte oder vielleicht hätte beabsichtigen sollen, die Standardform der Sprache zu benutzen. Und dies ist selbst schon wieder eine Annahme, die der Rechtfertigung bedarf.

Hier muß mit Nachdruck betont werden – und dieser Punkt wird häufig mißverstanden –, daß der Linguist, wenn er eine Unterscheidung zwischen deskriptiver und präskriptiver Sichtweise trifft, damit nicht sagt, daß es überhaupt keine Berechtigung für das Aufstellen und Vorschreiben von Normen für den Sprachgebrauch gäbe. In der modernen Welt hat es zweifellos verwaltungstechnische und pädagogische Vorteile, den Hauptdialekt, der innerhalb einer Region oder eines Landes benutzt wird, zum Standard zu erheben. Dieser Prozeß der Standardisierung hat sich in vielen westlichen Ländern mit oder ohne staatliche Eingriffe über einen langen Zeitraum vollzogen. Heute vollzieht er sich in verschiedenen afrikanischen und asiatischen Entwicklungsländern in beschleunigtem Tempo und im Rahmen offizieller Politik. Das Problem, eine bestimmte Sprache oder einen Dialekt auf Kosten der anderen auszuwählen, zu standardisieren und zu fördern, ist mit politischen und sozialen Schwierigkeiten behaftet. Es gehört zu dem Gebiet, das man inzwischen *Sprachplanung* nennt – ein Teilbereich der angewandten Soziolinguistik.

Ebensowenig gilt, daß der Sprachwissenschaftler, wenn er bestreitet, daß jeder Wandel in der Sprache eine Verschlechterung bedeutet, damit notwendigerweise impliziert, daß es nur einen Wandel zum Besseren gäbe. Er hinterfragt lediglich einen Ansatz, der sich ohne weiteres Nachdenken auf Kriterien stützt, deren mangelnde Eignung empirisch nachgewiesen worden ist. Er gibt zu, daß es im Prinzip möglich sein mag, Dialekte und Sprachen nach ihrer relativen Flexibilität, Breite der Ausdrucksvariationen, Genauigkeit und ihren ästhetischen Möglichkeiten zu bewerten. Und er stimmt sicher zu, daß der Gebrauch, den einzelne Sprecher oder Schriftsteller von ihrem Dialekt oder ihrer Sprache machen, mehr oder weniger wirkungsvoll sein kann. Er kann jedoch nicht umhin, aufgrund der stärker wissenschaftlich ausgerichteten Arbeit, die in den letzten Jahren zur Sprache und zu den Sprachen geleistet worden ist, festzustellen, daß die meisten Urteile, die über solche Phänomene gefällt werden, äußerst subjektiv sind. Als individuelles Mitglied einer Sprachgemeinschaft wird auch der Sprachwissenschaftler seine eigenen Vorurteile haben, die entweder persönlich sind oder sich aus seinem sozialen, kulturellen oder geographischen Hintergrund herleiten. Auch kann er seinem Temperament nach konservativ oder progressiv sein. Seine Einstellungen gegenüber seiner eigenen Sprache werden in dieser Beziehung nicht weniger subjektiv sein als die der Laien. Ein bestimmter Dialekt mag ihm gefallen oder mißfallen. Vielleicht korrigiert er sogar die Sprechweise seiner Kinder, wenn er bemerkt, daß sie eine Ausspracheform, ein Wort oder eine grammatische Konstruktion benutzen, über die Puristen die Stirn runzeln. Aber wenn er das tut, wird er, wenn er ehrlich gegen sich selbst ist, wissen, daß das, was er verbessert, nicht in sich inkorrekt ist, sondern nur nach Maßgabe eines Standards, von dem er aus Gründen des Sozialprestiges oder der Bildungsvorteile wünscht, daß seine Kinder ihn annehmen.

Was seine Einstellung zur literarischen Sprache angeht, so weist der Sprachwissenschaftler nur darauf hin, daß Sprache für viele Zwecke benutzt wird und dabei nicht nach Kriterien beurteilt werden sollte, die allein oder primär auf die literarische Sprache anwendbar sind. Das bedeutet nicht, daß er der Literatur oder dem Literaturstudium in den Schulen und Universitäten feindselig gegenüberstünde. Im Gegenteil, viele Linguisten haben ein besonderes Interesse an der Untersuchung der literarischen Zwecke, zu denen Sprache eingesetzt wird, und an dem Grad, in dem sie ihnen gerecht wird. Dies ist ein Teil – und ein sehr wichtiger – jenes Zweiges der Makrolinguistik, der als *Stilistik* bekannt ist.

2.5. Die Priorität der synchronischen Beschreibung

Das Prinzip der synchronischen Beschreibung, das für den größten Teil der linguistischen Theorie des 20. Jahrhunderts charakteristisch ist, besagt, daß für die Untersuchung des Zustands einer Sprache zu einem bestimmten Zeitpunkt historische Betrachtungen irrelevant sind. Saussures Begriffe ‚synchronisch' und ‚diachronisch' sind an anderer Stelle in diesem Kapitel bereits eingeführt worden (vgl. 2.1). Wir können ein von Saussure selbst angeführtes Vergleichsbeispiel heranziehen, um zu erklären, was mit der Priorität der synchronischen gegenüber der diachronischen Betrachtungsweise gemeint ist.

Vergleichen wir die historische Entwicklung einer bestimmten Sprache mit einer Partie Schach, die vor unseren Augen gespielt wird. Die Konstellation auf dem Brett verändert sich laufend, wenn die Spieler ihre Züge machen. In jedem einzelnen Augenblick kann jedoch die aktuelle Spielsituation mittels der Positionen, die die einzelnen Figuren gerade einnehmen, genau beschrieben werden. (Tatsächlich stimmt das nicht ganz. So wird z. B. der Stand des Spiels im Hinblick auf die Rochade-Möglichkeiten dadurch beeinflußt, ob bereits ein Königszug ausgeführt worden ist, d. h. ob der König sein Ursprungsfeld bereits einmal verlassen hat. Diese und andere Detailpunkte, in denen Saussures Analogie nicht ganz paßt, können wir jedoch außer acht lassen.) Es ist belanglos, auf welchem Wege die Figuren die Positionen erreicht haben, in denen sie sich im Augenblick befinden. Der augenblickliche Spielstand läßt sich synchronisch beschreiben, ohne daß man Bezug nehmen müßte auf die Zahl, Art und Reihenfolge der vorausgehenden Züge. Nach Saussure verhält es sich ebenso mit der historischen Entwicklung von Sprachen. Alle Sprachen unterliegen einem ständigen Wandlungsprozeß. Aber jede der aufeinander folgenden Entwicklungsstufen kann und sollte nach ihren eigenen Gegebenheiten beschrieben werden, weder unter Bezugnahme auf das, woraus sie sich entwikkelt hat, noch auf das, wohin die Entwicklung vermutlich führen wird.

All dies mag höchst theoretisch und abstrakt erscheinen. Aber es hat einige sehr praktische Auswirkungen. Die erste hat mit dem sogenannten *etymologischen Trugschluß* zu tun. Die Etymologie ist das Studium des Ursprungs und der Entwicklung von Wörtern. Im Rahmen der abendländischen Grammatiktradition hatte sie ihren Ursprung in den Spekulationen bestimmter griechischer Philosophen des 5. Jahrhunderts v. Chr. Der Begriff ‚Etymologie' selbst ist aufschlußreich. Er enthält die latinisierte Transkription einer Form des griechischen Wortes ‚etumos', das „wahr" oder „wirklich" bedeutet. Nach den Lehren einer Schule der griechischen Philosophie im 5. Jahrhundert waren alle Wörter nicht nur durch Konvention, sondern ihrem Wesen nach mit dem verbunden, was sie bezeichneten. Dies mag – so wird argumentiert – für den Laien nicht erkennbar sein. Aber der Philosoph, der die Wirklichkeit hinter dem äußeren Schein der Dinge zu erkennen vermag, könne dies aufzeigen. Den oft trügerischen Schein der Dinge zu durchdringen und durch sorgfältige Analyse der Veränderungen, die sich in der Form oder Bedeutung eines Wortes vollzogen haben, den Ursprung eines Wortes und damit seine wahre Bedeutung zu entdecken, bedeutete im Rahmen dieser Philosophie, eine Wahrheit der Natur zu enthüllen. Was hier als etymologischer Trugschluß bezeichnet wurde, ist die Annahme, daß die ursprüngliche Form oder Bedeutung eines Wortes notwendigerweise und kraft ihrer Ursprünglichkeit auch seine einzige korrekte Form oder Bedeutung sei. Diese Annahme ist weit verbreitet. Wie oft begegnen wir dem Argument, daß die korrekte Bedeutung eines aus dem Griechischen, Lateinischen, Arabischen oder irgendeiner anderen Sprache stammenden Wortes derjenigen entsprechen müsse, die es in der Sprache seiner Herkunft gehabt hat! Das Argument ist irreführend, weil die stillschweigend gemachte Annahme, derzufolge zwischen Form und Bedeutung ursprünglich eine einzig wahre und angemessene Beziehung bestand, nicht bewiesen werden kann.

Im 19. Jahrhundert wurde der *Etymologie* eine solidere Grundlage gegeben, als dies in früheren Epochen der Fall gewesen war. Es wäre nicht fair, heute noch Voltaire beizupflichten, der gesagt haben soll, die Etymologie sei eine Wissenschaft, in der die Vokale nichts und die Konsonanten sehr wenig gelten! So, wie sie heute praktiziert wird, ist sie ein angesehener Zweig der historischen oder diachronischen Sprachwissenschaft. Wie wir im 6. Kapitel sehen werden, verfügt sie über eigene methodologische Prinzipien, deren Zuverlässigkeit von der Qualität und Quantität des Überlieferungsmaterials abhängt, auf das sie angewandt werden. In günstigen Fällen ist die Zuverlässigkeit der etymologischen Rekonstruktion in der Tat sehr groß.

Ein Punkt, der den Etymologen des 19. Jahrhunderts klar wurde und heute für alle Linguisten eine Selbstverständlichkeit darstellt, ist, daß man in jeder beliebigen Sprache die meisten Wörter des Vokabulars nicht bis zu ihrem Ursprung zurückverfolgen kann. Wörter, die bewußt geschaffen worden sind, indem man Formen aus anderen Sprachen entlehnte oder irgendein anderes Prinzip anwandte, sind untypisch für den Wortschatz der betreffenden Sprache als Ganzheit und ganz gewiß für den nicht-fachbezogenen Grundwortschatz dieser Sprache. Die moderne Etymologie stellt eine Beziehung zwischen Wörtern eines synchronisch beschreibbaren Sprachzustands und belegten oder rekonstruierten Wörtern eines früheren Zustands derselben oder einer anderen Sprache her. Aber die Wörter dieses früheren Zustands derselben Sprache oder der früheren Sprache haben sich selbst wiederum aus noch früheren Wörtern entwickelt. Ob sich die Form oder Bedeutung dieser früheren Wörter mit den Techniken der Etymologie rekonstruieren lassen, hängt von der Überlieferungslage ab. Wir können z. B. das heutige deutsche Wort ‚zehn' auf das althochdeutsche *zehan* zurückführen und das heutige englische ‚ten' auf das entsprechende altenglische Wort, das die Form *ten* (mit langem Vokal) oder *tien* hatte. Das althochdeutsche und das altenglische Wort können wir über verschiedene, aufeinander folgende hypothetische Stufen auf ein rekonstruiertes urindogermanisches Wort mit der Form **dekm* – das Sternchen zeigt an, daß es rekonstruiert und nicht belegt ist (vgl. 6.3) – zurückführen, das auch „zehn" bedeutete. Aber wir können nicht mehr mit völliger Gewißheit noch weiter zurückgehen. Und dennoch ist das urindogermanische Wort **dekm* offensichtlich nicht in einem absoluten Sinn der Ursprung all der Wörter, die sich aus ihm in den Sprachen entwickelt haben, welche wir als der indogermanischen Sprachfamilie zugehörig erkennen können. Es muß sich seinerseits auch aus einem Wort entwickelt haben (das „zehn" bedeutet haben kann oder auch nicht – es gibt keine Möglichkeit, das in Erfahrung zu bringen), das zum Wortschatz einer anderen Sprache gehörte, und dieses Wort wiederum aus einem früheren Wort in einer weiteren Sprache usw. Im allgemeinen befaßt sich die Etymologie heute nicht mehr mit dem Ursprung von Wörtern. Tatsächlich würde man in vielen Fällen sagen (z. B. bei dem Wort ‚zehn'), daß es wenig Sinn hat, nach dem Ursprung eines Wortes zu fragen. Alles, was die Etymologie uns mit je nach Überlieferungslage größerer oder geringerer Überzeugungskraft sagen kann, ist, daß der früheste uns bekannte oder hypothetische Vorläufer eines bestimmten Wortes diese oder jene Form oder Bedeutung hatte.

Dies bringt uns zu einem Punkt, an dem Saussures Analogie recht offensichtlich versagt. Jede Schachpartie, die den Regeln entsprechend gespielt und beendet wird, hat einen präzise bestimmbaren Anfang und ein ebensolches Ende. Mit Sprachen verhält es sich anders. Ein Unterschied besteht nicht nur darin, daß (soweit wir wissen) keineswegs alle Sprachen ihre dann unterschiedlich verlaufende Entwicklung am selben Ausgangspunkt begannen, sozusagen in derselben Grundstellung der Spielfiguren, sondern es ist auch unmöglich, den Entstehungszeitpunkt einer Sprache anzugeben, es sei denn, man legte ihn als groben Näherungswert durch Übereinkunft fest. Wir können z. B. nicht sagen, zu welchem Zeitpunkt das gesprochene Lateinische in das Altfranzösische oder Italienische oder Spanische überging. Und wir können auch nicht sagen, wann eine bestimmte Sprache zu existieren aufgehört hat – außer im Falle von Sprachen, die mehr oder weniger plötzlich mit dem Tod der letzten Menschen verschwanden, die sie als Muttersprache gesprochen hatten. Sprachen haben, vom diachronischen Standpunkt aus betrachtet, keinen bestimmten Anfang und kein bestimmtes Ende. Letztlich ist es eine Frage der Konvention und Vereinfachung, ob wir sagen, daß es sich beim Althochdeutschen und Neuhochdeutschen um zwei diachronische Zustände derselben Sprache oder um zwei verschiedene Sprachen handelt.

Noch in einer anderen Hinsicht versagt Saussures Analogie. Das Schachspiel untersteht genau ausformulierten Regeln, und die Spieler bestimmen den Verlauf jeder einzelnen Partie, die sie gegeneinander und mit einem bestimmten Ziel vor Augen spielen, innerhalb der Grenzen, die durch diese Regeln gesetzt sind. Soweit wir wissen, gibt es in der diachronischen Entwicklung von

Sprachen keine bestimmte Richtung. Es mag zwar gewisse allgemeine Prinzipien geben, die den Übergang von einem Stadium der Sprache zum anderen bestimmen. Aber selbst wenn es solche Prinzipien gibt, sind sie nicht mit den Regeln eines von Menschen gemachten Spiels wie Schach vergleichbar. Mit den sogenannten Gesetzen des Sprachwandels werden wir uns im 6. Kapitel beschäftigen.

Das Prinzip der Priorität der synchronischen Beschreibung wird gewöhnlich so verstanden, daß zwar die synchronische Beschreibung von der diachronischen unabhängig ist, die diachronische Beschreibung aber die synchronische Analyse der verschiedenen, aufeinander folgenden Stadien, durch die die Sprachen im Laufe ihrer historischen Entwicklung gegangen sind, voraussetzt. Das muß nicht unbedingt Saussures Meinung gewesen sein. Aber es ergibt sich aus heute recht allgemein anerkannten Annahmen über das Wesen von Sprachsystemen.

Die Äußerungen von Sprachwissenschaftlern erwecken manchmal den recht irreführenden Eindruck, daß die Tatsache, daß Zeit vergeht, selbst eine hinreichende Erklärung für Sprachwandel darstelle. Es gibt jedoch viele verschiedene Faktoren innerhalb und außerhalb einer Sprache, die deren Übergang von einem synchronischen Zustand zu einem anderen veranlassen können. Einige dieser Faktoren (und vermutlich die wichtigsten von ihnen) sind gesellschaftlicher Natur. Wenn Zeit vergeht, so ermöglicht dies nur das Wirksamwerden ihres komplexen Zusammenspiels, das eine Veränderung hervorrufen kann, die später als Übergang von einer Sprachstufe zur anderen erkannt wird.

Darüber hinaus ist die Vorstellung einer diachronischen Entwicklung zwischen aufeinander folgenden Stufen einer Sprache nur sinnvoll, wenn sie auf Sprachzustände angewandt wird, die zeitlich relativ weit voneinander entfernt sind. Die sogenannte Fiktion der Homogenität wurde schon angesprochen (vgl. 1.6). Bis zu einem gewissen Grade ist sie nützlich und notwendig. Nimmt man jedoch an, daß Sprachwandel die ständige Transformation eines zu jedem beliebigen Zeitpunkt vollkommen homogenen Sprachsystems ist, dann erscheint der ganze sprachliche Veränderungsprozeß viel geheimnisvoller, als er wirklich ist. Was zu einem bestimmten Zeitpunkt charakteristisch für die Sprache einer offensichtlich unbedeutenden Minderheit einer Sprachgemeinschaft ist, kann sich im Laufe von ein oder zwei Generationen in der ganzen Sprachgemeinschaft ausbreiten. Für den Sprachwissenschaftler, der die Sprache zu diesen beiden Zeitpunkten synchronisch beschreiben will, mag es ganz legitim sein, den Sprachgebrauch der abweichenden Minderheit außer acht zu lassen. Aber wenn er das tut und dann in einer diachronischen Sprachbeschreibung die Transformation eines synchronisch homogenen Sprachsystems in ein anderes gleichermaßen homogenes Sprachsystem darstellt, macht er sich der Tatsachenverdrehung schuldig. Schlimmer noch, er läuft Gefahr, sich selbst unlösbare theoretische Pseudoprobleme zu schaffen. Wenn wir erst einmal erkannt haben, daß keine Sprache jemals unveränderlich oder völlig einheitlich ist, so sind wir auf dem Weg zu einer theoretischen Erklärung der Allgegenwart und Permanenz des Sprachwandels einen ersten Schritt vorangekommen. Wenn wir zwei diachronisch eingeordnete Sprachzustände wählen, die zeitlich nicht zu weit auseinander liegen, werden wir vermutlich entdekken, daß die meisten Unterschiede zwischen ihnen sowohl zu dem früheren als auch zu dem späteren Zeitpunkt auch als synchronische Varianten auftreten. Vom mikroskopischen Blickwinkel aus – im Gegensatz zum makroskopischen, den man normalerweise in der historischen Sprachwissenschaft einnimmt – ist es unmöglich, eine scharfe Unterscheidung zwischen diachronischem Wandel und synchronischer Variation zu treffen.

Im großen und ganzen hat das Prinzip der Priorität der synchronischen Variation Gültigkeit. Aber soweit es auf der Fiktion der Homogenität beruht, muß es vernünftig angewandt werden, wobei man sich der Tatsache voll bewußt sein muß, daß es sich beim Begriff des Sprachsystems nur um ein theoretisches Konstrukt handelt. Diesem Punkt wenden wir uns jetzt zu.

2.6. *Struktur und System*

Eine der im 1. Kapitel zitierten Definitionen von Sprache war die von Chomsky: „Eine (endliche oder unendliche) Menge von Sätzen, von denen jeder von endlicher Länge ist und aus einer endlichen Menge von Elementen besteht" (vgl. 1.2). Wir wollen dies als Teildefinition des Begriffs ‚Sprachsystem' übernehmen, der, wie man sich erinnern wird, eingeführt wurde, um einige der Doppeldeutigkeiten auszuräumen, die dem Wort ‚Sprache' anhaften.

Insoweit sie ihrer Definition nach sowohl formbeständig als auch einheitlich sind, können Sprachsysteme nicht mit wirklichen, natürlichen Sprachen gleichgesetzt werden. Sie sind theoretische Konstrukte, die der Linguist postuliert, um die Regelhaftigkeit zu erläutern, die er im Sprachverhalten der Mitglieder bestimmter Sprachgemeinschaften feststellt – noch genauer, in den Sprachsignalen, die das Produkt ihres Sprachverhaltens sind. Wie wir sahen, sind wirkliche, natürliche Sprachen weder in ihrer Form beständig noch homogen. Im Sprechen derer, die man ein und derselben Sprachgemeinschaft zurechnet, gibt es jedoch genügend konstante und homogene Elemente, die es ermöglichen, das sprachwissenschaftliche Postulat eines gemeinsamen, zugrunde liegenden Sprachsystems als nützlich und auch wissenschaftlich vertretbar zu betrachten, es sei denn, der Sprachforscher behandelt ausdrücklich synchronische oder diachronische Varianten oder Varietäten. In den folgenden drei Kapiteln werden wir den Begriff des Sprachsystems, wie er soeben definiert und erklärt wurde, als gültig und gegeben voraussetzen.

Einige der Sprachsignale, die ein Sprecher des Deutschen während eines bestimmten Zeitraums produziert, würden vermutlich als *Sätze* eingestuft werden und andere nicht. An dieser Stelle brauchen wir noch nicht zu fragen, welches die Kriterien sind, nach denen die Unterscheidung zwischen Sätzen und Nicht-Sätzen getroffen wird. Offensichtlich gibt es Prinzipien, die den Aufbau längerer Texte und Diskurse bestimmen. Darüber hinaus sind einige dieser Prinzipien so beschaffen, daß jeder, der sie mißachtet, mit Recht beschuldigt werden kann, Regeln der betreffenden Sprache verletzt zu haben. Es gibt eine traditionelle Annahme, die besagt, daß der überwiegende Teil dessen, wenn nicht gar alles, was die Kenntnis einer Sprache ausmacht, im Rahmen der Konstruktion und Interpretation von Sätzen erfaßbar ist. Diese Anschauung wird noch immer von der Mehrheit der Linguisten geteilt, wenngleich sie in den letzten Jahren heftig kritisiert worden ist.

Gehen wir zunächst davon aus, daß wir unter Sätzen die Gebilde verstehen wollen, die üblicherweise durch Satzzeichen in schriftlichen Texten als solche kenntlich gemacht werden. Wie wir sahen, besitzen natürliche Sprachen die Eigenschaft, aus einem Medium ins andere übertragbar zu sein (vgl. 1.4). Das bedeutet, daß im allgemeinen jeder Satz der geschriebenen Sprache zu einem Satz der gesprochenen Sprache in Beziehung gesetzt werden kann, und umgekehrt. Gesprochene Sätze sind natürlich nicht durch irgendwelche Zeichen markiert, die genau dem großen Anfangsbuchstaben oder dem Punkt am Ende geschriebener Sätze entsprächen. An dieser Stelle wollen wir jedoch davon ausgehen, daß die Interpunktion der geschriebenen Sprache und die *Intonationsmuster* der entsprechenden gesprochenen Sprache relativ äquivalent sind.

Der Begriff ‚Struktur' nimmt in der modernen Linguistik wie in vielen anderen wissenschaftlichen Disziplinen einen hervorragenden Platz ein. Wenn wir uns den Standpunkt zu eigen machen, der zuerst von Saussure deutlich definiert wurde und heute von allen eingenommen wird, die die Prinzipien des *Strukturalismus* vertreten, sagen wir nicht nur, daß ein Sprachsystem eine Struktur besitzt, sondern daß es seine Struktur ist. Geschriebenes und gesprochenes Deutsch können beispielsweise hinsichtlich ihres Isomorphismus (d. h. sie haben dieselbe Struktur) als ein und dieselbe Sprache angesehen werden: sie haben allein ihre Struktur gemeinsam. Das Sprachsystem selbst ist im Prinzip unabhängig von dem Medium, in dem es sich manifestiert. In diesem Sinne ist es eine rein abstrakte Struktur.

Sprachsysteme sind Strukturen mit zwei Ebenen: sie besitzen die Eigenschaft der Dualität (vgl. 1.5). Gesprochene Sätze sind nicht einfach Kombinationen phonologischer Elemente; sie sind auch Kombinationen syntaktischer Einheiten. Chomskys Teildefinition eines Sprachsystems als einer Menge von Sätzen, von denen jeder von begrenzter Länge und aus einer endlichen Menge von Elementen aufgebaut ist, muß in der Weise erweitert werden, daß sie diese wesentliche Eigenschaft natürlicher Sprachen mitberücksichtigt. Es ist jedoch logisch möglich, daß zwei Sprachsysteme auf der einen Ebene isomorph sind, ohne auch auf der anderen isomorph zu sein. Wie bereits gezeigt wurde, kann gerade deshalb bei den sogenannten Dialekten des Chinesischen dieselbe nichtalphabetische Schriftsprache mehr oder weniger gleich gut zu allen Dialekten in Beziehung gesetzt werden, weil diese in hinreichendem Grade syntaktisch isomorph sind (obwohl sie weit davon entfernt sind, phonologisch isomorph zu sein). Ebenso ist es möglich, daß Sprachen phonologisch, aber nicht syntaktisch isomorph sind. Diese Möglichkeit wird z.B. in mehr oder weniger großem Maße verwirklicht, wenn ein Deutscher grammatisch perfektes Französisch mit einem besonders schlimmen deutschen Akzent spricht. Interessanter ist, wie die Unabhängigkeit von Phonologie und Syntax oft sehr dramatisch im Kreolisierungsprozeß zutage tritt (vgl. 9.3).

Natürliche Sprachen haben also zwei Strukturebenen, und diese Ebenen sind in dem Sinne unabhängig voneinander, daß die phonologische Struktur einer Sprache nicht von ihrer syntaktischen bestimmt wird und ihre syntaktische Struktur nicht von ihrer phonologischen. Es ist sehr unwahrscheinlich, um es vorsichtig auszudrücken, daß es zwei natürliche Sprachen geben sollte, in denen jeder gesprochene oder geschriebene Satz der einen Sprache als Satz der anderen gehört oder gelesen werden könnte (mit derselben oder ohne dieselbe Bedeutung). Es kommt aber häufig als Folge der Unabhängigkeit der phonologischen und der syntaktischen Struktur vor, daß die gleiche Kombination von Elementen (Laute in der lautsprachlichen Äußerung und Buchstaben in der alphabetischen Schreibweise) nicht nur einen, sondern zwei Sätze ergibt. Diese Sätze können vielleicht durch Intonation bzw. Interpunktion voneinander unterschieden werden. So wird

(1) Hans sagt: „Peter war die ganze Zeit hier"

unterschieden von

(2) „Hans", sagt Peter, „war die ganze Zeit hier"

durch die Zeichensetzung im geschriebenen Deutsch. Und im gesprochenen Deutsch werden die Sätze normalerweise durch die hinzutretenden Intonationsmuster unterschieden werden. Aber selbst ohne Unterschiede in der Intonation und Zeichensetzung kann dieselbe Kombination von Elementen mehr als einen Satz ergeben. Im Deutschen können der einen Kombination

(3) Der Verteidiger kam laufend nach vorn

zwei verschiedene Sätze zugeordnet werden. In einem davon ist *laufend* Partizipialform des Verbs *laufen* (vgl. *singend*) und in dem anderen Adverb (vgl. *häufig*). Im Englischen läßt sich aufgrund anderer orthographischer Konventionen sogar Homonymie zwischen Wortarten wie Verb und Substantiv beobachten. In der Kombination

(4) We watched her box

kann, in einem Satz, *her* eine Adjektivform (vgl. *his*) und *box* eine Substantivform (vgl. *suitcase*) sein; *her* kann aber in einem anderen Satz auch die Form eines Pronomens (vgl. *him*) und *box* eine Verbform (vgl. *wrestle*) darstellen. Wir müssen uns hier nicht damit aufhalten, die traditionelle syntaktische Analyse von (3) und (4), auf die indirekt hingewiesen wurde, zu rechtfertigen. Darauf werden wir später zurückkommen. Für den augenblicklichen Zusammenhang genügt es, dargelegt zu haben, daß Sätze in der traditionellen Definition nicht mittels der phonologischen Elemente, aus denen sie bestehen, bestimmt und voneinander unterschieden werden können. Wie (3) und (4) zeigen, können sie nicht einmal nach den syntaktischen Einheiten unterschieden werden, aus denen sie aufgebaut sind, wenn man nicht weitere Aspekte der syntaktischen Struktur mitbetrachtet, unter anderem die Zuordnung syntaktischer Einheiten zu den Kategorien, deren Elemente in der traditionellen Grammatik *Wortarten* genannt werden (Substantiv, Verb, Adjektiv, Adverb usw.).

Die syntaktischen Einheiten, aus denen Sätze gebildet werden, sind im Gegensatz zu den phonologischen Elementen sehr zahlreich. Dennoch ist auch ihre Zahl wie die der phonologischen Elemente endlich. Wir wollen davon ausgehen, daß jedes Sprachsystem die Existenz eines *Inventars* an endlich vielen phonologischen Elementen sowie eines *Vokabulars* mit endlich vielen syntaktischen (einfachen) Einheiten zusammen mit einer Regelmenge voraussetzt (wobei die Regeln vielleicht verschiedener Art sind), die die beiden Strukturebenen verknüpfen und uns angeben, welche Kombinationen von Einheiten Sätze des betreffenden Sprachsystems sind und welche nicht, wenn letzteres sich auch mehr indirekt folgern läßt, als daß die Regeln es ausdrücklich angäben. Es ist wichtig, festzuhalten, daß der Wortschatz einer natürlichen Sprache, wie wir später noch genauer sehen werden, viel mehr ist als nur eine Menge syntaktischer Einheiten. Keine der Abwandlungen oder terminologischen Verfeinerungen, die in den folgenden Kapiteln einzuführen sein werden, wird den Kern dessen, was hier gesagt wurde, antasten.

Im vorliegenden Zusammenhang ist es möglich, das, was syntaktische Einheiten genannt wurde, als *Formen* zu bezeichnen: d.h. als einen Typ von Elementenkombination, bei dem jede für sich erkennbare Kombination eine distinkte Form darstellt. Aber Formen in diesem Sinne haben eine Bedeutung, und ihre Bedeutung ist bei weitem nicht unabhängig von ihrer syntaktischen Funktion. Dies zeigte sich z.B. deutlich bei den Sätzen (3) und (4) im Falle der Formen *laufend, her* und *box*. Die traditionelle Sicht wäre, daß der Wortschatz (mindestens) zwei verschiedene Wörter enthält, die wir (mit einfachen Anführungszeichen) als ‚$laufend_1$' und ‚$laufend_2$' bzw. ‚box_1' und ‚box_2' bezeichnen wollen und die sich nach ihrer Bedeutung und syntaktischen Funktion unterscheiden, aber die gleiche Form haben, nämlich *laufend* bzw. *box*. An späterer Stelle werden wir diese traditionelle Unterscheidung zwischen einer Form und der Einheit, von der sie eine Form ist, genauer erläutern. Und dabei wird deutlich werden, daß der Begriff ‚Wort', wie ihn Sprachwissenschaftler ebenso wie Laien verwenden, höchst mehrdeutig ist (vgl. 4.1).

Jeder Satz ist seiner Definition nach sowohl syntaktisch als auch phonologisch in bezug auf das Sprachsystem, in dem er einen Satz darstellt, *wohlgeformt.* Der Begriff ‚wohlgeformt' ist umfassender als der traditionellere Begriff ‚grammatisch', den er einschließt, ebenso wie jener letztere Begriff seinerseits umfassender ist als der wiederum von ihm eingeschlossene Terminus ‚syntaktisch wohlgeformt'. Das Wesen und die Grenzen der *Grammatikalität* (d.h. der grammatischen Wohlgeformtheit) werden im 4. Kapitel untersucht werden. Hier genügt es, festzustellen, daß Wohlgeformtheit (einschließlich der Grammatikalität) nicht verwechselt werden darf mit Angemessenheit, Anwendbarkeit oder auch Bedeutungshaftigkeit. Es gibt unendlich viele Sätze im Deutschen und in anderen natürlichen Sprachen, die aus unterschiedlichen Gründen normalerweise nicht auftreten: Solche Sätze können eine unakzeptable Zusammenstellung von obszönen oder blasphemischen Wörtern enthalten; oder sie sind möglicherweise stilistisch unbeholfen oder in psychologischer Hinsicht zu komplex; oder sie sind widersprüchlich oder beschreiben Situationen, die im Lebensraum der Sprecher der betreffenden Sprache nicht vorkommen. Jede Verbindung von Elementen oder Einheiten einer beliebigen gegebenen Sprache L, bei der die Regeln von L verletzt worden sind, ist in bezug auf L *nicht-wohlgeformt.* Nicht-wohlgeformte Verbindungen von Elementen oder Einheiten können durch ein davorgesetztes Sternchen gekennzeichnet werden.[1]

[1] Der Gebrauch des Sternchens zur Kennzeichnung von nicht-wohlgeformten Formen oder Kombinationen von Einheiten darf nicht mit seiner ebenso gebräuchlichen und schon länger üblichen Anwendung in der historischen Sprachwissenschaft, wo es rekonstruierte Formen kennzeichnet, verwechselt werden (vgl. 2.5.). Aus dem Kontext wird sich jedoch jeweils ergeben, welcher Gebrauch beabsichtigt ist.

So ist

(5) * Da kann ich nichts für

nicht-wohlgeformt und auch ungrammatisch in bezug auf die deutsche Standardsprache. Unter Sprechern einer (in Hamburg verbreiteten) von der Standardform abweichenden Varietät des Deutschen würde diese Äußerung allerdings als akzeptabel betrachtet werden. Dieses Beispiel macht den allgemeineren Punkt deutlich, daß verschiedene Sprachen aus denselben Elementen und Einheiten aufgebaut sein mögen, daß aber das, was in der einen als wohlgeformt gilt, in einer anderen als nicht-wohlgeformt erscheinen kann. Obgleich hier dieser Punkt am Beispiel zweier Varietäten derselben Sprache verdeutlicht wurde, trifft er im Prinzip auch auf zwei verschiedene Sprachen zu.

Über die Struktur von Sprachsystemen könnte an dieser Stelle noch sehr viel mehr gesagt werden. Doch ist es besser, dies auf die Kapitel zu verschieben, die sich mit Phonologie, Grammatik und Semantik befassen. Dort können die allgemeinen Gesichtspunkte nach und nach eingeführt und detaillierter an Beispielen erläutert werden.[2]

[2] Die Begriffe ‚Struktur' und ‚System' werden häufig, und ganz besonders oft in der britischen Linguistik, in einem speziellen Sinn gebraucht: ‚System' für jede Menge von Elementen oder Einheiten, die in der gleichen Position vorkommen können; und ‚Struktur' für jede Kombination von Elementen und Einheiten, die sich aus deren angemessener Auswahl in bestimmten Positionen ergibt. So definiert sind ‚Struktur' und ‚System' komplementär: jedes setzt das andere voraus. Systeme werden für bestimmte Positionen in Strukturen definiert; Strukturen werden nach der Auswahl, die zwischen Systemen getroffen wurde, identifiziert (vgl. Berry, 1975). In diesem Buch werden ‚Struktur' und ‚System' in einem allgemeineren Sinn verwandt.

Am Anfang dieses Abschnitts übernahmen wir Chomskys Definition einer Sprache (d.h. eines Sprachsystems) als einer Menge von Sätzen. Wir sollten diese Ansicht jetzt dahingehend modifizieren, daß sich ein Sprachsystem zusammensetzt aus einem Inventar an Elementen, einem Vokabular aus Einheiten und aus den Regeln, die die Wohlgeformtheit von Sätzen auf beiden Ebenen festlegen. Dies soll fernerhin Gültigkeit haben. Man könnte jedoch mit Recht behaupten, daß sich bei einer angemessenen Definition von ‚Satz' die beiden Auffassungen vom Sprachsystem decken.

3. Phonetik und Phonologie

3.1. *Lautsprachliche Kommunikation*

Obwohl Sprachsysteme in hohem Grade von dem Medium, in dem sie auftreten, unabhängig sind, ist lautsprachliche Kommunikation die ursprüngliche und grundlegende Form menschlicher Verständigung. Deshalb ist die wissenschaftliche Erforschung der Sprachlaute für die Linguistik wichtiger als die der Schrift, der Gestik oder anderer – potentieller oder tatsächlich realisierter – Kommunikationsformen. Aber nicht der Laut als solcher und auch nicht die Menge aller möglichen Laute beschäftigt den Linguisten: Er interessiert sich für die Laute, die von den menschlichen Sprechwerkzeugen hervorgebracht werden, insoweit sie eine Funktion in der Sprache haben. Man bezeichnet diese Laute als *Sprachlaute*: Ihrer Erforschung widmet sich die *Phonetik.*

Phonetik ist jedoch keineswegs gleichzusetzen mit Phonologie; ebensowenig sind Sprachlaute gleichzusetzen mit phonologischen Elementen (die bereits in vorangegangenen Abschnitten erwähnt worden sind). Zwar unterscheiden sich beide Teildisziplinen dahingehend, daß sich die Phonologie im Gegensatz zur Phonetik nicht lautsprachlicher Kommunikation als solcher zuwendet, sondern der Funktion, die dieser im System einer Sprache zukommt. Die Phonologie, die – wie bereits ausgeführt – neben der Syntax und Semantik einen Teil der Untersuchung und Beschreibung des Sprachsystems ausmacht, kann aber mit Gewinn exakte instrumentelle Methoden anwenden, die (Instrumental-)Phonetik kann und muß sich die Erkenntnisse phonologischer Gesetze und Strukturen zunutze machen. Die ersten drei Abschnitte dieses Kapitels beschränken sich auf die Darlegung der grundlegenden Begriffe und Kategorien der Phonetik, soweit sie zum Verständnis späterer Ausführungen in diesem Buch und der dabei verwendeten Notation erforderlich sind. Sie stellen keine hinreichende Einführung in das zunehmend umfängliche und hochspezialisierte Gesamtfeld der phonetischen Wissenschaften dar.

Sprachsignale lassen sich nach wenigstens drei Gesichtspunkten untersuchen: *artikulatorischen, akustischen* und *auditiven. Lautsprachliche Äußerungen* können also in unterschiedlicher Weise untersucht und klassifiziert werden: von der artikulatorischen Phonetik danach, wie sie von den Sprechwerkzeugen hervorgebracht werden; von der akustischen Phonetik in bezug auf den physikalischen Aspekt des Phänomens ‚Laut', der in Form von Schallwellen durch das Übertragungsmedium Luft von einem Sprecher zu einem Hörer gelangt; von der auditiven Phonetik hinsichtlich der Art, wie sie von

Ohr und Gehirn des Hörers perzipiert und identifiziert werden. Von den drei genannten Teildisziplinen der Phonetik ist die artikulatorische Phonetik der traditionsreichste Zweig und war bis vor kurzem im Vergleich zu den anderen auch am höchsten entwickelt. Daher sind auch die meisten von Linguisten für Sprachlaute verwendeten Termini artikulatorischen Ursprungs. Auch im vorliegenden Buch soll die Kennzeichnung der Sprachlaute der artikulatorischen Sicht folgen.

Es gibt jedoch eine Vielzahl von Sachverhalten, die von der auditiven, ganz besonders aber von der akustischen Phonetik, die in den vergangenen fünfundzwanzig bis dreißig Jahren beträchtliche Fortschritte gemacht hat, entdeckt oder bestätigt worden sind und die jeder ernsthafte Sprachforscher zur Kenntnis nehmen muß. Äußerst wichtig ist z.B. die Tatsache, daß nach menschlichem Höreindruck vermeintlich gleiche Äußerungen höchstens zufällig gleich, physikalisch (d.h. akustisch) aber kaum jemals identisch sind. Im Gegensatz zu der noch zu behandelnden phonologischen Gleichheit ist phonetische Gleichheit eine in der Theorie wurzelnde Idealvorstellung. In der Praxis zeigt sich, daß Sprachlaute, selbst wenn sie von ausgezeichnet geschulten Phonetikern hervorgebracht werden, sich diesem Ideal lediglich mehr oder minder annähern. Nicht phonetische Gleichheit, sondern phonetische Ähnlichkeit ist das Kriterium, mit dem man bei der phonologischen Analyse von Sprachen arbeitet. Und diese phonetische Ähnlichkeit ist – ob man sie vom artikulatorischen, akustischen oder auditiven Standpunkt aus betrachtet – mehrdimensional. Von den Sprachlauten *x*, *y* und *z* kann *x* in einer Dimension eine größere Ähnlichkeit zu *y* als zu *z*, in einer anderen Dimension jedoch eine größere Ähnlichkeit zu *z* als zu *y* aufweisen.

Die akustische Phonetik hat auch viele Erkenntnisse der artikulatorischen Phonetik bestätigt: so z.B. die Feststellung, daß lautsprachliche Äußerungen, wenn man sie als akustische, durch das Medium Luft übermittelte Signale bewertet, nicht Abfolgen von Einzellauten sind. Die gesprochene Sprache besteht vielmehr aus einer kontinuierlichen Folge von Lautkomplexen, d.h. es gibt in der Regel keine Pausen zwischen den einzelnen Lauten, aus denen sich gesprochene Wörter zusammensetzen, und nicht einmal die Wörter selbst werden gewöhnlich durch Pausen voneinander getrennt – es sei denn, der Sprecher zögerte zeitweilig oder bediente sich eines besonderen Sprechstils, etwa beim Diktieren oder ähnlichen Sprechanlässen. Lediglich durch grob erfaßbare Übergänge von einem relativ gleichbleibenden Zustand eines Signals zu relativ gleichbleibenden vorhergehenden bzw. folgenden Zuständen läßt sich fortlaufende Rede in gewisse Sequenzen von Sprachlauten segmentieren. Diese Erkenntnis wird später vom artikulatorischen Standpunkt aus noch näher zu beleuchten sein, aber schon an dieser Stelle soll festgehalten werden, daß die Ergebnisse von Segmentierungen auf der Grundlage rein akustischer bzw. rein artikulatorischer (oder auditiver) Kriterien sich häufig erheblich voneinander unterscheiden.

Die Integration der drei genannten Teilbereiche der Phonetik ist nicht leicht. Eine der bedeutsamsten und zunächst am meisten überraschenden Erkenntnisse der akustischen Phonetik war die, daß man keine klare Korrelation zwischen den wichtigsten artikulatorischen Dimensionen von gesprochener Sprache und den akustischen Parametern wie Frequenz und Amplitude der Schallwellen herstellen konnte. Dies bedeutet – allgemein gesprochen – für die drei Teilbereiche der Phonetik: Die Kategorien der artikulatorischen, akustischen und auditiven Phonetik stimmen nicht überein. So lassen sich beispielsweise die vermeintlich klar bestehenden artikulatorischen und auditiven Unterschiede zwischen den verschiedenartigen Konsonanten – etwa zwischen *p*-Lauten, *t*-Lauten oder *k*-Lauten – bei einer akustischen Analyse von Sprachsignalen, in denen sie vorkommen, nicht mit Hilfe eines jeweils einzigen Merkmals oder Merkmalbündels identifizieren. Die auditiven Dimensionen von Tonhöhe und Lautstärke korrelieren mit den akustischen Parametern der Frequenz und Intensität; doch die Korrelation zwischen Tonhöhe und Frequenz einerseits und zwischen Lautstärke und Intensität andererseits läßt sich nicht im Sinne einer festgelegten Relation angeben, die für das Gesamtinventar der bezüglich der relevanten Dimensionen variierenden Sprachlaute Gültigkeit hätte.

Dies heißt nicht, daß die Kategorien eines Teilbereichs der Phonetik verläßlicher oder weniger verläßlich, ihrem Wesen nach etwa stärker oder weniger stark wissenschaftlich als die Kategorien irgendeines anderen Teilbereichs der Phonetik wären. Sprechen und Hören, das muß man sich ständig vergegenwärtigen, sind keine voneinander unabhängigen Aktivitäten: Sie sind durch Rückkopplung miteinander verbunden. Jeder kann durch eigene Beobachtung feststellen, daß bei einer Hörschädigung auch die sprachproduktiven Fähigkeiten eines Menschen in Mitleidenschaft gezogen werden. Dies hängt damit zusammen, daß wir normalerweise unsere Sprachproduktion während des Sprechvorgangs kontrollieren und sie – zumeist unbewußt – den Einrichtungen des (von uns als solchen vorgestellten) artikulatorischen Apparats anpassen, sofern bzw. wenn die Rückkopplung über diesen Kontrollvorgang dem Gehirn die Information übermittelt, die auditiven Normen seien nicht erfüllt und bedingten eine Korrektur der lautsprachlichen Äußerung. Das akustische Signal enthält alle linguistisch relevanten, aber auch viele irrelevante Informationen. Überdies müssen die linguistisch relevanten Informationen durch die vom menschlichen Gehirn gesteuerten Sprecher-Hörer-Mechanismen interpretiert werden. Das neugeborene Baby scheint prädisponiert zu sein, sich auf bestimmte Teilbereiche von akustischen Informationen zu konzentrieren und andere unbeachtet zu lassen. Im Verlauf des Spracherwerbs verbessert das Kind seine sprachproduktiven und seine perzeptiven Fähigkeiten in bezug auf die in seiner Umgebung vorkommenden Sprachlaute; es verfeinert seine artikulatorische und auditive Performanz, indem es seine von ihm selbst hervorgebrachten akustischen Signale kontrolliert. In gewissem Sinne verfügt also das Kind – notwendigerweise – während des normalen Spracherwerbsprozesses, ohne Unterstützung durch wissenschaftliche Instrumente oder eine spezielle Schulung und bei begrenztem Umfang des phonischen Mediums, nicht nur über die allgemeine Fähigkeit, sich in allen drei Teilbereichen der Phonetik kompetent zu verhalten, sondern sogar über die spezielle Fähigkeit, die äußerst disparaten Informationen zu integrieren, mit denen die drei Teilbereiche der Phonetik arbeiten. Bis jetzt können ausgebildete Phonetiker nur eine unvollständige Beschreibung und Erklärung jener im höchsten Grade komplizierten Integrationsfähigkeit vermitteln, die die meisten Menschen in der Kindheit erwerben und zeitlebens praktizieren, solange sie sprachlich miteinander kommunizieren.

3.2. *Phonetische und orthographische Wiedergabe*

Gegen Ende des 19. Jahrhunderts, als die artikulatorische Phonetik – zugegebenermaßen auf der Grundlage jahrhundertealter indischer Überlieferung – in der westlichen Welt echte Fortschritte zu machen begann, hielten es die Wissenschaftler für erstrebenswert, über ein standardisiertes und international anerkanntes System einer phonetischen Transkription zu verfügen. Obwohl es gewichtige Gründe für die Etablierung nicht-alphabetischer Wiedergabesysteme gab – und zweifellos noch immer gibt –, kann das von der Association Phonétique Internationale seit 1888 entwickelte und verbreitete Internationale Phonetische Alphabet (IPA) als das von der Linguistik am häufigsten (teilweise mit geringfügigen Modifikationen) benutzte System gelten. Das Grundprinzip, nach dem das IPA erstellt worden ist, weist jedem unterscheidbaren sprachlichen Laut ein unterschiedliches Buchstabensymbol zu. Da jedoch die Zahl der unterscheidbaren Sprachlaute, die von den menschlichen Sprechorganen hervorgebracht werden können, praktisch unendlich ist – da es zumindest nicht sinnvoll ist, aus typographischen Gründen eine zahlenmäßige Begrenzung festzulegen –, läßt sich dieses Prinzip nicht konsequent aufrechterhalten. Das IPA bietet seinen Benutzern daher eine Vielzahl unterschiedlicher *diakritischer Zeichen,* die sich mit den *Buchstaben-Symbolen* kombinieren lassen, um auf diese Weise feinere Unterscheidungen vornehmen zu können, als dies mit Buchstaben allein möglich ist. Durch korrekte und sorgfältige Anwendung der diakritischen Zeichen kann ein geschulter Phonetiker die für seine Zwecke notwendigen Detailinformationen in ausreichendem Maße festhalten. Das heißt natürlich nicht, daß er alle phonetischen Details, die eine bestimmte Äußerung von einer anderen unterscheiden, durch seine Notation zuverlässig erfassen kann; doch das ist für ihn im allgemeinen auch keineswegs das erstrebte Ziel. Für viele Zwecke ist eine relativ *weite* Transkription völlig adäquat; für andere wird eine relativ *enge* Transkription benötigt.[1]

[1] Der Unterschied zwischen einer weiten und einer engen Transkription (der, wie es in der Natur des Gegenstandes liegt, eher relativ als absolut zu sehen ist) besteht darin, daß die weite Transkription weniger Details als die enge angibt Eine weite Transkription ist nicht notwendigerweise phonemisch (vgl. 3.4).

Wir werden uns im folgenden immer dann des IPA bedienen, wenn wir auf Sprachlaute oder phonetisch transkribierte Formen verweisen; dabei werden wir – der üblichen Konvention folgend – phonetische Transkriptionen in eckige Klammern setzen. Statt also, wie bisher, auf *p*-Laute, *k*-Laute usw. zu verweisen, schreiben wir jetzt [p] bzw. [k]. Bei diesem Beispiel sind bewußt IPA-Buchstabensymbole gewählt worden, die in weiter Auslegung etwa den gleichen phonetischen Wert repräsentieren wie die Buchstaben *p* und *k* in den Schriftsystemen der meisten europäischen Sprachen (einschließlich des Englischen). Die meisten Buchstabensymbole des IPA entstammen dem lateinischen oder griechischen Alphabet. Doch wer z.B. mit der deutschen, englischen, französischen, italienischen und spanischen Sprache vertraut ist, dem ist bekannt, daß dieselben Buchstaben durchaus nicht in allen Sprachen, die im wesentlichen das gleiche Alphabet benutzen, den gleichen phonetischen Wert repräsentieren. Es ist sogar so, daß derselbe Buchstabe nicht notwendigerweise im Schreibsystem einer bestimmten Sprache immer den gleichen phonetischen Wert repräsentiert. Einer der Vorteile eines standardisierten und international akzeptierten phonetischen Alphabets besteht darin, daß man die Interpretation von Symbolen nicht im Hinblick auf bestimmte Sprachen oder gar bestimmte Wörter relativieren muß: „*u* wie im deutschen Wort *stur*", „*u* wie im französischen Wort *lu*" usw. Der Preis, der für diesen recht beträchtlichen Vorteil zu entrichten ist, besteht darin, daß die Benutzer des internationalen phonetischen Alphabets alle wie auch immer gearteten Vorstellungen davon, wie ein bestimmtes Buchstabensymbol auszusprechen sei, aufgeben müssen. So repräsentiert z.B. [c] einen Laut, der sich von den durch den Buchstaben *c* wiedergegebenen Lauten im Deutschen, Englischen, Französischen, Italienischen oder Spanischen völlig unterscheidet. Wir wollen im folgenden einige wenige Buchstabensymbole und einige Diakritika des IPA vorstellen.

Verfügen wir erst einmal über ein System phonetischer Transkription, so können wir auf zweierlei Weise sprachliche Formen wiedergeben: (a) durch Kursivdruck und konventionelle Orthographie (oder Transkription) ohne eckige Klammern, z.B. die englischen Formen *led* und *lead;* (b) mit Hilfe einer weiteren IPA-Transkription in eckigen Klammern, z.B. [lɛd] und [liːd].[2]

[2] Der Doppelpunkt bezeichnet die Länge des durch das vorhergehende Buchstabensymbol wiedergegebenen Lautes.

Wir verfügen darüber hinaus nun über eine dritte Wiedergabemöglichkeit, nämlich (c) durch Kursivdruck in spitzen Klammern, wie z.B. bei ⟨*led*⟩ und ⟨*lead*⟩, von der wir allerdings nur selten Gebrauch machen werden. Die Variationsmöglichkeit in der Darstellung ermöglicht uns indessen zum einen die

Unterscheidung zwischen geschriebenen Formen, (c), und phonetisch transkribierten gesprochenen Formen, (b); zum anderen die Unterscheidung zwischen (c) und (b) einerseits und Formen wie (a) andererseits, deren gesprochene oder geschriebene Ausprägung für uns ohne Belang ist. Wir können auf diese Weise für das Englische folgende Behauptung aufstellen: Der geschriebenen Form ⟨*lead*⟩ entsprechen zwei gesprochene Formen: [li:d] und [lɛd]; umgekehrt entsprechen der gesprochenen Form [lɛd] zwei geschriebene Formen: ⟨*led*⟩ und ⟨*lead*⟩.

Die mehr-eindeutige Beziehung dieser Art, die zwischen geschriebenen und gesprochenen Formen besteht, wird gemeinhin als *Homophonie* (‚Gleichheit des Lauts') bezeichnet: Im Deutschen finden wir sie z.B. bei *Trotts:trotz, sonnst:sonst,* im Englischen – vor allem in der sogenannten Received Pronunciation (RP) des Britischen Englisch[3] – bei *rode : road, father : farther, court : caught.*

[3] RP (= Received Pronunciation) ist jene Ausspracheform des Englischen, die ursprünglich auf der gesprochenen Sprache der Gebildeten in London und Südostengland beruhte und im Laufe des 19. Jahrhunderts zur allein akzeptablen Aussprache für die soziale Oberschicht im ganzen Lande wurde, vor allem, wenn diese Zugang zum Hof hatte. Die teuren Ausbildungsstätten der jungen Generation dieser Klasse, die sogenannten *Public Schools,* pflegten die RP. In den dreißiger Jahren übernahm die BBC für ihre Sprecher diese Ausspracheform, die heute als die weltweit am wenigsten regional eingefärbte Aussprachevariante gelten kann, wenngleich sie – insbesondere in der jungen Generation – nicht mehr das hohe Prestige wie früher genießt. Bei allen phonetisch transkribierten englischen Formen, die im vorliegenden Buch aufgeführt sind, wird von der RP-Ausspracheform ausgegangen.

In Schottland wird von manchen Sprechern keines der Beispielpaare als homophon betrachtet; ebensowenig gelten bei vielen nordamerikanischen Sprechern *father : farther* und *court : caught* als homophon, dafür aber z.B. *caught : cot.* Es ist eine bedeutsame Tatsache, daß das Standard-Englisch von verschiedenen Sprechergruppen unterschiedlich ausgesprochen wird, so daß es vorkommt, daß eine Sprechergruppe homophone Wörter einer anderen Gruppe nicht als solche erkennt und anerkennt. Die umgekehrte Entsprechung der Homophonie ist die *Homographie* (‚Gleichheit der Schreibung'); die traditionellen Grammatiker haben ihr weniger Bedeutung zugemessen. Beispiele sind im Deutschen *modern*$_1$ und *modern*$_2$, im Englischen *import*$_1$ und *import*$_2$: die gesprochenen Korrelate unterscheiden sich jeweils hinsichtlich des Wortakzents.

Schon allein deshalb, weil es im Deutschen, Englischen und in vielen anderen Sprachen mit einem konservativen Orthographiesystem sowohl Homophone gibt, die keine Homographe sind, als auch Homographe, die keine Homophone sind, haben Homophonie und Homographie für die Beschreibung dieser Sprachen eine große Bedeutung. Wie wir später sehen werden, können auch noch grammatische oder semantische Gründe für die Unterscheidung von Formen bestehen, die in lautlicher oder graphischer Gestalt identisch sind. So sind z. B. im Deutschen *Ton*$_1$ (= Erdart) und *Ton*$_2$ (= Schall) Ausdrücke gleicher Aussprache (Homophone) und gleicher Schreibung (Homographe), jedoch verschiedener Herkunft und Bedeutung: sie sind ein Beispiel für *Homonymie* (‚Gleichnamigkeit').

3.3. *Artikulatorische Phonetik*

Es ist bereits darauf hingewiesen worden, daß die sogenannten *Sprechorgane* noch andere Funktionen ausüben, die weder mit der gesprochenen Sprache noch mit der Lautproduktion im allgemeinen etwas zu tun haben, und daß diese Funktionen – biologisch gesehen – sogar als primär gelten können. Die Lungen versorgen das Blut mit Sauerstoff, die (im Kehlkopf oder „Adamsapfel" gelegenen) Stimmbänder sorgen, wenn sie eng aneinander liegen, dafür, daß die Luftröhre verschlossen ist und keine Nahrung in sie eindringen kann; Zunge und Zähne werden zum Essen gebraucht usw. Gleichwohl bilden die Sprechorgane das, was man zu Recht als ein sekundäres biologisches System bezeichnen kann, und es gibt gewisse Anzeichen für ihre evolutionäre Anpassung an die Sprachproduktion. In der artikulatorischen Phonetik klassifiziert man die Sprachlaute in bezug auf die Sprechorgane, von denen sie hervorgebracht werden, und bezüglich der Art, in der sie hervorgebracht werden.

Die meisten Sprachlaute in allen Sprachen werden durch bestimmte Modifikationen jenes pulmonalen Luftstroms erzeugt, der von den Lungen in exhalatorischer Richtung durch Luftröhre und *Glottis* (die Stimmritze zwischen den *Stimmbändern*) in das *Ansatzrohr* führt. Das Ansatzrohr wird an der einen Seite durch den Kehlkopf, an der anderen durch Lippen und Nasenlöcher begrenzt.

Die Stimmbänder können in allen Sprachen mindestens zwei verschiedene Stellungen einnehmen. Sie sind entweder weit geöffnet und bewirken so *stimmlose* Laute, wie [p], [s], oder sie öffnen und schließen sich quasi-periodisch und bringen dann stimmhafte Laute hervor, wie [b] in deutsch *Ober,* [z] in norddeutsch *singen,* [n], [u], [l] in deutsch *Null.* Die meisten Vokale in allen Sprachen, und alle Vokale im Deutschen und Englischen (abgesehen vom Flüstern, das durch eine Verengung, unter Umständen durch einen Verschluß der Öffnung zwischen den Stimmbändern und eine Öffnung zwischen den Stellknorpeln gekennzeichnet ist) sind stimmhaft. Dagegen gibt es bei den Sprachen der Welt durchweg sowohl stimmhafte als auch stimmlose Konsonanten, obwohl die Unterscheidung zwischen stimmhaften und stimmlosen Konsonanten nicht in allen Sprachen dazu dient, auf der lautsprachlichen Ebene eine bestimmte Form von einer anderen zu unterscheiden. Zu den stimmlosen Konsonanten gehören [p], [t], [k], [s] und [f]; die entsprechenden stimmhaften Laute sind [b], [d], [g], [z] und [v]. In den Fällen, in denen das IPA nicht

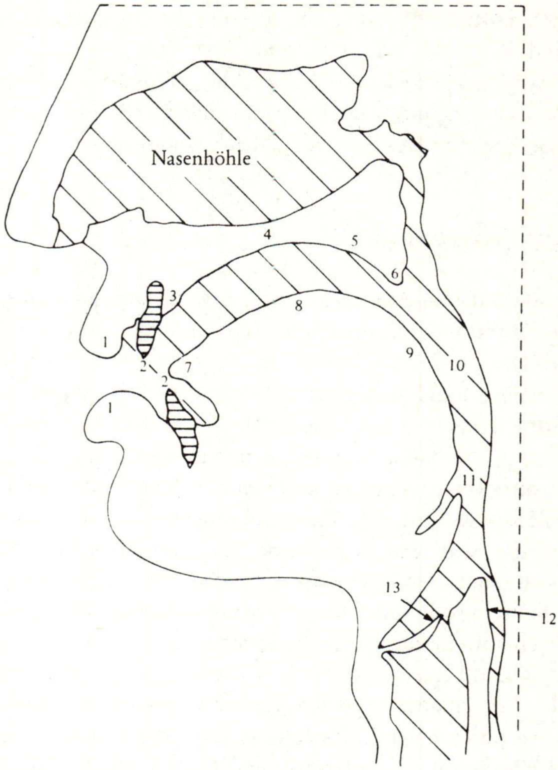

Abbildung 1:
Die Sprechwerkzeuge: 1. Lippen, 2. Zähne, 3. Zahndamm *(Alveole)*, 4. harter Gaumen *(Palatum)*, 5. weicher Gaumen *(Velum)*, 6. Zäpfchen *(Uvula)*, 7. Zungenspitze *(Apex)*, 8. Zungenblatt *(Corona)*, 9. Hinterzunge *(Dorsum)*, 10. Rachenhöhle *(Pharynx)*, 11. Kehldeckel *(Epiglottis)*, 12. Speiseröhre, 13. Stimmbänder (Stimmlippen)

über zwei unterschiedliche Buchstabensymbole für die entsprechenden stimmhaften und stimmlosen Sprachlaute verfügt, werden Diakritika benutzt, um die Unterscheidung zu verdeutlichen. Das diakritische Zeichen für Stimmlosigkeit ist ein kleiner Kreis unter dem jeweiligen Buchstabensymbol. Das IPA geht nämlich z. B. auch davon aus, daß Vokale, wenn sie nicht ausdrücklich als stimmlos gekennzeichnet sind, stimmhaft sind, so daß [ḁ], [e̥], [i̥] usw. die stimmlosen Entsprechungen der stimmhaften Vokale [a], [e], [i] usw. darstellen. Dabei ist die Feststellung wichtig, daß die jeweilige Beziehung zwischen [a] und [ḁ] oder [e] und [e̥] von gleicher Natur ist wie die zwischen [b] und [p] oder [d] und [t], ungeachtet der Tatsache, daß in den beiden ersten Fällen im Gegensatz zu den beiden letztgenannten Diakritika verwendet worden sind.

Eine weitere wichtige artikulatorische Variable ist die der Nasalität. Wenn das *Velum,* der weiche Gaumen, am Ende der Kehle gesenkt wird, wird der Nasenraum zugeschaltet, wodurch bei oralem Verschluß *nasale* Laute entstehen ([m], [n]), bei gleichzeitiger oraler Öffnung *nasalierte* (die französischen nasalen Vokale). Bei gehobenem Velum werden *orale* Laute produziert ([p], [s], [a]). Zu den nasalen Lauten zählt übrigens auch der Konsonant [ŋ], der uns z. B. im Englischen (in der RP-Aussprache) auslautend bei Formen wie *wrong* oder *sing* begegnet. Nasalkonsonanten gelten immer als stimmhaft, sofern sie nicht durch das uns schon bekannte diakritische Zeichen als stimmlos gekennzeichnet sind: [m̥], [n̥], [ŋ̊] usw. So wie [b] mit [p] und [m] mit [m̥] hinsichtlich der Stimmhaftigkeit kontrastieren, finden wir einen entsprechenden Gegensatz zwischen [b] und [m] sowie [p] und [m] bezüglich der Nasalität. Gleiches gilt für Beziehungen [d]:[t]::[n]:[n̥] und [g]:[k]::[ŋ]:[ŋ̊]. Bei Vokalen geht man davon aus, daß sie oral sind, wenn nicht ausdrücklich durch eine sogenannte Tilde [˜] oberhalb des entsprechenden Buchstabensymbols angezeigt wird, daß eine Nasalierung vorliegt: [ã], [ẽ] usw. sind also die (stimmhaften) nasalierten Entsprechungen von [a], [e] usw. Auch hierbei sei nochmals darauf hingewiesen, daß [b], [p] und [m], [d], [t] und [n] sowie [g], [k] und [ŋ] phonetisch im gleichen jeweiligen Verhältnis zueinander stehen wie [a], [ḁ] und [ã].

Die dritte artikulatorische Dimension ist die Aspiration. *Aspirierte* Laute unterscheiden sich von den entsprechenden nicht-aspirierten, indem sie bei der Produktion von einem kleinen Luftstoß begleitet werden. Bleibt z. B. nach Plosiven im Deutschen die Glottis noch weit über die Verschlußlösung hinaus geöffnet, so wird eine Phase der Turbulenz vor der Periodizität erscheinen; der Laut ist aspiriert: [t^{h}elə'fo:n]. Statt des im IPA vorgeschlagenen diakritischen Zeichens für Aspiration, sind wir bei diesem Beispiel der heute üblichen Konvention gefolgt und haben die Aspiration durch ein hochgestelltes ^{h} gekennzeichnet. [t^{h}] ist also die aspirierte Entsprechung zu [t]: z. B. in *Abt* [pt^{h}], *Akt* [kt^{h}]. Das Phänomen der zeitlichen Koordinierung der Stimmbandschwingung mit Verschlußbildungen ist unter dem Begriff *VOT (voice onset time)* für eine Reihe von Sprachen gründlich untersucht worden. Geht z. B. den prävokalischen Plosiven im Deutschen ein koronaler Frikativ [ʃ] oder [s] voraus, so ist die Aspiration – abgesehen von wortfinaler Stellung – gering, oder sie fehlt sogar völlig: *Stute* ['ʃtu:t^{h}ə], *huste* ['hu:stə]. Fehlende Aspiration bedeutet, daß die Stimmbänder im Moment der Verschlußlösung des Plosivs (oder zumindest unmittelbar danach) zu schwingen beginnen. (Eigentlich gehört also die Aspiration eher zum Unterscheidungskriterium Stimmhaftigkeit/Stimmlosigkeit und bildet keine unabhängige Variable: die Stimmbandschwingung kann zu unterschiedlichen Zeitpunkten in Relation zu Artikulationen des Ansatzrohres einsetzen. Werden an zwei Artikulationsstellen im Ansatzrohr unterschiedliche Öffnungsgrade gebildet, dann spricht man von der Artikulation mit dem größten Öffnungsgrad als der *Sekundärartikulation;* auf solche Phänomene – sie begegnen uns als Pharyngalisierung, Palatalisierung, Labialisierung, Velarisierung usw. – wollen wir hier nicht näher eingehen.

Wir haben bisher die traditionellen Termini ‚Konsonant' und ‚Vokal' verwendet, ohne sie zu erklären. Hinsichtlich ihrer Artikulation unterscheiden sich *Konsonanten* dadurch von *Vokalen,* daß sie den Luftstrom im Mund bei der Artikulation zeitweise beeinträchtigen. Bei Vokalen kann der Luftstrom hingegen ungehindert den Mund passieren. Der phonetische Unterschied zwischen Konsonanten und Vokalen ist indessen nicht absolut; es gibt bestimmte Sprachlaute, denen ein Zwischenstatus zukommt. Im Rahmen unserer kurzen und vereinfachten Darstellung der Grundbegriffe artikulatorischer Phonetik wollen wir auf diese Details jedoch nicht näher eingehen.

Konsonanten lassen sich aufgrund der *Artikulationsart,* also danach, wie der Luftstrom beeinträchtigt wird, in verschiedene Klassen unterteilen. Laute, die bei oralem Verschluß und Hebung des Velums gebildet werden, heißen *Verschlußlaute* oder *Plosive;* die bei oralem Verschluß und Senkung des Velums gebildeten sind die bereits erwähnten *Nasale.* Bei friktionsloser lateraler Striktur entstehen *Laterale* ([l]); eine hörbare Friktionsenge führt zu *Frikativen* oder *Reibelauten,* von denen die lateralen besonders genannt werden müssen ([ɬ]). Typische Plosive sind [p], [t] und [k]; typische Frikative [f] und [s]. Daneben gibt es schließlich noch die Artikulationsarten *Vibranten, Frikativvibranten* und *friktionslose Dauerlaute* (oder *Halbvokale*). Die eben erwähnten Öffnungsgrade – *vollständiger Verschluß, Friktionsenge, friktionslose Enge* – die durch das aktive Artikulationsorgan hergestellt werden, können nun an verschiedenen *Artikulationsstellen* im Munde hergestellt werden: dieses weitere artikulatorische Kriterium wird zur Klassifikation der Konsonanten herangezogen. Die aktiven Artikulationsorgane des Ansatzrohres – die sogenannten *Artikulatoren:* Unterlippe, Zungenspitze, Zungenrücken – können an zahllosen Stellen zwischen der Oberlippe und dem Zäpfchen gegen Punkte bzw. Gebiete am Munddach artikulieren. Es gibt jedoch keine Sprache, die sich dabei nicht auf wenige Punkte beschränkte. Die folgenden Artikulationsstellen gehören zu denen, die bei der Beschreibung deutscher, englischer und anderer vertrauter Sprachen (mit oder ohne Sekundärartikulationen unterschiedlichster Art) üblich sind:

Bilabial: Die Unterlippe artikuliert gegen die Oberlippe, z.B. bei [p], [b] und [m], und bildet einen Verschluß oder eine Enge.

Labiodental: Die Unterlippe artikuliert gegen die Oberzähne, z.B. bei [f] und [v]. Während [p], [b] und [m] Plosive sind, zählen [f] und [v] zu den Frikativen. (Es gibt auch – oral oder nasal gebildete – bilabiale Frikative, allerdings kommen sie nicht so häufig vor.)

Dental: Die Zungenspitze liegt an den Zähnen oder zwischen den Zähnen (interdental): z.B. bei [t], [d], [n], [θ], [ð].

Alveolar: Die Zungenspitze artikuliert gegen die Alveolen, den Zahndamm hinter den oberen Schneidezähnen, z.B. bei [t], [d], [n], [s] und [z]. An dieser

Stelle muß erwähnt werden, daß in einer weiten Transkription für dentale und alveolare Plosive die gleichen Symbole verwendet werden können, obwohl im IPA Diakritika vorhanden sind, mit deren Hilfe man diese beiden Klassen voneinander unterscheiden kann, wenn dies notwendig ist. Bei den Anfangskonsonanten der englischen Wörter *thick* und *this* handelt es sich z.B. um einen stimmlosen bzw. stimmhaften dentalen Frikativ, der entsprechend als [θ] bzw. [ð] transkribiert wird, während die [t]-, [d]- und [n]-Laute der meisten Akzente des Englischen (in den meisten Positionen eines Wortes) alveolar sind (im Gegensatz etwa zu den [t]-, [d]- und [n]-Lauten des Französischen, Spanischen oder Russischen sowie zumindest zu den [t]-und [d]-Lauten des Italienischen). Im Deutschen werden apikale (also mit der Zungenspitze artikulierte) Plosive entweder dental oder alveolar gebildet.

Palatal: Der Zungenrücken artikuliert gegen den harten Gaumen, z.B. bei den Plosiven [c] und [ɟ] sowie den Frikativen [ç] und [j].

Velar: Der Zungenrücken artikuliert gegen das Gaumensegel (Velum) – auch weicher Gaumen genannt – z.B. bei der Produktion der Plosive [k] und [g] sowie der Frikative [x] und [ɣ]. Der Unterschied zwischen palatalen und velaren Lauten ist ebenso wie der Unterschied zwischen dentalen und alveolaren Lauten (und eher als z.B. der Unterschied zwischen labialen und dentalen bzw. dentalen und palatalen Lauten) gradueller Art, d.h. die Artikulationsstellen, die entweder von der Zungenspitze (apex) oder vom Zungenrücken (dorsum) angesteuert werden – wodurch *apikale* bzw. *dorsale* Laute entstehen –, bilden Kontinua: So wie Zähne, Alveolen und harter Gaumen für die apikalen Lautbildungen eine Skala bilden (interdental, postdental, alveolar, postalveolar, palatoalveolar, retoflex), bilden Alveolen, harter Gaumen, Gaumensegel, Zäpfchen (uvula) und Pharynxwand ein Kontinuum für dorsale Lautbildungen (alveolopalatal, dorsalpalatal, velar, uvular, pharyngal). Während z.B. palatale Laute in den meisten Wortpositionen im Englischen unüblich sind, begegnet uns der stimmlose palatale Frikativ [ç] im Deutschen (in den meisten Dialekten), im Kastilischen, Spanischen und modernen Griechischen; er stellt allerdings auch im Englischen eine mögliche RP-Variante für den wortinitialen Konsonanten in einem Wort wie *hue* dar (wobei zu bemerken ist, daß das Graphem ⟨*h*⟩ im Englischen eine Fülle von Lauten abdeckt, deren Qualität primär durch den Vokal in der unmittelbaren Umgebung bestimmt ist). Die Laute, die den Graphemen ⟨*k*⟩ und ⟨*c*⟩ des englischen Orthographiesystems entsprechen, sind in den meisten phonetischen Umgebungen Varianten mit velarer Artikulationsstelle, in einigen Positionen jedoch (wie übrigens bei vielen Sprachen) sind sie nahezu palatal, z.B. in *key* und *cue*. Der stimmlose velare Frikativ [x], der als Auslautkonsonant z.B. im deutschen *ich*, im schottischen *loch* und einigen spanischen Dialekten vorkommt,[4] begegnet uns nicht als RP-Laut.

[4] Im kastilischen Spanisch hingegen wird der sogenannte Jota-Laut in Formen wie *hija* („Tochter") allgemein als postvelarer oder uvularer Frikativ gebildet; IPA [x].

Der stimmhafte velare Frikativ [ɣ] ist in europäischen Sprachen seltener als seine stimmlose Entsprechung, kommt allerdings im modernen Griechisch (und einigen russischen Dialekten) vor.

Glottal (weitgehend synonym zu laryngal): Die Stimmbänder werden zeitweise miteinander in Berührung gebracht, z.B. beim Glottisschlag [ʔ], dem gespannten, glottalen Plosiv (Knacklaut, engl. *glottal stop*), der bei Verschluß und plötzlicher Öffnung der Stimmlippen entsteht, und beim stimmlosen Frikativ [h] sowie seiner stimmhaften Entsprechung [ɦ]: Hier bildet die Glottis die turbulenzverursachende Konstriktionsstelle. Da die Stimmbänder nicht vibrieren können, wenn sie in vollständig geschlossener Stellung sind, gibt es keinen stimmhaften Glottisschlag; hingegen gibt es sowohl stimmlose als auch stimmhafte glottale Frikative. In einigen Sprachen kommt dem Glottisschlag funktionaler Wert zu, z.B. beim *stød*-Phonem im Dänischen.

Im Deutschen (vor allem im Norddeutschen) wird der Knacklaut als Grenzsignal vor Vokal im Anlaut betonter Silben verwendet, und zwar mit vorwiegend festem Stimmeinsatz: d.h. die Glottis befindet sich bei Beginn der Luftströmung in der Verschlußstellung und geht unter Sprengung des Verschlusses in die Stimmstellung über, wodurch das Schwingen der Stimmbänder mit dem Knacklaut eingeleitet wird. Flüstert man beispielsweise den Satz *In einem Eimer ist ein Apfel*, so ist der Knacklaut im Anlaut der Wörter deutlich zu hören. Zur Wortunterscheidung dient er dagegen z.B. bei *vereisen* [fɛ(r)ˈʔaɪzən]: *verreisen* [fɛ(r)ˈraɪzən].

Im Englischen ist der weiche Stimmeinsatz die Regel, d.h. die Glottis befindet sich bei Beginn der Luftströmung in Stimmstellung, so daß die Stimmbänder-Schwingungen unmittelbar einsetzen. Der Knacklaut begegnet uns im Englischen oft als sozial gebrandmarkt empfundene Variante eines intervokalischen [t]-Lautes, etwa in Formen wie *city, united, butter* – dies in vielen städtischen Dialekten Schottlands und Englands, einschließlich der Großstädte London (Cockney), Manchester, Birmingham und Glasgow; er begegnet uns darüber hinaus in anderer phonetischer Umgebung, dort allerdings oft kaum wahrgenommen, sogar in der RP. Daher ist darauf hinzuweisen, daß es sich bei diesem Laut vom phonetischen Standpunkt aus um einen absolut vollgültigen und eigenständigen Konsonanten handelt, den es nicht mit dem [t] zu verwechseln gilt und der überdies in vielen Sprachen der Welt verbreitet ist.

Es gibt noch viele weitere für die Konsonantenklassifikation vom IPA beigezogene Artikulationsstellen, von denen einige zu einer vollständigen phonetischen Beschreibung des Deutschen und Englischen gehören. Die bisher aufgeführten reichen jedoch aus, um die allgemeinen Prinzipien der Konsonantenklassifikation auf artikulatorischer Basis zu verdeutlichen; die bislang eingeführten (und einige weitere) Symbole sind in Tab. 1 aufgeführt. Dabei zeigt sich, daß die vertikale Dimension in der Tabelle von einem einzigen artikulatorischen Parameter repräsentiert wird (sofern man Koartikulation und Sekundärartikulation außer acht läßt), wohingegen dies bei der horizontalen Dimension nicht der Fall ist: Dort findet sich eine hierarchische Anordnung von Plosiven gegenüber Frikativen, wobei die Plosive noch weiter in orale gegenüber nasalen untergliedert sind; außerdem werden sowohl Plosive als auch Frikative jeweils in stimmlose gegenüber stimmhaften Varianten subklassifiziert. Die Multidimensionalität der sogenannten *Artikulationsart* im Gegensatz zur charakteristischen Eindimensionalität der Artikulationsstelle würde – dies sei nachdrücklich hervorgehoben – noch deutlicher werden, wenn wir die Konsonantenklassifikation detaillierter betrieben (z. B. unter Einbeziehung der Liquiden, der Laterale, des Zungenspitzen-*r*, der uvularen Schwing- und Engelaute usw.).

Tabelle 1:

Artikulationsart / Artikulationsstelle	Plosive			Frikative	
	Oral		Nasal		
	Stimmlos	Stimmhaft	Stimmhaft	Stimmlos	Stimmhaft
bilabial	p	b	m	Φ	β
labiodental	π	b	ɱ	f	v
dental	t̪	d̪	n̪	θ	ð
alveolar	t	d	n	s	z
palatal	c	ɟ	ɲ	ç	j
velar	k	g	ŋ	x	ɣ
glottal	ʔ			h	ɦ

Ausgewählte Konsonanten in IPA-Notation. (Aspiration wurde nicht gesondert durch ein hochgestelltes Buchstabensymbol angezeigt, sondern in allen Fällen durch ein diakritisches Zeichen verdeutlicht. In gleicher Weise wurden auch stimmlose Nasale durch die Kombination von Buchstabensymbolen und Diakritika gekennzeichnet.)

Wir wollen uns jetzt der artikulatorischen Klassifikation der Vokale zuwenden. Da Vokale (jedenfalls soweit sie sich deutlich von Konsonanten unterscheiden lassen) dadurch charakterisiert sind, daß bei ihrer Hervorbringung der Luftstrom im Mund nicht behindert wird, haben sie nicht im gleichen Sinn wie die Konsonanten eine Artikulationsstelle.

Wir müssen uns das gesamte Bild der Mundhöhle vorstellen. Sie ist in drei phonetisch relevanten Dimensionen unbegrenzt variabel, für die die Merkmalspaare geschlossen : offen (oder hoch : niedrig), vorn : hinten sowie gerundet : ungerundet gebräuchlich sind.

Bei der Hervorbringung eines *geschlossenen* (oder *hohen*) Vokals sind Ober- und Unterkiefer (wegen der hohen Zungenstellung im Mund) nahe beieinander; bei der Bildung eines *offenen* (oder *niedrigen*) Vokals dagegen sind Mundöffnung bzw. Kieferwinkel (infolge der Zungenstellung) weiter. [i] und [u] sind geschlossene (hohe), [a] und [ɑ] offene (niedrige) Vokale.

Ein *Vorderzungenvokal* entsteht, wenn die Zunge (genauer: ihr höchster Punkt, da sie natürlich an ihrer Wurzel im hinteren Teil des Mundes fixiert ist) im vorderen Teil der Mundhöhle an der Artikulation beteiligt ist; bei einem *Hinterzungenvokal* ist die Zunge zurückgezogen: [i] und [a] sind Vorderzungenvokale, [u] und [ɑ] Hinterzungenvokale.

Ein *gerundeter* Vokal wird mit gerundeten Lippen gebildet; bei der Bildung eines ungerundeten Vokals sind die Lippen nicht gerundet. [u], [o] und [ɔ] sind gerundete, [i], [e], [ɛ] und [a] ungerundete Vokale. Kardinalvokal Nr. 5, [ɑ], der eine maximale Öffnung aufweist, ist ebenfalls ungerundet.

Die geschilderte dreidimensionale Vokalklassifikation bedarf einiger kurzer, erklärender Hinweise. Zunächst muß man sich verdeutlichen, daß die Dimensionen jeweils als ein Kontinuum zu verstehen sind, daß Unterschiede zwischen zwei beliebigen Vokalen hinsichtlich der genannten Kriterien (offen, hinten, gerundet) immer relativ sind. Um für ihre Vokalklassifikation einen einheitlichen Bezugsrahmen zu haben, arbeiten Phonetiker mit dem System der sogenannten *Kardinalvokale*. Diese Kardinalvokale sind nicht mit den Vokalen einer existierenden Sprache gleichzusetzen: Sie stellen lediglich theoretische Fixpunkte dar, auf die sich ein geschulter Phonetiker bei der Einordnung von Vokalen natürlicher Sprachen beziehen kann. Auf diese Weise gelangt er etwa zu einer Aussage wie der folgenden: Der Vokal in der französischen Form *pie*, die man als [pi] transkribieren kann, kommt dem Kardinalvokal [i] näher als der erste Teil des Vokals in der RP-Variante beim englischen Wort *pea*, das man in weiter Transkription als [pi], in enger Transkription (unter Einbeziehung von Konsonantenaspiration und Vokallänge) als [p^hi:] wiedergeben kann. In Abb. 2 sind die acht primären Kardinalvokale aufgeführt; die sekundären Kardinalvokale werden wir sogleich erwähnen. Es wird deutlich, daß die Kardinalvokale 1, 4, 5 und 8 – also [i], [a], [ɑ] und [u] – die theoretisch denkbaren Extrempunkte bei den Dimensionen des Öffnungsgrades und der Zungenposition darstellen. Genau zwischen [i] und [a] bzw. [u] und [ɑ], also nach auditiv als gleich groß empfundenen Intervallen, finden wir die *halbgeschlossenen* Vokale [e] und [o] und die halb-offenen Entsprechungen [ɛ] und [ɔ].

Als nächstes gilt es, darauf hinzuweisen, daß in Tab. 2 alle aufgeführten Vorderzungenvokale ungerundet, alle Hinterzungenvokale (mit Ausnahme des Kardinalvokals Nr. 5) jedoch gerundet sind. Dies bedeutet nicht, daß gerundete Vorderzungenvokale oder ungerundete Hinterzungenvokale nicht vorkommen. Es gibt sie zweifellos; nur sind sie – vor allem, was ungerundete Hinterzungenvokale angeht – in europäischen Sprachen weniger häufig anzutreffen. Hierbei ist festzustellen, daß sowohl das IPA als auch das später entwickelte System der Kardinalvokale sehr stark auf europäische Sprachen ausgerichtet sind. Doch jeder der primären Kardinalvokale hat unter den *sekundären Kardinalvokalen* (= gerundeten Vorderzungen- und ungerundeten Hinterzungenvokalen) seine Entsprechung: dort verläuft die Zählung von 9 bis 16. So hat also der primäre Kardinalvokal [i] seine Entsprechung in Nr. 9, dem gerundeten Vorderzungenvokal [y], dem etwa der Vokal im französischen Wort *tu* oder im deutschen Wort *früh* nahekommt; das [u] hat unter den sekundären Kardinalvokalen in Nr. 16, dem ungerundeten Hinterzungenvokal [ɯ], seine Entsprechung: Annäherungen an diesen Laut finden sich im Japanischen.

Des weiteren wird man feststellen, daß die Vokale in Abb. 2 entlang der Seiten eines Vierecks angeordnet sind, dessen Basis sehr viel kürzer als die obere Seitenlinie ist. Dieses Diagramm will schematisch die Tatsache verdeutlichen, daß aus physiologischen Gründen sowohl vom artikulatorischen als auch vom auditiven Standpunkt aus entlang der Dimension Vorderzungenvokal-Hinterzungenvokal bei den offenen Vokalen geringere Unterschiede als bei den geschlossenen Vokalen festzustellen sind: Die Unterschiede zwischen [a] und [ɑ] sind beispielsweise geringer als die zwischen [i] und [u]. Das gleiche gilt für die Lippenrundung. Z. B. ist der Unterschied zwischen [i] und [u] in zwei der drei Dimensionen (wobei die Rundung im Falle der maximal offenen Vokale irrelevant ist) größer als der zwischen [a] und [ɑ]. Daher ist es nicht überraschend, daß Sprachen im allgemeinen ein asymmetrisches Vokalsystem aufweisen, in dem zwischen offenen Vokalen weniger Unterscheidungen getroffen werden als zwischen geschlossenen.

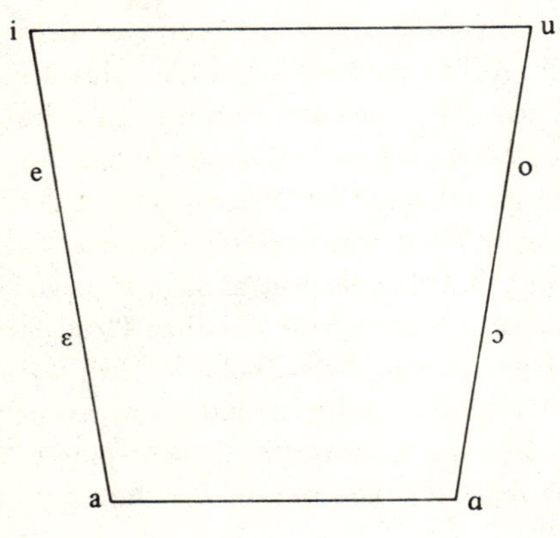

Abbildung 2:
Die primären Kardinalvokale

Abschließend sei nochmals betont, daß das Vokalviereck ein dreidimensionales Kontinuum repräsentiert, innerhalb dessen – abgesehen von den theoretischen Idealmarkierungen – die IPA-Symbole eher Regionen als Fixpunkte bezeichnen. Im übrigen gibt es insbesondere im Zentrum des Kontinuums einige Regionen, die vom IPA und vom Kardinalvokal-System keineswegs befriedigend erfaßt werden.

Soviel zur Artikulation von Konsonanten und Vokalen. Durch unsere kurze und notwendigerweise selektive Behandlung dieses Problemkreises dürfte jedoch ein Gesichtspunkt hinreichend klar geworden sein: Sowohl Konsonanten als auch Vokale sind, sofern man sie als *Segmente* gesprochener Sprache betrachtet, Bündel artikulatorischer *Merkmale,* von denen jedes einzelne als Wert für eine Variable in einer bestimmten Dimension betrachtet werden kann. So ist z. B. [m] ein stimmhafter, bilabialer, nasaler Plosiv, d. h. es hat den Wert [stimmhaft] innerhalb der Dimension Stimmhaftigkeit/Stimmlosigkeit, den Wert [labial] innerhalb der Dimension der (primären) Artikulationsstelle, [nasal] innerhalb der Dimension der Nasalität und [plosiv] innerhalb der Dimension von Verschluß oder Behinderung.

Die eckigen Klammern, die die Begriffe ‚stimmhaft', ‚labial' usw. im letzten Absatz einschließen, zeigen an, daß es sich bei diesen Begriffen um Bezeichnungen für phonetische Merkmale handelt. Die nachfolgenden Tabellen 2 und 3 veranschaulichen nun in einer detaillierteren Klassifikation einige Konsonanten und Vokale, die wir oben als Merkmalbündel eingeführt haben. Dadurch wird verdeutlicht, daß die Merkmale simultan und nicht (in einem relevanten Sinn) sequentiell vorkommen; ferner wird deutlich gemacht, daß zwischen Merkmalen, die in unabhängiger Weise variabel sind, und solchen, die dies nicht sind, zu unterscheiden ist. Ein Sprachlaut kann also nicht zu einer gegebenen Zeit gleichzeitig stimmhaft und stimmlos oder gleichzeitig nasal und oral sein. Daher verwenden die Tabellen 2 und 3 Plus- und Minuszeichen, um dieser Tatsache Rechnung zu tragen: [stimmhaft], [nasal] usw. wurden als Plus-, [stimmlos], [oral] usw. als Minus-Repräsentanten der korrelierenden Merkmal-Paare gekennzeichnet. Anders verhält es sich mit der Artikulationsstelle der Konsonanten. Natürlich kann ein (primär) labialer Konsonant nicht zugleich (primär) dental oder velar sein. Aber man kann nicht [dental] oder [velar] im Vergleich zu [labial] mit einem Minuszeichen versehen, um das Nichtvorhandensein der entsprechenden Merkmale zu kennzeichnen. Daraus ergibt sich, daß ein Konsonant, der in bezug auf einen der Werte innerhalb der Dimension der Artikulationsstelle mit einem Pluszeichen positiv gekennzeichnet ist, in bezug auf die anderen Werte in Tab. 2 eher als neutral denn als negativ markiert erscheint. Ähnliches gilt für den Unterschied zwischen Plosiven und Frikativen. Tab. 3 gibt nur die drei Dimensionen der artikulatorischen Vokal-Klassifikation wieder, die auf die Mundhöhle bezogen sind; es wäre ein leichtes, die Tabelle unter Einbeziehung der von uns erörterten Gesichtspunkte so zu erweitern, daß auch für die Vokale die Distinktionen stimmhaft:

stimmlos sowie oral : nasal integriert würden. Auf die Tabellen 2 und 3 werden wir uns in anderem Zusammenhang später noch beziehen.

Wir wollen uns zunächst der Frage der Segmentierung zuwenden. Wie können wir eigentlich entscheiden, daß eine bestimmte lautsprachliche Erscheinung aus soundsovielen sequentiell geordneten Segmenten besteht, wenn man sie vom Standpunkt der artikulatorischen Phonetik betrachtet? Das Entscheidungskriterium für die phonetische Segmentierung läßt sich zwar recht einfach formulieren, es ist aber keineswegs einfach anzuwenden, ohne in bestimmten Fällen ein gut Teil mehr oder minder willkürlicher Entscheidungen zu fällen.

Unsere Festlegung der Grenze zwischen den einzelnen Segmenten (und damit der Segmente selbst) erfolgt an jenen Punkten, an denen sich der Wert einer oder mehrerer artikulatorischer Variablen ändert: z. B. von [labial] zu

Tabelle 2:

Phonetische Segmente / Artikulatorische Merkmale	p	pʰ	b	m	Φ	β	t	tʰ	d	n	θ	ð	k	kʰ	g	ŋ	x	ɣ
stimmhaft	–	–	+	+	–	+	–	–	+	+	–	+	–	–	+	+	–	+
aspiriert	–	+	–	–	0	0	–	+	–	–	0	0	–	+	–	–	0	0
Nasal	–	–	–	+	0	0	–	–	–	+	0	0	–	–	–	+	0	0
Plosiv	+	+	+	+	0	0	+	+	+	+	0	0	+	+	+	+	0	0
Frikativ	0	0	0	0	+	+	0	0	0	0	+	+	0	0	0	0	+	+
labial	+	+	+	+	+	+	0	0	0	0	0	0	0	0	0	0	0	0
dental	0	0	0	0	0	0	+	+	+	+	+	+	0	0	0	0	0	0
velar	0	0	0	0	0	0	0	0	0	0	0	0	+	+	+	+	+	+

Ausgewählte Konsonanten: analysiert bezüglich der Komponenten ihrer artikulatorischen Merkmale. (Die Beispiele enthalten stimmlose orale Plosive, jedoch nicht aspirierte stimmhafte – orale oder nasale – Plosive. Aus Darstellungsgründen wurden nur drei Artikulationsstellen aufgeführt: labial, dental, velar. Diese Tabelle läßt sich leicht bezüglich aller in Tab. 1 genannten Konsonanten einschließlich ihrer aspirierten Entsprechungen erweitern.)

Tabelle 3:

	i	e	a	ɑ	o	u	y	ɯ
offen	–	0	+	+	0	–	–	–
hinten	–	–	–	+	+	+	+	+
gerundet	–	–	–	–	+	+	–	–

Ausgewählte Vokale: analysiert bezüglich ihrer Komponenten. (Die Vokale [ɛ] und [ɔ] sind in dieser Tabelle nicht enthalten. Da die Unterscheidungen halb-offen bzw. halbgeschlossen fehlen, sind [e] und [o] als weder offen noch geschlossen markiert.)

[dental], von [stimmhaft] zu [stimmlos], von [hinten] nach [vorn], von [nasal] zu [oral]. Das Prinzip ist oft schwierig anzuwenden: Alle Wechsel von einem Wert zu einem anderen geschehen in einem zeitlichen Ablauf, weshalb die zeitliche Gliederung eines lautsprachlichen Zeichens besonders beachtet werden muß; aber gerade weil die einzelnen akustischen Merkmale gefügeartig miteinander verbunden und ineinander verzahnt sind, ist es sehr schwer, solche Punkte zu finden, die eine einwandfreie Abgrenzung von Segmenten ermöglichen.[5]

[5] Im Gegensatz zu den Kurz- und Langvokalen (Monophtongen) besteht das Wesen der Diphtonge darin, daß sich ihre Vokalfarbe während der Artikulation kontinuierlich verändert, weil, bedingt durch die Bewegung, auch die organische Grundlage für die Klangformung fortgesetzt modifiziert wird; außerdem ist der erste Teil der Diphtonge intensitätsstärker als der zweite.

Bestimmte Phänomene bei Übergängen (z.B. der Einsatz der Stimmhaftigkeit oder der Aspiration bei Konsonanten) blieben normalerweise, wenn nicht phonologische Gründe für eine Einbeziehung sprächen, unberücksichtigt (vgl. 3.4). Deshalb ließe sich die Frage, wie viele Sprachlaute in einer bestimmten Lautproduktion vorhanden seien, ohne Bezugnahme auf die phonologische Struktur des betreffenden Sprachsystems oder der Sprachsysteme allgemein gewöhnlich gar nicht exakt beantworten. Diese Tatsache muß man sich stets vergegenwärtigen, wenn man auf phonetisch transkribierte sprachliche Daten referiert.

In der Tat liegt einer der Nachteile eines alphabetisch orientierten phonetischen Transkriptionssystems darin, daß es bei Laien die Vorstellung nährt, gesprochene Sprache bestünde aus einer Kette von einzelnen Sprachlauten. Jeder Benutzer eines phonetischen Alphabets muß sich selbst dazu erziehen, die Symbolketten, die gesprochene Äußerungen repräsentieren, sozusagen wieder zu ent-alphabetisieren. Bei der Lektüre von [tȩmãn] muß er also nicht allein in der Lage sein, [t] in seine simultanen Merkmalskomponenten [stimmlos], [dental] usw., und insgesamt alle fünf hier repräsentierten Sprachlaute in der gleichen Weise zu zergliedern, sondern hat zugleich zu beachten, daß sich das Merkmal [stimmlos] über zwei Segmente erstreckt, daß sich sowohl [Stimmhaftigkeit] als auch [Nasalität] über drei Segmente erstrecken usw. Man kann nicht von einem plötzlichen Auftauchen oder Verschwinden dieser Merkmale bei der Bildung der jeweiligen Abfolgen zwischen [t] und [ȩ], [m] und [ã] bzw. [ã] und [n] sprechen. Wenn zwei oder mehrere Segmente in dieser Weise ein Merkmal teilen, dann bezeichnet man sie (insbesondere, wenn es sich um konsonantische Merkmale handelt, bei denen es um die Artikulationsstelle geht) als *homorgan* (d.h. „mit demselben Organ gebildet"). Allgemeiner ausgedrückt können wir sagen, daß unmittelbar aufeinander folgende Segmente (insoweit es sich auf der Basis der oben angeführten Kriterien um unterscheidbare Segmente handelt) dazu neigen, sich hinsichtlich ihrer Artikulationsstelle, ihrer Artikulationsart oder hinsichtlich beider zu *assimilieren*. Diese Tatsache ist von äußerster Wichtigkeit für die phonologische Analyse von Sprachen.

Aus dem bisher Gesagten dürfte hinreichend deutlich geworden sein, daß sich buchstäblich jedes phonetische Merkmal über eine Folge von Segmenten erstrecken und daher in dem Sinne *suprasegmentell* sein kann: [stimmhaft] ist beispielsweise suprasegmentell in [amba]; [nasal] ist suprasegmentell in [mãn] usw. Es gilt indessen festzuhalten, daß der Terminus ‚suprasegmentell' üblicherweise auf Merkmale beschränkt wird, die – eher phonologisch als phonetisch – als *Länge*, *Ton* und *Betonung* (*Akzentuierung*, engl. *stress*) eingeordnet werden. Wir werden in einem späteren Abschnitt auf die suprasegmentellen Phänomene (in beiden Interpretationen) zurückkommen.

Es muß jedoch darauf hingewiesen werden, daß die Behandlung segmenteller und suprasegmenteller Merkmale im vorliegenden Buch in hohem Maße selektiv ist. Was die Segmente betrifft, so haben wir beispielsweise ganze Klassen von Sprachlauten verschiedenster Art ausgeklammert, z.B. *Liquide*, *friktionslose Dauerlaute* (oder *Halbvokale*) und *Affrikaten* (Plosiv + Frikativ) usw. Es kam uns nicht auf eine vollständige Klassifikation an, sondern auf die Verdeutlichung der wesentlichen Prinzipien.

3.4. *Phoneme und Allophone*

Von jetzt an werden wir uns mit Phonetik (der Erforschung des Schallereignisses der sprachlichen Kommunikation in allen seinen Aspekten) nur insoweit befassen, als sie für die *phonologische* Analyse von Sprachsystemen relevant ist. Es gibt eine Vielzahl phonologischer Theorien. Man unterscheidet phonemische von nicht-phonemischen Theorien danach, ob sie *Phoneme* als grundlegende Elemente der phonologischen Analyse ansehen oder nicht. Von den phonemischen Theorien der Phonologie ist die sogenannte *klassische amerikanische Phonemik*, obwohl sie inzwischen von den meisten Linguisten als überholt betrachtet wird, von eminenter Bedeutung für ein Verständnis der Entwicklung modernerer Theorien. Im übrigen hat sie den pädagogischen Vorteil, bezüglich ihrer Konzepte einfacher als viele andere zu sein. In diesem Abschnitt sollen daher die Schlüsselbegriffe der klassischen amerikanischen Phonemik beleuchtet werden, wie sie in der Zeit nach dem Zweiten Weltkrieg entwickelt wurden. Wir werden uns auf jene Begriffe und Termini konzentrieren, die uns auch an späterer Stelle von Nutzen sein werden. Viele Details werden wir übergehen.

In der Theorie, mit der wir uns hier befassen, werden Phoneme unter Bezug auf zwei Basiskriterien definiert: (a) *phonetische Ähnlichkeit* und (b) *Distribution* (die ihrerseits dem übergeordneten, in allen phonologischen Theorien verwendeten Kriterium des *funktionalen Kontrasts* unterliegt: siehe unten). Wie wir im vorangehenden Abschnitt gesehen haben, ist die phonetische Ähnlichkeit relativ zu sehen und multidimensional. Daraus folgt, daß ein bestimmter Sprachlaut einem zweiten in einer oder mehreren Dimensionen ähnlich sein kann, während er sich in einer oder mehreren anderen Dimensionen von ihm unterscheidet und dort einem dritten Sprachlaut ähnlich ist. Dies bedeutet, daß sich in der Praxis bei der phonemischen Analyse oft alternative Möglichkeiten ergeben, wenn es das Problem zu lösen gilt, welche phonetisch ähnlichen Sprachlaute als Varianten – technisch gesprochen: als *Allophone* – desselben Phonems zusammengefaßt werden sollen. Dabei gibt es dann eine Reihe von Hilfskriterien, auf die wir hier nicht näher eingehen wollen. Doch selbst wenn diese Hilfskriterien herangezogen werden, bleibt eine gewisse Uneinigkeit darüber bestehen, wie viele Phoneme in einer bestimmten Sprache vorhanden sind und welches ihre Allophone in den verschiedenen Kontexten ihres Auftretens sind. Ungeachtet des in vielen Lehrbüchern der damaligen Zeit vermittelten Eindrucks besteht kaum Zweifel daran, daß die klassische amerikanische Phonemik es bei vielen Sprachen nicht vermocht hat, eine eigenständige und universal akzeptable phonologische Analyse zu liefern.

Wir wollen uns nun dem Begriff der Distribution zuwenden, der, wie wir im Verlaufe dieses Buches feststellen werden, nicht nur in der Phonologie, sondern auch in Grammatik und Semantik von großer Relevanz ist. Kurz gesagt, die Distribution einer Entität ist die Menge der Kontexte, in denen sie innerhalb der Sätze einer Sprache vorkommt. Der Terminus ‚Entität' ist dabei so allgemein wie nur möglich aufzufassen. Was den vorliegenden Abschnitt betrifft, so ist davon auszugehen, daß er einerseits Sprachlaute und phonetische Merkmale und andererseits Phoneme einschließen kann. Der Begriff der Distribution setzt den der Wohlgeformtheit voraus (vgl. 2.6). Dies bedeutet, daß wir in der Phonologie nicht einfach mit den tatsächlichen Formen des Sprachsystems, sondern mit der Menge tatsächlicher und potentieller phonetisch und phonologisch wohlgeformter Formen operieren müssen. In allen natürlichen Sprachen gibt es mehr oder weniger häufig vorkommende (oft aus anderen Sprachen entlehnte) Formen, die den allgemeineren phonologischen Bildungsmustern nicht entsprechen; von vielen nicht in diesen Sprachen existierenden Formen läßt sich andererseits sagen, daß die jeweiligen Sprecher dieser Sprache sie durchaus unter bestimmten Voraussetzungen als potentielle Formen ihrer Sprache einordnen und damit anerkennen würden, daß sie den allgemeinen Bildungsmustern entsprechen. Nehmen wir ein inzwischen klassisches Beispiel aus dem Englischen: [brik] ist eine potentiell und tatsächlich vorkommende Wortform des Englischen (hier in weiter phonetischer Transkription angegeben), vgl. *brick* („Ziegelstein"); [blik] ist eine potentielle, aber nicht vorkommende Form. * [bnik] dagegen ist nicht nur eine im Englischen nicht vorkommende, sondern auch eine phonologisch nicht wohlgeformte (und daher mit einem Sternchen versehene) Wortform: es gibt im Englischen keine wortinitialen wohlgeformten Konsonantenverbindungen mit [bn].[6]

[6] Ausnahmen bilden sogenannte Allegro-Formen, die in schneller oder informeller Sprechweise vorkommen können (z. B. [bni:θ] als eine Allegro-Variante der RP-Form [bəni:θ] für *beneath*.

In dem Maße, in dem Sprachen regelgeleitete Systeme sind, hat jede sprachliche Entität, die den Regeln eines Sprachsystems unterliegt, eine charakteristische Distribution. Zwei oder mehrere Entitäten haben dann und nur dann die gleiche Distribution, wenn sie in der gleichen Umgebung vorkommen: Wenn in jedem Kontext von A anstelle von A auch B vorkommen und in jedem Kontext von B anstelle von B auch A vorkommen kann, spricht man von *äquivalenter Distribution*. Von *überlappender* (auch: *teilkomplementärer*) *Distribution* spricht man, wenn die Kontextmengen von A und B zum Teil übereinstimmen, zum anderen Teil disjunkt sind. (A kann in einigen, aber nicht in allen Kontexten von B vorkommen, B in einigen, aber nicht in allen Kontexten von A.) Von *komplementärer Distribution* spricht man, wenn die Kontextmengen von A und B disjunkt sind. (A kann in keinem Kontext von B vorkommen und B in keinem von A.) Von *Distributionsinklusion* spricht man, wenn die Menge der Kontexte von A als echte Teilmenge in der Menge der Kontexte von B enthalten ist. (B kann in jedem Kontext von A anstelle von A vorkommen, A aber nur in einem Teil der Kontexte von B.)

Mit Hilfe dieser Begriffe wollen wir uns der Definition von Phonemen und Allophonen zuwenden. Zunächst ist festzuhalten, daß zwei Sprachlaute nur in funktionalem Kontrast stehen können, wenn sie in überlappender Distribution stehen. Im besonderen gilt, daß Sprachlaute, die nicht überlappend distribuiert sind, nicht die Funktion haben können, eine Form von einer anderen zu unterscheiden. Es gibt beispielsweise phonetisch unterschiedliche [l]-Laute in der RP des Englischen. Die meisten gehören zu zwei Mengen, die impressionistisch als hell bzw. dunkel bezeichnet werden (da die Elemente der Mengen zwar die gleiche primäre Artikulationsstelle haben können, sich aber darin unterscheiden, daß der Hauptteil der Zunge entweder in Richtung auf den vorderen oder den hinteren Mundraum artikuliert) und in den Wortformen nie in derselben Position vorkommen: Die hellen [l]-Varianten werden vor Vokal oder [j] (und – aufgrund der Bindung im Zusammenhang des Sprechtakts – auch vor Vokal oder [j] im Anlaut des Folgeworts), die dunklen [ɫ]-Varianten vor allen anderen Lauten ([w], Sonoranten, Konsonanten – oder vor einer Sprechpause) gesprochen. Daher kann z. B. die Substitution der normalerweise im (isoliert ausgesprochenen) Wort *feel* vorkommenden dunklen [ɫ]-Variante durch ein helles [l] dies nicht in eine andere Form verwandeln (obwohl es jetzt irisch oder französisch klingt); auch die Substitution der im Wort *leaf* vorkommenden hellen [l]-Variante durch ein dunkles [ɫ] kann das Wort nicht in eine andere potentiell oder tatsächlich vorhandene Form verwandeln. Allgemeiner gesprochen heißt dies, daß alle [l]-Laute, ob hell oder dunkel, nicht in funktionalem Kontrast stehen können, weil sie sich in komplementärer Distribution befinden. Sie genügen beiden oben erwähnten Bedingungen für die Definition des Phonems, der phonetischen Ähnlichkeit und der komplementären Distribution, und sie würden insgesamt einem gemeinsamen Phonem als dessen Allophone, d.h. phonetisch unterschiedliche, stellungsbedingte Varianten, zugeordnet werden. Es ist von entscheidender Bedeutung, daß phonologische Elemente zumindest manchenorts im Sprachsystem im funktionalen Kontrast stehen.

Allophone sind subphonemisch. Gleichwohl unterliegen sie einer regelgeleiteten Distribution; insofern gehören sie zum Sprachsystem, wie es sich im phonischen Medium *realisiert.* Und doch sind sie keine Elemente des Sprachsystems. Die Elemente eines Sprachsystems sind (den phonemischen Theorien der Phonologie zufolge) seine Phoneme. Phoneme werden konventionell zwischen zwei Schrägstrichen durch das für eine weite Transkription eines phonetisch unterscheidbaren Allophons geeignete Buchstabensymbol (gegebenenfalls mit zusätzlichen Diakritika) dargestellt. Das englische Phonem /l/ hat also als Allophone eine Menge phonetisch unterschiedlicher Sprachlaute, die in einer engen Transkription, wenn nötig, alle unterschiedlich wiedergegeben werden könnten. Nunmehr haben wir eine weitere Möglichkeit, uns auf Formen zu beziehen, nämlich auf ihren phonemischen oder, allgemeiner gesprochen, sofern wir (wie im vorliegenden Buch) die Verwendung von Schrägstrichen generell einführen, ihren phonologischen Status. Hierbei ist allerdings zu beachten – und dürfte aus den zuvor gemachten Erläuterungen deutlich geworden sein –, daß eine phonemische Repräsentation nicht einfach mit einer weiten phonetischen Transkription gleichzusetzen ist.

An dieser Stelle muß eine weitere Anmerkung gemacht werden. Viel zu häufig findet man in Linguistikhandbüchern eine unpräzise, um nicht zu sagen: unsinnige Formulierung bezüglich des funktionalen Kontrasts. So liest man z.B. zuweilen, daß die Substitution des dunklen [ɫ] durch ein helles [l] in *feel* die Bedeutung von *feel* nicht verändere, während die Substitution des [l] durch [r] in *lamb* zu einer Bedeutungsänderung führe. Genau genommen ist dies falsch. Die Substitution des [l] durch [r] führt zu einer Veränderung der Form, nicht der Bedeutung: die Form *lamb* wird zur Form *ram.* Zwar ist es richtig, daß ‚lamb' und ‚ram' (also die Wörter, deren Formen *lamb* und *ram* darstellen) sich hinsichtlich ihrer Bedeutung unterscheiden, so daß Äußerungen, in denen sie vorkommen, sich (im allgemeinen) bedeutungsmäßig unterscheiden werden. Aber es ist keineswegs unmotivierte Übergenauigkeit, die uns darauf hinweisen läßt, wie ungenau häufig das Prinzip des funktionalen Kontrasts formuliert ist. Ein Unterschied der Form ist nicht notwendigerweise mit einem Bedeutungsunterschied verbunden (vgl. das Phänomen der Synonymie, 5.2). Umgekehrt ist auch ein Bedeutungsunterschied keineswegs das einzige Kriterium zur Feststellung eines Formunterschiedes. Ob überhaupt ein Unterschied der Form vorhanden sein kann, ohne daß er an irgendeinem Punkt des Sprachsystems zu einem Bedeutungsunterschied korreliert, ist eine umstrittene Frage, die teilweise von der Entscheidung darüber abhängt, wie ‚Bedeutung' definiert wird. Es gibt indessen keinen Zweifel daran, daß es bei der Formulierung des Prinzips des funktionalen Kontrasts um Gleichheit oder Verschiedenheit der Form, nicht um Gleichheit und Verschiedenheit der Bedeutung geht.

Überlappende Distribution ist eine notwendige, aber keine hinreichende Bedingung für funktionalen Kontrast. Es ist für phonetisch unterschiedliche Sprachlaute nicht ungewöhnlich, daß sie in den gleichen Kontexten untereinander austauschbar sind und dennoch in *freier Variation* vorkommen, also nicht in funktionalem Kontrast sind. So sind z.B. [ʔ] und [t] für viele RP-Sprecher des Englischen in Formen wie *brightness*, [. . . ʔn . . .] vs. [. . . tn . . .] oder *that bloke*, [. . . ʔb . . .] vs. [. . . tb . . .], also vor oralen oder nasalen Plosiven, in freier Variation. Dadurch, daß in diesen Fällen ein Sprachlaut durch einen anderen substituiert wird, werden die Formen *brightness* oder *that bloke* nicht in irgendwelche anderen Formen umgewandelt. Man wird die Substitution möglicherweise nicht einmal bemerken. In anderen Beispielen für das, was zum Zwecke der phonemischen Analyse normalerweise als freie Variation angesehen wird, kann die Bevorzugung einer bestimmten Aussprache gegenüber einer anderen durch verschiedene stilistische Faktoren bestimmt sein. Was die phonemische Analyse betrifft, so kann ‚funktionaler Kontrast' so verstanden werden, als sei er auf die *distinktive Funktion* beschränkt, d.h. auf die Funktion, eine Form von einer anderen zu unterscheiden. Man kann darüber streiten, ob – wie die Phonologen der Prager Schule dies forderten – die phonologische Beschreibung auch stilistische Variation berücksichtigen sollte (vgl. 7.3).

Eine der frühesten und wichtigsten Erkenntnisse der Phonologie besagt, daß Sprachlaute, die in einer Sprache in funktionalem Kontrast stehen, in einer anderen in komplementärer Distribution oder freier Variation stehen können. [ð] und [d] stehen z.B. im Englischen in funktionalem Kontrast (vgl. *there* vs. *dare*), im kastilianischen Spanisch dagegen in komplementärer Distribution (vielleicht verbunden mit einer gewissen stilistischen Variation): vgl. *nada* [naða] „nichts" gegenüber *dos* [dɔs] „zwei". Es ließen sich viele weitere Beispiele anführen. Wichtig ist die Erkenntnis, daß Sprachen bezüglich der phonetischen Distinktionen, die sie (im phonischen Medium) bei der Realisierung derjenigen Formen einsetzen, aus denen Sätze gebildet werden, erheblich differieren. Dies gilt im Rahmen aller phonologischen Theorien.

3.5. Distinktive Merkmale und suprasegmentelle Phonologie

Nach der Theorie der klassischen amerikanischen Phonemik, die wir im letzten Abschnitt erörtert haben, sind Phoneme die kleinsten phonologischen Elemente von Sprachsystemen. Eine völlig andere Anschauung vertrat Trubetzkoy, der zu den Gründungsmitgliedern des Prager Linguistischen Kreises gehörte, der seine eigene Version des Saussureschen Strukturalismus entwickelte und vor allem in den Bereichen von Phonologie und Stilistik in den dreißiger Jahren sehr einflußreich war (vgl. 7.3). Der Schlüsselbegriff der Prager phonologischen Schule besagt, daß Phoneme zwar die kleinsten Segmente von Sprachsystemen, aber nicht deren kleinste Elemente sind: Phoneme sind Bündel (oder Mengen) simultan auftretender *distinktiver Merkmale.* Diese Vorstellung ist mit manchen später vollzogenen Modifikationen in den sechziger Jahren von den Vertretern der *generativen Grammatik* übernommen worden und hat seitdem in der durch diese eingeführten Formalisierung die für die klassische amerikanische Phonemik charakteristischen Vorstellungen verdrängt, die ursprünglich als Teil des *nach-Bloomfieldschen* Erbes mit der generativen Grammatik verbunden waren (vgl. 7.4). Bei unserem kurzen Überblick zur Theorie der distinktiven Merkmale können wir auf die verschiedenen historischen Entwicklungsgänge nicht näher eingehen.

Der Terminus ‚distinktiv' bezieht sich auf jenen Teil des funktionalen Kontrasts in Sprachsystemen, bei dem es darum geht, eine Form von einer anderen zu unterscheiden (vgl. 3.4): Die Phonologen der Prager Schule haben sich auch mit anderen phonologischen Funktionsarten befaßt, die wir hier allerdings ausklammern wollen. Der Terminus ‚Merkmal' ist uns bereits aus dem Abschnitt vertraut, der sich mit artikulatorischer Phonetik beschäftigte (3.3). Wir können uns daher auf der Grundlage des in den vorangehenden beiden Abschnitten Gesagten sofort den Grundideen der Theorie distinktiver Merkmale zuwenden.

Sprachlaute lassen sich als Mengen phonetischer Merkmale darstellen. Die phonetischen Merkmale, die wir bisher beschrieben haben, waren artikulatorischer Art; wir hätten genauso gut akustische oder – im Prinzip – auch auditive Merkmale wählen können. Das gleiche gilt für die phonologischen Merkmale im Rahmen der Theorie distinktiver Merkmale, wo man sowohl artikulatorische als auch akustische Merkmale herangezogen hat. Insoweit man davon ausgehen kann, daß Phonologie im Gegensatz zu Phonetik keinen direkten Bezug auf das phonische Medium nimmt (obwohl die Phonologen, die die Theorie der distinktiven Merkmale vertreten, insgesamt eher dazu neigen, diese sehr abstrakte Sicht der Phonologie nicht einzunehmen), sollte man vielleicht mit phonologischen Merkmalen arbeiten, die weder artikulatorisch noch akustisch sind, die aber (wenn auch in komplizierter Weise) zu beiden und darüber hinaus – sobald die auditive Phonetik weiter als derzeit entwikkelt ist – auch zu auditiven Merkmalen in Beziehung gesetzt werden können. Um die Darstellung zu erleichtern, verwenden wir jedoch artikulatorische Bezeichnungen. Da es sich dabei eher um phonologische als um phonetische Merkmale handelt, setzen wir die artikulatorischen Beziehungen nicht in eckige Klammern, sondern zwischen Schrägstriche. (Dies entspricht zwar nicht der üblichen Konvention, dient aber der begrifflichen Klarheit und erhält uns bestimmte theoretische Optionen.) Während sich also der Sprachlaut [p] unter Bezug auf die oben aufgeführte Tab. 2 als die Menge {[+ labial], [+ Plosiv], [− stimmhaft], [− nasal]} angeben läßt, gelangt man beispielsweise bei der Analyse des englischen Phonems /p/ zur Menge {/+ labial/, /+ Plosiv/, /− stimmhaft/}.

Auf den ersten Blick mag es so erscheinen, als hätten wir lediglich bei der Notation einen kleinen Trick angewandt, nämlich die eckigen Klammern durch Schrägstriche ersetzt und das Ergebnis dann Phonologie statt Phonetik genannt. Man sollte indessen beachten, daß für das englische /p/ drei, und nicht vier, Merkmale als distinktiv angegeben worden sind. Für /p/ wurde kein phonemisches Merkmal /− nasal/ angegeben, weil das Fehlen von Nasalität im Englischen (wenn auch nicht in allen Sprachen) wegen des Fehlens der Stimmhaftigkeit vorhersagbar ist; /− nasal/ wäre für /b/ anzugeben, um seiner distinktiven Funktion in *ban* gegenüber *man*, *cub* gegenüber *come* usw. Rechnung zu tragen. Im übrigen ist auch die artikulatorische Beschreibung von [p] sehr unvollständig (da sie sich auf die in Tab. 2 enthaltenen artikulatorischen Merkmale beschränkt). Im allgemeinen ist die ein Phonem charakterisierende und definierende Menge distinktiver Merkmale sehr viel kleiner als die Menge phonetischer Merkmale, die irgendeines seiner Allophone charakterisiert. So besitzt z. B. das englische Phonem /p/ als eines seiner Allophone einen aspirierten, stimmlosen, bilabialen, oralen Plosiv – [p^h] –, dessen eingehendere artikulatorische Beschreibung nicht allein die Aspiration zu berücksichtigen hätte, sondern auch die Druckstärke, mit der die Luft nach Öffnung der labialen Verschlußbildung entweicht, die Dauer von Verschlußbildung und Aspiration sowie eine Reihe anderer Merkmale, die für das englische [p^h] (in einem bestimmten Akzent) in einer bestimmten Position typisch sind. Doch keines dieser anderen phonetischen Merkmale ist in dem Sinne distinktiv, daß es dazu beitrüge, die Realisation einer englischen Form so zu verändern, daß die phonetische Realisation einer anderen englischen Form entstünde.

Zu den drei von uns zuvor als Komponenten von /p/ genannten Merkmalen ist folgendes zu sagen: /+ labial/ (das [+ labial] entspricht) unterscheidet (eine Aussprache von) *pin* von (einer Aussprache von) *tin*, *kin* usw.; /+ Plosiv/ unterscheidet *pat* von *fat* (da das Englische weder labiale Frikative – es sei denn als Allophone von /p/ in anderen Positionen – noch labio-dentale Plosive kennt, lassen sich /f/ und /v/ als die /+ Frikativ/-Entsprechungen von /p/ bzw. /b/ ansehen), *tick* von *sick* (und *thick*); /− stimmhaft/ ist nach konventioneller Ansicht das Merkmal, das *pin* von *bin* und *pat* von *pad* unterscheidet. Man kann darüber streiten, ob dasjenige Merkmal, das /p/, /t/, /k/, /s/, /θ/ usw. von /b/, /d/, /g/, /z/, /ð/ usw. unterscheidet, im Englischen statt an der Stimmlosigkeit nicht vielleicht besser an einem anderen Phänomen festgemacht werden sollte, für das Stimmlosigkeit und/oder Aspiration die üblichen phonetischen Begleiterscheinungen sind. Ungeachtet der Position, die wir in dieser Frage einnehmen, bleibt die Erkenntnis, daß wir bei einer Analyse des

Englischen mit Hilfe distinktiver Merkmale nicht beide Angaben (/+ aspiriert/ und / – stimmhaft/) benötigen.

Wir haben im Zusammenhang mit der soeben aufgezeigten Beziehung zwischen Phonemen und den distinktiven Merkmalen, aus denen diese sich zusammensetzen, den Terminus ‚Allophon' verwendet. Dabei ist nun anzumerken, daß der Begriff der allophonischen Variation im Rahmen der Theorie distinktiver Merkmale völlig anders verwandt wird, so daß die Verwendbarkeit dieses Terminus in Frage gestellt werden muß. Der schwierige Punkt bei der Phonemanalyse auf der Basis distinktiver Merkmale liegt darin, daß jedes Phonem sich von jedem anderen Phonem eines Sprachsystems hinsichtlich des Vorhandenseins oder Fehlens mindestens eines Merkmals in der das Phonem definierenden Merkmalmenge unterscheiden soll (wobei die das Phonem definierende Merkmalmenge im gesamten Vorkommensbereich des Phonems konstant bleibt). Was die klassische amerikanische Phonemik als allophonische Variation behandelt hat, wird in der mit distinktiven Merkmalen arbeitenden Theorie (in Sonderheit im Rahmen der generativen Grammatik) mit Hilfe von Regeln erfaßt, die (nachdem sie die kleinste Menge derjenigen phonologischen Merkmale, die zur Unterscheidung jedes Phonems von jedem anderen ausreicht, in phonetische Merkmale umgesetzt hat: /+ labial/ → [+ labial], /+ stimmhaft/ → [+ stimmhaft] usw.) kontextuell angemessene, nicht-distinktive phonetische Merkmale für bestimmte Vorkommenspositionen hinzufügen. Auf diese Weise träte z.B. das phonetische Merkmal [+ aspiriert] bei der phonetischen Realisierung des englischen /p/ in wortinitialer Stellung hinzu (z.B. in *pit* oder *pot*), nicht aber bei seiner Realisation nach /s/ (z.B. in Verbindungen wie *spit* oder *spot*); außerdem träte das phonetische Merkmal [– stimmhaft] bei allen vorkommenden Positionen hinzu.

Im vorigen Abschnitt ist darauf hingewiesen worden, daß Sprachen sich beträchtlich darin unterscheiden, welche phonetischen Merkmale für sie als distinktiv und welche (sofern sie überhaupt vorhanden sind) als nicht-distinktiv gelten. Diese Aussage gilt für alle phonologischen Theorien. Schließlich ist es eine Tatsache, daß das Merkmal [+ aspiriert] im Hindi und Mandarin-Chinesisch distinktiv ist; daß französische Vokale gleichzeitig die distinktiven Merkmale aufweisen können, Vorderzungenvokale und gerundet zu sein; daß in sehr vielen australischen Sprachen die Nasalität, nicht aber die Stimmhaftigkeit, distinktiv ist und dort mehr Phoneme als in irgendeiner der europäischen Sprachen charakterisiert usw. Es wird aufgefallen sein, daß wir bei allen diesen Beispielen Termini wie ‚aspiriert', ‚vorn', ‚hinten', ‚Nasalität' verwendet haben, die man auch bei der Beschreibung von Hunderten, um nicht zu sagen, Tausenden anderer gesprochener Sprachen benutzt. Die Theorie der distinktiven Merkmale wäre als solche durchaus mit der Ansicht in Einklang zu bringen, daß es eine unbegrenzte Zahl von möglichen distinktiven Merkmalen gibt, aus denen bestimmte Sprachsysteme sozusagen ihre ganz spezifische Auswahl treffen und dabei in nicht abschätzbaren Kombinationen ihre Phoneme bilden. Jüngere Veröffentlichungen zur Theorie der distinktiven Merkmale neigen allerdings zu der durch Beweismaterial relativ gut abgesicherten Annahme, daß sich alle existierenden natürlichen Sprachen hinsichtlich ihrer phonologischen Eigenschaften unter Bezug auf eine Hauptliste von wenig mehr als einem Dutzend potentiell distinktiver Merkmale hinreichend beschreiben lassen. Es ist zweifellos richtig, daß es sehr viele physiologisch bestimmte phonetische Merkmale gibt, die, soweit wir wissen, im phonologischen System keiner natürlichen Sprache distinktiv gebraucht werden; zudem gibt es viele physiologisch mögliche Merkmalskombinationen, die äußerst selten oder überhaupt nicht vorkommen. Chomsky vermutet, daß dies so ist, weil die phonologischen Systeme natürlicher Sprachen, genauso wie deren Syntax und Semantik, durch eine für den Menschen spezifische Prädisposition, mit bestimmten Unterscheidungsarten eher zu operieren als mit anderen, in erheblichem Maße eingeschränkt seien (vgl. 7.4).

Einer der wesentlichsten Vorteile der Theorie, die mit distinktiven Merkmalen arbeitet, liegt im Vergleich zur klassischen amerikanischen Phonemik darin, daß sie eine begründete Aufstellung der Prinzipien erlaubt, die die Wohlgeformtheit von Phonemsequenzen in einer Vielzahl von Fällen in vielen Sprachen bestimmen. So können z. B. innerhalb der gleichen Form im Englischen zwischen einem wortinitialen /s/ und einem /r/ wohl /p/, /t/ und /k/, nicht aber /b/, /d/ und /g/ vorkommen (vgl. *spray, stripe, scratch* gegenüber */sbr – /, */sdr – /, */sgr – /). Dies ist nur einer der vielen Kontexte, in denen /p/, /t/ und /k/, nicht hingegen /b/, /d/ und /g/, untereinander austauschbar sind. Diese Art der Distribution der beiden Phonem-Mengen läßt sich (in einer phonetisch begründeten Art) mit Hilfe einer einzigen Regel erklären, die auf das Merkmalpaar /– stimmhaft/ gegenüber /+ stimmhaft/ bezogen ist. In ähnlicher Weise läßt sich der Assimilationsvorgang von /n/ zu /m/ und (unter bestimmten Umständen) zu /ŋ/ im Kontext von nachfolgendem /p/, /b/ oder /m/ einerseits und /k/ oder /g/ andererseits auf das Vorhandensein der Merkmale /+ labial/ bzw. /+ velar/ als Komponenten des die Assimilation bedingenden Phonems zurückführen: vgl. *unproductive* [mp], *unbeatable* [mb], *unmistakeable* [mm], *uncouth* [ŋk], *unguarded* [ŋg].

(Die Orthographie gibt hier den Assimilationsprozeß nicht wieder, den wir im Falle /n/ ⟶ /m/ jedoch gut an den aus dem Lateinischen entlehnten Formen *imponderable, imbued, immutable* ablesen können.) Es ist durchgängig so, daß ein bestimmtes Merkmal, z. B. /+ labial/, /+ nasal/, /+ stimmhaft/, in gewissen Kontexten *suprasegmentell* sein kann, sich also über eine Sequenz von zwei oder mehr (phonemischen) Segmenten erstreckt.

Wie steht es nun mit der Möglichkeit, daß ein bestimmtes distinktives Merkmal in einem bestimmten Sprachsystem ausschließlich suprasegmentell auftritt? Hierbei handelt es sich nicht nur um eine theoretische Möglichkeit. Derartige suprasegmentelle Merkmale lassen sich in vielen Sprachen finden. So ist z. B. das allgemein als *Vokalharmonie* bekannte Phänomen keineswegs ungewöhnlich. Bei dem Auftreten im Türkischen sind daran die kontrastierenden Merkmale /+ hinten/ gegenüber /− hinten/ und /+ gerundet/ gegenüber /− gerundet/ beteiligt. Sieht man einmal von Wortformen ab, die (weil sie zumeist aus anderen Sprachen entlehnt wurden) nicht dem allgemeinen Bildungsmuster entsprechen, so läßt sich die Feststellung treffen, daß in einem türkischen Wort alle Vokale, die sich in aufeinander folgenden Positionen befinden, denselben Wert hinsichtlich des /± hinten/-Merkmalkontrasts und (entsprechend einer weiteren Bedingung, derzufolge die Kombination von /+ gerundet/ mit dem segmentellen Merkmal /+ offen/ für alle Silben außer der ersten Silbe ausgeschlossen wird) des /± gerundet/-Kontrasts aufweisen. Ungeachtet der Länge des Wortes – und das Türkische verfügt aufgrund seiner grammatischen Struktur über viele lange Wortformen – sind die Merkmale /± hinten/ und /± gerundet/ im vorgenannten Sinne suprasegmentell.

Auf suprasegmentell distinktive Merkmale der eben erklärten Art bezieht sich die sogenannte *Prosodie-Theorie* innerhalb der Phonologie, wenn sie, in einer spezifischen Verwendung des Terminus, von *Prosodien* spricht. Die Prosodie-Theorie innerhalb der Phonologie, die für die sogenannte Londoner Schule der Linguistik charakteristisch ist, hat mit den jüngeren Entwicklungen zur Theorie von den distinktiven Merkmalen vieles gemeinsam. Abgesehen von den Unterschieden im theoretischen Ansatz hinsichtlich allgemeinerer Fragen werden leider viele Gemeinsamkeiten durch terminologische Unterschiede verdunkelt. Der grundlegende Unterschied zwischen der orthodoxen Theorie von den distinktiven Merkmalen und der Prosodie-Theorie liegt darin, daß die erstgenannte noch immer eine im wesentlichen phonemisch orientierte bzw. segmentelle Theorie ist – so wie dies die klassische amerikanische Phonemik gewesen ist. Die Prosodie-Theorie geht demgegenüber sowohl von der Existenz phonemischer (segmenteller) als auch von der Existenz prosodischer (suprasegmenteller) Elemente aus, denen ein gleicher, allerdings komplementärer Status im jeweiligen phonologischen Inventar der Sprachsysteme zukomme. Im übrigen erkennt sie an, daß das Konzept von suprasegmentellen Merkmalen – obwohl aus phonetischen Gründen gewisse Merkmale in den Sprachen eher segmentell, andere eher suprasegmentell sind – im Prinzip durch bestimmte Sprachsysteme bedingt ist.

Der Terminus ‚suprasegmentell' – darauf ist hier hinzuweisen – ist von uns in unkonventioneller Weise verwendet worden. Die meisten Linguisten verwenden ihn, wenn überhaupt, um auf Phänomene wie Wort- und Satzbetonung, Ton und Länge hinzuweisen, die für die klassische amerikanische Phonemik deshalb ein Problem darstellten, weil gemäß ihrer Grundannahme die Wort- und Satzstruktur vollgültig mit Hilfe sequentiell geordneter phonologischer Elemente erklärbar war.

Die Unterschiede in der Wortbetonung zwischen der (auf der ersten Silbe betonten) Substantivform *import* und der (auf der zweiten Silbe betonten) Verbform *import* im gesprochenen Englisch wird nicht als Unterschied zwischen segmentellen Phonemen betrachtet. Dafür gibt es partiell unterschiedliche Gründe: Zum einen ist Betonung im wesentlichen die Hervorhebung einer Silbe im Verhältnis zu anderen in derselben Form (oder benachbarten Formen) auftretenden Silben; zum anderen kann man von der phonetischen Realisation der Betonung nicht sagen, daß sie der phonetischen Realisation ihrer benachbarten phonologischen Elemente zeitlich vorausging oder folgte. Offenbar könnte man den zwischen verschiedenen Formen bestehenden Betonungsunterschied in einer phonemischen Repräsentation durch eine mehr oder minder zufällige Entscheidung darüber verdeutlichen, ob man das entsprechende Betonungsphonem vor oder hinter das Vokal-Phonem setzt, das dem Nukleus der Silbe in der phonetischen Realisation entspricht. Hieran wird deutlich, daß, obwohl sich eine Segmentierung in der Phonologie immer – notfalls mit einer willkürlichen Entscheidung – vornehmen läßt, die Willkürlichkeit, die dem Linguisten in einem Fall wie dem vorliegenden aufgezwungen wird, ihrerseits anzeigt, wie unzureichend der Theorierahmen ist, innerhalb dessen die Analyse durchgeführt wird.

Was wir im Hinblick auf die Betonung gesagt haben, gilt auch für den Ton, der in vielen Sprachen – den sogenannten *Ton(höhen)-Sprachen* – in ähnlicher Weise, wie es die Betonung leistet, (allerdings im Englischen und Deutschen nur in sehr begrenztem Umfang) dazu dient, Formen von einander zu unterscheiden. Bezüglich der Länge ist zu vermerken, daß in bestimmten Sprachen – ebenso wie es Langvokale gibt – auch lange Konsonanten vorkommen; auch kann zwischen der Länge des einen und der des anderen eine gegenseitige Abhängigkeit bestehen. Selbst im Englischen variiert (in der RP) die Vokallänge entsprechend der Qualität der in derselben Silbe auftauchenden Folgekonsonanten. Die traditionell so bezeichneten und von einigen (im Gegensatz freilich zu anderen) Phonologen auch als solche analysierten Langvokale werden als phonetisch gekürzte Segmente realisiert, wenn ihnen ein Plosiv mit dem Merkmal /— stimmhaft/ folgt: Das Vokalsegment in *seat* ist somit phonetisch kürzer als das von *seed* oder *see*, es kann in seiner phonetischen Realisation sogar kürzer sein als das von *sit*. Dies verdeutlicht uns nicht allein den Unterschied zwischen phonologischer Länge und phonetischer Dauer, sondern ganz allgemein die Komplexität der zwischen phonologischer Analyse und phonetischer Transkription bestehenden Beziehung.

3.6. Phonologische Struktur

Wir wenden uns jetzt in einem sehr kurzen Abschnitt einer sehr wichtigen Thematik zu. Wir wollen versuchen, eine Erklärung für das zu geben, was im vorliegenden Zusammenhang mit ‚Struktur' gemeint ist, und gleichzeitig unterstreichen, daß phonologische Analyse weit mehr bedeutet als die Erstellung von Inventaren segmenteller und suprasegmenteller Elemente.

Gehen wir von der Existenz eines Inventars phonologischer Elemente für eine bestimmte Sprache aus, so läßt sich die phonologische Struktur dieser Sprache mit Bezug auf die Relationen beschreiben, die zwischen den Elementen selbst bestehen, und auf die verschiedensten Relationen, die einerseits zwischen Mengen phonologischer Elemente und andererseits größeren phonologischen Komplexen bzw. Formen oder anderen grammatischen Einheiten existieren.

Beziehungen zwischen den Elementen selbst sind von zweierlei Art, die man in der Saussureschen Tradition allgemein als ‚syntagmatisch' und ‚paradigmatisch' bezeichnet. Der Terminus ‚syntagmatisch', der mit ‚syntaktisch' verwandt ist, aber mit ihm nicht verwechselt werden sollte, bedeutet nichts weiter als „kombinatorisch". Da ‚paradigmatisch', obwohl historisch erklärbar und weit verbreitet, potentiell mißverständlich ist, werden wir statt dessen den Terminus ‚substitutionell' verwenden. Von nun an werden wir in diesem Abschnitt und auch an späterer Stelle von *syntagmatischen* und *substitutionellen* Beziehungen sprechen, sofern es nicht speziell um den Saussureschen Strukturalismus geht. Syntagmatische Beziehungen bestehen zwischen Elementen, die miteinander zu wohlgeformten *Syntagmen* kombiniert werden können; substitutionell nennt man Beziehungen, die zwischen Mengen wechselseitig austauschbarer Elemente an bestimmten Stellen des Syntagmas bestehen. Es gehört – wie wir bei unserer Erörterung des Strukturalismus noch feststellen werden – zu den großen Leistungen Saussures, zu Beginn unseres Jahrhunderts die Interdependenz von syntagmatischen und substitutionellen Beziehungen geklärt zu haben (vgl. 7.2).

Wie wir erfahren haben, können sich Sprachsysteme in phonologischer Hinsicht nicht allein hinsichtlich der Zahl der phonologischen Elemente in ihren Inventaren (und in der phonetischen Realisation dieser Elemente) unterscheiden, sondern auch hinsichtlich der syntagmatischen Beziehungen, die die phonologische Wohlgeformtheit möglicher Kombinationen, d.h. phonologischer Syntagmen, bestimmen. Vereinfacht gesprochen – unter der Voraussetzung, daß phonologische Syntagmen befriedigend als Phonem-Folgen beschreibbar wären –: Wir wissen, daß nicht alle Phoneme allen anderen vorausgehen oder ihnen folgen können. Es gibt sequentielle Beschränkungen, die das Vorkommen der Elemente einer Phonem-Menge unmittelbar neben den Elementen einer anderen Phonem-Menge ausschließen. Die Regeln zur Bestimmung phonologischer Wohlgeformtheit in bestimmten Sprachen haben anzugeben, welcher Art diese Beschränkungen sind: allgemeiner gesagt, sie müssen spezifizieren, welche Elemente auf welche Art in wohlgeformten Syntagmen miteinander kombiniert werden können.

Doch das ist noch nicht alles, was zu einer phonologischen Beschreibung gehört. Der eben von uns gebrauchte Terminus ‚Syntagma' läßt darauf schließen, daß es bestimmte größere Einheiten, eben die Syntagmen, gibt, deren Bestandteile die phonologischen Elemente bilden. Dies ist zweifellos der Fall.

Umstrittener ist die Frage, ob es in allen oder einer der natürlichen Sprachen rein phonologische Syntagmen wie *Silben* (ganz zu schweigen von phonologischen Komplexen) gibt, die zu postulieren sind, um die phonologische Struktur der in Rede stehenden Sprache zu definieren, und die sich ohne Bezug auf die syntaktische Struktur der Sprache definieren lassen. Es ist viel leichter, die für englische Konsonanten geltenden sequentiellen Beschränkungen in bezug auf ihre Position in denselben bzw. den folgenden Silben zu formulieren, als dies ohne jeden Bezug auf Silben zu tun. Dies setzt indessen eine theoretisch befriedigende Definition von Silben als phonologischen Einheiten voraus. Die Linguisten sind hinsichtlich der Möglichkeit und Notwendigkeit, Silben und andere rein phonologische Syntagmen für die Struktur des Englischen und anderer Sprachen zu postulieren, noch immer geteilter Meinung Es ist durchaus möglich, daß einige Sprachen rein phonologische Syntagmen besitzen und andere nicht.

Sehr viel weniger umstritten ist heute die Notwendigkeit, sich bei der phonologischen Analyse von Sprachen auf syntaktische Einheiten zu beziehen; oder – um genau dasselbe in heute üblicher moderner Terminologie zu sagen – die phonologischen Regeln in die syntaktischen Regeln der Sprachsysteme zu integrieren. In vielen, vermutlich allen, natürlichen Sprachen gibt es verschiedenste *Abhängigkeiten zwischen den Ebenen,* die in gleicher Weise ein Teil der Sprache sind wie rein phonologische und rein syntaktische Beziehungen. Im Grunde haben wir diesen Gedanken der Abhängigkeit zwischen den Ebenen in früheren Abschnitten stillschweigend schon vertreten. Wir haben nicht allein das Prinzip der phonologischen Wohlgeformtheit in bezug auf Formen eingeführt (d.h. auf phonologische Syntagmen, die auch syntaktische Einheiten sind – unter den vereinfachenden Prämissen von 2 6), sondern wir haben uns bezüglich der Wörter häufig auf die Position der Phoneme – am Anfang, in der Mitte, am Ende – bezogen; und Wörter in diesem Sinn von ‚Wort' sind eine Unterklasse von Formen.

Die Interdependenz von Syntax und Phonologie ist jedoch sehr viel weitreichender, als man aufgrund der bisherigen Ausführungen vermuten würde. Es gibt die sogenannten Junktur-Phänomene, die man im Französischen traditionellerweise als *liaison* bezeichnet und deren Beschreibung es nötig macht, nicht nur auf Wortgrenzen, sondern auch auf die eventuell vorhandene, sich über die Wortgrenzen hinweg erstreckende Beziehung einzugehen: vgl. z.B. das Vorkommen von [z] in [lezɔm] *les hommes* „die Menschen" und [ʒəlezevy] *Je les ai vu* „Ich habe sie gesehen" im Gegensatz zum Fehlen von [z] in [dɔnleamaʀi] *Donne-les à Marie* „Gib sie Marie". Viele Phänomene in der nichtverbalen Komponente gesprochener Sprachen, die wir als prosodisch bezeichnet haben (vgl. 1.5) – von denen Betonung und Intonation die wichtigsten sind –, können nur dann angemessen erklärt werden, wenn ihr Bereich syntaktisch festgelegt ist; und doch sind sie zugleich insofern auch phonologische Phänomene, als sie die segmentellen und suprasegmentellen Elemente des

Sprachsystems einbeziehen. Wie wir gesehen haben, sind in dem Maße, wie diese prosodischen Elemente keine Korrelation in der geschriebenen Sprache haben, die entsprechenden geschriebenen und gesprochenen Sprachen nicht isomorph. Es dürfte nunmehr klar geworden sein, daß sich – insofern es syntaktisch (und semantisch) relevante phonologische Distinktionen gibt, die sich nicht in das graphische Medium übertragen lassen – die entsprechenden geschriebenen und gesprochenen Sprachen notwendigerweise bis zu einem gewissen Grade syntaktisch (und semantisch) unterscheiden.

4. Grammatik

4.1. Syntax, Flexion und Morphologie

Zunächst muß in diesem Kapitel darauf hingewiesen werden, daß der Terminus ‚Grammatik' hier und im weiteren Verlauf dieses Buchs (ausgenommen, er tritt in den Bezeichnungen ‚traditionelle Grammatik' und ‚generative Grammatik' auf) in einer ziemlich engen Bedeutung verwendet werden wird, kontrastiert mit ‚Phonologie' einerseits und ‚Semantik' andererseits. Dies ist eine seiner traditionellen Bedeutungen, und zwar diejenige, die der üblichen Bedeutung des Adjektivs ‚grammatisch' am nächsten kommt. Gegenwärtig subsumieren viele Linguisten ‚Phonologie' und sogar ‚Semantik' unter den Oberbegriff ‚Grammatik'. Dies kann zu Mißverständnissen führen.

Wir sind bisher von der Voraussetzung ausgegangen, daß Sprachen zwei Strukturebenen eigen sind: die der Phonologie und die der Syntax. Diese Voraussetzung wird im folgenden fallengelassen werden; sie wird sich aber in modifizierter Form als nützlich erweisen, es sei denn, wir wären bereit, den Rahmen dessen, was wir unter Phonologie verstehen, zu erweitern oder den Terminus ‚Syntax' über die Grenzen seiner traditionellen Anwendung hinaus zu benutzen. Wir haben bereits gesehen, daß es in einigen – vermutlich sogar in allen – natürlichen Sprachen Abhängigkeiten gibt, die die Strukturebenen übergreifen und es unmöglich machen, eine scharfe Trennung zwischen phonologischer und syntaktischer Struktur vorzunehmen. Wir werden nun sehen, daß, zumindest in einigen Sprachen, sozusagen eine Lücke zwischen der Syntax (im traditionellen Sinne des Terminus) und der Phonologie besteht. Diese Lücke wird in der traditionellen Grammatik durch den Terminus ‚Flexion' erfaßt.[1]

[1] Im Gegensatz zu dem, was in vielen linguistischen Lehrwerken behauptet wird, steht in der traditionellen Grammatik nicht die ‚Morphologie', sondern die ‚Flexion' der ‚Syntax' gegenüber. Der Terminus ‚Morphologie' ist nicht nur relativ neueren Ursprungs; mit seinem Gebrauch ist auch eine der Tradition sehr entgegengesetzte Vorstellung von der grammatischen Struktur von Sprachen verknüpft, wenn man ihn mit dem Terminus ‚Syntax' kontrastiert – besonders, wenn ‚Morphologie' mit Hilfe des noch jüngeren Terminus ‚Morphem' definiert wird. Trotz ihrer unbestrittenen Schwächen lag die traditionelle Grammatik in dieser Frage mit ihrer Sichtweise nicht unbedingt falsch. Wird der traditionelle Standpunkt angemessen erläutert und präzise ausformuliert, so ist er mindestens so befriedigend wie jeder andere bisher von Linguisten vorgebrachte Vorschlag.

Alle Standardwörterbücher der europäischen Sprachen, der klassischen und der modernen, gehen von einer Unterscheidung zwischen Syntax und Flexion aus. Gleiches gilt für das Bild von Sprache, das uns allen in der Schule vermittelt wurde. Obwohl die Termini ‚Syntax‘ und ‚Flexion‘ vielleicht neu sind, versteht man doch in gewissem Sinne leicht, was gemeint ist. Man ist gewohnt, mit dem Terminus ‚Wort‘ umzugehen und ihn, wie es in der traditionellen Grammatik üblich war, mit zwei recht unterschiedlichen Bedeutungen zu verwenden, die letztlich darauf basieren, was man im praktischen Sprachgebrauch als ‚Flexion‘ ansieht. ‚Wort‘ soll darum der Ausgangspunkt unserer Betrachtung sein.

Wie viele Wörter umfaßt die deutsche Sprache? Diese Frage ist doppeldeutig. Der einen Interpretation folgend, kann man *singen, singe, singst, sang, sangen, gesungen* usw. jeweils als unterschiedliche Wörter ansehen. Der anderen Interpretation folgend, kann man sie nur als unterschiedliche *Formen* desselben Wortes betrachten, nämlich ‚singen‘. Allgemein gesagt, wenn wir gefragt werden, wie viele Wörter in einem bestimmten Wörterbuch verzeichnet sind, so verstehen wir den Terminus ‚Wort‘ im letztgenannten Sinne. Wenn wir jedoch die Aufgabe erhalten, einen Aufsatz von 2000 Wörtern über irgendein Thema zu schreiben, so folgen wir der erstgenannten Interpretation und zählen jedes einzelne Auftreten von *singen,* von *sang,* von *gesungen* usw. bei der Berechnung der Gesamtzahl.[2]

[2] [Die Ambiguität von ‚Wort‘ in der deutschen Sprache geht noch weiter: Bekanntlich kann auch ein aus mehreren Wörtern bestehendes Syntagma als ‚Wort‘ bezeichnet werden („Der Redner schloß mit dem Goethe-Wort ...“), wobei nur in den Pluralformen ‚Worte‘ und ‚Wörter‘ keine Ambiguität mehr vorliegt. *D. Übers.*]

Wir wollen nun eine Terminologie einführen, die wir benutzen können, um bei Bedarf die zwei Bedeutungen von ‚Wort‘ klar zu trennen. Wir bezeichnen *singen, sang, gesungen* usw. als *Wortformen* (d. h. Formen, die zugleich Wörter sind); der Terminus ‚Wortform‘ ist gelegentlich schon in vorangegangenen Abschnitten verwendet worden. Und wir bezeichnen ‚singen‘ (man beachte: ‚singen‘, nicht: *singen*) als ein *Lexem,* oder Element des Wortschatzes, dessen Formen *singen, sang, gesungen* usw. sind. Bei ihnen handelt es sich eigentlich um Formen, die in der traditionellen Grammatik als *Flexionsformen* beschrieben werden würden. Die Form *singen* ist zugleich Infinitiv und auch die Form, in der das Wort in Lexikoneinträgen zu finden ist. Sie ist jedoch nicht zugleich die Stammform. (Diese Eigenschaften vereinigt z. B. die englische Wortform *sing* in sich.) Es ist nicht weniger wichtig, *Stammform* und *Zitierform* voneinander zu unterscheiden, als den Unterschied zwischen ihnen und dem Lexem selbst zu erkennen. Die Zitierform des Lexems wird dazu verwendet, sich auf das Lexem zu beziehen; sie ist auch die Form, die für die alphabetische Auflistung von Lexemen in einem konventionellen Wörterbuch benutzt wird. Die

Stammform ist (wenn überhaupt vorhanden) jene Form, aus der mit Hilfe der *morphologischen* Regeln der Sprache alle anderen Formen entwickelt werden können. Die Zitierform des Lexems unterscheidet sich für Verben von der Stammform im Französischen, Deutschen, Russischen, bei der Mehrzahl der modernen europäischen Sprachen; und für alle Verben und für die meisten Nomen und Adjektive im Lateinischen und Griechischen.

So, wie wir von Lexemen sprechen können, können wir auch über jede ihrer Formen sprechen. Wir haben dies in der Tat bereits getan und werden es in diesem Buch weiterhin tun, wobei sie normalerweise kursiv gedruckt werden (ohne Klammern, vgl. 3.2), gelegentlich jedoch auch in phonetischer oder phonematischer Umschrift. Die Formen selbst können in gewisser Hinsicht je nach dem Kontext, in dem sie auftreten, variieren – Grad und Art ihrer phonetischen Variation in der gesprochenen Sprache werden durch die phonologischen Regeln bestimmt. Aber auch sie verfügen über eine Zitierform, mittels derer auf sie Bezug genommen werden kann, und der Terminus ‚Zitierform' wird häufig von Linguisten, und speziell von Phonetikern, bezüglich der Zitierformen phonetisch variabler Formen verwendet. So werden beispielsweise im Englischen sowohl *come* als auch *came* (Formen des Lexems ‚come') mit einem bilabialen Nasal [m] in der Schlußposition ihrer Zitierform ausgesprochen, können aber im normalen Sprachgebrauch auch mit einem labio-dentalen Nasal [ɱ] ausgesprochen werden, wenn ein anderer labio-dentaler Konsonant unmittelbar folgt z. B. [f] oder [v].

Diese Art von Variation wird als subphonemisch bezeichnet, da der Unterschied zwischen der bilabialen und der labio-dentalen Realisierung nicht zu den phonologisch distinktiven Kontrasten im Englischen gehört. Aber es gibt auch eine ganze Reihe kontextuell bestimmter Variationen, von denen man – im Rahmenwerk der klassischen amerikanischen Phonemik – sagen würde, daß sie die Ersetzung eines Phonems durch ein anderes beinhalten. In beiden Fällen ist es heute, besonders in der generativen Phonologie, üblich, davon zu sprechen, daß alle phonetisch variierenden Formen von einer gemeinsamen *zugrunde liegenden Form* abgeleitet oder generiert seien, die entweder mit der Zitierform der fraglichen Variationsform identisch ist oder ihr ähnlicher ist als allen anderen phonetischen Varianten.

Auf der Grundlage der Unterscheidung zwischen einem Lexem (genauer gesagt, einem Wortlexem) und seinen Formen kann nun die traditionelle Unterscheidung zwischen *Syntax* und *Flexion* folgendermaßen formuliert werden. Zusammengenommen sind Syntax und Flexion komplementär und bilden den wesentlichen Teil, wenn nicht die Gesamtheit dessen, was wir Grammatik nennen. Zusammen entscheiden sie über die Grammatikalität (d. h. die grammatische Wohlgeformtheit) von Sätzen: die Syntax, indem sie spezifiziert, wie sich Lexeme miteinander zu bestimmten *Konstruktionen* kombinieren lassen; die Flexionsregeln (insoweit die traditionelle Grammatik überhaupt eher Regeln als Paradigmen hat), indem sie spezifizieren, welche Formen der Lexeme eher in der einen als in der anderen Konstruktion auftreten sollten. Zwischen Syntax und Flexion gibt es eine Ebene oder Unterebene der Beschreibung, auf der Formulierungen wie ‚die dritte Person Singular des Präsens von (dem Lexem) SINGEN', ‚der Genitiv Singular von (dem Lexem) HAUS' verwendet werden. An dieser Stelle ist bewußt eine Alternativnotation für Lexeme eingeführt worden, die in vielen neueren Arbeiten Verwendung findet: ‚singen' und SINGEN sind Notationsvarianten, die sich genau auf dieselben Entitäten beziehen.[3]

[3] Streng genommen sind es weder Wörter im Sinne von Lexemen noch Wörter im Sinne von Wortformen, deren Distribution in den syntaktischen Regeln der traditionellen Grammatik dargestellt wird, sondern Wörter im Sinne solcher auf einer Zwischenebene stehenden Entitäten: morpho-syntaktische Wörter. Aber in diesem Buch brauchen wir uns nicht mit solchen weitergehenden terminologischen Feinheiten zu befassen (vgl. Matthews, 1974).

Die moderne (genauer gesagt, der Zeit nach Bloomfield entstammende) Unterscheidung zwischen *Syntax* und *Morphologie,* derzufolge sich die Syntax mit der Distribution von Wörtern (d.h. Wortformen) und die Morphologie mit deren interner grammatischer Struktur befaßt, ist auf den ersten Blick der traditionellen Unterscheidung zwischen Syntax und Flexion sehr ähnlich. Aber sie weist zwei Neuerungen auf: a) Morphologie schließt nicht nur Flexion, sondern auch *Ableitung* (Derivation) ein; b) sie behandelt sowohl Flexion als auch Derivation mit Hilfe von Regeln, die mit den gleichen Basiseinheiten arbeiten, den Morphemen. Wie beispielsweise die Flexionsform *arbeitet* aus den zwei elementareren Einheiten (Morphemen) *arbeit* und *et* zusammengesetzt ist, so wird die abgeleitete Form *Arbeiter* aus den elementareren Einheiten *Arbeit* und *er* gebildet. Fernerhin handelt es sich in beiden Fällen um den gleichen Prozeß der *Affigierung,* d.h. die Anfügung eines *Affixes* an die Stammform. So betrachtet, erscheinen Morpheme – Minimalformen – als grundlegende Einheiten der grammatischen Struktur, und ein großer Teil der Morphologie kann in den Bereich der Syntax überführt werden, wenn man dem Wort seine traditionelle Zentralstellung in der Grammatiktheorie nimmt.

Es gibt Argumente für und gegen eine auf Morphemen aufgebaute Grammatik. Gleiches gilt für die traditionellere, auf Wörtern aufgebaute Grammatik. Das Problem besteht darin, die Vorzüge beider in einer einheitlichen und auch in anderer Hinsicht wohlbegründeten Theorie der grammatischen Struktur menschlicher Sprachen zu verbinden. In den letzten zwanzig Jahren sind in dieser Richtung größere Fortschritte gemacht worden als in jeder vorangegangenen Periode in der langen Geschichte sprachwissenschaftlicher Forschung. Der größte Anteil an diesem Fortschritt kann der Formalisierung einer bestimmten Syntaxtheorie zugeschrieben werden, die Chomsky im Rahmen der generativen Grammatik durchgeführt hat. Hierzu wird später noch mehr zu sagen sein. Vorerst genügt es festzustellen, daß Chomskys Syntaxtheorie, wenn sie auch eher auf Morphemen als auf Wörtern aufgebaut ist, in ihren neuesten Entwicklungen mehr von der traditionellen Auffassung vom komplementären Charakter von Syntax und Flexion übernimmt, als dies in ihren früheren Fassungen der Fall war. Besonders die Ableitungsmorphologie wird nun nicht mehr als der zentralen syntaktischen Komponente der Grammatik untergeordnet behandelt, sondern als mit der Struktur des Wörterbuchs (oder *Lexikons*) verknüpft angesehen. Wie auch immer die Grammatiktheorie aussieht, mit der wir gegenwärtig arbeiten, deutlich ist, daß wir nicht länger einfach (wie wir es in der früheren Formulierung des Prinzips der Dualität taten) sagen können, daß die Elemente der Primärebene aus Elementen der Sekundärebene zusammengesetzt seien (1.5). Die Beziehung zwischen beiden Ebenen ist viel komplexer, als es die Formulierung andeutet. Dennoch ist diese Komplexität regelgeleitet. Ferner treten trotz der sehr bemerkenswerten Unterschiede in der grammatischen und phonologischen Struktur menschlicher Sprachen ebenso beeindruckende Ähnlichkeiten auf, die darauf schließen lassen, daß wenigstens einige Regeln, die die beiden Ebenen bestimmen und integrieren – Regeln, die Kinder binnen relativ kurzer Zeit während des Spracherwerbs zu meistern lernen –, allen menschlichen Sprachen gemeinsam sind.

4.2. *Grammatikalität, Produktivität und Arbitrarität*

Sätze sind, per definitionem, *grammatisch* (d.h. grammatisch wohlgeformt: vgl. 2.6). Sie sollen hier als wohlgeformte *Wort-Ketten* (d.h. Sequenzen) aus Wortformen betrachtet werden, so daß beispielsweise

(1) Heute morgen ist er spät aufgestanden

und

(2) Er ist heute morgen spät aufgestanden

per definitionem verschiedene deutsche Sätze sind. Aus einer allgemeiner theoretischen und traditionelleren Sicht können Sätze als Klassen von Ketten von Wortformen definiert werden, wobei jedes Element der Klasse die gleiche syntaktische Struktur hat. Diese Definition würde es uns erlauben, uns aber nicht verpflichten, (1) und (2) nicht als unterschiedliche Sätze, sondern als mögliche Fassungen desselben Satzes zu behandeln.

Auch muß daran erinnert werden, daß jeder Satz der gesprochenen Sprache einen die Kette der Wortformen überlagernden, charakteristischen *Prosodieverlauf* (besonders ein spezifisches Intonationsmuster) besitzt, ohne den er kein Satz ist. Wie weit die prosodische Struktur gesprochener Äußerungen auf die Satzstruktur zurückzuführen ist, gehört zu den ungeklärten Streitfragen in der Linguistik. Die meisten Linguisten würden die Ansicht vertreten, wenigstens der Teil der prosodischen Struktur von Äußerungen, der Aussagen von Fragen und Befehlen unterscheidet, sollte der Satzstruktur zugeschrieben werden. Diese Auffassung soll stillschweigend übernommen werden. Dies läßt die Möglichkeit offen, daß die Sätze (1) und (2) in einem Zusammenhang stehen, nicht mit einzelnen Sätzen, sondern mit Mengen verschiedener Sätze, die alle dem gesprochenen Deutsch angehören. Daraus folgt im Hinblick auf das, was im vorangegangenen Absatz gesagt wurde, daß der Unterschied zwischen zwei intonatorisch unterschiedlichen Fassungen von (1) oder (2) prinzipiell gleichwertig dem Unterschied zwischen (1) und (2) ist, falls unterschiedlicher Wortstellung und unterschiedlichem Prosodieverlauf gleiches Gewicht als Anzeichen grammatischer Struktur gegeben wird. Dieser Punkt sollte nicht aus den Augen verloren werden, auch wenn im überwiegenden Teil dieses Buches Sätze in der gesprochenen Sprache so behandelt werden, als ließen sie sich als Wortketten befriedigend darstellen.

Worin besteht der Unterschied zwischen einer grammatischen und einer ungrammatischen Wortkette? Die Antwort ist einfach, für sich genommen aber wenig erhellend. Eine Wortkette ist ungrammatisch, wenn bei ihrer Bildung die grammatischen Regeln des Sprachsystems nicht respektiert worden sind: Diese Feststellung gilt nicht nur für Sätze, sondern auch für Phrasen: z.B. **morgen heute*, **spät stand auf* sind ungrammatisch (darum das Sternchen, vgl. 2.6). Wir wollen näher betrachten, welche Implikationen sich aus ihr in Hinblick auf Sätze ergeben und – das ist nicht weniger wichtig – welche sich nicht ergeben.

Die Feststellung impliziert natürlich nicht eine normative oder präskriptive Haltung gegenüber der Sprache: Hier geht es um die immanenten Regeln, die muttersprachliche Sprecher einer Sprache unter Ausschluß aller linguistisch relevanten hinderlichen oder verzerrenden Faktoren unbewußt anwenden. Ebensowenig impliziert sie, daß es irgendeine direkte Verbindung zwischen Grammatikalität und Auftretenswahrscheinlichkeit gibt. Schließlich impliziert sie nicht, daß grammatisch wohlgeformt zu sein und bedeutungsvoll zu sein identische Eigenschaften wären; andererseits läßt sie eine enge und elementare Verbindung zwischen mindestens einem Teil der Grammatikalität von Sätzen und der Bedeutsamkeit tatsächlicher oder potentieller Äußerungen zu.

Die Art und Weise, in der verschiedene Arten von Bedeutung durch natürliche Sprachen vermittelt werden, wird in Kapitel 5 intensiver behandelt werden. Hier soll lediglich verdeutlicht werden, daß, wie immer die Verbindung zwischen Grammatikalität und Bedeutsamkeit beschaffen sein mag, diese zwei Eigenschaften voneinander zu unterscheiden sind. Chomskys klassisch gewordenes Beispiel

(3) Colourless green ideas sleep furiously
(Farblose grüne Ideen schlafen wütend)

stellt einen vollkommen wohlgeformten englischen Satz dar, obwohl für ihn keine stimmige wörtliche Interpretation möglich ist. Umgekehrt ist das Beispiel

(4) *Ist spät heute morgen aufgestanden er

zweifellos ungrammatisch, obwohl es, so läßt sich behaupten, nicht schwerer zu interpretieren ist als (1) oder (2), sofern wir uns am Verstoß gegen gewisse Regeln nicht stören, die die Position von Wörtern verschiedener Klassen relativ zueinander in Sätzen kontrollieren. Es gibt unendlich viele kompliziertere Fälle als die, die in den Beispielen (3) und (4) angeführt wurden. Zweifellos besteht ein sehr großer und für theoretische Analysen interessanter Überschneidungsbereich zwischen Grammatikalität und Bedeutsamkeit. Doch diese zwei Eigenschaften von Sätzen dürfen nicht gleichgesetzt werden.

Die traditionelle Grammatik bot nur eine sehr lückenhafte und häufig sehr wenig explizite Beschreibung der Grammatikalität. Es gelang ihr, viele der spezifischen Prinzipien zu entwickeln, mit denen Linguisten noch immer arbeiten, und sie kodifizierte für bestimmte, gründlich erforschte Sprachen eine große Anzahl unterschiedlicher grammatischer Konstruktionen. Ferner zeichnete sie eine noch größere Zahl disparater Phänomene auf, die, obwohl sie durch ihr Auftreten in muttersprachlichen Äußerungen sanktioniert und somit in gewissem Sinne auch grammatisch waren, außerhalb des Bereichs der Regeln des Sprachsystems an sich standen. Die moderne Grammatiktheorie bemüht sich, besonders in Hinblick auf die syntaktischen Regeln der Sprachsysteme, expliziter und umfassender zu sein, als es die traditionelle Grammatik je zu sein anstrebte. Ein Grund dafür ist: Das Griechische und Lateinische waren stark flektierende Sprachen, und der größte Teil dessen, was für die Grammatikalität entscheidend ist, kann indirekt oder direkt mit Hilfe auf die Flexion gegründeter Kategorien beschrieben werden (Genus, Numerus, Kasus, Tempus, Modus usw.). Darum wies ‚Grammatik' im traditionellen Sinne ein stark einseitig verlagertes Interesse an der Untersuchung der Flexion auf. Hierher rührt der nicht wenig verbreitete Glaube, daß nicht-flektierende Sprachen, wie beispielsweise das klassische Chinesisch, über keine Grammatik verfügten und daß das Englische, das relativ wenig Flexionsmorpheme einsetzt, weniger Grammatik als das Lateinische oder Griechische oder selbst das Französische und Deutsche besitze. Die moderne Grammatiktheorie operiert mit einem Grammatikbegriff, der keine Vorurteile zugunsten flektierender Sprachen beinhaltet.

Ein anderer Grund dafür, daß die traditionelle Grammatik nicht nur einfach daran scheiterte, sondern sich auch gar nicht erst bemühte, eine umfassende und voll explizite Darstellung der Syntax der Sprachen zu liefern, die sie behandelte, lag darin, daß man explizit oder implizit die Ansicht vertrat, ein großer Teil der Syntax werde vom gesunden Menschenverstand gelenkt oder, um es prätentiöser auszudrücken, durch die Gesetze des Denkens. Die Tatsache, daß man im Deutschen eher *Heute morgen ist er spät aufgestanden* oder *Er ist heute morgen spät aufgestanden* sagt als **Ist spät heute morgen aufgestanden er*, bedurfte nach dieser Auffassung keiner anderen Erklärung, als daß die Ordnung der Wörter die Ordnung der Gedanken widerspiegele. Diese Auffassung läßt sich zunehmend schwerer aufrechterhalten, wenn eine hinreichend große und repräsentative Sammlung von Beispielen aus den Sprachen der Welt ernsthaft untersucht wird. Die Stellung der Wörter im Satz bildet innerhalb gewisser Grenzen im Griechischen und im Lateinischen eine rein stilistische Variationsmöglichkeit. Es gibt viele Sprachen, darunter Englisch, in denen die stilistische Rolle der Wortstellung wesentlich unbedeutender und deren syntaktische Funktion im Verhältnis dazu wesentlich wichtiger ist.

Recht gute Argumente lassen sich dafür anführen, daß die stilistisch variable Wortstellung, so wie sie beispielsweise in (1) und (2) auftrat, durch psychologische Faktoren und logische Prinzipien bestimmt wird, die man, etwas lässig formuliert, als Gesetze des Denkens bezeichnen kann. Wie werden wir aber der Tatsache gerecht, daß in stilistisch neutralen deutschen Aussagesätzen das Subjekt dem Verb vorangeht, während in vergleichbaren Sätzen des Irischen das Verb vor dem Subjekt steht? Oder der Tatsache, daß das Adjektiv in Nominalphrasen im Deutschen gewöhnlich dem Nomen vorangeht *(roter Mantel)*, daß aber die Mehrzahl der französischen Adjektive ihm normalerweise folgt *(manteau rouge)*? Chauvinistische Erklärungen, die besagen, daß eine Wortstellung eher mit den Gesetzen des Denkens übereinstimme als eine andere und daß dementsprechend die Sprache einer Nation logischer sei als die einer anderen, brechen schnell zusammen. Gleiches gilt für den noch verzweifelteren Erklärungsversuch, jede Nation habe ihre eigene Logik, die sich möglicherweise von der anderer Nationen unterscheide, und die spezifische Logik einer Nation bestimme die Prinzipien der syntaktisch funktionierenden Wortstellung in einer bestimmten Nationalsprache. Wenn ein Franzose und ein Deutscher gebeten werden, einen roten Mantel zu beschreiben, denkt dann der Franzose zunächst daran, daß das zu beschreibende Objekt ein Mantel ist, und dann, daß es rot ist, und führt der Deutsche diese geistigen Operationen in umgekehrter Reihenfolge aus? Dies erscheint unwahrscheinlich.

Syntaktisch funktionierende Wortstellung bildet nur einen der vielen Aspekte der grammatischen Struktur, die in bemerkenswertem Grade *arbiträr* sind, worunter hier zu verstehen ist, daß sie sich nicht auf der Grundlage allgemein logischer und psychologischer Prinzipien erklären lassen (vgl. 1.5).

Dennoch erlernt ein Kleinkind im normalen Verlauf des Spracherwerbsprozesses, ohne besonderen Unterricht, die grammatischen Regeln seiner Muttersprache. Dies ist um so erstaunlicher, als alle natürlichen Sprachen kraft ihrer grammatischen Struktur auch die Eigenschaft der *Produktivität* besitzen (vgl. 1.5). Das (Klein-)Kind muß somit während der Phase des Spracherwerbs aus einer großen, aber endlichen Sammlung von Musteräußerungen jene weitgehend arbiträren grammatischen Prinzipien ableiten, kraft deren eine unbestimmt große und vielleicht unbegrenzte Menge von Wortketten als grammatisch gilt und eine andere, noch größere Menge von Wortketten als grammatisch nicht-wohlgeformt erkannt werden kann.

Es war Chomsky, der Mitte der fünfziger Jahre als erster die Beherrschung der syntaktischen Determinanten der Grammatikalität durch das Kind würdigte. Er war es auch, der diejenige Theorie der Syntax propagierte, die von allen anderen bisher in irgendeiner Periode der Sprachwissenschaft entwickelten, sei es in der Antike oder in der Neuzeit, den größten Einfluß ausübte. Die Syntax Chomskys ist im Rahmenwerk der generativen Grammatik formalisiert worden und integriert, besonders in ihren neueren Fassungen, Syntax mit Phonologie und Semantik, woraus sich eine umfassende Theorie der Sprachstruktur ergibt. In einem Buch dieser Art ist es nicht möglich, auf die technischen Einzelheiten der generativen Grammatik einzugehen. Dennoch soll ein Abschnitt dieses Kapitels einer nicht zu detaillierten Darstellung der Hauptprinzipien der *generativen Grammatik* Chomskys dienen (4.6), und in einem späteren Kapitel werden wir das im historischen Kontext betrachten, was sich als ‚Generativismus' bezeichnen läßt (vgl. 7.4).

An Generativismus, im Gegensatz zum Strukturalismus, Funktionalismus, Historismus usw., denken die meisten Leute, wenn sie sich auf die mit Recht so bezeichnete Chomsky-Revolution beziehen. Wie alle Revolutionen übernahm sie mehr von der Vergangenheit und ließ es intakt, als es die Revolutionäre selbst und die Mehrzahl ihrer Zeitgenossen glaubten. So wie die Aristotelische Philosophie nicht ohne den Kontext des Platonismus verstanden werden kann und Descartes nicht ohne Bezugnahme auf die scholastische Tradition, gegen die er ankämpfte und von der er zweifellos gleich viel übernahm und verwarf, so verhält es sich auch mit Chomsky und seiner Beziehung zu den Ideen, mit denen er aufgrund seiner Ausbildung in Linguistik, Psychologie und Philosophie äußerst vertraut war: Der Generativismus Chomskys ist stark geprägt durch den ganz spezifischen intellektuellen und kulturellen Kontext, in dem er sich entwickelte. Diese allgemeineren Fragen sollen aber vorerst zurückgestellt werden.

4.3. Wortarten, Formklassen und grammatische Kategorien

Die traditionell – und recht irreführend – so bezeichneten ‚Wortarten' – Nomen, Verben, Adjektive, Präpositionen usw. – spielen eine entscheidende Rolle bei der Formulierung der grammatischen Regeln von Sprachen. Man muß sich jedoch darüber klar sein, daß die traditionelle Liste von etwa zehn Wortarten in ihrer Zusammensetzung sehr heterogen ist und in den vielen Einzelheiten, die mit den Definitionen verknüpft sind, spezifische Eigenheiten der griechischen und lateinischen Sprache widerspiegelt, die weit davon entfernt sind, sprachliche Universalien zu sein. Fernerhin weisen die Definitionen selbst oft logische Defizite auf. Einige sind zirkulär, und der größte Teil von ihnen kombiniert Kriterien aus den Bereichen Flexion, Syntax und Semantik, die zu widersprüchlichen Ergebnissen führen, legt man sie an ein breites Spektrum spezifischer Gegebenheiten in einer Reihe von Sprachen an. Ja, wenn man sie ganz wörtlich nimmt, so sind die traditionellen Definitionen nicht einmal auf das Griechische und Lateinische ohne Schwierigkeiten anwendbar. Wie der Großteil der Definitionen der traditionellen Grammatik stützen sie sich beträchtlich auf den gesunden Menschenverstand und die Toleranz derer, die sie anwenden und interpretieren.

Es fällt nicht schwer, Lücken in den traditionellen Definitionen aufzuzeigen: „Ein Nomen ist der Name einer Person, eines Ortes oder Gegenstands", „Ein Verb ist ein Wort, das eine Handlung bezeichnet", „Ein Adjektiv modifiziert ein Nomen", „Ein Pronomen steht stellvertretend für ein Nomen" usw. Dennoch arbeitet die Mehrzahl der Linguisten immer noch mit den Termini ‚Nomen', ‚Verb', ‚Adjektiv' usw. und interpretiert sie, explizit oder implizit, auf ziemlich traditionelle Weise. Und sie tut recht daran. Es ist ein wesentliches Merkmal natürlicher Sprachen, daß Linguisten über sie nachprüfbare Feststellungen treffen können von der Art wie: Einige Sprachen verfügen über eine syntaktische Unterscheidung zwischen Adjektiven und Verben (Englisch, Französisch, Russisch, Deutsch), andere hingegen, so kann man begründet behaupten, kennen diese Unterscheidung nicht (Chinesisch, Malaiisch, Japanisch usw.); die meisten Sprachen unterscheiden syntaktisch zwischen Nomen und Verben (Englisch, Französisch, Russisch, Chinesisch, Malaiisch, Japanisch, Türkisch usw.), einige wenige tun dies allem Anschein nach nicht (so bemerkenswerterweise die nordamerikanische Indianersprache Nootka, die von Sapir beschrieben wurde); in einigen Sprachen (Lateinisch, Türkisch usw.) gleichen die Adjektive grammatisch mehr den Nomen als den Verben; umgekehrt ist es in anderen Sprachen (Englisch, Chinesisch, Japanisch usw.).

Aber noch ein anderer Aspekt der traditionellen Theorie der Wortarten bedarf hier der Klärung. Die Termini ‚Nomen', ‚Verb', ‚Adjektiv' usw. werden in der traditionellen Grammatik genauso doppeldeutig verwendet wie ‚Wort', und diese Doppeldeutigkeit wurde in vielen ansonsten nicht traditionell-grammatischen, modernen Arbeiten zur Syntax übernommen, die es vorziehen, statt von ‚Wortarten' von ‚Wortklassen' zu sprechen. Wenn wir uns dafür entscheiden, den Terminus ‚Wortart' auf Klassen von Lexemen zu beschränken, also sagen, ‚Junge' ist ein Nomen, ‚kommen' ist ein Verb usw., dann können wir auch sagen, daß *Junge* und *Jungen Nominal-Formen* und *kommen, kam, gekommen* usw. *Verbal-Formen* sind.

Hinter dieser Frage steckt mehr als nur der Wunsch, über eine konsistente Terminologie zu verfügen. Eines der Probleme mit der traditionellen Theorie der Wortarten beruhte darin, daß man ohne die soeben gemachte Unterscheidung gezwungen war, anzuerkennen, daß bestimmte Wörter (ich verwende ‚Wörter' hier bewußt doppeldeutig) zugleich zu zwei Wortarten gehören. Hierfür sind besonders Partizipien berüchtigt (deren traditionelle Bezeichnung ihren dualen Status widerspiegelt). Betrachtet man sie vom Standpunkt der morphologischen Flexion aus, so erscheinen sie als Verbal-Formen; betrachtet man sie vom Standpunkt der syntaktischen Funktion aus, so sind sie Adjektive (so nimmt beispielsweise im Englischen *dancing* in dem Syntagma *the dancing girls* eine Zwischenstellung ein, wenn man es mit *the girls who dance / are dancing* gleichsetzt. Im Deutschen wird dagegen durch Suffigierung auch schon auf morphologischer Ebene eine Abgrenzung vom Verb vorgenommen: *die tanzenden Mädchen*). Auch der Infinitiv kann im Deutschen Verbal-Form und syntaktisches Verhalten eines Nomens miteinander verknüpfen (z. B. *Tanzen ist sein Lieblingssport*); man spricht in diesem Fall zu Recht von einem substantivierten Verb. Ähnliches ist im Englischen zu beobachten, wo das traditionell so genannte ‚gerund' Verbal-Form und syntaktische Form eines Nomens verbindet (z. B. *dancing* in *shoes for dancing*, das sogar als adjektivisch gebrauchtes Nomen in *dancing shoes* auftritt), wobei hier, im Gegensatz zum Deutschen, der Unterschied nicht durch einen Wechsel zur Großschreibung markiert wird, der Übergang also noch fließender ist.

Ein bemerkenswertes, in der traditionellen Grammatik und in der modernen Grammatiktheorie nicht so allgemein anerkanntes Phänomen der englischen Sprache besteht darin, daß bestimmte Nominal-Formen, syntaktisch gesehen, charakteristische Eigenschaften von Adjektiven und Adverbien aufweisen. So ist das besitzanzeigende *bishop's* in dem Syntagma *bishop's mitre* (hier verstanden als „Mitra von der Art, wie sie Bischöfe tragen"), syntaktisch gesehen, ein Adjektiv und entspricht dem Syntagma *the episcopal mitre*. (Im Deutschen findet hier in der Regel die Verschmelzung zu einem Nomen statt: *Bischofsmitra.*) Solche Tatsachen entziehen sich einer kohärenten Bewertung, wenn wir nicht zwischen der Zuordnung eines Lexems zu einer bestimmten Gruppe von Wortarten und der Klassifizierung der syntaktischen Funktionen seiner Formen in verschiedenen Kontexten unterscheiden.

In vielen modernen Arbeiten ist von *Formklassen* statt von Wortarten die Rede. Nachdem wir mit ‚Wortart' ausschließlich Klassen von Lexemen bezeichnet haben, können wir den Terminus ‚Formklasse' (in einer der Bedeutungen, der gemäß er definiert worden war) ohne Schwierigkeit für Klassen von Formen verwenden, die dieselbe syntaktische Funktion haben. Wir können dann dem Ausdruck ‚syntaktische Funktion' eine sogenannte ‚distributionelle' Definition geben: Zwei Formen haben dieselbe syntaktische Funktion genau dann, wenn sie dieselbe Distribution in allen grammatisch wohlgeformten (jedoch nicht notwendigerweise Bedeutung habenden) Sätzen der Sprache haben (d. h. gegeneinander austauschbar sind, vgl. 3.4). Distributionelle Definitionen dieser Art spielten eine entscheidende Rolle in der Linguistik im späteren Teil der Ära nach Bloomfield und bereiteten den Weg für die Entwicklung der generativen Grammatik Chomskys.

Es leuchtet ohne weiteres ein, daß von der Flexion her unterschiedliche Formen desselben Lexems im allgemeinen nicht dieselbe Distribution aufweisen; und aus diesem Grunde sind Syntax und Flexion komplementäre Teile der Grammatik. So unterscheiden sich *Junge* und *Jungen* distributionell auf vielfältige Weise; am wesentlichsten aber darin, daß die erstgenannte, nicht aber die letztgenannte Form in einer Reihe von Kontexten auftreten kann wie z. B.

(1) Der – ist hier

und daß die letztgenannte, nicht aber die erstgenannte Form in einer Reihe von Kontexten wie z. B.

(2) Die – sind hier

auftreten kann. Kraft der semantischen Funktion des Unterschieds zwischen *Junge* und *Jungen* in den meisten Kontexten, bezeichnen wir *Junge* als Singularform und *Jungen* als Pluralform von ‚Junge'. Würde dieser Bedeutungsunterschied nicht mit einer unterschiedlichen Distribution korrelieren (d. h. wenn die Singular- und Pluralformen von Lexemen in allen Sätzen der deutschen Sprache austauschbar wären, ohne daß dadurch weitere Veränderungen in diesen Sätzen erforderlich würden), so gäbe es keine daraus ableitbare syntaktische Regel in der deutschen Sprache. Obwohl eine intrinsische Verbindung zwischen der Bedeutung von Formen und ihrer Distribution besteht, ist allein ihre Distribution von unmittelbarem Interesse für den Grammatiker. Jeder, der die moderne Grammatiktheorie in ihren entscheidendsten und interessantesten Entwicklungen verstehen will, muß in der Lage sein, die Distribution von Formen losgelöst von deren Bedeutung zu betrachten.

Ebenso wie der Terminus ‚Form' umfassender ist als ‚Wortform' (diesen aber mit einschließt), so ist entsprechend der Terminus ‚Formklasse' umfassender als ‚Wortklasse' oder ‚Wortart'. Morpheme (d. h. Minimalformen) können ihrer gegenseitigen Austauschbarkeit gemäß zu Formklassen gruppiert werden; gleiches gilt für Phrasen, die aus mehreren Wörtern bestehen. In einer auf Morphemen aufgebauten Grammatik würde das Etikett Wortart, das wir den Lexemen zugeordnet haben, zunächst dem zugeschrieben werden, was man traditionell als *Stämme* oder gar *Wurzeln* bezeichnet. (Der Unterschied zwischen Stämmen und Wurzeln besteht darin, daß Wurzeln morphologisch nicht analysierbar sind, wohingegen Stämme zusätzlich zu ihrer Wurzel ein oder mehrere Ableitungsaffixe haben können.) So würde beispielsweise die Form *Haus* als Nomen klassifiziert werden, da sie den Stamm für eine ganze Reihe flektierter Wortformen bildet, darunter *Haus, Hauses, Häuser*. Ob eine Form in einer Sprache zugleich mehrere Funktionen haben kann, hängt von den mehr oder weniger zufälligen systemhaften Charakteristika dieser Sprache ab. So sind im Deutschen Verbstamm und Wortform nicht identisch, die Infinitiv-Form der Verben, zugleich ihre Zitierform, ist in der Regel durch das Suffix *-en* gekennzeichnet *(sing-en)*. Demgegenüber sind im Englischen die Stämme von Nomen, Verben und Adjektiven stets Wortformen und Zitierformen (vgl. 4.1). Auch sind sehr viele Wortformen im Englischen sowohl als Stämme von Nomen als auch von Verben verwendbar (z. B. *walk, turn, man, table* usw.); eine Eigenschaft, die sich auch im Chinesischen, nicht aber im Türkischen findet. Es dürfte damit deutlich sein, daß keine Sprache in dieser Hinsicht ein allgemeingültiges Grundmuster bietet. Neuere, auf Morphemen basierende Fassungen der generativen Grammatik, verwenden Definitionen von ‚Nomen', ‚Verb', ‚Adjektiv' usw., die sich primär auf Lexemstämme und erst in zweiter Linie auf die größeren Formen beziehen, die die Stämme enthalten oder ihnen synktaktisch gleichwertig sind.

In der traditionellen, auf dem Wort aufgebauten Grammatik ist die Flexion Komplementärelement zur Syntax; entsprechend verhalten sich die auf die Flexion bezogenen oder grammatischen *Kategorien* komplementär zu den Wortarten. So sind beispielsweise ‚Singular' und ‚Plural' Termini in der Kategorie *Numerus;* ‚Präsens', ‚Präteritum' und ‚Futurum' Termini in der Kategorie *Tempus;* ‚Indikativ', ‚Konjunktiv', ‚Imperativ' usw. Termini in der Kategorie *Modus;* ‚Nominativ', ‚Akkusativ', ‚Dativ', ‚Genitiv' usw. Termini in der Kategorie *Kasus* usw. Traditionelle Etikettierungen wie ‚erste Person Singular des Präsens, Indikativ, des Verbs SEIN' sind ein Beispiel für die Art und Weise, in der, um hier der traditionellen Terminologie zu folgen, spezifische Wortarten ‚flektiert' werden, entsprechend einer spezifischen Klasse grammatischer Kategorien.

Zwei Anmerkungen müssen in Verbindung mit den Flexionskategorien der traditionellen Grammatik gemacht werden. Erstens ist keine dieser Kategorien wirklich universal in dem Sinne, daß sie in allen Sprachen zu finden wäre. Es gibt Sprachen ohne Tempus, Sprachen ohne Kasus, Sprachen ohne grammatisches Geschlecht; gleiches gilt ohne Ausnahme für jede der traditionellen Kategorien. Andererseits gibt es viele Kategorien, die in der traditionellen Grammatik nicht erkannt wurden, aber in Sprachen auftreten, die in neuerer Zeit von Linguisten erforscht worden sind.

Zweitens muß darauf hingewiesen werden, daß das, was traditionell als grammatische Kategorien beschrieben wird, gewöhnlich in einer auf Morphemen basierenden Grammatik als Klassen *grammatischer Morpheme* behandelt werden würde (im Gegensatz zu den *lexikalischen Morphemen,* die als Stämme von Nomen, Verben usw. im Lexikon verzeichnet wären). Und ihre Distribution würde direkt von syntaktischen Regeln bestimmt werden. Dies ist im Kern die Beschreibungsweise, die in den aktuellen Fassungen der generativen Grammatik verwendet wird.

4.4. *Einige weitere grammatische Begriffe*

Es ist die Aufgabe der grammatischen Regeln einer Sprache, die bestimmenden Faktoren für Grammatikalität für diese Sprache zu benennen (vgl. 4.2). Wie wir später noch sehen werden, leistet eine generative Grammatik dies, indem sie vollständig und ausschließlich die (der Logiker würde sagen: genau die) Sätze einer Sprache generiert (was hierunter zu verstehen ist, wird noch erläutert werden) und jedem direkt im Generierungsprozeß eine *Strukturbeschreibung* zuweist. In diesem Abschnitt soll eine Reihe grammatischer Begriffe aufgeführt und kurz erläutert werden, die von Linguisten in der Absicht erarbeitet worden sind, für spezielle Sprachen und für Sprache im allgemeinen die bestimmenden Faktoren für Grammatikalität zu formulieren und die Art von Information anzugeben, die in den Strukturbeschreibungen von Sätzen enthalten sein sollten.

Man kann gar nicht genug betonen, daß der Linguist – zumindest heutzutage – nicht am Klassifizieren und Kategorisieren um seiner selbst willen interessiert ist. Er beschäftigt sich, wie wir am Anfang gesehen haben, mit der Frage „Was ist Sprache?" und, sei es nun direkt oder indirekt, mit der Fähigkeit des Sprechers einer Muttersprache, eine unbestimmbar große und potentiell unendliche Zahl von Äußerungen zu erzeugen und zu verstehen, die sich alle voneinander in Form und Bedeutung unterscheiden. Eine Erläuterung des Konzepts ‚Grammatikalität' ist von zentraler Bedeutung für die Aufgabe, die Fähigkeit des muttersprachlichen Sprechers hierfür zu beschreiben (und ebenso dafür, den Prozeß, in dem das Kind sie erwirbt, zu erfassen), und sie ist zugleich einer der wichtigsten Punkte, die für jede mögliche intellektuell befriedigende Antwort auf die Frage „Was ist Sprache?" der Klärung bedürfen.

Die folgende Liste grammatischer Begriffe ist zwar recht umfangreich, aber weit davon entfernt, vollständig zu sein. Viele von ihnen wurzeln in der traditionellen Grammatik; andere sind in letzter Zeit entwickelt worden. Nicht alle werden in späteren Teilen dieses Buchs wieder aufgegriffen. Dies liegt teilweise daran, daß die hier vorgelegte Darstellung der grammatischen Struktur und der generativen Grammatik unvermeidlich zugleich sehr elementar und hochgradig selektiv ist. Aber es gibt noch einen wichtigeren Grund. Beim gegenwärtigen Entwicklungsstand der Grammatiktheorie ist es unklar, wie viele logisch unabhängige, elementare Begriffe erforderlich sind, um die entscheidenden Faktoren für Grammatikalität in irgendeiner bestimmten Sprache, ganz zu schweigen von allen Sprachen, zu bestimmen. Wird eine Klasse von Begriffen als elementar in diesem logischen Sinne des Wortes ausgewählt, so können andere mit ihrer Hilfe definiert werden. Aber dem Linguisten stehen viele Möglichkeiten für die Entscheidung offen, was elementar und was abgeleitet ist. Neuere Fassungen der generativen Grammatik haben sich, oft aus rein historischen Gründen, für die einen oder anderen Axiome entschieden, ohne daß eine allgemeine Übereinstimmung bestände. Die Entscheidung kann sich als falsch herausstellen; ja, man muß die Frage als unbeantwortet ansehen, ob es überhaupt eine ‚richtige' Klasse von Axiomen gibt – ‚richtig' im Sinne von „geeignet für alle menschlichen Sprachen".

Es ist nicht weiter schlimm, wenn der Leser, dem die nachfolgende Liste grammatischer Begriffe nicht vertraut ist, viele von ihnen sofort wieder aus dem Gedächtnis verliert. Jeder jedoch, der sich dem Studium der Linguistik auf einer weitergehend spezialisierten Ebene widmet, sollte sie natürlich nicht nur verstehen, sondern in der Lage sein, sie durch Beispiele zu erläutern und – das ist nicht weniger wichtig – die Liste zu erweitern und zu zeigen, wie ein Begriff gegen den anderen abgestuft ist oder mit seiner Hilfe definiert werden kann. Der Grund dafür, daß diese ziemlich umfangreiche Aufstellung grammatischer Begriffe in dieses Buch aufgenommen wird, das ein elementares und sehr allgemein gehaltenes Buch über Sprache und Linguistik sein soll, liegt darin, daß die Mehrzahl der vergleichbaren Werke die im vorangegangenen Absatz gemachte Feststellung vermissen läßt. Auch ein Buch, das elementares Wissen vermittelt, sollte seinen Lesern ein Gefühl für die Reichweite und Komplexität des Gegenstandes geben, den es behandelt. Und keine Darstellung grammatischer Theorie sollte versäumen, klar darzulegen, daß wir, auch wenn in jüngster Zeit große Fortschritte gemacht worden sind, von einer befriedigenden allgemeinen Theorie der grammatischen Struktur noch weit entfernt sind.

Entsprechend den sich überschneidenden Dimensionen (a) Struktur und (b) Funktion können Sätze klassifiziert werden (und sind in der traditionellen Grammatik so klassifiziert worden): als (a) *einfache* und nicht-einfache Sätze, wobei die nicht-einfachen Sätze weiter in *komplexe* und *zusammengesetzte* Sätze gegliedert werden; und (b) *Aussagesätze, Fragesätze, Befehlssätze* (*Deklarativ-, Interrogativ-, Imperativsätze*) usw. Ein einfacher Satz besteht aus einem einzigen Satz (mit dem entsprechenden Prosodieverlauf); der kleinstmögliche komplexe Satz aus zwei Sätzen (Stammsatz und Gliedsatz), von denen der eine dem anderen untergeordnet ist; der kleinstmögliche zusammengesetzte Satz besteht aus zwei Sätzen, die einander gleichgeordnet (nebengeordnet) sind. (Zur besseren Verständlichkeit soll hier der Terminus *zusammengesetzt* sowohl für zusammengesetzte als auch für komplexe Sätze verwendet werden.)[1]

[1] [In der deutschen Forschungsliteratur (vgl. Lewandowski, 1973/1975) wird genau umgekehrt verfahren: Dem Terminus ‚einfacher Satz' steht der Terminus ‚komplexer Satz' gegenüber, der sowohl komplexe Sätze im eigentlichen Sinne als auch zusammengesetzte Sätze erfaßt. Für parataktische Fügungen wird im Deutschen auch der Terminus ‚Satzreihe', für hypotaktische Fügungen der Terminus ‚Satzgefüge' verwendet; *d. Übers.*]

Die hier verwendeten Begriffe Unterordnung und Nebenordnung sind, wie wir sehen werden, sehr allgemeine Begriffe, die sich nicht nur bei der Klassifizierung von Sätzen, sondern auch satzintern anwenden lassen.

Die funktionale Klassifizierung von Sätzen betreffend, müssen zwei Dinge festgestellt werden. Erstens: Wenn wir eine Unterscheidung zwischen Aussagesätzen und Aussagen, zwischen Fragesätzen und Fragen, zwischen Befehlssätzen und Befehlen, Bitten usw. treffen, so können wir sagen, daß ein Aussagesatz ein Satz ist, dessen grammatische Struktur der von Sätzen entspricht, die typisch dazu verwendet werden, Aussagen zu machen usw. Dies erlaubt es uns, die grammatische Struktur von Sätzen und die kommunikative Funktion von Äußerungen analytisch getrennt zu halten und doch miteinander zu verknüpfen (vgl. 5.5). Wir werden auf diese Unterscheidung später im Semantikkapitel zurückgreifen. Zweitens: Im Gegensatz zu den Bezeichnungen ‚deklarativ' und ‚interrogativ' wird ‚imperativ (Imperativ)' zusammen mit ‚Indikativ' und ‚Konjunktiv' traditionell als ein Terminus in der grammatischen Kategorie ‚Modus' verwendet. Dieser doppelten Verwendung von ‚imperativ/Imperativ' sollte Beachtung geschenkt werden, und sei es auch nur, weil sie in der modernen Grammatiktheorie viel Verwirrung hervorgerufen hat.

Innerhalb von Sätzen, seien sie nun einfach oder nicht-einfach, gibt es verschiedene Arten von Beziehungen zwischen Ganzem und Teil: *Konstituenzrelationen.* So sind beispielsweise alle Teilsätze eines komplexen oder zusammengesetzten Satzes *Konstituenten* des Gesamtsatzes; in einem einfachen Satz sind alle Wortformen (so wollen wir annehmen) Konstituenten, und Wortgruppen können *Phrasen* konstituieren, die auch wiederum Konstituenten des Satzes sind (dabei sind die Wörter wiederum Konstituenten der Phrasen und somit nur indirekt der Sätze, deren Konstituenten die Phrasen sind). Wie im folgenden aufgezeigt werden wird, bildet dieses Konzept ‚Konstituentenstruktur', kombiniert mit einer etwas allgemeineren Fassung des traditionellen Konzepts ‚Phrase', den Kern der Formalisierung der grammatischen Struktur in der generativen Grammatik Chomskys.

Eine andere Art syntaktischer Relation – eine, der die traditionelle Grammatik besondere Bedeutung beimaß – ist die der *Abhängigkeit* (Dependenz). Hierbei handelt es sich um eine asymmetrische Relation, die zwischen (um der modernen Terminologie zu folgen) einem *Regens* (oder Element in dominierender Position) und einem *Dependens* (einem oder mehreren dominierten Elementen) besteht. So kann man beispielsweise sagen, daß das Verb als Regens sein Objekt (falls es eines hat) als Dependens eher in einer bestimmten Form als in einer anderen beherrscht, so, wie das Verb ‚sehen', wie alle transitiven deutschen Verben, sein Objekt in einer Form beherrscht, die traditionell als Akkusativ bezeichnet werden würde (vgl. *Ich sah ihn* gegenüber **Ich sah er;* wobei die Kasus-Kategorie, *er* gegenüber *ihn,* im Deutschen keine Flexions-Kategorie von Nomen, sondern von Pronomen ist). Allgemeiner gesagt, wir können eine Dependenzrelation innerhalb einer spezifischen Konstruktion feststellen, wo immer das Auftreten einer Einheit Voraussetzung für das Auftreten einer anderen Einheit (oder mehrerer Einheiten) in einer bestimmten Form ist. Was traditionell als *Dominanz* bezeichnet wird und oben durch ein Beispiel erläutert wurde, kann in den Rahmen des umfassenderen Konzepts Dependenz eingebracht werden, das die Existenz einer Variation durch Flexion nicht voraussetzt. Insofern die Bildung eines Komplexes aus einem dominierenden und einem oder mehreren davon abhängigen Elementen implizit eine Relation zwischen Ganzem und Teil, hier zwischen dem Komplex und seinen konstituierenden Elementen, darstellt, handelt es sich bei Konstituenz und

Dependenz nicht um völlig unabhängige Phänomene. Die generative Grammatik Chomskys hat für die Konstituentenstruktur Partei ergriffen und steht damit in der Nachfolge von Bloomfield und seinen Schülern. In der traditionellen Grammatik lag ein stärkerer Akzent auf der Dependenz.

Im vorangegangenen Absatz wurde auf transitive Verben Bezug genommen. Die traditionelle Unterscheidung zwischen *transitiven* und *intransitiven* Verben kann in zwei Richtungen verallgemeinert werden: Erstens, indem man Verben in die umfassendere Klasse der *Prädikatoren* einordnet; sodann, indem man die Prädikatoren entsprechend ihrer *Valenz* subklassifiziert: d.h. nach Zahl und Art der von ihnen abhängigen Einheiten. Zählt man nicht nur das direkte und das indirekte Objekt, sondern auch das Subjekt eines Verbs zu den von ihm abhängigen Einheiten, so können wir sagen, ein intransitives Verb wie ‚sterben' habe die Wertigkeit 1, ein transitives Verb wie ‚essen' habe die Wertigkeit 2, Verben wie ‚geben' oder ‚legen' hätten die Wertigkeit 3 usw.

Es sollte beachtet werden, daß der Valenzbegriff nicht voraussetzt, daß die von einem Prädikator abhängigen Elemente Nominalphrasen sein müssen. Was traditionell als adverbiale Bestimmung der Zeit, des Ortes usw. bezeichnet wird, fällt ebenfalls in den Definitionsbereich von Valenz. Auch müssen wir akzeptieren, daß es Prädikatoren mit der Wertigkeit 0 gibt. So kann man beispielsweise mit gutem Recht sagen, daß die deutschen Verben ‚regnen', ‚schneien' usw. dieser Gruppe angehören, da die Form *es* in *Es regnet / es schneit* usw. nur ein Pseudo-Subjekt ist.

Der (der Chemie entlehnte) Terminus ‚Valenz' hat in der amerikanischen und britischen Linguistik bisher noch keine große Verbreitung erlangt. Das zugrunde liegende Konzept tritt jedoch in einer ganzen Reihe grammatisch-theoretischer Arbeiten latent auf, ohne daß der Terminus in ihnen genannt wird. Der umstrittenste und am weitesten von der Tradition abweichende Aspekt des Valenzbegriffs, so wie er hier vorgestellt worden ist, liegt sozusagen in der Abwertung der traditionellen Unterscheidung zwischen *Subjekt* und *Prädikat* (des Satzes) einerseits und zwischen *Subjekt* und *Objekt* (des Verbs) andererseits. Diese beiden Unterscheidungen, das sollte beachtet werden, sind voneinander logisch unabhängig. Die erstgenannte basiert auf einer Untergliederung des Satzes (in Übereinstimmung mit den traditionellen Grundannahmen) in zwei komplementäre Teile; für die letztgenannte gilt diese nicht. Das Subjekt des Verbs ist jene Einheit, die, obwohl sie genauso vom Verb abhängig ist wie das Objekt, die Form des Verbs im Rahmen einer Beziehung bestimmt, die gewöhnlich als *Subjekt-Verb-Kongruenz* bezeichnet wird (vgl. *Der Junge läuft* und **Der Junge laufen,* sowie *Die Jungen laufen* und **Die Jungen läuft*). Als Grundlage für einen allgemeineren syntaktischen Subjektbegriff, der auf alle Sprachen anwendbar wäre, können noch andere Kriterien vorgeschlagen werden, und dies ist auch geschehen. Aber die Frage nach der Universalität beider Arten syntaktischer Subjekte (oder eines allgemeineren Subjektbegriffs, der beide mit einschließt) ist heute genauso umstritten wie gegen Ende des 19. Jahrhunderts, als sie Auslöser hitziger Debatten unter den Sprachwissenschaftlern gewesen war.

4.5. *Konstituentenstruktur*

Dieser Abschnitt ist jenem Aspekt der grammatischen Struktur von Sprache gewidmet, der sich mit Hilfe des Begriffs ‚Konstituente' beschreiben läßt. Grundlage für die Betrachtung sind das Rahmenwerk der morphem-orientierten Grammatik und der distributionalistische Ansatz, wie er für die späteren linguistischen Arbeiten aus der Zeit nach Bloomfield charakteristisch war (vgl. 7.4). Durch die Übernahme dieses Ansatzes werden zwei Fliegen mit einer Klappe geschlagen: Einerseits ist es möglich, die Anwendung wichtiger, bereits zuvor eingeführter Begriffe weiter zu veranschaulichen – Begriffe, die sich mit den Termini ‚Morphem', ‚Morphologie', ‚Flexion', ‚Derivation', ‚Formklasse', ‚Distribution', ganz abgesehen von ‚Konstituente' selbst, verknüpfen –, und andererseits wird so der Behandlung der generativen Grammatik im nachfolgenden Abschnitt der Weg bereitet.

Obwohl Bloomfields Konzept der Konstituentenstruktur in erster Linie ein syntaktisches Konzept ist, soll hier zunächst seine Anwendung innerhalb von Wortformen aufgezeigt werden. Wie bereits bekannt, wurde in der Linguistik nach Bloomfield unter Grammatik eine Kombination von Morphologie und Syntax verstanden (vgl. 4.1). Gegenstand der Morphologie war die interne Struktur der Wortformen; Gegenstand der Syntax war die Distribution der Wortformen in den wohlgeformten Sätzen einer Sprache. Aber die im Anschluß an Bloomfield betriebene Morphologie hatte selbst eine Art syntaktischen Charakter. Sie wendete für die grammatische Analyse von Wortformen dieselben Prinzipien an wie für die syntaktische Analyse größerer Einheiten wie Phrasen und Sätzen. Die Linguisten dieser Zeit ließen schließlich sogar theoretisch, wenn auch nicht immer konsequent in der Praxis, die Unterscheidung zwischen Morphologie und Syntax fallen, wobei sie folgerichtig den Definitionsbereich von ‚Syntax' erweiterten. Syntax wurde gleichbedeutend mit (der Untersuchung) der Distribution von Morphemen (statt von Wortformen), und Wortformen wurden nicht länger nur als rein syntaktische Einheiten angesehen, sondern als Einheiten, die (bei geeignetem Prosodieverlauf) als Minimaläußerungen dienen könnten und in bestimmten Sprachen alleinige Träger bestimmter suprasegmenteller phonologischer Merkmale sein konnten (vgl. 3.6). Dies ist im Kern die Auffassung, die Chomskys generative Grammatik als Erbe aus der Zeit nach Bloomfield übernahm.

In diesem und im folgenden Abschnitt wird die Bezeichnung ‚Wort' verwendet, um sich auf Wortformen zu beziehen. Wörter können in diesem Sinne als Ketten, gebildet aus (einem oder mehreren) Morphemen, auftreten, wobei Morpheme minimale Formeinheiten bilden und Wörter, um hier Bloomfields klassische (wenn auch nicht voll befriedigende) Definition zu verwenden, *minimale freie Formen* darstellen (d.h. Formen, die nicht vollständig aus noch kleineren freien Formen bestehen). Eine *freie* Form kann (im Gegensatz zu einer *gebundenen* Form) mit geeignetem Prosodieverlauf unter normalen Verwendungsbedingungen als Äußerung auftreten (jedoch nicht unbedingt als vollständiger Satz). Nicht alle Formen, die traditionellerweise im Deutschen als Wörter angesehen und im Schrift-Medium durch Zwischenräume abgegrenzt werden, genügen dieser Definition. Als Beispiele sollen deshalb nur Wortformen angeführt werden, die ihr entsprechen. Somit ist *Katze* sowohl ein Morphem (da es sich um eine minimale Form handelt) als auch ein Wort (da es sich um eine freie Form handelt); *Katzen* dagegen ist kein Morphem (da zusammengesetzt aus zwei minimalen Formen, *Katze* und *n*), wohl aber ein Wort (wenn auch *Katze* eine freie Form ist, so gilt dies nicht für *n*). *Unfreundlichkeit* ist ein Wort, das sich aus vier Morphemen zusammensetzt, *Un – freund – lich – keit*, die mit Ausnahme von *freund* alle gebundene Morpheme sind. (*freund* kann als freie Form angesehen werden, da lediglich in der geschriebenen Sprache durch die allographischen Varianten *Freund* und *freund* zwischen gebundener und freier Form unterschieden wird; in der gesprochenen Sprache entfällt dieser Unterschied.) Gebundene Formen, die Konstituenten von Wörtern sind, werden als Affixe bezeichnet, speziell als Präfixe, wenn sie der Grundform, an die sie angeschlossen oder ‚affigiert' werden, vorangestellt sind, und als Suffixe, wenn sie ihr folgen.

Aber in der Konstituentenstruktur von Wörtern steckt mehr, als sich durch die Beschreibung der sie konstituierenden Morpheme darstellen läßt. Viele Wörter in der deutschen Sprache und in anderen Sprachen weisen eine interne *hierarchische Struktur* auf, die sich formal mittels der mathematischen Notation der *Klammerung* darstellen läßt. So kann man beispielsweise die Konstituentenstruktur des Wortes *Unfreundlichkeit* folgendermaßen darstellen:

(1) [[*Un*–[*freund*–*lich*]]–*keit*]

Dieser Darstellung entspricht genau die durch einen *Baumgraph:*

(2)

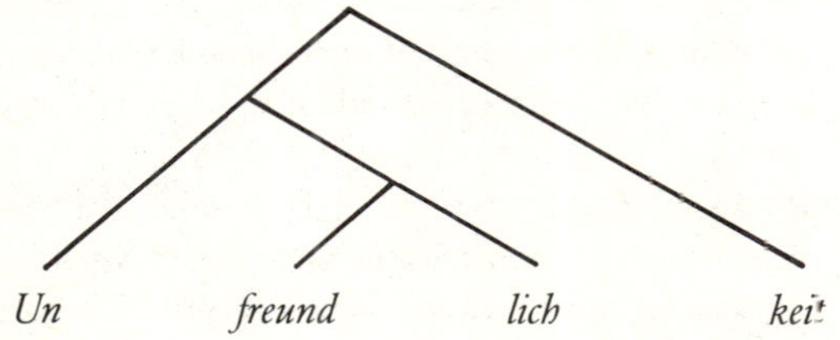

Es ist wichtig, sich die formale Gleichwertigkeit von (1) und (2) bewußt zu machen. Beide Darstellungen sagen uns nicht mehr und nicht weniger als dies: Die *unmittelbaren Konstituenten* von *Unfreundlichkeit* sind *unfreundlich* und *keit*, die unmittelbaren Konstituenten von *unfreundlich* sind *un* und *freundlich*, die unmittelbaren Konstituenten von *freundlich* sind *freund* und *lich;* da auf der Ebene grammatischer Beschreibung keine weitergehende Analyse möglich ist, sind die *terminalen Konstituenten* des Gesamtsyntagmas *un, freund, lich* und *keit.* Hier wird wiederum (vgl. oben) in Hinblick auf die gesprochene Sprache die Problematik der Groß- und Kleinschreibung ausgeklammert.

Umgekehrt sagen uns beide Darstellungen, daß *freund* und *lich* (aufeinander folgend) kombiniert werden können, um eine Konstituente zu bilden, die in der Konstituentenhierarchie eine Mittelstellung einnimmt und die zusammen mit dem Präfix *un* eine noch größere Zwischenkonstituente bildet, *unfreundlich,* die ihrerseits zusammen mit dem Suffix *keit* die vollständige Wortform konstituieren kann. Beide Darstellungsformen, (1) und (2), lassen sowohl die Analyse als auch die Synthese von Syntagmen zu.

Die spezifische, in (1) und (2) vorgenommene Aufgliederung von *Unfreundlichkeit* in Konstituenten soll hier nicht im Detail begründet werden. Sie beruht im Prinzip (entsprechend den Forderungen des Distributionalismus der Ära nach Bloomfield) auf den Kriterien Ersetzbarkeit und Generalisierung. Die Form *Unfreundlichkeit* gehört zu einer Formklasse (d.h. einer Menge gegeneinander auswechselbarer Formen), die wir, der traditionellen Terminologie folgend, als abstrakte Nomen bezeichnen und durch N_a symbolisieren wollen. Sehr viele dieser Formen werden in der deutschen Sprache durch das Anhängen des Suffixes *keit* an Formen gebildet, die traditionell als Adjektive bezeichnet werden (oder genauer, an die Grundformen der Adjektive). Ebenso stellt die Präfigierung einer Adjektivform mit dem Morphem *un* in der deutschen Sprache einen hochgradig produktiven morphologischen Prozeß dar. Demgegenüber handelt es sich bei der Präfigierung von Nominalformen (der Unterklasse N_b) nicht um einen produktiven Prozeß. Daraus folgt, daß man es, wenn es auch im Deutschen das Wort *Freundlichkeit* gibt, als unnatürlich empfindet, [[*freund*–*lich*]–*keit*], oder gar [*freund*–[*lich*–*keit*]], als Konstituente von *Unfreundlichkeit* anzusehen. Was die innerste Klammerung von [*freund*–*lich*] betrifft, so wird diese durch einen mäßig produktiven Prozeß gerechtfertigt, bei dem Adjektive aus Nomen gebildet werden, die beispielsweise einer Unterklasse N_c angehören, indem das Suffix *lich* angefügt wird (vgl. *weib*–*lich* usw.).

Die distributionelle Rechtfertigung dafür, daß der Wortform *Unfreundlichkeit* diese Konstituentenstruktur zugewiesen wird, ist ziemlich unkompliziert. Dies ist jedoch bei weitem nicht bei allen Wortformen der Fall, besonders dann nicht, wenn die distributionellen Kriterien in mechanische Entdeckungsprozeduren umgewandelt werden (vgl. 7.3). Es geht hier jedoch nicht darum, für den Distributionalismus an sich eine Lanze zu brechen, sondern Ziel ist lediglich, zu erläutern, was unter Konstituentenstruktur zu verstehen ist. Entscheidend ist folgendes: Ganz gleich, ob eine spezifische Analyse aufgrund rein distributioneller Kriterien gerechtfertigt ist oder nicht, die Verwendung eines spezifischen Terminus oder Symbols, z.B. ‚Nomen' oder N_c, zur *Etikettierung* einer Formklasse bedeutet, daß die Elemente dieser Formklasse in allen den Kontexten gegeneinander austauschbar sind, die von einer Regel erfaßt werden, in der das fragliche Etikett auftritt. Wir können beispielsweise das Etikett A_x willkürlich jener spezifischen Menge von Formen zuordnen, die durch Anfügung des Suffixes *lich* an die Elemente der Formklasse N_c entstehen. Wir sind nun in der Lage, das soeben Gesagte mit Hilfe der folgenden Regel auszudrücken:

(3) N_c + *lich* → A_x.

Hieraus kann abgelesen werden, daß alle der Unterklasse N_c angehörenden Formen mindestens im Rahmen der durch (3) vorgegebenen Kontexte gegeneinander austauschbar sind. Fernerhin impliziert es, daß alle Elemente der Unterklasse A_x wechselseitig vertauschbar sind in Kontexten, die durch andere Regeln abgedeckt werden, wie beispielsweise

(4) A_x + *keit* → N_a

und

(5) *un* + A_x → A_x.

Der Distributionalismus in der Form, wie ihn Linguisten in der Zeit nach Bloomfield entwickelten, hat zwar inzwischen seine allgemeine Anerkennung mehr und mehr verloren. Dies bedeutet aber nicht, daß das Prinzip der Distribution selbst nicht länger für die grammatische Analyse bedeutsam wäre. Ganz im Gegenteil: Es ist das entscheidende Prinzip für die Formalisierung von Grammatik.

An dieser Stelle sei noch eine Anmerkung eingeschoben: Die Regel (5) ist im Gegensatz zu den Regeln (3) und (4) potentiell *rekursiv*, d.h., wenn man sie auf die durch sie erzeugte Struktur (A_x) anwendet, so erzeugt sie unbegrenzt viele Syntagmen mit wachsender Komplexität – [*un*–*freundlich*], [*un*–[*un*–*freundlich*]], [*un*–[*un*–[*un*–*freundlich*]]] usw. Vermutlich wird es uns widerstreben, *ununfreundlich*, und noch mehr, *unununfreundlich* als grammatisch wohlgeformt anzusehen. Darum ist die Regel (5), technisch gesehen, fehlerhaft, denn *freundlich* und *unfreundlich* gehören nicht genau derselben Formklasse an. Andererseits gibt es viele syntaktische, wenn auch nicht morphologische Konstruktionen im Deutschen und vielleicht in allen natürlichen Sprachen, die vollständig rekursiv sind. Aus diesem Grund kann die Anzahl der jeweils endlich langen Sätze einer Sprache unendlich groß sein (vgl. Chomskys in 1.2 und 2.6 zitierte Definition von ‚Sprache').

Das Prinzip der Konstituentenstruktur hat für Wortsequenzen – in der linguistischen Terminologie als *Phrasen* bezeichnet – genauso Gültigkeit wie (entsprechend dem Morphologiebegriff in der Zeit Bloomfields und unmittelbar danach) für die innere Struktur von Wörtern. So bezeichnet man eine Sequenz wie *auf dem breiten Tisch* traditionell als *Präpositionalphrase*, die aus einer *Präposition (auf)* und einer traditionell so genannten *Nominalphrase (dem breiten Tisch)* besteht. Diese setzt sich ihrerseits aus dem *bestimmten Artikel (dem)* und der Phrase *breiten Tisch* zusammen, die wiederum aus einem Adjektiv *(breiten)* und einem Nomen *(Tisch)* gebildet ist. Was eben gesagt wurde, kann auch ohne die verwendeten traditionellen Etiketten ausgedrückt werden, und zwar in der Form

(6) [*auf* [*dem* [*breiten* [*Tisch*]]]]

oder in dem bedeutungsgleichen Baumgraphen

(7)

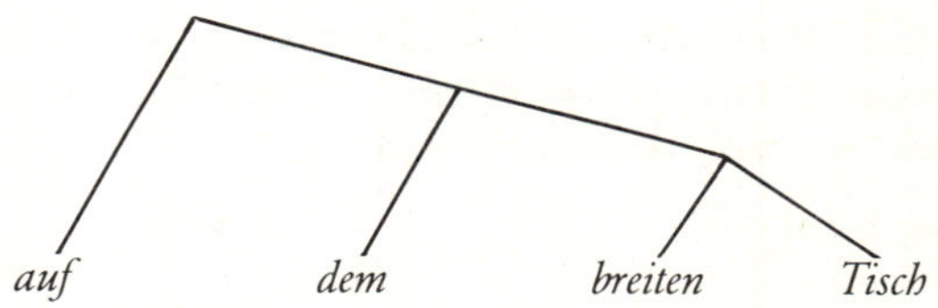

(6) und (7) sind, ebenso wie (1) und (2), *nicht-indizierte* Darstellungen der Konstituentenstruktur.

Es ist jedoch üblich, vom Prinzip *indizierter* Darstellungen auszugehen, wobei die Indizes oder Etiketten, wie oben schon gezeigt, verwendet werden, um die Zugehörigkeit zu einer Formklasse anzuzeigen. Wir wollen darum (6) und (7) in eine *indizierte Klammerung* (8) und einen *indizierten Baumgraph* (9) überführen, wobei wir die üblichen Symbole für die Etiketten verwenden: NP für ‚Nominalphrase', P für ‚Präposition', PP für ‚Präpositionalphrase', A für ‚Adjektiv', Art für ‚(bestimmter) Artikel'. Festzustellen ist, daß

(8) $[_{PP}[_{P}\textit{auf}\,[_{NP}\,[_{Art}\textit{dem}]\,[_{N}\,[_{A}\textit{breiten}]\,[_{N}\textit{Tisch}]]]]$

und (9) formal äquivalent sind. Da indizierte Klammerungen zwar kompakter, aber auch schwerer lesbar sind, arbeiten Linguisten gewöhnlich mit indizierten Baumgraphen.

Zwei Anmerkungen sollen zu (8) und (9) gemacht werden. Erstens muß darauf hingewiesen werden, daß die Phrase *breiten Tisch* derselben Formklasse wie *Tisch* zugeordnet wurde. Dies läßt sich distributionell rechtfertigen, und obwohl es gewisse Prinzipien gibt, die die Aufeinanderfolge von Adjektiven, die Nomen innerhalb einer Phrase vorangestellt sind, im Deutschen fest-

(9)

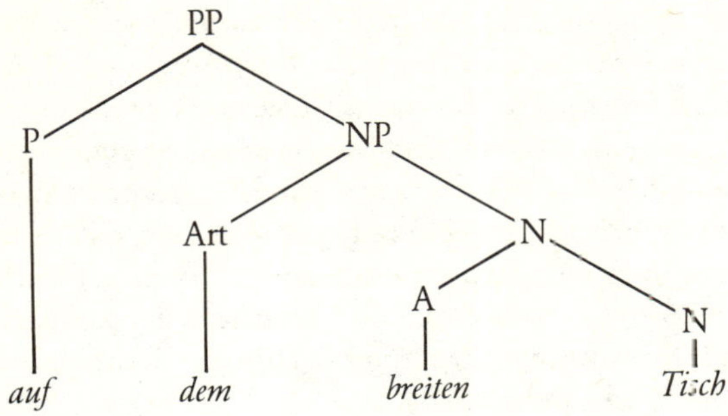

legen, besteht doch kein definierbarer Grenzwert für die Zahl der Adjektive, die in dieser Position auftreten können. Dennoch kann die interne Struktur von Ketten solcher Adjektive in dieser Position fragwürdig sein.

Die zweite Anmerkung betrifft die Termini ‚Nominalphrase' und ‚Präpositionalphrase'. Diese entstammen der traditionellen Grammatik und werden nicht mit Hilfe des Prinzips der Konstituenz, sondern mit Hilfe des Prinzips der Dependenz definiert (vgl. 4.4). In der traditionellen Grammatik ist eine Nominalphrase eine Phrase, deren *Trägerelement (head)* ein Nomen ist; in einer Präpositionalphrase ist das Trägerelement eine Präposition. Die Darstellung der Konstituentenstruktur in (8) und (9) sagt nichts über die Dependenz aus. Die Termini ‚Nominalphrase' und ‚Präpositionalphrase' treten also in dieser Hinsicht ganz unvermittelt auf. Wenn man sie statt dessen so versteht, als sollten sie ausdrücken, daß Nominalphrasen und Nomen sowie Präpositionalphrasen und Präpositionen die gleiche Distribution haben, so entspricht dies, was die Präpositionalphrasen betrifft, offensichtlich nicht den Tatsachen. Man könnte auf den ersten Blick den Eindruck haben, der Terminus ‚Nominalphrase' sei in dieser Hinsicht treffender. Für einige Sprachen, wie beispielsweise Lateinisch und Russisch, ist dies der Fall. Sie haben keinen bestimmten Artikel und können im Gegensatz zum Englischen sogenannte ‚Appellativa' im Singular ohne bestimmten oder unbestimmten Artikel oder irgendeine andere Wortform aus der Formklasse verwenden, die heute als die der *Determinatoren* bezeichnet wird. Aber schon wenn man nur ein wenig darüber nachdenkt, wird deutlich, daß zwar *der breite Tisch* und *der Tisch* weitgehend die gleiche Distribution aufweisen wie Eigennamen und Pronomen, jedoch nicht dieselbe Distribution wie Appellativa, wie z.B. *Tisch*.

Die Beispiele, die hier zur Veranschaulichung des Prinzips der Konstituentenstruktur verwendet worden sind, sind unkompliziert und weisen, abgesehen von ein oder zwei Einzelheiten, keine wissenschaftlich strittigen Aspekte auf. Analysiert man aber eine repräsentative Menge von Sätzen aus der deutschen oder einer anderen Sprache mit dem in diesem Abschnitt vorgestellten Ansatz, so entstehen Probleme aller Art. Besonders erweist es sich als schwierig, die Konstituentenstruktur von Wortformen und die Konstituentenstruktur der größeren Syntagmen, in denen die Wortformen selbst als Konstituenten auftreten, zu integrieren. Nur wenige Linguisten, wenn es überhaupt solche gibt, würden es heute als möglich oder wünschbar empfinden, die Syntax einer Sprache in dem hier beschriebenen Rahmen darzustellen, ohne zusätzliche Konzepte heranzuziehen. Gleichzeitig ist aber klar, daß es ein Phänomen der Konstituenz in einigen, und vermutlich sogar allen, natürlichen Sprachen gibt. Die Syntaxtheorie wurde durch die Versuche in der Ära nach Bloomfield, das Prinzip der Konstituentenstruktur mit Hilfe der Distribution zu formalisieren, ein gutes Stück vorangebracht.

Abschließend sollte noch einerseits auf das eingegangen werden, was gewöhnlich (vielleicht aber nicht ganz treffend) als *diskontinuierliche Konstituenten* bezeichnet wird, und andererseits auf das Problem der Aufeinanderfolge der Konstituenten. In vielen Sprachen finden sich Beispiele für Konstituenten auf einer zwischengeordneten Ebene oder terminale Konstituenten, deren Teile durch eine Kette aus einer oder mehreren Formen getrennt sind. So wird beispielsweise das Partizip Perfekt der meisten deutschen Verben durch Anfügen des Präfixes *ge-* und des Suffixes *-t* oder des Suffixes *-en* an den Stamm gebildet: *ge–lob–t, ge–fahr–en.* Diskontinuität innerhalb eines Wortes findet sich in flektierenden Sprachen nicht selten. In größeren Syntagmen ist sie sogar weitverbreitet. Beispiele hierfür: *schlug . . . nach* in *Er schlug das Wort im Wörterbuch nach, Er mag . . . keine Bananen* in *Er mag offensichtlich keine Bananen, ist . . . en* in *ist entkommen.*

Diskontinuität verletzt das Prinzip der *räumlichen oder zeitlichen Nähe:* das Prinzip, daß Einheiten (oder die Teile, aus denen sie bestehen), welche syntaktisch verbunden sind, in ihrer Stellung im Satz nebeneinander angeordnet werden sollten. In einigen Sprachen handelt es sich bei dem Prinzip nur um eine stilistische Tendenz; in anderen dient die räumliche oder zeitliche Nähe selbst dazu, syntaktische Verknüpfungen zu signalisieren. Beispielsweise wird in den englischen Sätzen *Walking down the road, John met Mary* und *John, walking down the road, met Mary* die Phrase *walking down the road* eher *John* als *Mary* zugeordnet (sofern die Sätze mit normalem Satzakzent und normalem Prosodieverlauf gesprochen werden).

Im Deutschen würde die räumliche Nähe in einer vergleichbaren Konstruktion keine so große Bedeutung haben. Einerseits würde durch die nach einer topikalisierten Partizipialkonstruktion erforderliche Inversion ohnehin eine gewisse Diskontinuität erzeugt: *Am Bahnhof angekommen, traf Gerd Volkmar,* andererseits wird auch für ergänzende Anmerkungen zum Objekt im Deutschen der Relativsatz bevorzugt, so daß Partizipialkonstruktionen (und Infinitivkonstruktionen) in der Regel als auf das Satzobjekt bezogen interpretiert werden. Wichtig ist festzuhalten, daß das Prinzip der Konstituentenstruktur an sich noch nicht die benachbarte Anordnung von Ko-Konstituenten bedingt.

Ebensowenig bedingt es, daß die Konstituenten in einer ganz bestimmten *sequentiellen Ordnung* auftreten müssen. Es trifft sich so, daß im Deutschen ein großer Teil, aber beileibe nicht die Gesamtheit der sequentiellen Anordnungsbeziehungen eher durch grammatische Regeln als durch stilistische Gewohnheiten bestimmt wird: Weder Wortformen wie **Freund–un–keit–lich* oder **Keit–un–lich–freund* usw. noch Phrasen wie **breiten dem Tisch auf*, **auf Tisch breiten dem* usw. sind wohlgeformt.

Es ist zweifellos so, daß in den meisten Wörtern aller natürlichen Sprachen die Reihenfolge der sie konstituierenden Morpheme durch Regeln festgelegt ist. Was aber den Gebrauch betrifft, den Sprachen von der sequentiellen Ordnung innerhalb größerer Syntagmen machen, so lassen sich zwischen den Sprachen beträchtliche Unterschiede feststellen. Wie aufzuzeigen sein wird, geht Chomskys Formalisierung der Konstituentenstruktur und der grammatischen Struktur an sich davon aus, daß sowohl die Nähe zwischen zwei Einheiten als auch die Reihenfolge, in der sie angeordnet werden, durch Regeln festgelegt sein müssen.

4.6. *Generative Grammatik*

Der Terminus ‚generative Grammatik', der Mitte der fünfziger Jahre von Chomsky in die Linguistik eingeführt wurde, wird heute in zwei recht unterschiedlichen Bedeutungen verwendet. In seinem ursprünglichen, engeren und eher technischen Sinn bezeichnete er Regelmengen, die verschiedene Arten von Sprachsystemen definieren. Dies soll in diesem Abschnitt unter ‚generative Grammatik' verstanden werden.

In seiner zweiten, weiteren Bedeutung – für die hier der Terminus ‚Generativismus' verwendet werden soll – bezieht er sich auf ein ganzes Gebäude theoretischer und methodologischer Grundannahmen über die Struktur von Sprache, deren Behandlung bis zum 7. Kapitel zurückgestellt werden soll. Chomsky war nicht nur der Urheber derjenigen Ausprägung der generativen Grammatik, die in der Linguistik die weiteste Verbreitung erreichte, er war auch der führende Vertreter des Generativismus, und in dieser Rolle erreichte er seinen größten Einfluß, nicht allein innerhalb der Linguistik, sondern auch in anderen Wissenschaftsbereichen. Da dies so ist, ist es wichtig, festzustellen, daß man sich, auch wenn man kaum ein Generativist sein kann, ohne sich für die generative Grammatik zu interessieren, doch für die generative Grammatik interessieren kann, ohne sich jenen Lehrsätzen der linguistischen Theorie und Methodologie verpflichtet zu fühlen, die speziell für den Generativismus charakteristisch sind.

Eine *generative Grammatik* ist eine Menge von Regeln, die, mit einer endlichen Menge lexikalischer Einheiten arbeitend, eine (endliche oder unendliche) Menge von Syntagmen *generiert* (wobei jedes Syntagma aus einer endlichen

Menge von Einheiten besteht) und dabei jedes Syntagma als in der durch die Grammatik beschriebenen Sprache wohlgeformt definiert. Für den Linguisten relevante generative Grammatiken weisen auch jedem wohlgeformten, von ihnen erzeugten Syntagma (und besonders jedem Satz) eine angemessene *Strukturbeschreibung* zu. Die hier gegebene Definition von ‚generative Grammatik' ist in einer Hinsicht allgemeiner als die Chomskys. Sie verwendet den Terminus ‚Syntagma' dort, wo Chomsky von ‚Kette' oder ‚Sequenz' sprechen würde. Ein Syntagma ist, wie wir gesehen haben, eine Kombination grammatischer Entitäten (oder, in der Phonologie, Elemente), die nicht sequentiell geordnet zu sein brauchen. Chomsky definiert zwar Sätze und Phrasen als (strukturierte) Ketten, aber es ist nur vernünftig und steht im Einklang mit der traditionellen Sichtweise, wenn man sie als Syntagmen ansieht, d.h. als Mengen von Entitäten, die in einer spezifischen Konstruktion zusammengeführt worden sind. Was in der traditionellen Grammatik als unterschiedliche Konstruktion bezeichnet wurde, wird in der generativen Grammatik anhand des Unterschieds in der damit verbundenen Strukturbeschreibung ausgewiesen.

Der in der Definition verwendete Terminus ‚generieren' muß genau in dem Sinne verstanden werden, den er auch in der Mathematik hat. Dies verdeutlicht folgendes Beispiel: Man nehme an, daß der Wert der Variablen x einer der natürlichen Zahlen $\{1, 2, 3 \ldots\}$ entsprechen kann. Dann kann die Funktion $x^2 + x + 1$ (die wir uns als Menge von Regeln oder Operationen vorstellen können) die Zahlenmenge $\{3, 7, 13 \ldots\}$ generieren. In genau diesem abstrakten Sinne des Terminus können die Regeln einer generativen Grammatik die Sätze einer Sprache generieren. Wir müssen uns nicht weiter in das Gebiet der Mathematik hineinbegeben. Entscheidend ist, daß das so verstandene ‚Generieren' mit keinem tatsächlich ablaufenden Prozeß der Satzerzeugung durch Sprecher (oder Maschinen) verknüpft ist. Eine generative Grammatik ist eine mathematisch exakte Beschreibung der grammatischen Struktur der Sätze, die sie generiert.

Die oben gegebene Definition schränkt die Anwendbarkeit generativer Grammatiken nicht auf natürliche Sprachen ein. Tatsächlich geht aus ihr nicht hervor, daß die generative Grammatik überhaupt eine Bedeutung für die Beschreibung natürlicher Sprachen habe. Die Mengen von Syntagmen, die durch generative Grammatiken beschrieben werden, werden im Sprachgebrauch der Logiker *formale Sprachen* genannt. Jedes denkbare Syntagma ist entweder wohlgeformt oder nicht; es gibt keine Syntagmen mit unbestimmbarem Status. Ferner hat jedes wohlgeformte Syntagma eine vollständig vorausbestimmte Struktur, so wie sie durch die Strukturbeschreibung definiert wird, die ihm durch die Grammatik zugewiesen wird. Es ist nicht klar, ob natürliche Sprachen zugleich in diesem Sinne formale Sprachen sind. Viele Linguisten vertreten die Ansicht, daß dies nicht der Fall ist.

Aber daraus folgt nicht, daß formale Sprachen nicht etwa als Modelle natürlicher Sprachen dienen könnten. Es ist ausreichend, daß die Eigenschaft

Grammatikalität (wenn auch nicht bis ins letzte Detail festgelegt) empirisch innerhalb vernünftiger Grenzen bestimmbar ist und daß die strukturellen Eigenheiten, die in das Modell eingebaut worden sind, in jeder natürlichen Sprache nachweisbar sind, für die die fragliche formale Sprache als Modell dient. Das Wort ‚Modell' wird hier so verwendet, wie ein Wirtschaftswissenschaftler beispielsweise von einem Modell der Marktwirtschaft oder ein Chemiker von einem Modell der Molekularstruktur sprechen könnte. In jedem Fall beinhaltet die Konstruktion des Modells eine Abstraktion und Idealisierung. Gleiches gilt in der Linguistik. Die theoretische synchrone Mikrolinguistik, die sich mit der Frage befaßt, worin die entscheidenden Eigenschaften von Sprachsystemen bestehen, kann es sich leisten, viele der Details und ungenau bestimmbaren Randzonenphänomene zu vernachlässigen, die andere Teildisziplinen der Linguistik mit einbeziehen müßten (vgl. 2.1). Somit nimmt die Tatsache, daß natürliche Sprachen keine formalen Sprachen sein können, der Anwendung generativer Grammatiken in der Linguistik nichts von ihrem Wert.

Ein anderes bemerkenswertes Merkmal der oben gegebenen Definition der generativen Grammatik besteht darin, daß sie die Existenz vieler verschiedener Arten generativer Grammatiken zuläßt. Wer sich mit theoretischer Linguistik beschäftigt, steht vor der Frage, welche der unendlich vielen Typen von generativen Grammatiken am besten als Modell für die grammatische Struktur natürlicher Sprachen geeignet ist. Stellt man die Frage so, so setzt man voraus, daß alle natürlichen Sprachen überhaupt durch gleichartige Grammatiken modellhaft abgebildet werden können. Von dieser Annahme geht man heutzutage in der theoretischen Linguistik allgemein aus. Einer der Gründe dafür, daß Generativisten sie akzeptieren, beruht darauf, daß alle Menschen offensichtlich in der Lage sind, jede beliebige natürliche Sprache zu erwerben. Es ist im Prinzip möglich, daß sehr unterschiedliche Typen generativer Grammatiken für die Beschreibung verschiedener Arten natürlicher Sprachen geeignet sind, aber bis jetzt gibt es noch kein Indiz, das auf einen solchen Sachverhalt hindeutet.

Chomsky wies in seinen frühesten Arbeiten nach, daß einige Typen von generativen Grammatiken an sich schon *erklärungstüchtiger* sind als andere: Sie können alle die formalen Sprachen generieren, die auch weniger erklärungstüchtige Grammatiken generieren können, und zusätzlich andere Sprachen, die von jenen Grammatiken nicht generiert werden können. Im besonderen wies er nach, daß *Grammatiken mit endlichen Zuständen* (finite-state grammars) weniger erklärungstüchtig sind als (verschiedene Typen von) *Phrasenstrukturgrammatiken* und daß Phrasenstrukturgrammatiken weniger erklärungstüchtig sind als *Transformationsgrammatiken*. Wir wollen uns hier nicht im einzelnen mit den Unterschieden zwischen diesen drei Typen generativer Grammatiken (die Chomsky in etwas abweichender Verwendung des Wortes ‚Modell' als drei Modelle linguistischer Beschreibung bezeichnete) beschäftigen: Hierzu liegen zahlreiche, leicht zugängliche Arbeiten mit unterschiedlich komplexen Darstellungsniveaus vor. Es genügt, über die Grammatiken mit endlichen Zuständen zu sagen, daß die von ihnen generierten formalen Sprachen als Modelle für zumindest einige natürliche Sprachen inadäquat sind. Dies wies Chomsky auf der Grundlage bestimmter wohlbegründeter Annahmen über die syntaktische Struktur der englischen Sprache und anderer natürlicher Sprachen nach. Grammatiken mit endlichen Zuständen sind prinzipiell nicht erklärungstüchtig genug. Psychologen mit einem behavioristischen Forschungsansatz konstruierten in den fünfziger Jahren Modelle mit endlichen Zuständen. Dies war hauptsächlich der Grund dafür, daß Chomsky sich aufzuzeigen bemühte, daß solche Modelle als Modelle für die grammatische Struktur von Sprache inadäquat waren.

Transformationsgrammatiken sind, andererseits, mit Sicherheit im Prinzip erklärungstüchtig genug, um als Modelle für die grammatische Beschreibung natürlicher Sprachsysteme zu dienen. Aber es gibt ganz verschiedene Typen von Transformationsgrammatiken. Wenn dies auch auf den ersten Blick paradox erscheinen mag, einige – und vielleicht alle – sind übermäßig erklärungstüchtig. Sie erlauben die Formulierung von Regeln, die, soweit wir wissen, für die Beschreibung natürlicher Sprachen nie benötigt werden. Im Idealfall, und dies ist der Kern jedes generativen Ansatzes, wünscht man sich eine Art generativer Grammatik, die gerade erklärungstüchtig genug ist, um direkt und klar durchdacht jene Merkmale der grammatischen Struktur natürlicher Sprachen widerzuspiegeln, die nach allgemeiner Übereinstimmung entscheidend für sie sind. Eine spezielle Ausprägung der Transformationsgrammatik, die von Chomsky Mitte der fünfziger Jahre in Regeln gefaßt und seitdem mehrfach modifiziert wurde, hat zwar die Syntaxtheorie über zwanzig Jahre lang beherrscht, aber die Rolle der Transformationsregeln selbst ist kontinuierlich eingeschränkt worden. Und die Zukunft der Transformationsgrammatik an sich (wenn auch nicht der generativen Grammatik) ist gegenwärtig recht unsicher.

Gleich zu Anfang lenkte Chomsky besondere Aufmerksamkeit auf zwei Eigenschaften der englischen Sprache und anderer natürlicher Sprachen, die bei der Suche nach der richtigen Art generativer Grammatik beachtet werden müssen: Rekursivität und Konstituentenstruktur (vgl. 4.5). Beide werden direkt und klar durchdacht in einer Phrasenstrukturgrammatik widergespiegelt. (Beide werden auch in der Transformationsgrammatik Chomskys wiedergegeben, die in etwa als Phrasenstrukturgrammatik mit zusätzlichem Transformationsteil beschrieben werden kann.) In der Tat sind die Regeln (3)–(5) im Kapitel 4.5 in Form von Phrasenstrukturregeln gefaßt, deren Funktion es ist, Symbolketten zu generieren und jeder eine durch indizierte Klammern markierte Struktur in der bereits erläuterten Art zuzuweisen: vgl. (6) und (8) in 4.5. Solche indizierten Klammerungen werden als *P(hrasen)-Marker* bezeichnet. Da Phrasenstrukturgrammatiken entsprechend dem allgemeineren Rahmen von *Verkettungsgrammatiken* (d.h. Grammatiken, die *Ketten* von Einheiten generieren) formuliert sind, repräsentiert der P-Marker nicht nur die Konstituentenstruktur des Syntagmas und die Formklasse jeder Konstituente, sondern auch ihre sequentielle Anordnung relativ zueinander.

In einem Elementarbuch wie diesem sollen die technischen Unterschiede zwischen verschiedenen Typen generativer Grammatiken nicht thematisiert werden, ebenso soll auf eine weitergehende Darstellung der formalen Gestalt und der Funktionsweise von Phrasenstrukturgrammatiken verzichtet werden. Betont werden muß, daß verschiedene Typen von generativen Grammatiken auch verschiedene Vorzüge haben können, die anderen Typen nicht eigen sind, und daß es, wenigstens bis heute, noch unklar ist, welcher der nun konstruierten und erforschten verschiedenen Typen der generativen Grammatik am besten als Modell für die grammatische Beschreibung natürlicher Sprachen dienen kann (sofern dies überhaupt möglich ist). Obwohl viele Jahre hindurch die Ansicht weit verbreitet war, daß eine Fassung der Transformationsgrammatik diesem Zweck am besten dienen könnte (so daß die Termini ‚generative Grammatik' und ‚Transformationsgrammatik' recht häufig synonym verwendet werden), haben jüngere Forschungsarbeiten die Frage aufgeworfen, wie triftig die Argumente sind, die Chomsky und andere zu dieser Schlußfolgerung bewogen haben.

5. Semantik

5.1. Die Vielgestaltigkeit von Bedeutung

Die Semantik beschäftigt sich mit der Erforschung von Bedeutung. Aber was ist Bedeutung? Diese Frage ist, besonders in Hinblick auf Sprache, seit mehr als zweitausend Jahren von Philosophen diskutiert worden. Niemand hat sie bisher zufriedenstellend beantworten können. Ein Grund dafür mag darin liegen, daß die Frage, wenn man sie so stellt, unbeantwortbar ist. Mit ihr sind zwei Prämissen verknüpft, die, um es vorsichtig auszudrücken, problematisch sind: Man geht davon aus, (a) daß das, worauf man sich im Deutschen mit dem Wort ‚Bedeutung' bezieht, überhaupt in irgendeiner Form existiert; (b) daß alles, was als ‚Bedeutung' bezeichnet wird, seiner Natur nach ähnlich oder gar identisch ist. Wir können diese Annahmen jeweils als (a) die Existenzprämisse und (b) die Homogenitätsvoraussetzung bezeichnen.

Damit soll nicht gesagt sein, daß die beiden Prämissen falsch seien, sondern nur, daß sie philosophisch nicht unumstritten sind. Allzu viele Einführungen in die Semantik sehen leichtfertig über diese Tatsache hinweg. Im folgenden wird aber mit großer Sorgfalt vermieden werden, auch nur eine der beiden Prämissen zu übernehmen. Besonders wird auf die – in vielen Lehrbüchern der Linguistik verbreitete – Behauptung verzichtet werden, daß Sprache eine Brücke zwischen Laut und Bedeutung schlage. Solchen Aussagen kann zwar eine recht subtile Interpretation unterlegt werden, was sie eher vertretbar erscheinen läßt, als dies auf den ersten Blick der Fall ist. Wörtlich genommen, erweisen sie sich aber als irreführend und philosophisch tendenziös. Sie ermutigen uns dazu, zu glauben, die Bedeutung existiere, ebenso wie Laute, unabhängig von Sprache und sei ihrer Natur nach homogen.

Bedeutung so zu sehen, entspricht natürlich einer traditionellen Denkweise. Gemäß der über lange Zeit hinweg weit verbreiteten Theorie der Semantik sind Bedeutungen Ideen oder Begriffe, die vom Geiste des Sprechers in den des Hörers übertragen werden können, indem sie sozusagen in den Formen der einen oder anderen Sprache Gestalt gewinnen.

Die Gleichsetzung von Bedeutungen mit Begriffen wird uns bei der Beantwortung der Frage „Was ist Bedeutung?" kaum helfen, es sei denn, der Terminus ‚Begriff' würde sehr klar definiert. In seiner üblichen Verwendung ist er zu ungenau oder zu allgemein, um die Last zu tragen, die ihm in seiner Rolle als Grundstein der traditionellen konzeptualistischen Bedeutungstheorie aufgebürdet wird. Was ist denn den Begriffen gemeinsam, die mit den folgenden

Wörtern verknüpft sind (welche aus Listen der am häufigsten auftretenden Wörter im Deutschen ausgewählt wurden): ‚der, die, das, für, ich, erster, Jahr, klein, sagen, zwei, Schule, Kind, Beispiel, was'? In einigen Fällen können wir mit Recht behaupten, der verknüpfte Begriff sei eine irgendwie geartete visuelle Vorstellung. Aber wir können diese Auffassung sicherlich nicht im Fall von Wörtern wie ‚der', ‚für' oder ‚Beispiel' aufrechterhalten. Selbst da, wo es einleuchtend erscheint, Begriffe als visuelle Vorstellungen anzusehen, entstehen mehr neue Probleme, als alte gelöst werden. Geistige Bilder, die mit einem Wort verknüpft sind, beispielsweise ‚Schule', sind bei verschiedenen Menschen ganz unterschiedlich und weisen eine Fülle spezifischer Details auf. Oft ist diesen detaillierten und sehr persönlichen geistigen Vorstellungen nichts gemeinsam. Und doch wollen wir behaupten, daß Menschen im allgemeinen Wörter mit mehr oder weniger gleicher Bedeutung benutzen. Es gibt keinen Hinweis darauf, daß die bildlichen Vorstellungen, die wir zweifellos bewußt oder unbewußt in Verbindung mit bestimmten Wörtern heraufbeschwören können, einen essentiellen Teil der Bedeutung jener Wörter bilden oder für ihren Alltagsgebrauch notwendig sind.

Tatsächlich gibt es keinen Beweis, der darauf schließen ließe, daß Begriffe, in irgendeinem klar definierten Sinne des Terminus ‚Begriff', für die Konstruktion einer empirisch begründbaren Theorie der lingustischen Semantik wesentlich wären. Offensichtlich wird nichts dadurch gewonnen, daß man die Unbestimmtheit des Terminus ‚Begriff', so wie er gewöhnlich interpretiert wird, zum Schutz einer Semantiktheorie verwendet, die auf seiner Widerlegung beruht. Wir werden in unserer Untersuchung von Bedeutung auf den Terminus ‚Begriff' verzichten.

Statt zu fragen „Was ist Bedeutung?", werden wir die etwas anders geartete Frage „Was ist die Bedeutung von ‚Bedeutung'?" stellen. Diese Verlagerung des Frageinteresses von einer Erörterung über Bedeutung zu einer Erörterung über den Terminus ‚Bedeutung' hat verschiedene Vorteile. Zunächst sind wir durch sie in Hinblick auf das, worauf sich ‚Bedeutung' bezieht, nicht den beiden Existenz- und Homogenitätsprämissen verpflichtet. Wir akzeptieren natürlich die Prämisse, daß das deutsche Wort ‚Bedeutung' existiert. Aber dies ist ein harmloses Zugeständnis. Ein weiterer Vorteil des Abrückens vom Reden über Dinge hin zu dem über Wörter (wenn man den Unterschied so, recht grob, durch die Bezeichnungen Dinge und Wörter formulieren kann) besteht darin, daß es uns deutlicher bewußt macht: dem deutschen Wort ‚Bedeutung' ist nicht derselbe Anwendungsbereich eigen wie irgendeinem anderen einzelnen Wort in einer anderen Sprache. In manchen Fällen muß es mit verschiedenen Wörtern anderer Sprachen übersetzt werden. Der Unterschied zwischen ‚Bedeutung' und ‚Sinn' im umgangssprachlichen Gebrauch dieser Wörter entspricht weder genau der französischen Unterscheidung zwischen ‚signification' und ‚sens' noch der englischen zwischen ‚meaning' und ‚sense'. Es ist zumindest denkbar, daß wir durch die Formulierung unserer Frage „Was ist die

Bedeutung von ‚Bedeutung'?" auf deutsch – und nicht in einer anderen Sprache – die Konstruktion einer Semantiktheorie, wenn auch noch so geringfügig, beeinflussen. Denn die Semantik, so haben wir gesagt, ist die Erforschung von Bedeutung: d.h. dessen, was mit dem Wort ‚Bedeutung' bezeichnet wird. Wir haben keinen Grund, anzunehmen, daß ein umgangssprachliches Wort wie ‚Bedeutung' ohne weitere Spezifikation oder Neudefinition eher für wissenschaftliche Zwecke verwendbar wäre als Wörter wie ‚Kraft' und ‚Energie'.

Es ist schon erwähnt worden, daß die Frage „Was ist die Bedeutung von ‚Bedeutung'?" uns nicht an die Homogenitätsprämisse bindet. Ein wichtiges Merkmal fast aller Wörter des alltäglichen Sprachgebrauchs ist, daß sie nicht über eine einzige präzise definierte Bedeutung verfügen oder gar über eine Menge von Bedeutungen, die jeweils scharf voneinander unterscheidbar sind. Das Wort ‚Bedeutung' selbst bildet keine Ausnahme. Es überrascht deshalb nicht, daß über die Grenzen der Semantik zwischen Linguisten und Philosophen wenig Übereinstimmung besteht. Es gibt diejenigen, die ein breites Spektrum von Semantik im Auge haben, wie es auch in diesem Buch geschehen soll; es gibt andere, die das Untersuchungsfeld von Semantik viel enger bemessen.

Hier geht es nicht einfach um eine zufällige oder bewußte Entscheidung für eine relativ weite oder relativ enge Interpretation von ‚Bedeutung'. Wie gesagt, es überschneiden sich die unterscheidbaren Bedeutungen des Wortes ‚Bedeutung'. Jeder wird darin übereinstimmen, daß bestimmte Lesarten des Wortes ‚Bedeutung' für die linguistische Semantik von zentralerer Bedeutung sind als andere. So dokumentiert

(1) Er erläuterte die Bedeutung von ‚Libero'.

eine zentralere Verwendungsweise von ‚Bedeutung' als

(2) Er erläuterte die Bedeutung des Liberos.

Ebenso gilt, daß aus der Sicht der linguistischen Semantik die Verwendung des Verbs ‚bedeuten' in

(3) Das französische Wort ‚fenêtre' bedeutet „Fenster"

(4) Das französische Wort ‚fenêtre' bedeutet dasselbe wie das deutsche Wort ‚Fenster'

einen höheren Stellenwert hat als in

(5) Ein gutes Frühstück bedeutet ihm alles.

Das Problem besteht darin, daß es nach ihrem Sinngehalt dazwischenliegende Verwendungsweisen von ‚Bedeutung' und ‚bedeuten' gibt, über die man geteilter Meinung sein kann. Und einige Philosophen haben die These vertreten, daß man die deutlicher sprachbezogenen Lesarten, die mit der Bedeutung von Wörtern, Sätzen und Äußerungen zu tun haben, nicht befriedigend erklären kann, leitet man diese deutlich sprachbezogenen Lesarten oder Bedeutungen nicht von den im Zwischenbereich angesiedelten Verwendungsweisen ab, die sich nicht nur auf Sprache, sondern auch auf andere Arten *semiotischen* Verhaltens beziehen (vgl. 1.5).

In der vorliegenden kurzen und selektiven Einführung in die linguistische Semantik kann diese Frage nicht genauer betrachtet werden. Es ist jedoch für jeden, der sich mit Struktur und Funktionen von Sprache beschäftigt, wichtig, sich bewußt zu machen, daß es eine reiche und komplexe philosophische Tradition gibt, die sich vielerorts auf Themen bezieht, die für die Erforschung von Bedeutung durch den Linguisten von zentraler Bedeutung sind. Der Terminus ‚Bedeutung' wird im weiteren Verlauf dieses Buches ohne eine Definition als nicht-fachsprachliches Wort der deutschen Umgangssprache verwendet werden. Bestimmte Arten oder bestimmte Aspekte von Bedeutung, die man gewöhnlich als besonders wichtig für die Linguistik ansieht, sollen jedoch gezielt dargestellt werden, und bei Gelegenheit werden auch einige Fachtermini zu deren Kennzeichnung eingeführt werden.

Eine Unterscheidung, die offensichtlich getroffen werden muß, ist die zwischen der Bedeutung von Wörtern – genauer gesagt, von Lexemen – und zwischen der Bedeutung von Sätzen: zwischen *lexikalischer Bedeutung* und *Satzbedeutung*. Bis vor kurzem ist von seiten der Linguisten der lexikalischen Bedeutung wesentlich mehr Aufmerksamkeit als der Satzbedeutung gewidmet worden. Dies ist nicht länger der Fall. Heute ist die Erkenntnis allgemein verbreitet, daß man eine Klärung der einen nicht herbeiführen kann, ohne die andere intensiv zu untersuchen. Die Bedeutung eines Satzes hängt von der Bedeutung der ihn konstituierenden Lexeme ab (eingeschlossen die Wortverbände, sofern er solche enthält: vgl. 5.2); und die Bedeutung einiger, wenn nicht aller, Lexeme hängt von der Bedeutung der Sätze ab, in denen sie auftreten. Aber auch die grammatische Struktur von Sätzen ist für die Bestimmung ihrer Bedeutung wichtig (was einem intuitiv bewußt ist und unten auch noch aufgezeigt werden soll): Wir müssen also die *grammatische Bedeutung* als eine weitere Komponente der Satzbedeutung in unsere Betrachtung mit einbeziehen (vgl. 5.3). Insoweit sich Linguistik primär mit der Beschreibung von Sprachsystemen beschäftigt (vgl. 2.6), fallen lexikalische Bedeutung, grammatische Bedeutung und Satzbedeutung klar in den Forschungsbereich der linguistischen Semantik.

Etwas umstrittener ist die Stellung der *Bedeutung von Äußerungen*. Wir haben uns bisher noch nicht mit der Unterscheidung zwischen Sätzen und Äußerungen auseinandergesetzt, wenngleich sie schon im vorangegangenen Kapitel erwähnt wurde (vgl. 4.4). Die Bedeutung einer Äußerung schließt die Bedeutung des geäußerten Satzes mit ein, geht aber über sie hinaus. Die zusätzlichen Bedeutungskomponenten werden über eine Vielzahl von Faktoren eingebracht, die man, etwas frei formuliert, als kontextuell bezeichnen kann. Viele Wissenschaftler würden die Ansicht vertreten, daß die Bedeutung von Äußerungen außerhalb des Untersuchungsfeldes der linguistischen Semantik liege und vielmehr in den Bereich dessen gehöre, dem man die Bezeichnung *Pragmatik* gegeben hat (vgl. 5.6). Dies ist, wie wir später sehen werden, nicht unumstritten, da der Begriff der Satzbedeutung – hierfür lassen sich Argumente anführen – sowohl logisch als auch methodisch vom Begriff der Äußerungsbedeutung abhängig ist, so daß man keine vollständige Darstellung der Satzbedeutung geben kann, ohne die Sätze prinzipiell mit den möglichen Kontexten in Beziehung zu setzen, in denen sie geäußert werden können.

Eine andere Reihe von Unterscheidungen steht im Zusammenhang mit der Vielfalt der semiotischen oder kommunikativen Funktionen, die Sprachen erfüllen. Nicht jeder würde der These Wittgensteins, eines der einflußreichsten Sprachphilosophen seiner Zeit, zustimmen, die besagt, daß die Bedeutung eines Wortes oder einer Äußerung häufig mit der Verwendung gleichgesetzt werden könne. Aber es besteht ganz klar eine Art Verbindung zwischen Bedeutung und Verwendung. Und Wittgensteins Betonung dieser Verbindung und der Vielfalt der Zwecke, denen Sprachen dienen, hatte den heilsamen Effekt, daß in den fünfziger und sechziger Jahren sowohl Philosophen als auch Linguisten dazu ermutigt wurden, die traditionelle Grundannahme, daß es die Grundfunktion der Sprache sei, *Propositionen,* in Fakten erfaßbare Information, zu übermitteln in Frage zu stellen, wenn auch nicht in jedem Falle aufzugeben. Es ist natürlich unbestreitbar, daß Sprachen das besitzen, was hier fernerhin als *deskriptive* Funktion bezeichnet werden soll. Es mag auch der Fall sein, daß kein anderes semiotisches System in dieser Weise verwendet werden kann – für Aussagen, die wahr oder falsch sind, je nachdem, ob die Situation, die zu beschreiben sie beanspruchen, vorliegt oder nicht. Nichtsdestoweniger haben Sprachen auch andere semiotische Funktionen.

Einige von ihnen sind mit der deskriptiven oder Aussagen erzeugenden Funktion systematisch verknüpft und korrelieren bis zu einem gewissen Grade mit den Strukturunterschieden zwischen Sätzen. So korrelieren, wie bereits erwähnt, beispielsweise die funktionalen Unterschiede zwischen Feststellungen, Fragen und Befehlen in vielen Sprachen mit dem strukturellen Unterschied zwischen Deklarativ-, Interrogativ- und Imperativsätzen. Philosophen und Grammatiker haben dies schon seit langem erkannt. Erst in jüngerer Zeit wurde jedoch dem Status dieser Korrelation mehr Aufmerksamkeit geschenkt. Überdies wurde erkannt, daß Aussagen, Fragen und Befehle nur einige der vielen funktional unterscheidbaren *Sprechakte* sind, die auf verschiedenste Weise systematisch miteinander verknüpft sind. Eine der lebhaftesten Kontroversen der letzten Jahre in der philosophischen und linguistischen Semantik bewegte sich um die Frage, ob Aussagen nur eine Klasse von Sprechakten unter vielen bildeten, der keinerlei logischer Primat zugestanden werden sollte, oder ob sie jene spezielle und logisch grundlegende Klasse bildeten, aus der alle anderen Sprechakte in gewissem Sinne abgeleitet werden können. Diese Kontroverse harrt noch einer endgültigen Entscheidung (vgl. hierzu auch 5.4 und 5.6).

Wir können somit eine Unterscheidung zwischen der *deskriptiven Bedeutung* von Aussagen und der *nicht-deskriptiven Bedeutung* anderer Arten von Sprechakten vornehmen. Wir können fernerhin, wenigstens bis zum gegenwärtigen Stand der Dinge, die deskriptive Bedeutung einer Äußerung mit der *Proposition* gleichsetzen, die in Aussagen behauptet wird und in anderen Sprechakten, besonders in Fragen, zwar nicht behauptet, aber doch wiedergegeben werden kann. So kann man beispielsweise von den folgenden beiden Äußerungen, jeweils als Aussage bzw. als Frage gemeint und verstanden –

(6) Hannes steht früh auf
(7) Steht Hannes früh auf?

– sagen, daß sie dieselbe Proposition wiedergeben oder fortführen, obwohl sie nur in (6) behauptet wird, wodurch dieser Satz eine bestimmte Situation beschreibt oder zu beschreiben vorgibt. Es ist die charakteristische Eigenschaft von Propositionen, daß sie einen bestimmten *Wahrheitswert* haben: d.h. sie sind entweder wahr oder falsch. Aus diesem Grund besteht eine innige Verbindung zwischen deskriptiver Bedeutung und Wahrheit. Genau diese Verbindung bildet, wie wir später sehen werden, den Kern der *durch Wahrheitswert bestimmten Semantik.* Die durch Wahrheitswert bestimmte Semantik schränkt den Anwendungsbereich des Terminus ‚Semantik' so ein, daß er nur die deskriptive Bedeutung erfaßt (vgl. 5.6).

Aus dem Gesagten dürfte deutlich geworden sein, daß zumindest einige Äußerungen zugleich eine deskriptive und eine nicht-deskriptive Bedeutung haben. In der Tat kann man die Ansicht vertreten, daß die große Mehrheit der Alltagsäußerungen, ob es nun Aussagen sind oder nicht und, wenn es keine Aussagen sind, ob sie nun eine deskriptive Bedeutung haben oder nicht, jene Art von nicht-deskriptiver Bedeutung tragen, die gewöhnlich als *expressiv* bezeichnet wird. Der Unterschied zwischen deskriptiver und expressiver Bedeutung beruht darin, daß letztgenannte im Gegensatz zur ersteren nicht den Charakter einer Proposition hat und nicht mittels einer Wahrheitsanalyse erklärt werden kann. Wenn beispielsweise jemand *Du meine Güte!* mit der Betonung und der Intonation, die Überraschung signalisieren, ausruft, so können wir mit Fug und Recht behaupten, er sei überrascht, so daß deshalb *Hannes ist überrascht* (vorausgesetzt, ‚Hannes' ist sein Name) als wahre oder falsche Aussage bewertet werden kann. Aber es wäre abwegig zu behaupten, *Du meine Güte!* beschreibe die Emotionen des Sprechers oder seinen geistigen Zustand, so wie dies *Hannes ist überrascht* tut. Diese These zu vertreten, hieße, sich dem von einigen Philosophen so bezeichneten naturalistischen oder deskriptivistischen Trugschluß hinzugeben. Natürlich handelt es sich bei *Du meine Güte!* um einen klaren Fall dessen, was die traditionelle Grammatik als Ausrufe erkannte und als einer Klasse von Äußerungen zugehörig behandelte, die sich von Aussagen, Fragen und Befehlen unterscheidet. Fernerhin handelt es sich um einen Ausruf, der nicht zu einer korrespondierenden Aussage mit deskriptiver Bedeutung in Beziehung gesetzt werden kann; ein Beispiel für solche wäre *Oh Großmutter, was hast du für große Zähne!*. Aber es gibt Ausruf-Aussagen, Ausruf-Fragen, Ausruf-Befehle usw. Tatsächlich bildet der Ausruf nur eine Art und Weise unter anderen, mit der der Sprecher (oder Schreiber) seine Gefühle, Einstellungen, Überzeugungen und seine Persönlichkeit *ausdrückt* oder enthüllt. Insoweit wir nicht bis ins Letzte eine Trennlinie zwischen einer Person und ihrer Persönlichkeit oder ihren Gefühlen ziehen können, ist es legitim, den Terminus ‚Ausdruck der eigenen Persönlichkeit' wörtlich zu interpretieren. Expressive Bedeutung hängt mit allem zusammen, was in den Bereich des ‚Ausdrucks der eigenen Persönlichkeit' gehört und kann – und dies ist auch für bestimmte Zwecke geschehen – auf verschiedene Weise weiter unterteilt werden. Eine Art expressiver Bedeutung, deren Erforschung sich Literaturwissenschaftler und Moralphilosophen besonders gewidmet haben, ist die emotionale (oder *affektive*) Bedeutung.

Etwas anders geartet als die expressive Bedeutung – obwohl, wie wir sehen werden, die eine mit der anderen verschmilzt und beide als interdependent angesehen werden können – ist die *soziale Bedeutung*. Dies hat mit der Verwendung von Sprache zur Festlegung und Aufrechterhaltung sozialer Rollen und sozialer Beziehungen zu tun. Ein großer Teil unseres alltäglichen Gesprächsverhaltens hat hierin seinen Hauptzweck und kann unter dem Terminus *phatische Kommunion* (d.h. „Gemeinschaft mittels Sprache") zusammengefaßt werden. Dieser treffende Ausdruck, den der Anthropologe Malinowski in den zwanziger Jahren prägte und der von Linguisten seitdem häufig angewandt wird, betont die Merkmale menschlicher Verbundenheit und der Teilnahme an gemeinsamen sozialen Ritualen: daher auch ‚Kommunion' und nicht etwa ‚Kommunikation'.

Nicht allein bei den am offensichtlichsten ritualisierten Äußerungen – Grüßen, Entschuldigungen, Trinksprüchen usw. – besteht die Hauptfunktion darin, die Räder im Getriebe gesellschaftlichen Verkehrs zu ölen. In gewisser Hinsicht könnte man dies mit Recht als die grundlegendste Funktion von Sprache an sich ansehen, der alle anderen – eingeschlossen ihre deskriptive Funktion – nachgeordnet sind. Sprachverhalten ist normalerweise zweckgerichtet. Selbst kalte, leidenschaftslose, wissenschaftliche Aussagen, bei denen die mit ihnen verknüpfte expressive Bedeutung minimal ist, haben gewöhnlich ihr Ziel darin, Freunde zu gewinnen und Menschen zu beeinflussen. Ganz allgemein wird sowohl das, was gesagt wird, als auch, wie es gesagt wird, durch die sozialen Relationen zwischen den Beteiligten und ihre sozialen Absichten bestimmt. Dies wird am deutlichsten in Alltagsgesprächen, zeigt sich aber in jedem Kontext, in dem Sprache verwendet wird. Die soziale Bedeutung wird in den Kapiteln 9 und 10 noch näher zu betrachten sein. Aber das eben beschriebene Phänomen sollte auch beim Lesen dieses Kapitels im Auge behalten werden. Sprachen unterscheiden sich je nach dem Grad, in dem soziale Bedeutung in verschiedenen Arten von Sätzen zum Ausdruck kommen kann oder muß. Man darf deshalb nicht denken, daß die soziale Bedeutung dem Soziolinguisten überlassen werden kann und für den Mikrolinguisten nicht von Interesse sei, dessen Horizont durch seine bewußt eingeschränkte Definition des Sprachsystems als Menge von Sätzen eingegrenzt ist.

Viele andere Arten von Bedeutung konnten und können entdeckt werden. Einige von ihnen werden später in diesem Kapitel erwähnt werden. Die Dreigliederung in deskriptive, expressive und soziale Bedeutung mag fürs erste genügen. In Hinblick auf sie sind noch zwei allgemeine Beobachtungen zu machen. Die erste lautet: Da der Mensch ein soziales Tier ist und die Struktur von Sprache durch ihre Verwendung in der Gesellschaft bestimmt und aufrecht erhalten wird, unterliegen das Zum-Ausdruck-bringen der eigenen Persönlichkeit allgemein und der Ausdruck der eigenen Persönlichkeit mittels Sprache speziell weitgehend der Kontrolle durch sozial vorgegebene und sozial anerkannte Normen des Verhaltens und der Kategorisierung. Der größte Teil unserer geistigen Einstellungen, Gefühle und Überzeugungen – der größte Teil dessen, was wir als die Persönlichkeit oder das Ich ansehen – ist Produkt unserer Sozialisation. In diesem Ausmaß ist die expressive Bedeutung abhängig von sozialen Beziehungen und sozialen Rollen. Gleichzeitig dient das, was wir als Ausdruck der eigenen Persönlichkeit erkennen können, auch dazu, diese sozialen Rollen und Beziehungen zu etablieren, aufrechtzuerhalten oder zu verändern. Dies war gemeint, als oben von der Interdependenz expressiver und sozialer Bedeutung gesprochen wurde.

Die zweite Beobachtung: Während die deskriptive Bedeutung wohl allein der Sprache eigen sein dürfte, gilt dies für die expressive und soziale Bedeutung sicherlich nicht. Sie finden sich auch in anderen natürlichen semiotischen Systemen, menschlichen und nicht-menschlichen. Es ist interessant, sich hier an unsere Diskussion der Sprachstruktur aus semiotischer Sicht zurückzuerinnern (vgl. 1.5). Dort war deutlich geworden, daß es die verbale Komponente von Sprachsignalen ist, die sie am deutlichsten von anderen Arten menschlicher und nicht-menschlicher Signale unterscheidet. Nun kann darauf hingewiesen werden, daß expressive und soziale Bedeutung charakteristischerweise, wenn auch nicht ausschließlich, durch die nicht-verbale Sprachkomponente übermittelt werden, wohingegen deskriptive Bedeutung auf die verbale Komponente beschränkt ist. Die Funktionen der Sprache sind jedoch nicht weniger eng integriert als ihre unterscheidbaren Strukturkomponenten. Dies bestätigt, was zuvor über die Relation zwischen Sprachlichem und Nicht-Sprachlichem gesagt worden war: Ob man die Gemeinsamkeiten oder die Unterschiede betont, hängt sehr vom jeweiligen persönlichen oder beruflichen Blickwinkel ab. In diesem Kapitel geht es um linguistische Semantik – d.h. die Erforschung von Bedeutung in natürlichen Sprachen, die noch der zusätzlichen Einschränkung unterworfen ist, die im Postulat des Sprachsystems enthalten ist (vgl. 2.6). Man könnte auch eine allgemeinere Sichtweise einnehmen.

5.2. Lexikalische Bedeutung: Homonymie, Polysemie, Synonymie

Teil einer jeden Sprache ist ihr Vokabular oder ‚Lexikon', das den Komplementärteil zur Grammatik bildet. Das Vokabular führt nämlich nicht nur die Lexeme der Sprache auf (verzeichnet entsprechend ihren Zitierformen oder Stammformen oder in irgendeiner anderen beliebigen Art und Weise, durch die ein Lexem vom anderen unterschieden werden kann), es verbindet auch mit jedem Lexem alle Informationen, die für die Anwendung grammatischer Regeln bedeutsam sind. Diese grammatischen Informationen gliedern sich in zwei Gruppen: a) syntaktische und b) morphologische Informationen. So müßten beispielsweise dem deutschen Lexem ‚gehen' in seinem *Lexikoneintrag* folgende Informationen beigegeben werden: a) die Information, daß ‚gehen' zu einer oder mehreren Teilklassen der intransitiven Verben gehört, und b) alle Informationen, darunter auch die Angabe der Stammform oder der Stammformen, die notwendig sind, um die Formen des Lexems auszuwählen und zu konstruieren (*gehen, gehe, gehst, ging, gegangen* usw.)

Nicht alle Lexeme sind Wortlexeme (d. h. Lexeme, deren Formen Wortformen sind). Vielfach bestehen Lexeme aus Redewendungen (d. h., es handelt sich um Lexeme, die aus mehreren, stets miteinander verknüpften Wortformen bestehen). Zu den feststehenden Redewendungen der deutschen Sprache, die in jedem Wörterbuch zu finden sein sollten, gehören: ‚jemanden übers Ohr hauen', ‚die Katze im Sack kaufen', ‚schwarzer Freitag', ‚auf Sand bauen'. Solche aus Redewendungen bestehenden Lexeme sind meist grammatisch oder semantisch (oder grammatisch und semantisch) *idiomatisch:* d. h., es ist unmöglich, ihre Distribution in den Sätzen der Sprache oder ihre Bedeutung aufgrund der syntaktischen und semantischen Merkmale ihrer Konstituenten vorherzusagen. Wie dies die Beispiele ‚auf Sand bauen' und in gewissem Sinn auch ‚die Katze im Sack kaufen' zeigen, können den Lexemen, die aus Redewendungen bestehen, gewöhnlich nicht-idiomatische Ausdrücke in Form eines Syntagmas gegenübergestellt werden (deren Formen alle oder zum Teil mit denen identisch sind, die die Redewendung konstituieren). Bei solchen nicht-idiomatischen Phrasen handelt es sich nicht um Lexeme: sie sind nicht Teil des Vokabulars der Sprache. Kann ein semantisch idiomatisches Lexem, das aus einer Redewendung besteht, einem Ausdruck, der seinerseits aus einem nicht-idiomatischen Syntagma besteht, gegenübergestellt werden, so pflegt man traditionell zu sagen, daß der letztgenannte Ausdruck *wörtliche Bedeutung* habe – im Gegensatz zur idiomatischen, metaphorischen oder *bildlichen Bedeutung* des erstgenannten Lexems.

Über Redewendungen, also komplexe Lexeme an sich, oder über die verschiedenen Formen und Abstufungen, in denen idiomatischer Sprachgebrauch auftritt, soll hier nicht mehr gesagt werden. Wir werden aber auf die Unterscheidung zwischen wörtlicher und übertragener oder bildlicher Bedeutung zurückkommen, die manchmal in bezug auf die unterscheidbaren Bedeutungen von Wort-Lexemen und ebenso in bezug auf die Bedeutungen von entsprechenden nicht-lexemischen und lexemischen Phrasen getroffen wird. Hier muß betont werden, daß, wenngleich wir in etwas freier Formulierung davon sprechen, das Vokabular einer Sprache bestehe aus den Wörtern (d.h. den Wort-Lexemen) dieser Sprache, die Wort-Lexeme dennoch in jeder natürlichen Sprache nur einen Teil des Vokabulars ausmachen. Der Terminus ‚lexikalische Bedeutung', so wie er als Überschrift dieses Abschnitts verwendet wird, ist als „die Bedeutung von Lexemen" zu interpretieren. Ebenfalls kann an dieser Stelle erwähnt werden, daß es zwar zahlreiche eindeutig als solche klassifizierbare komplexe Lexeme in jeder Sprache gibt, daß es aber vermutlich eine ebenso große Anzahl komplexer Ausdrücke gibt, bei denen man darüber diskutieren kann, ob es sich in ihrem Fall um Lexeme handelt oder nicht. Es gibt kein allgemein akzeptiertes Kriterium, das es uns ermöglichen würde, eine scharfe Trennung zwischen komplexen Lexemen einerseits und *Klischees* oder *festen Kollokationen* andererseits vorzunehmen. Dies ist nur einer der Gründe dafür, warum sich das Vokabular jeder natürlichen Sprache, obwohl es endlich groß ist, einer Bestimmung seines Umfangs entzieht.

Ein anderer Grund dafür hängt mit der Schwierigkeit zusammen, zwischen *Homonymie* und *Polysemie* zu unterscheiden. Homonyme werden traditionell als Wörter (d.h. Lexeme) definiert, die dieselbe Form haben. Da Lexeme mehr als nur eine Form haben können und da es für Lexeme nicht ungewöhnlich ist, eine oder mehrere, aber nicht die Gesamtheit ihrer Formen mit denen eines anderen Lexems zu teilen (wobei die ihnen gemeinsamen Formen nicht notwendigerweise die Zitierform oder die Stammform einschließen müssen), bedarf die traditionelle Definition der Homonymie offensichtlich einer Modifikation, um die verschiedenen Typen partieller Homonymie zu berücksichtigen. Jede derartige Präzisierung müßte notwendigerweise auch die Möglichkeit mit einbeziehen, daß zwischen Einheiten der gesprochenen und der geschriebenen Sprache keine Übereinstimmung besteht: d.h. die Möglichkeit, daß es Homophone gibt, die nicht gleichzeitig auch Homographe sind, und umgekehrt (vgl. 3.2). Es ist jedoch nicht schwierig, auf der Grundlage des in den vorangegangenen Kapiteln Gesagten die notwendigen Modifikationen der traditionellen Definition der Homonymie vorzunehmen; und es soll davon ausgegangen werden, daß der Leser selbst hierzu in der Lage ist und auch entsprechende Beispiele in der deutschen Sprache finden kann, die stellvertretend für die verschiedenen Untergruppen absoluter und partieller Homonyme stehen können. Dieser Aspekt des Problems der Unterscheidung zwischen Homonymie und Polysemie soll uns hier nicht beschäftigen.

Polysemie (oder Mehrdeutigkeit) ist eine Eigenschaft jeweils eines Lexems; hierin unterscheidet sie sich prinzipiell von der Homonymie. So werden beispielsweise ‚Ball_1' und ‚Ball_2' (mit den jeweiligen Bedeutungen „runder Körper" und „Tanzfest") normalerweise als Homonyme angesehen, wohingegen das Nomen ‚Zug' in deutschen Wörterbüchern gewöhnlich als ein einziges Lexem mit verschiedenen unterscheidbaren Bedeutungen, d.h. als *polysem* behandelt wird. Unsere Notation spiegelt diese Unterscheidung zwischen Homonymie und Polysemie wider: vgl. ‚$Ball_1$': ‚$Ball_2$', die jeweils polysem sein könnten; demgegenüber ‚Zug' mit den Bedeutungen „Zug_1" = „Verkehrsmittel", „Zug_2" = „Bewegung eines Steins beim Brettspiel", „Zug_3" = „stetige Luftbewegung", „Zug_4" = „geschlossen ziehende Menschenmenge" usw. Alle Standardwörterbücher respektieren die Unterscheidung zwischen Homonymie und Polysemie. Aber wo ziehen sie die Grenzlinie zwischen beiden?

Ein Kriterium liefert die *Etymologie*. So werden beispielsweise ‚$Fessel_1$', mit der Bedeutung „Teil des Pferdebeins", und ‚$Fessel_2$', mit der Bedeutung „hemmendes Band", in den meisten Wörterbüchern als zwei verschiedene Lexeme behandelt, und zwar in erster Linie, vielleicht sogar allein, weil sie sich von verschiedenen, nicht-homonymen Lexemen herleiten, aus denen sich auch die neuhochdeutschen Lexeme ‚Fuß' einerseits und ‚Faß' andererseits entwickelt haben. In der synchronischen Linguistik ist das etymologische Kriterium, wie wir bereits gesehen haben, irrelevant (vgl. 2.5). Obwohl es von Lexikographen weiterhin als hinreichende Bedingung für Homonymie beibehalten wird, ist ein unterschiedlicher Ursprung jedenfalls nie als notwendige oder gar zentrale Grundlage für die Unterscheidung zwischen Homonymie und Polysemie angesehen worden.

Das wesentliche Kriterium ist die bedeutungsmäßige Verknüpfung. Die verschiedenen Bedeutungen eines einzelnen polysemen Lexems (z.B. „Zug_1", „Zug_2", „Zug_3" usw.) werden als miteinander verknüpft angesehen, andernfalls würde der Lexikograph von einem Homonym sprechen und eine Anzahl unterschiedener Lexikoneinträge (‚Zug_1', ‚Zug_2', ‚Zug_3' usw.) ins Wörterbuch einfügen. Die bedeutungsmäßige Verknüpfung hat eine historische Dimension, und dies kompliziert den Sachverhalt. So kann beispielsweise eine historische Verknüpfung der Bedeutung von ‚Pik_1' („Spielkartenfarbe") und ‚Pik_2' („heimlicher Groll", vgl. ‚einen Pik auf jemanden haben') nachgewiesen werden, obwohl sie sich im Laufe der Zeit so weit auseinanderentwickelt haben, daß kaum ein Sprecher des Deutschen sie als synchronisch verknüpft ansehen würde. Auf die synchronische Verknüpfung kommt es uns aber an.

Man kann unschwer erkennen, daß zwar die Identität der Form entweder gegeben ist oder nicht, daß aber die Bedeutungsbeziehung nur graduell beschreibbar ist. Aus diesem Grunde kann man die Unterscheidung zwischen Homonymie und Polysemie, obwohl sie sich leicht formulieren läßt, nur schwerlich einheitlich und zuverlässig anwenden.

Im Rahmen einiger moderner semantischer Ansätze ist vorgeschlagen worden, man solle den gordischen Knoten einfach durchschlagen und in jedem Falle eher Homonymie als Polysemie diagnostizieren. Wie attraktiv dieser Vorschlag auch auf den ersten Blick erscheinen mag, so löst er doch nicht wirklich die Alltagsprobleme, denen sich der Lexikograph gegenüber sieht.

Und was schlimmer ist, er verkennt das theoretische Problem. Lexeme haben keine bestimmbare Zahl unterscheidbarer Bedeutungen. Abgrenzbare Einzelelemente finden sich in der Sprache zwar auf der Ebene der Form, nicht aber auf der der Bedeutung (vgl. 1.5). Es gehört zum Wesen natürlicher Sprachen, daß lexikalische Bedeutungen fließend ineinander übergehen und in unbestimmbarem Ausmaß ausdehnbar sind. Der einzige Weg, um das traditionelle Problem der Homonymie und Polysemie zu lösen, vielleicht auch nur zu umgehen, besteht darin, völlig auf semantische Kriterien zu verzichten, wenn man festlegt, was ein Lexem ist, und sich allein auf syntaktische und morphologische Kriterien zu stützen. Dies hätte zur Folge, daß ‚$Ball_1$' und ‚$Ball_2$' zu zwei (leicht unterscheidbaren) Bedeutungen desselben synchronisch polysemen Lexems erklärt werden würden. Die Mehrzahl der Linguisten würde eine solche radikale Lösung kaum akzeptieren. Und dennoch lassen sich theoretisch und praktisch mehr Argumente für sie ins Feld führen als für die alternative Unterscheidungsmethode. Vielleicht sollten wir uns mit der Tatsache abfinden, daß das Problem, zwischen Homonymie und Polysemie zu unterscheiden, prinzipiell unlösbar ist.

Bedeutung kann, wie wir im vorangegangenen Abschnitt gesehen haben, deskriptiv, expressiv und sozial sein, und viele Lexeme kombinieren in sich zwei dieser Aspekte oder gar alle drei: Wenn man *Synonymie* als Gleichheit der Bedeutung definiert, dann kann man Lexeme genau dann als (in einer bestimmten Reihe von Kontexten) *vollständig synonym* bezeichnen, wenn sie (in der fraglichen Reihe von Kontexten) dieselbe deskriptive, expressive und soziale Bedeutung haben. Und sie können genau dann als *absolut synonym* bezeichnet werden, wenn sie in allen ihren Bedeutungen und in sämtlichen Kontexten, in denen sie auftreten, vollständig synonym sind und die gleiche Distribution aufweisen. Es ist eine allgemein anerkannte Tatsache, daß die vollständige Synonymie von Lexemen in natürlichen Sprachen relativ selten auftritt und daß die absolute Synonymie, so wie sie hier definiert wurde, so gut wie gar nicht existiert. In der Tat beschränkt sich die absolute Synonymie vermutlich auf hochgradig spezialisiertes Vokabular, dessen Lexeme rein deskriptive Bedeutung haben. Ein Standardbeispiel ist ‚Angina pectoris': ‚Stenokardie' (beide Ausdrücke bezeichnen dieselbe Herzkrankheit). Aber wie viele Menschen, die Deutsch als Muttersprache sprechen, sind mit einem dieser beiden Wörter vertraut? Was in solchen Fällen meist geschieht, ist, daß ein Paar oder eine Menge von Termini zwar während eines kürzeren Zeitraums im Sprachgebrauch von Spezialisten koexistieren können, daß dann aber ein Wort als Standardterminus mit der fraglichen Bedeutung akzeptiert wird. Jedes rivalisierende Wort verschwindet entweder völlig oder entwickelt eine neue Bedeutung. Der gleiche Prozeß kann in der Alltagssprache im Hinblick auf Wörter beobachtet werden, die für neue Erfindungen und Institutionen gebildet worden sind: ‚Taxi' hat nahezu völlig ‚Kraftdroschke' verdrängt, obwohl sie gewisse Zeit für viele Sprecher des Deutschen als Alternativen koexistierten; demgegenüber wird das Wort ‚Computer' heute vor allem für programmierbare, meist größer dimensionierte Datenverarbeitungsgeräte verwendet, während die Bezeichnung ‚Elektronenrechner' üblicherweise auf kleinere, nicht oder nur begrenzt programmierbare (Taschen-)Geräte verwendet wird. Beide Bezeichnungen wurden aber über einen gewissen Zeitraum hinweg synonym gebraucht.

Es fällt vermutlich auf, daß hier (im Gegensatz zur Mehrzahl anderer Darstellungen der Semantik) zwischen vollständiger und absoluter Synonymie unterschieden wurde. Dies ist auch erforderlich. Auf bestimmte Kontexte beschränkte Synonymie mag relativ selten sein, aber sie existiert zweifellos. So sind beispielsweise ‚eng' und ‚schmal' nicht absolut synonym, da es Kontexte gibt, in denen nur eines der beiden Wörter üblicherweise verwendet wird und im Falle der Ersetzung des einen durch das andere, sofern dadurch überhaupt ein wohlgeformtes Syntagma entsteht, eine Bedeutungsveränderung bewirkt werden dürfte (vgl. *Sie sind eng befreundet; Er hat ein schmales Gesicht; Sie war nicht bereit, für einen schmalen Lohn viel zu arbeiten*). Aber es gibt auch Kontexte, in denen sie als vollständig synonym erscheinen (vgl. *Ob ich mit dem Auto durch die schmale/enge Einfahrt komme, weiß ich nicht*). Der Leser ist dazu eingeladen, über ähnliche Beispiele im Deutschen und in anderen Sprachen nachzudenken. Er wird vermutlich herausfinden, daß es selbst da, wo ohne Zweifel ein solcher Bedeutungsunterschied existiert, sehr schwer ist, mit Sicherheit zu sagen, worin er besteht. Er wird auch herausfinden, daß es nicht immer klar ist, wann ein Bedeutungsunterschied besteht und wann nicht, und er wird versucht sein – so geht es nämlich sicherlich Semantikern und allen, die präskriptive Regeln für korrekten Sprachgebrauch niederlegen, – zu behaupten, daß es subtile Bedeutungsnuancen gebe, die ein Wort vom anderen unterscheiden.

Dies sind heilsame Erkenntnisse. Sie bestätigen, was bereits zuvor über die partielle Unbestimmbarkeit der lexikalischen Bedeutung gesagt worden ist. Gleichzeitig zeigen sie auch, daß sich ein großer Teil des sprachlichen Wissens, über das man verfügt, soweit das Sprachsystem überhaupt feste Regeln hat, verläßlicher Introspektion entzieht. Was für die grammatischen Regeln einer Sprache gilt, gilt auch – in dem Maß, in dem lexikalische Bedeutung überhaupt bestimmbar ist – für die Bedeutung von Wörtern und Phrasen. In gewissem Sinne demonstrieren wir durch unsere Benutzung der Sprache, daß wir sie kennen: Die Regeln manifestieren sich in unserem Sprachverhalten, und wir können bis zu gewissem Grade verläßlich Verstöße gegen sie erkennen. In anderem Sinne wissen wir offensichtlich nicht, worin diese Regeln und Prinzipien bestehen: Wenn wir sie darlegen sollen, stehen wir vor einer schweren Aufgabe und scheitern gewöhnlich daran.

Das Problem wird dadurch noch komplizierter gemacht, daß ohne Zweifel etwas existiert, was gewöhnlich als *Konnotation* von Lexemen bezeichnet wird. (Es gibt im Rahmen der Semantik noch eine mehr fachspezifische Verwendung von ‚Konnotation'. Sie soll uns hier nicht beschäftigen.) Die Tatsache, daß ein Wort oder eine Phrase in einer bestimmten Reihe von Kontexten häufiger als in einer anderen verwendet wird, führt leicht zur Bildung einer Reihe von Assoziationen zwischen diesem Wort oder dieser Phrase und demjenigen, was auch immer typisches Merkmal der Verwendungskontexte ist. So gibt es beispielsweise konnotative Unterschiede zwischen ‚Hochhaus' und ‚Wolkenkratzer', so daß man gewöhnlich davon ausgehen kann, daß derjenige, der äußert, er habe die Aussicht vom obersten Stock eines Wolkenkratzers genossen, seinen Urlaub in Amerika und nicht etwa in Frankfurt am Main verbracht hat. Sehr häufig sind Konnotationen jedoch weniger leicht bestimmbar. Und dennoch sind sie ganz konkrete Eigenschaften von Wörtern und Phrasen, zumindest für bestimmte Gruppen von Sprechern, und sie werden, besonders von Rednern und Dichtern, aber auch von uns allen, alltäglich für unsere Zwecke verwendet. Ob wir nun sagen, daß die kontextuell bestimmte Konnotation eines Lexems Teil seiner Bedeutung ist, hängt weitgehend davon ab, wie weit wir den Rahmen dessen setzen wollen, was wir als ‚Bedeutung' bezeichnen. Häufig, aber nicht immer, würde das, was als Konnotation eines Lexems bezeichnet wird, in den Bereich der sozialen und expressiven Bedeutung einzuordnen sein.

Unvollständige Synonymie ist keinesfalls selten. Typisches Beispiel dafür sind Lexeme, die deskriptiv synonym sein können, ohne dieselbe expressive oder soziale Bedeutung zu haben – und dies ist vielleicht der einzige Fall, in dem eine Art von Bedeutung gleich ist, andere jedoch nicht, und dessen Erkennung eindeutig möglich und zugleich nützlich ist. Die *deskriptive Synonymie* (gewöhnlich als *kognitive* oder *referentielle* Synonymie bezeichnet) entspricht dem, was viele Semantiker als die eigentliche Synonymie ansehen würden. Beispiele für deskriptive Synonymie des Deutschen sind: ‚Vater', ‚Vati', ‚Papa' usw.; ‚Toilette', ‚WC', ‚Abort', ‚Klo' usw. Diese beiden Mengen von deskriptiven Synonymen verdeutlichen beispielhaft, daß nicht alle Sprecher einer Sprache bereit sind, alle Elemente der Synonymmengen selbst zu verwenden, obwohl sie sie durchaus verstehen; und die zweite Reihe von Synonymen erhellt darüber hinaus, daß soziale *Tabus* innerhalb einer Sprachgemeinschaft wirksam sind, so daß die Verwendung bestimmter Wörter die Zugehörigkeit zu bestimmten Gruppen innerhalb dieser Gemeinschaft anzeigt. So war beispielsweise vor einigen Jahren in Großbritannien die Unterscheidung zwischen dem sogenannten U- und Nicht-U-Vokabular (wobei ‚U' für ‚upper-class', „Oberschicht", steht) nationales Gesprächsthema. Und wenn auch die Bezeichnungen ‚U' und ‚nicht-U' heute überholt sind, so bildet die Frage, welche Wörter man verwenden kann, wenn man eine bestimmte soziale Position beansprucht, noch immer ein heikles Thema, besonders für Angehörige des oberen Mittelstands.

Die Rolle, die soziale Tabus im Sprachverhalten spielen, fällt in den Untersuchungsbereich der Soziolinguistik. Sie wird hier erwähnt, weil sie die expressive und soziale Bedeutung von Lexemen beeinflußt. Man setzt sich nicht mehr der Strafverfolgung aus, wenn man bestimmte tabuisierte Lexeme verwendet, aber betrachtet man die verschiedenen Lexeme, die der 8. Band des Dudens unter dem Stichwort ‚koitieren' verzeichnet und die vom Stichwort über das biblische ‚erkennen' bis hin zu ‚ficken' und ‚bumsen' reichen, so werden immer noch erhebliche Unterschiede in Hinblick auf die soziale und expressive Bedeutung erkennbar. Die diachronische Erforschung des Vokabulars hat gezeigt, ein wie wesentlicher Faktor der *Euphemismus* – die Vermeidung tabuisierter Wörter – beim Wandel der deskriptiven Bedeutung von Wörtern gewesen ist. Dies läßt auf eine über einen gewissen Zeitraum hin bestehende wechselseitige Beeinflussung von deskriptiver und nicht-deskriptiver Bedeutung schließen.

Abschließend soll noch kurz auf die Synonymie zwischen Lexemen eingegangen werden, die verschiedenen Sprachen angehören. Selbst deskriptive Synonymie über Sprachgrenzen hinweg ist, nimmt man einmal stärker spezialisierte Untergruppen des Wortschatzes aus, ein viel selteneres Phänomen, als uns dies die zweisprachigen Wörterbücher glauben machen. Es wäre absurd, die Ansicht zu vertreten, daß es keine Synonymie zwischen Sprachen (oder zwischen Dialekten) gäbe. Andererseits müssen wir aber anerkennen, daß eine Wort-für-Wort-Übersetzung von einer natürlichen Sprache in eine andere prinzipiell unmöglich ist. Die theoretische Bedeutung dieser Tatsache wird uns später noch beschäftigen.

5.3. Lexikalische Bedeutung: Sinn und Denotation

In diesem Abschnitt wollen wir uns allein mit der deskriptiven Bedeutung beschäftigen. Dabei sind mindestens zwei unterscheidbare Komponenten zu betrachten: Sinn und Denotation. Diese Bezeichnungen entstammen eher der Philosophie als der Linguistik. Bis vor kurzem zeigten Linguisten kein Interesse an den philosophischen Fragestellungen, die zu einer allgemeinen Anerkennung der Unterschiede führten, die hier erläutert werden sollen. Die Philosophen ihrerseits haben sich nicht, wie dies die Linguisten tun müssen, mit dem vollständigen Spektrum menschlicher Sprachen und den für die Formulierung der fraglichen Unterscheidungen bedeutsamen strukturellen Unterschieden zwischen den Sprachen beschäftigt. Auch muß darauf hingewiesen werden, daß die Bezeichnungen ‚Sinn' und ‚Denotation' von anderen Linguisten und Philosophen anders verwendet worden sind, als dies hier der Fall ist. Worin sich die Verwendung der Termini unterscheidet, soll hier nicht erörtert werden; statt dessen soll eine eigene Position zu den mit ihnen verknüpften Fragestellungen vorgetragen werden, der man sicher widersprechen kann; doch das gilt für jede Position, die ihr entgegengestellt werden könnte und in der langen Geschichte der philosophischen Semantik entwickelt wurde – und davon gibt es viele.

Es ist offensichtlich, daß einige Lexeme, wenn nicht gar alle, sowohl zu anderen Lexemen in derselben Sprache in Beziehung stehen (z. B. ‚Kuh' steht in Beziehung zu ‚Tier', ‚Bulle', ‚Kalb' usw.) als auch zu Entitäten, Eigenschaften, Situationen, Relationen usw. in der außersprachlichen Welt (d. h., ‚Kuh' steht in Beziehung zu einer bestimmten Klasse von Tieren). Wir werden fernerhin davon ausgehen, daß ein Lexem (auf die hier angesprochene Weise) vom *Sinn* her mit anderen Lexemen verbunden ist und daß ein Lexem über die *Denotation* mit der Außenwelt verbunden ist (sofern eine solche Verbindung in der hier angesprochenen Form besteht). So bilden beispielsweise ‚Kuh', ‚Tier', ‚Bulle', ‚Kalb' usw. und ‚rot', ‚grün', ‚blau' usw. und ‚erhalten', ‚bekommen', ‚leihen', ‚kaufen', ‚stehlen' usw. Lexemmengen, innerhalb deren verschiedene Arten von Sinnbeziehungen bestehen. ‚Kuh' bezeichnet eine Klasse von Entitäten, die eine echte Teilklasse der Klasse von Entitäten ist, die als ‚Tiere' bezeichnet werden; die sich von der Klasse von Entitäten unterscheidet, die als ‚Bulle' (oder ‚Pferd' oder ‚Baum' oder ‚Tor') bezeichnet werden; die sich mit der Klasse der als ‚Kalb' bezeichneten Entitäten überschneidet usw.

Es ist klar, daß Sinn und Denotation wechselseitig voneinander abhängig sind. Und wenn die Beziehung zwischen Wörtern und Dingen – oder zwischen Sprache und der Welt – so direkt und einheitlich wäre, wie oft vermutet wurde, könnten wir einfach entweder Sinn oder Denotation als grundlegende Komponente ansehen und die jeweils andere mit ihrer Hilfe definieren. So könnte man beispielsweise die Auffassung vertreten, die Denotation sei die grundlegende Komponente: Wörter wären dann Namen oder Etiketten für Klassen von Entitäten (wie beispielsweise Kühe oder Tiere), die in der Welt existieren, außerhalb der Sprache und von ihr unabhängig, und das Erlernen der deskriptiven Bedeutung von Lexemen wäre dann auf die Frage beschränkt, welche Etiketten jeweils welcher Klasse von Entitäten zuzuordnen sind. Diese Auffassung findet man explizit dargelegt in der traditionellen realistischen Lehre von den *natürlichen Arten* (d. h. natürlichen Klassen und natürlichen Substanzen), und sie steht hinter einem Großteil der modernen philosophischen Semantik, die dem empiristischen Denken folgt. Umgekehrt könnte man die Auffassung vertreten, der Sinn sei grundlegend. Man könnte das Argument vorbringen, daß, ganz gleich ob es natürliche Arten gibt oder nicht (d. h. sprachunabhängige Gruppierungen von Entitäten), die Denotation eines Lexems durch seinen Sinn bestimmt werde und daß es, im Prinzip jedenfalls, möglich sei, den Sinn eines Lexems ohne ein Wissen um seine Denotation zu kennen. Diese Auffassung entspräche eher der eines *Rationalisten* – d. h. von jemandem, der, im Gegensatz zum *Empiristen*, die Ansicht vertritt, daß eher die Vernunft denn die sinnliche Erfahrung die Quelle des Wissens bildet (vgl. 2.2). Diese könnte philosophisch mit der traditionellen Gleichsetzung der Bedeutung (d. h. des Sinnes) eines Wortes mit der damit verknüpften Idee oder geistigen Vorstellung (vgl. 5.1) begründet werden.

Es genügt, hier festzustellen, daß jede der beiden einfachen, klar umrissenen

Alternativvorschläge, die im vorangegangenen Absatz vorgestellt worden sind, früher oder später auf unüberwindbare philosophische Schwierigkeiten stößt. Es gibt zwar subtilere Rechtfertigungen der Theorie von der logischen oder psychologischen Priorität des Sinns oder der Denotation, aber die sollen uns hier nicht beschäftigen. Der Linguist muß vor allem zwei Tatsachen Beachtung schenken: Erstens, die meisten Lexeme in allen menschlichen Sprachen verweisen nicht denotativ auf natürliche Arten; zweitens, menschliche Sprachen sind, in sehr bemerkenswertem Umfang, lexikalisch nicht-isomorph (d. h. sie unterscheiden sich in ihrer lexikalischen Struktur) hinsichtlich Sinn und Denotation. Wir wollen jede dieser Tatsachen für sich genommen näher betrachten.

Einige Lexeme des Deutschen und auch anderer Sprachen verweisen tatsächlich auf natürliche Arten (d. h. biologische Arten und Substanzen im physikalischen Sinn) – ‚Kuh', ‚Mensch', ‚Gold', ‚Zitrone' usw. Für die Mehrheit der Lexeme gilt dies aber nicht. Ferner verweisen die Lexeme, die es überhaupt tun, sozusagen nur beiläufig und indirekt auf natürliche Arten, und dies ist der entscheidende Punkt. Es sind im allgemeinen die kulturell wesentlichen Unterscheidungen zwischen Klassen von Entitäten und mehr oder weniger homogenen Anhäufungen von Materie, wie beispielsweise Wasser, Fels oder Gold, die die lexikalische Struktur von Sprachen bestimmen; und diese können im Widerspruch zu den naturgegebenen Abgrenzungen stehen. So verweist nach Bloomfield, dessen Denken stark mit empiristischen Vorurteilen behaftet war, das englische Wort ‚salt' gewöhnlich auf Natriumchlorid (Kochsalz, NaCl). Nimmt man an, daß dies seine Denotation ist (wenn nicht gar seine gesamte Bedeutung) und daß Natriumchlorid ein natürlich auftretender Stoff ist, so liegt es nur daran, daß Salz eine bestimmte Rolle in unserer Kultur spielt (und daß wir häufig Anlaß haben, auf diese Substanz zu referieren), daß das Wort ‚Salz' oder das englische ‚salt' die Denotation hat, die es nun einmal hat. Die Tatsache, daß ‚Salz' und ‚salt' auf eine natürliche Substanz verweisen, ist linguistisch irrelevant.

Und nun zur lexikalisch nicht-isomorphen Struktur: Auch die oberflächlichste Untersuchung des Vokabulars verschiedener menschlicher Sprachen macht schnell deutlich, daß Lexeme der einen Sprache nicht darauf abzielen, dieselbe Denotation zu haben wie Lexeme einer anderen Sprache. So wurde beispielsweise das lateinische Wort ‚mus' sowohl zur Bezeichnung von Ratten als auch von Mäusen verwendet (ganz zu schweigen von einigen anderen Arten von Nagetieren); so werden mit dem deutschen Wort ‚Affe' alle Arten von Affen, einschließlich Menschenaffen, bezeichnet, wohingegen im Englischen zwischen ‚apes' und ‚monkeys' unterschieden wird, usw. Es gibt natürlich auch viele Beispiele für Denotationsäquivalenz zwischen Sprachen. Einige von ihnen lassen sich diachronisch auf eine kulturelle Vermischung zurückführen. Andere lassen sich mit der kulturübergreifenden Konstanz bestimmter menschlicher Grundbedürfnisse und -bestrebungen erklären. Relativ wenige lassen sich auf die Struktur der physischen Welt an sich zurückführen. Zu diesem Thema wird in Kapitel 10 noch mehr zu sagen sein.

Auf viele Linguisten hat in den letzten Jahren die sogenannte *Komponentenanalyse* des Sinns große Anziehungskraft ausgeübt, und ganz besonders die Auffassung, daß der Sinn jedes Lexems in jeder Sprache ein Komplex von universalen atomaren Vorstellungen ist, die den angeblich universalen phonetischen Merkmalen vergleichbar wären (vgl. 3.5). Mittlerweile ist jedoch deutlich geworden, daß nur sehr wenige der gewöhnlich in diesem Zusammenhang angeführten Sinnkomponenten wirklich universal sind und daß fernerhin nur relativ wenige Lexeme geeignete Objekte für eine sinnvolle Durchführung der Komponentenanalyse sind. Bestenfalls können wir einen Teil des Sinns einiger Lexeme in Form möglicherweise universaler Sinnkomponenten wiedergeben. Geht man beispielsweise von der einleuchtenden Annahme aus, daß [MENSCHLICH], [WEIBLICH] und vielleicht auch [ERWACHSEN] universale Sinnkomponenten sind, so kann „Frau" als die Merkmalsmenge {[MENSCHLICH], [WEIBLICH], [ERWACHSEN]} analysiert werden; „Mann" als {[MENSCHLICH], [NICHT-WEIBLICH], [ERWACHSEN]}, „Mädchen" als {[MENSCHLICH], [WEIBLICH], [NICHT-ERWACHSEN]} und „Junge" als {[MENSCHLICH], [NICHT-WEIBLICH], [NICHT-ERWACHSEN]}. Ein wenig Nachdenken führt bereits zu der Erkenntnis, daß diese Analyse die Tatsache unerklärt läßt, daß sich in vielen Kontexten die Relation, die zwischen „Frau" und „Mädchen" besteht, von der unterscheidet, die zwischen „Mann" und „Junge" besteht.

Schon im Rahmen der Behandlung der Polysemie war darauf hingewiesen worden, daß Bedeutungsbeziehungen gradueller Natur sind. Dies hat Gültigkeit in Hinblick auf den Teil der deskriptiven Bedeutung, der hier als Sinn bezeichnet wird. Aber wir können nichtsdestoweniger nützliche Unterscheidungen zwischen verschiedenen Typen von *Sinnrelationen* innerhalb des Vokabulars jeder menschlichen Sprache treffen. Besonders zwei Phänomene sind erkennbar: Das eine wird traditionell als *Antonymie* (oder Gegensätzlichkeit des Sinns) bezeichnet, auf das andere referiert man heute gewöhnlich mit dem Terminus *Hyponymie.* Tatsächlich gibt es eine ganze Reihe unterscheidbarer Typen von Sinnoppositionen (vgl. ‚alleinstehend' : ‚verheiratet', ‚gut' : ‚schlecht', ‚Ehemann' : ‚Ehefrau', ‚über' : ‚unter' usw.): Der Terminus ‚Antonymie' kann enger und weiter definiert werden. Einige Autoren haben ihn so erweitert, daß er alle Arten von *Inkompatibilität* des Sinns abdeckt, indem sie beispielsweise die Ansicht vertraten, ‚rot', ‚blau', ‚weiß' usw. seien Antonyme. Welcher Termini wir uns nun auch bedienen und wie weit oder eng wir auch ‚Antonymie' definieren mögen, die in theoretischer Hinsicht wesentliche Erkenntnis besteht darin, daß Inkompatibilität, und speziell Sinnopposition, eine der grundlegenden Strukturrelationen im Vokabular jeder menschlichen Sprache bildet. Ebenso grundlegend ist die ‚Hyponymie' (der Terminus ist jüngeren Datums, aber das Phänomen, das sich dahinter verbirgt, ist schon seit langem von Lexikographen, Logikern und Linguisten erkannt worden): die Relation, die zwischen einem spezielleren und einem allgemeineren Lexem besteht (zwischen ‚Tulpe', ‚Rose' usw. und ‚Blume'; zwischen ‚Ehrlichkeit', ‚Keuschheit' usw. und ‚Tugend'; usw.).

Antonymie und Hyponymie sind Substitutionsrelationen auf der Ebene des Sinns. Nicht weniger wichtig sind die zahlreichen syntagmatischen Relationen, die zwischen Lexemen bestehen (vgl. 3.6): zwischen ‚essen' und ‚Mensch', zwischen ‚blond' und ‚Haar', zwischen ‚treten' und ‚Fuß' usw. Zusammengenommen geben die (verschiedenartigen) Sinnrelationen auf substitutioneller (oder paradigmatischer) und syntagmatischer Ebene spezifischen *lexikalischen Feldern* ihre spezifische semantische Struktur. Oftmals ist es möglich, lexikalische Felder durch mehrere Sprachen hindurch zu identifizieren (z.B. das Feld der Farbbezeichnungen, der Verwandtschaftsbezeichnungen, der Lexeme für Möbelstücke oder für Nahrung) und nachzuweisen, daß diese Felder nichtisomorph sind. Ein recht beträchtlicher Teil der semantischen Forschungsarbeit in den letzten Jahren war von dem Prinzip geleitet, daß der Sinn eines Lexems durch das Netz substitutioneller und syntagmatischer Relationen bestimmt werde, die zwischen dem fraglichen Lexem und benachbarten Lexemen innerhalb desselben lexikalischen Feldes bestehen. Die theoretischen Darlegungen der sogenannten Feldtheoretiker waren (ebenso wie die der Anhänger der Komponentenanalyse) häufig keineswegs überzeugend oder zumindest philosophisch umstritten. Dennoch haben die empirischen Befunde, die sie und ihre Anhänger erarbeitet haben, unser Wissen über lexikalische Strukturen ungemein bereichert.

Es war von besonderer Bedeutung, daß sie auf der logischen Priorität von Strukturrelationen bei der Bestimmung des Sinns eines Lexems bestanden. Statt zu sagen, zwei Lexeme seien (deskriptiv) synonym, weil jedem ein so und so beschaffener Sinn eigen und beider Sinn zufällig identisch sei, vertraten sie die Ansicht, daß die Synonymie von Lexemen Teilaspekt ihres Sinns ist. Diese These übertrugen sie auch auf Antonymie und Hyponymie und auf die Gesamtmenge der relevanten substitutionellen (oder paradigmatischen) und syntagmatischen Sinnrelationen. Den Sinn eines Lexems zu kennen, ist gleichbedeutend damit, zu wissen, wie diese Reihe von Sinnrelationen beschaffen ist.

Diese Aussage bedarf, wie wir in den nachfolgenden Abschnitten sehen werden, einer Ergänzung. Nicht nur Lexeme, auch größere Ausdrücke, die aus mehr als einem Lexem zusammengesetzt sind, können einen Sinn haben. Genau die gleichen substitutionellen und syntagmatischen Relationen, die zwischen Lexemen bestehen können, können auch zwischen einem Lexem und einem komplexeren, nicht-lexemischen Ausdruck bestehen oder zwischen zwei komplexeren Ausdrücken. Es erscheint sinnvoll, davon auszugehen, daß den Sinn eines Lexems zu kennen auch das Wissen darüber einschließt, in welcher Relation es zu relevanten nicht-lexemischen Ausdrücken steht: das Wissen z.B., daß ‚Junggeselle' denselben Sinn hat wie ‚unverheirateter Mann' (oder vielleicht ‚Mann, der nie verheiratet war'). Offensichtlich kann man nicht über dieses zusätzliche Wissen verfügen, ohne gleichzeitig die grammatischen Regeln der Sprache zu kennen und erkennen zu können, welchen Beitrag sie, sofern sie es überhaupt tun, zum Sinn syntaktisch komplexer Ausdrücke leisten. Eines der Defizite vieler früherer Arbeiten zur Semantik beruhte darin, daß sie sich nicht nur auf die lexikalische Struktur beschränkten, sondern daß sie auch nicht erkannten, daß der Sinn eines Lexems nur adäquat beschrieben werden kann, wenn man auch die Sinnrelationen mit untersucht, die zwischen Lexemen und komplexeren Ausdrücken bestehen.

5.4. Semantik und Grammatik

Die Bedeutung eines Satzes ist zugleich das Produkt von lexikalischer und grammatischer Bedeutung: d.h. der Bedeutung der den Satz konstituierenden Lexeme und der Bedeutung der grammatischen Strukturen, die die Lexeme syntagmatisch miteinander verknüpfen (vgl. 5.1). Die Bezeichnungen ‚Grammatik' und ‚grammatisch' werden in diesem Buch, wie bereits gesagt, in ihrer engeren Bedeutung verwendet (vgl. 4.1).

Daß es so etwas wie grammatische Bedeutung gibt, wird deutlich, wenn man Satzpaare wie das folgende untersucht:

(1) Der Hund biß den Briefträger
(2) Der Briefträger biß den Hund.

Diese beiden Sätze unterscheiden sich hinsichtlich ihrer Bedeutung. Aber dieser Unterschied kann nicht auf irgendeines der Lexeme, aus denen sie bestehen, zurückgeführt werden, wie dies im Vergleich zu (1) in dem Satz

(3) Der Hund biß den Journalisten

und im Vergleich zu (2) in

(4) Der Briefträger beruhigte den Hund

geschehen kann.

Der semantische Unterschied zwischen (1) und (2) wird in der traditionellen Grammatik dadurch erklärt, daß in (1) ‚der Hund' das *Subjekt* und ‚den Briefträger' das *Objekt* bildet, wohingegen in (2) diese grammatischen Funktionen umgekehrt verteilt sind.

Der semantische Unterschied zwischen (1) und (2) ist ein Unterschied auf der Ebene deskriptiver Bedeutung: Er kann, wie wir später sehen werden, mittels der *für den Wahrheitswert der Sätze entscheidenden Bedingungen* erfaßt werden (vgl. 5.6). Grammatische Bedeutung hat jedoch nicht zwangsläufig deskriptiven Charakter. Man kann wohlbegründet davon ausgehen, daß korrespondierende Aussage- und Fragesätze wie beispielsweise (1) und

(5) Biß der Hund den Briefträger?

die gleiche deskriptive Bedeutung haben, sich aber auf einer anderen Ebene unterscheiden. Worin diese andere Ebene besteht, wird in dem Abschnitt über die Beziehung zwischen Sätzen und Äußerungen zu diskutieren sein (5.5). Es ist vertretbar, sie im Bereich der expressiven und sozialen Bedeutung anzusetzen. Und es gibt viele andere grammatische Unterschiede zwischen Sätzen, die mit Unterschieden der nicht-deskriptiven Bedeutung korrelieren.

So hat beispielsweise die Wortstellung in vielen Sprachen expressive Funktion. Gleiches gilt, unter gewissen Umständen, für die Wahl eines bestimmten *Modus* an Stelle eines anderen (z.B. des Konjunktivs statt des Indikativs im Französischen, im Deutschen und im Spanischen). Was die soziale Bedeutung betrifft, so ist ja bekannt, daß die meisten europäischen Sprachen – im Gegensatz zur Standardform des Englischen – ihren Benutzern bei der Anrede die Wahl zwischen zwei Personalpronomen lassen (Französisch ‚tu‘:‚vous‘; Deutsch ‚du‘:‚Sie‘; Spanisch ‚tú‘:‚usted‘; Russisch ‚ty‘:‚vy‘ usw.) und daß die Verwendung des einen oder des anderen teilweise von sozialen Rollen und Beziehungen bestimmt wird (vgl. 10.4). Die Verwendung eines Pronomens statt eines anderen geht in jedem Fall mit einem Unterschied entweder in *Numerus* (Singular/Plural) oder *Person* (2. Person/3. Person) einher; und dieser grammatische Unterschied kann der einzige Unterschied zwischen zwei Sätzen mit gleicher deskriptiver Bedeutung sein. In vielen Sprachen findet sich auch der sogenannte Pluralis majestatis – im republikanischen Deutschland nur noch als Anachronismus anzutreffen, wohl aber im Vereinigten Königreich und damit in der englischen Sprache, wo Königin Viktoria den berühmten Satz äußerte

(6) We are not amused

und sich der Satz

(7) We have enjoyed ourself (Es war uns ein Vergnügen)

von

(8) I have enjoyed myself (Es war mir ein Vergnügen)

hinsichtlich der sozialen oder expressiven Bedeutung unterscheidet. Über die Vermittlung von sozialer und expressiver Bedeutung wird in späteren Kapiteln noch mehr zu sagen sein. Hier geht es um die grundsätzliche Feststellung, daß sich der Unterschied zwischen lexikalischer und grammatischer Bedeutung nicht mit dem Unterschied zwischen deskriptiver und nicht-deskriptiver Bedeutung deckt.

Der Unterschied zwischen lexikalischer und grammatischer Bedeutung beruht im Prinzip auf dem Unterschied zwischen dem Wortschatz (oder Lexikon) und der Grammatik. Bisher wurde von der Annahme ausgegangen, daß dieser Unterschied klar und eindeutig sei. Aber das ist nicht der Fall. Linguisten nehmen zuweilen eine Trennung vor zwischen vollwertigen Wörtern, den sogenannten Formwörtern (Nomen, Verben, Adjektive und Adverbien) und den verschiedenen Arten von Funktionswörtern, darunter bestimmte Artikel (*der, die, das* usw.), Präpositionen (*von, bei, für* usw.), Konjunktionen (*und, aber* usw.), Negationspartikel *(nicht)* – um die Unterscheidung an deutschen Beispielen zu verdeutlichen. Charakteristisch für solche Funktionswörter ist, daß sie zu Wortklassen mit einer geringen Anzahl von Elementen gehören und daß ihre Distribution im Satz meist sehr stark von den syntaktischen Regeln der Sprache bestimmt ist. Und häufig haben sie die gleiche Funktion, die in anderen Sprachen durch die Flexion ausgeübt wird. So ist beispielsweise im Englischen die Verwendung des Wortes *for* in *for three days,* im Gegensatz zu dem Wort *in* im Syntagma *in three days,* semantisch vergleichbar mit der Verwendung des Akkusativs statt des Ablativs in der entsprechenden lateinischen Phrase (*tres dies : tribus diebus*); im Deutschen wiederum werden sowohl Flexion als auch Funktionswort eingesetzt (*für drei Tage : in drei Tagen*). Allgemein wird davon ausgegangen, daß die Funktionswörter nicht so sehr allein dem Lexikon zuzurechnen sind, wie dies bei Nomen, Verben, Adjektiven und der Mehrzahl der Adverbien der Fall ist; fernerhin, daß einige Funktionswörter eher dem Lexikon zuzurechnen sind als andere. Im Grenzfall, wenn nämlich ein Funktionswort in einer bestimmten syntaktischen Konstruktion auftreten muß, hat es keinerlei lexikalische Bedeutung: vgl. *zu* in *Er bemüht sich, einen Brief zu schreiben.* Aber zwischen den Extremfällen rein grammatischer Wörter ohne lexikalische Bedeutung und vollwertigen Lexemen am anderen Ende der Skala gibt es viele Unterklassen von Funktionswörtern, die, ohne vollwertige Lexeme zu sein, doch bis zu einem gewissen Grade zur lexikalischen Bedeutung des Satzes beitragen, in dem sie auftreten. Dem, was hier als der Unterschied zwischen Formwörtern und Funktionswörtern bezeichnet wird, entspricht in einer Grammatik auf Morphembasis der Unterschied zwischen lexikalischen und grammatischen Morphemen (vgl. 4.3).

Vorbehaltlich dessen, was gerade über die Schwierigkeit gesagt wurde, eine scharfe Trennlinie zwischen der Grammatik und dem Wortinventar einer Sprache zu ziehen, kann als eine wichtige theoretische Erkenntnis festgehalten werden, daß das, was in einer Sprache mit *lexikalischen* Mitteln ausgedrückt wird, in einer anderen Sprache mit *grammatischen* Mitteln ausgedrückt wird. So entspricht der lexikalischen Unterscheidung zwischen ‚töten' und ‚sterben' im Deutschen (die mit einem grammatischen Unterschied der Valenz einhergeht: vgl. 4.4) in vielen anderen Sprachen der grammatische Unterschied zwischen einem *kausativen* Verb und dem entsprechenden nicht-kausativen Verb. Ein anderes Beispiel: Was einige Sprachen mittels der grammatischen Kategorie Tempus ausdrücken (z.B. Präsens: Präteritum), müssen andere Sprachen mittels Lexemen ausdrücken, die beispielsweise die Bedeutung „jetzt" oder „in der Vergangenheit" haben. Diese beiden Beispiele führen jedoch zu einer weiteren Beobachtung, die für die Darlegung des Prinzips wichtig ist, daß die gleiche semantische Unterscheidung entweder lexikalisch oder grammatisch ausgedrückt werden kann.

Wie bereits aufgezeigt, neigt die Bedeutung von Lexemen dazu, sich mehr oder weniger einer genauen Bestimmung zu entziehen (vgl. 5.2). Das gilt aber in noch höherem Maße für die Bedeutung, die sich mit Unterscheidungen innerhalb solcher grammatischer Kategorien wie Kausativität, Tempus, Modus usw. verknüpft. Deshalb ist es oft sehr schwer zu entscheiden, ob eine lexikalische Unterscheidung in einer Sprache semantisch genau äquivalent zu einer grammatischen Unterscheidung in einer anderen Sprache ist. Die kausativen Formen des türkischen Verbs ‚ölmek' („sterben") werden gewöhnlich zur Übersetzung des deutschen Verbs ‚töten' verwendet. Aber man könnte den Standpunkt vertreten, daß die Bedeutung nicht genau gleich sei, weil man sagen kann, daß der lexikalisch komplexe deutsche Ausdruck ‚veranlassen zu sterben' sich bedeutungsmäßig von dem Lexem ‚töten' unterscheidet. Was das Tempus angeht, so hat bezeichnenderweise bisher niemand eine befriedigende Darlegung der Bedeutung der Tempora (in der traditionellen Grammatik mittels solcher Termini wie ‚Präteritum', ‚Präsens', ‚Futur' erfaßt) in irgendeiner gründlich erforschten Sprache vorlegen können. Und Tempus erscheint auf den ersten Blick als die, semantisch gesehen, am leichtesten zu definierende aller traditionellen grammatischen Kategorien. Bereits zuvor wurde erwähnt, daß es zweifellos eine semantische Grundlage für die Unterscheidung von Wortarten und grammatischen Kategorien gibt (vgl. 4.3).

Akzeptiert man dies, so muß man auch anerkennen, daß die Natur der Beziehung zwischen grammatischer und semantischer Struktur in dieser Hinsicht extrem schwer genau darzustellen ist. Allgemein gesagt, je intensiver eine bestimmte Sprache untersucht wird, als desto komplexer erweist sich diese Beziehung. Es lohnt sich, sich dessen bewußt zu sein, wenn man Darstellungen der Bedeutung grammatischer Kategorien in weniger intensiv erforschten Sprachen liest. Fast alle traditionellen Etiketten, die für grammatische Kategorien in den vertrauten europäischen Sprachen verwendet werden, sind in ihrer Präzision irreführend: Das Präsens muß sich nicht unbedingt auf die gegenwärtige Zeit beziehen; der Singular wird viel umfassender verwendet, als dies die Bezeichnung erwarten läßt; der Imperativ wird in vielen Konstruktionen verwendet, die nichts mit dem Befehlen zu tun haben usw. Es gibt keinen Grund für die Annahme, daß es bei Etiketten, die Linguisten für die grammatische Beschreibung anderer Sprachen anwenden, anders ist.

Nun kurz ein paar Bemerkungen zu einem anderen Aspekt der Beziehung zwischen Semantik und Grammatik: zu der Frage nach der Beziehung zwischen Bedeutungshaltigkeit und Grammatikalität. Es ist bereits darauf hingewiesen worden, daß diese beiden Eigenschaften von Sätzen nicht als identisch angesehen werden dürfen (vgl. 4.2). Wie so häufig ist es einfacher, eine allgemeine Grundregel aufzustellen, als sie im Einzelfall anzuwenden. Verschiedene

Faktoren komplizieren die Sachlage. Einer besteht darin, daß nicht alles ein Problem grammatischer Regeln ist, was auf den ersten Blick dazu zählt. So verfügt die englische Sprache im Gegensatz zur landläufigen Behauptung über keine grammatische Kategorie ‚Genus', kennt kein grammatisches Geschlecht. Was gewöhnlich im Englischen als Genus-Kongruenz bezeichnet wird, hängt, sofern Referenz auf erwachsene menschliche Wesen betroffen ist, allein von dem natürlichen Geschlecht ab, das dem *Referenzobjekt* (d. h. hier der Person, auf die referiert wird) zum Äußerungszeitpunkt zugeschrieben wird. (Das wirkliche natürliche Geschlecht der Referenzperson ist im Prinzip irrelevant. Wenn man einen Mann mit einer Frau verwechselt, oder umgekehrt, und zur Bezugnahme auf ihn oder sie das falsche Pronomen anwendet, so verstößt man damit nicht gegen eine Regel der englischen Sprache.) Sätze wie das englische Beispiel

(9) My brother had a pain in her stomach

scheinen dem eben über die sogenannte Genus-Kongruenz Gesagten zu widersprechen. Aber (9) ist weder syntaktisch noch semantisch anormal. Wenn Y weiß (oder, genau genommen, glaubt), daß X ein Mädchen ist, das aber auf der Bühne die Rolle von Ys Bruder spielt, so wäre (9) ein voll akzeptabler Satz, den Y äußern könnte. (Man kann die Ansicht vertreten, daß er sich bedeutungsmäßig von dem unter ähnlichen Umständen geäußerten Satz *My brother has a pain in his stomach* unterscheide. Aber das ist ein anderes Problem.) Ebenso könnte Y (9) äußern, wenn X sein (ihr) Geschlecht gewandelt hätte: Fragen des Taktes, der Grad, in dem Y die Situation akzeptiert, usw. würden vermutlich über die Angemessenheit oder Unangemessenheit von (9) entscheiden, und diese Entscheidung fiele bei unterschiedlichen Leuten unterschiedlich aus. Andererseits ist ein Satz wie

(10) He had a pain in her stomach

zweifellos anormal. Aber er verletzt keine der rein syntaktischen Regeln des Englischen. Tatsächlich könnte man begründet den Standpunkt vertreten, daß es sich um einen auch semantisch wohlgeformten Satz handele, und was dann an Satz (10) seltsam wäre, ist, daß, vorausgesetzt *he* und *her* beziehen sich auf dieselbe Person, die Äußerung dieses Satzes eine Inkonsequenz (oder einen Wandel im Denken während des Aktes der Äußerung) auf seiten des Sprechers zum Ausdruck bringen würde. Hier zeigt sich ein weiteres wichtiges Thema – der Unterschied zwischen semantischer Wohlgeformtheit und kontextueller Angemessenheit: Hierauf wird bei der Diskussion der Beziehung zwischen Satzbedeutung und Bedeutung von Äußerungen einzugehen sein. Wir haben hier nur ein Beispiel angeführt, um zu verdeutlichen, daß Wort-Ketten, von denen gewöhnlich gesagt wird, sie verletzten die grammatischen Regeln einer Sprache, tatsächlich grammatisch und semantisch wohlgeformte Sätze sein können. Unzählige andere Beispiele könnten aufgeführt werden, darunter viele aus neueren Werken zu Semantik und Grammatik, deren Autoren die von ihnen angeführten Wort-Ketten recht vorschnell mit dem Etikett ‚ungrammatisch' versehen haben.

Ein weiterer Faktor, der das Problem noch verwickelter macht, hängt mit der Schwierigkeit zusammen, zu entscheiden, ob eine bestimmte anormale *Kollokation* (d.h. eine grammatisch verknüpfte Kombination von Lexemen) aufgrund der Bedeutung der sie konstituierenden Lexeme und der diese verknüpfenden grammatischen Konstruktion anormal ist oder ob hierfür ein anderer Grund vorliegt. So handelt es sich beispielsweise bei ‚der blonde Junge' und ‚das falbe Pferd' um normale Kollokationen, bei ‚das blonde Pferd' und ‚der falbe Junge' hingegen nicht. Liegt dies an der Bedeutung – genauer gesagt, an Sinn und Denotation – von ‚blond' und ‚falb'? Selbst wenn das Haar einer Person genau denselben gelblichen Ton wie die Decke eines falben Pferdes hätte, so würden wir sicherlich nicht das Lexem ‚falb' zu ihrer Beschreibung oder der ihres Haares verwenden. Umgekehrt, wenn Mähne oder Decke eines Pferdes auch genau die Haarfarbe eines blonden Menschen besäßen, würden wir dennoch davon Abstand nehmen, das fragliche Pferd als ‚blond' zu bezeichnen. Entscheidend ist, daß es in allen Sprachen viele Lexeme gibt, deren Bedeutung nicht losgelöst von den Kollokationen betrachtet werden kann, in denen sie typisch auftreten. Letztlich läßt sich die Trennlinie zwischen einer Tendenz zu bestimmten Kollokationen und einer grammatischen Regel nur willkürlich ziehen.

Schließlich besteht das grundsätzliche Problem, das die Linguisten in letzter Zeit und Philosophen schon viel länger beschäftigt hat, wo man nämlich die Grenze zwischen den sprachlichen und außersprachlichen für die Grammatikalität entscheidenden Faktoren ansetzen solle. Dieses Problem ist von denen, die sich dem generativistischen Ansatz verschrieben haben, in Form der Frage nach der Grenze zwischen Sprachwissen und außersprachlichem Wissen über die Welt oder zwischen *Kompetenz* und *Performanz* (vgl. 7.4) formuliert worden (wobei im letztgenannten Fall eine nützliche technische Unterscheidung unpräzise verwendet worden sein dürfte). So können wir beispielsweise annehmen, daß das folgende Syntagma (mit angemessenem Prosodieverlauf gesprochen) von einer deutlichen Mehrheit deutscher Sprecher als unsinnig angesehen würde:

(11) Der amerikanische Präsident ist gerade vergangen.

Aber ist dieser Satz grammatisch falsch geformt? Wenn dem so ist, dann ist sein Verstoß gegen die Grammatikalität leicht durch die Valenz von ‚vergehen' zu erklären. Das Verb ‚vergehen', so können wir sagen, gehört zu einer speziellen Untergruppe intransitiver Verben, deren Subjekt ein Nomen beinhalten muß, das der Menge {‚Jahr', ‚Monat', ‚Tag', ‚Jahrhundert', . . .} angehört.

Aber wenn (11) diese von uns angenommene syntaktische Regel verletzt und damit kein grammatisch wohlgeformter deutscher Satz ist, muß

(12) Drei Präsidenten sind vergangen, und nichts hat sich geändert

ebenfalls ein nicht-akzeptabler Satz sein. Aber (12) ist sicherlich nicht uninterpretierbar. Natürlich könnte man einwenden, daß man, um ihn zu deuten, um ihm einen Sinn abzugewinnen, entweder ‚Präsident' oder ‚vergangen' in einer nicht-wörtlichen oder übertragenen Bedeutung verstehen muß. Die augenfälligste Interpretation ist die, die ‚Präsident' mit ‚Präsidentschaftsperiode' gleichsetzt (vgl. *drei Präsidenten später*). Dies würde vom traditionell denkenden Grammatiker entweder als Synekdoche oder als Metonymie bezeichnet werden. Diese Termini werden heutzutage wenig benutzt, und das hoch entwickelte Schema der sogenannten *Redefiguren* ist (ebenso wie die traditionelle Klassifikation der Wortarten) jeder Art detaillierter Kritik ausgeliefert. Entscheidend ist, daß die Tatsache, daß wir (12) so leicht interpretieren können, von unserem Verständnis der Interdependenz der Bedeutung und der grammatischen Valenz von ‚vergehen' abhängt. Ob (11) und (12) grammatisch wohlgeformt sind oder nicht, hängt weniger von Tatsachen als von theoretischen und methodologischen Vorentscheidungen ab. Wenn wir uns dafür entscheiden, sie als grammatisch anzusehen, so können wir ihre Anomalie und die Tatsache, daß (12) sich leichter interpretieren läßt als (11), auf semantischer Basis erklären.

Die Art und Weise zu benennen, in der die grammatische Struktur bestimmter Sprachen und von Sprache überhaupt mit der Welt in Zusammenhang steht, hieße eine wirklich komplexe philosophische Frage lösen. Auf sie wird im 10. Kapitel zurückzukommen sein. Hier wurde sie aufgeworfen, weil sie Auswirkungen auf die Beziehung zwischen Semantik und Grammatik hat. Ganz allgemein gesagt, neigten Linguisten in den vergangenen Jahren dazu, allzu überzeugt von einer Trennung von sprachlichem und außersprachlichem Wissen zu sprechen. Viele Syntagmen werden als ungrammatisch klassifiziert, deren Status zumindest einer Diskussion bedarf. Andere, wie (11) und (12), werden als wortwörtlich bedeutungslos und vielleicht auch als ungrammatisch bezeichnet: Dies sind die theoretisch interessanten Beispiele. Aber es sind auch sehr viele Syntagmen in Artikeln und Lehrbüchern angeführt worden, die im Gegensatz zu dem, was die Autoren behaupten, unzweifelhaft grammatisch und semantisch wohlgeformt sind.

Dieser Abschnitt wurde mit der Feststellung eingeleitet, daß die Bedeutung eines Satzes das Produkt sowohl seiner lexikalischen als auch seiner grammatischen Bedeutung ist. Nun dürfte deutlich geworden sein, daß, wenn auch in eindeutigen Fällen ein Unterschied zwischen diesen beiden Arten von Bedeutung besteht, die Grenze zwischen ihnen nicht immer so leicht zu erkennen ist, wie es wünschenswert wäre. Auch wurde deutlich, daß der Unterschied zwischen den Eigenschaften, sinnvoll zu sein und grammatisch wohlgeformt zu sein, aus verschiedenen Gründen keineswegs klar ist. Im folgenden soll nun der Begriff der Satzbedeutung näher betrachtet werden.

5.5. Satzbedeutung und Äußerungsbedeutung

Zunächst ist es erforderlich, eine Trennlinie zwischen der Bedeutung von Sätzen und der Bedeutung von Äußerungen zu ziehen. Viele Linguisten und Logiker, die mit einer engeren Definition von ‚Semantik' arbeiten als der, die traditionell üblich ist und für dieses Buch übernommen wurde, würden sagen, daß Satzbedeutung in den Forschungsbereich von Semantik falle, die Untersuchung der Äußerungsbedeutung aber Teilaufgabe der *Pragmatik* sei (vgl. 5.6). Vertreter der von Chomsky geprägten generativen Grammatik neigen dazu, die Unterscheidung zwischen Satz und Äußerung und auch die zwischen Semantik und Pragmatik mit der zwischen Kompetenz und Performanz gleichzusetzen (vgl. 7.4).

Unter denjenigen, die Sätze und Äußerungen unterscheiden, besteht im allgemeinen Übereinstimmung darüber, daß es sich bei Sätzen im Gegensatz zu Äußerungen um abstrakte Entitäten handelt, die kontextunabhängig sind, und zwar in dem Sinne, daß sie nicht an eine bestimmte Zeit und einen bestimmten Ort gebunden sind. Sie sind Einheiten des Sprachsystems, dem sie angehören. Soweit läßt sich dagegen nichts einwenden. Unglücklicherweise ist der Terminus ‚Äußerung' (wie viele andere grammatisch vergleichbare Wörter der deutschen Sprache) doppeldeutig: Er kann sowohl dazu verwendet werden, auf eine Handlung Bezug zu nehmen, als auch dazu, sich auf das Ergebnis dieser Handlung zu beziehen: d.h. auf ein Stück Sprachverhalten oder auf das interpretierbare Signal, das durch das fragliche Verhalten erzeugt wird und über irgendeinen Kommunikationskanal vom Sender zum Empfänger übermittelt wird (vgl. 1.5). Niemand würde Sätze mit Äußerungsakten verwechseln. Aber man setzt sehr leicht, ganz gleich ob aus Nachlässigkeit oder einem anderen Grund, Sätze mit dem gleich, was geäußert wird. Ja, es gibt eine völlig normale Lesart des Terminus ‚Satz', durch die wir diese Gleichsetzung regelmäßig vornehmen, wenn wir in Alltagssituationen über Sprache sprechen. So sagen wir beispielsweise, der erste Absatz dieses Textteils bestehe aus drei Sätzen. In dieser Lesart von ‚Satz' sind Sätze entweder Äußerungen (der Terminus ‚Äußerung' wird sowohl auf gesprochene als auch auf geschriebene Sprache angewendet) oder miteinander verknüpfte Teile einer einzigen Äußerung. Und für diese Lesart des Wortes ‚Satz' – d.h. wenn ‚Satz' das ist, was geäußert wird – gilt, daß Sätze offenbar mehr oder weniger kontextabhängig sind. Aber sie können auch zu verschiedenen Zeiten und an verschiedenen Orten wiederholt werden. Kontextabhängigkeit setzt deshalb nicht räumliche oder zeitliche Einmaligkeit voraus; ebensowenig impliziert Abstraktheit im Sinne der Eigenschaft, nicht an eine bestimmte Zeit und einen bestimmten Ort gebunden zu sein, völlige Unabhängigkeit vom Kontext.

Fernerhin ist festzustellen, daß im alltäglichen Gespräch viele, vielleicht sogar die meisten Äußerungen (d.h. die Ergebnisse eines Äußerungsaktes) nicht aus vollständigen Sätzen bestehen, sondern in irgendeiner Weise *elliptisch* sind. So sind beispielsweise

(1) Nächsten Freitag, wenn ich es schaffe
(2) Und Peter?
(3) Du wirst einfach müssen, oder?

typisch für das, was die meisten Linguisten ebenso wie die Vertreter der traditionellen Grammatik als unvollständige oder elliptische Sätze bezeichnen würden. Man kann die unvollständigen Sätze als aus vollständigen Sätzen unter bestimmten Äußerungsbedingungen abgeleitete Formen ansehen, und ihre Bedeutung ist der dieser vollständigen Sätze gleich.

Wir werden uns nicht näher mit den Problemen befassen, die sich aus der Herstellung von Beziehungen zwischen den Sätzen eines Sprachsystems und tatsächlichen oder potentiellen Äußerungen ergeben. Mit der nötigen Vorsicht in Hinblick auf die oben erwähnten komplexen Sachverhalte können wir aber festhalten, daß Äußerungsbedeutung sich aus dem Zusammenwirken von Satzbedeutung und Kontext ergibt. Allgemein gilt, daß die Äußerungsbedeutung umfassender ist als die Bedeutung des Satzes (oder der Sätze), aus dem sie abgeleitet wird.

Gleichzeitig muß man sich der Tatsache bewußt sein, daß die muttersprachlichen Sprecher einer Sprache, soweit uns bekannt ist, keinen Zugang zur Bedeutung jener vom Kontext losgelösten, abstrakten Einheiten des Sprachsystems haben, die der Linguist als Sätze bezeichnet. Man kann sagen, daß Sätze in diesem Sinne des Terminus möglicherweise überhaupt keinen psychologischen Wert haben; sie sind theoretische Konstrukte der Linguistik, genauer gesagt, Konstrukte im Rahmen der allgemeinen Grammatiktheorie. Wenn wir muttersprachlichen Spechern das vorlegen, was wir als Sätze bezeichnen, und ihre Reaktionen testen („Ist der folgende Satz akzeptabel?", „Hat dieser (Satz) dieselbe Bedeutung wie jener (Satz)?" usw.), so fordern wir sie in Wahrheit auf, intuitive oder auf Überlegung basierende Urteile über potentielle Äußerungen abzugeben. Wir können als Linguisten eine Trennlinie zwischen Satzbedeutung und Äußerungsbedeutung ziehen, indem wir von der Satzbedeutung in einem Abstraktionsprozeß alles das loslösen und dem nicht am Satz fixierbaren Teil der Äußerungsbedeutung alles das zurechnen, was mit spezifischen Äußerungskontexten zu tun hat: die Einstellungen und Verhaltensweisen bestimmter Personen, Referenzen auf bestimmte Entitäten in der Umwelt, Höflichkeitskonventionen, die innerhalb bestimmter Personengruppen beachtet werden usw. Aber es findet sich kein Grund für die Annahme, daß auch Sprecher einer Sprache diese Unterscheidung vermöge ihrer Sprachkompetenz treffen können. Sprachkompetenz – in beiderlei Sinn: „Kompetenz in einer Sprache" und „Kompetenz als Fähigkeit, Sprache an sich zu erwerben und zu benutzen" – ist stets performanz-orientiert.

Wir haben bereits gesehen, daß bestimmte Arten von Sätzen mit bestimmten Arten von Äußerungen verknüpft sind: Aussagesätze mit Aussagen, Fragesätze mit Fragen usw. Die Art dieser Verknüpfung wurde unter Berufung auf das Prinzip des *charakteristischen Gebrauchs* erläutert. Es wurde bereits darauf hingewiesen und soll hier nochmals betont werden, daß ein Sprecher in jeder vorliegenden Situation einen Satz in uncharakteristischer Weise dazu verwenden kann, etwas anderes als das oder etwas Zusätzliches zu dem auszusagen, was seiner charakteristischen Bedeutung entspricht. Es besteht jedoch eine intrinsische Verbindung zwischen der Bedeutung eines Satzes und seiner charakteristischen Verwendung. So können zum Beispiel Aussagesätze dazu verwendet werden, *indirekt* Fragen zu stellen, Befehle zu geben, Versprechen zu geben, die Gefühle des Sprechers auszudrücken usw. Aber wenn Sätze mit der spezifischen grammatischen Struktur, die wir als Aussageform bezeichnen, von Spechern der jeweiligen Sprache nicht gefühlsmäßig mit dem Sprechakt der Aussage verknüpft werden würden – wobei diese assoziative Verbindung zwischen grammatischer Form und kommunikativer Funktion durch regelmäßige Verwendung hergestellt und aufrechterhalten wird –, dann würden die entsprechenden Sätze nicht als Aussagesätze bezeichnet werden. Außerdem ist ein uncharakteristischer Gebrauch eines Satzes im allgemeinen auf der Grundlage seiner charakteristischen Verwendung erklärbar. Um ein berühmtes Beispiel anzuführen:

(4) Es ist hier drinnen kalt

hat die grammatische Form eines Aussagesatzes, könnte aber gut, in einer geeigneten Situation, auf uncharakteristische und indirekte Weise anstelle von

(5) Schließ' (bitte) das Fenster!

verwendet werden, um den Angesprochenen dazu zu bringen, etwas zu tun: d.h. als Anweisung. Gerade weil Satz (4) charakteristischerweise dazu verwendet wird, eine Aussage zu machen, die der Angesprochene interpretieren und aus der er im Licht der relevanten kontextuellen Faktoren Schlüsse ziehen kann, läßt sich dieser Satz auch gelegentlich uncharakteristisch und indirekt verwenden.

Es muß auch darauf hingewiesen werden, daß ‚charakteristisch' nicht „am häufigsten" bedeutet und daß der Begriff des ‚charakteristischen Gebrauchs' sich im Prinzip nicht auf individuelle Sätze bezieht, sondern auf ganze Klassen von Sätzen mit gleicher grammatischer Struktur. Sehr viele Sätze werden uncharakteristisch und indirekt im alltäglichen Sprechverhalten mit großer Häufigkeit verwendet. So wird beispielsweise

(6) Können Sie mir sagen, wie spät es ist?

wahrscheinlich eher als Bitte denn als Frage geäußert werden. Würde der Angesprochene mit *Ja* antworten, ohne dann die Bitte zu erfüllen, und sich dann gegen den Vorwurf, unhöflich oder in seinem Verhalten unkooperativ zu sein, mit dem Argument verteidigen, er habe die Frage beantwortet, so könnte er zu Recht der *Wortklauberei* bezichtigt werden. Er hätte die Äußerung unangemessenerweise in ihrer wörtlichen Bedeutung interpretiert: d.h. in der Bedeutung, die durch die charakteristische Verwendung von Sätzen mit einer bestimmten grammatischen Struktur (die sie als Fragesätze ausweist) bestimmt ist.

Gerade die Tatsache, daß man Äußerungen wortwörtlich (miß)interpretieren kann und daß es sich hierbei um ein erkennbares (und sozial kritisierbares) Verhalten handelt – für das Linguisten und Philosophen von Berufs wegen besonders anfällig sind! –, bildet die Rechtfertigung dafür, daß theoretisch definierte Kategorien wie charakteristischer und uncharakteristischer Gebrauch einerseits und direkter und indirekter Sprechakt andererseits postuliert werden. Aber dies sind theoretische Begriffe. Man muß nicht denken, daß der Angesprochene bei jeder Gelegenheit, wenn ein in diesem speziellen Sinne uncharakteristischer Gebrauch eines Satzes vorliegt, Schritt für Schritt dessen intendierte indirekte oder nicht-wörtliche Bedeutung auf der Basis der direkten oder wörtlichen Bedeutung erschließen muß. Es gibt verschiedene Grade der Indirektheit: So ist beispielsweise (4) eine indirektere Bitte als (6) und würde stärkerer kontextueller Stützung bedürfen, um als solche verstanden zu werden. Und viele Sätze sind, ganz oder teilweise, in ihrer indirekten Form konventionalisiert. So sind zum Beispiel *Könnten Sie ...?* und *Würde es Ihnen etwas ausmachen, wenn ...?* (im Gegensatz zu dem mehr oder weniger synonymen *Wären Sie in der Lage ...?* und *Würde es Ihnen Schwierigkeiten bereiten, wenn ...?*) in ihrer Verwendung für Bitten hochgradig konventionalisiert.

Was über die intrinsische Verbindung zwischen der Bedeutung eines Satzes und seiner charakteristischen Verwendung in Äußerungen gesagt worden ist, kann verallgemeinert werden. Gewöhnlich wird zwischen der inhärenten Bedeutung eines Ausdrucks und der Bedeutung unterschieden, die der Sprecher durch den Ausdruck vermitteln will. (Es gibt in der Tat eine Reihe verwandter Unterscheidungen, die die von den Philosophen diskutierten, miteinander verbundenen Sinnvarianten des Terminus ‚Bedeutung' einschließen. Die hier vorgestellte mag aber für unseren Zweck genügen.) In jedem beliebigen Moment kann ein Sprecher einen Ausdruck in einer anderen Bedeutung verwenden als der, die der Ausdruck kraft seiner lexikalischen und grammatischen Bedeutung hat. Aber er kann dies nicht ständig tun. Ebensowenig hat er die Freiheit, einen Ausdruck mit jeder beliebigen Bedeutung zu verwenden, die er ihm geben will. Hat er mit dem Angesprochenen vorher keine Vereinbarung über die intendierte Interpretation des Ausdrucks getroffen, so muß das, was der Sprecher mit ihm ausdrücken will, systematisch zu seiner inhärenten Bedeutung in Beziehung stehen. Und diese inhärente Bedeutung wird durch den charakteristischen Gebrauch bestimmt. Obwohl wir also die unmittelbare Gleichsetzung von Bedeutung und Gebrauch ablehnen können, und dies aus denselben Gründen, aus denen wir auch eine Gleichsetzung von Satzbedeutung mit Äußerungsbedeutung ablehnen, so kann es uns doch sinnvoll erscheinen, an der These festzuhalten, daß die Bedeutung von Ausdrücken und Sätzen in deren charakteristischem Gebrauch verankert ist. Da dies so ist, hat die Semantik im engeren Sinne logisch keinen Vorrang gegenüber der Pragmatik. Beide sind wechselseitig voneinander abhängig.

Am Schluß dieses Abschnitts muß noch kurz auf *Referenz* und *Deixis* und auf den Beitrag, den sie zur Äußerungsbedeutung leisten, eingegangen werden. Bei der Referenz handelt es sich, ebenso wie bei der Denotation, um eine Relation zwischen Ausdrücken und Entitäten, Eigenschaften oder Situationen in der außersprachlichen Welt (vgl. 5.3). Aber zwischen Denotation und Referenz besteht ein wesentlicher Unterschied: Referenz ist im Gegensatz zur Denotation an den Äußerungskontext gebunden. So kann beispielsweise der Ausdruck ‚jene Kuh' in einem angemessenen Kontext dazu verwendet werden, auf eine bestimmte Kuh – sein *Referenzobjekt* – zu *referieren.* Er kann in verschiedenen Situationen zur Referenz auf verschiedene Kühe verwendet werden, wobei die Referenz in jedem Einzelfall teils durch seine inhärente Bedeutung (eingeschlossen die Denotation von ‚Kuh') und teils durch den Äußerungskontext bestimmt wird. Der weitaus überwiegende Teil von *referierenden Ausdrücken* in natürlichen Sprachen erweist sich in irgendeiner Weise als kontextabhängig. Nicht einmal Eigennamen weisen eine einmalige, kontextunabhängige Referenzbeziehung auf; diese Tatsache wird aber allzu häufig vergessen.

Aus der Kontextabhängigkeit der meisten referierenden Ausdrücke erwächst die semantisch äußerst bedeutsame Konsequenz, daß die durch die Äußerung eines Satzes vermittelte Proposition dazu neigt, je nach Äußerungskontext zu variieren. So kann beispielsweise der Satz

(7) Mein Freund ist gerade angekommen

für eine Feststellung über unbegrenzt viele unterschiedliche Individuen verwendet werden, je nachdem, auf welches Referenzobjekt sich ‚mein Freund' in bestimmten Äußerungssituationen bezieht. Wenn wir von den semantischen Relationen sprechen, die zwischen Sätzen kraft deren propositionalen Gehalts bestehen, so tun wir dies auf der Grundlage der stillschweigend oder explizit gemachten Annahme, daß die Referenz aller referierenden Ausdrücke unangetastet bleibe.

Nun ist es nicht nur so, daß derselbe Ausdruck sich bei verschiedenen Gelegenheiten auf verschiedene Entitäten beziehen kann; verschiedene Ausdrücke können auch auf dieselbe Entität referieren. So könnten das Pronomen ‚er', der Eigenname ‚Hannes' und jede der unbegrenzt vielen deskriptiven Nominalphrasen wie z.B. ‚der Mann, der gerade einen Martini trinkt', ‚der Milchmann', ‚Marias Ehemann' usw. mit demselben Referenzobjekt verknüpft sein; gleiches gilt unter entsprechenden Umständen für ‚mein Freund'. Auch diese Tatsache sollte man nicht aus den Augen verlieren.

Bis zu einem gewissen Grad wird die potentielle Referenz von Ausdrücken nicht nur durch ihre inhärente Bedeutung und solche kontextuellen Faktoren wie die gemeinsamen Grundannahmen von Sprecher und Angesprochenem bestimmt, sondern auch einerseits durch grammatische Regeln und andererseits durch stilistische Konventionen oder Tendenzen, die innerhalb von Sätzen oder längeren, zusammenhängenden Text- oder Gesprächspassagen wirksam werden. Solche Regeln und Tendenzen (bei denen nicht immer klar festzulegen ist, ob es sich um Fragen der Grammatik oder des Stils handelt) bestimmen besonders ein Phänomen, das als *Koreferenz* bezeichnet wird: Referenz auf dieselbe Entität (oder eine Menge von Entitäten) mittels verschiedener Ausdrücke oder durch unterschiedliches Auftreten desselben Ausdrucks. So können beispielsweise in

(8) Mein Freund hat den Zug verpaßt, und er ist gerade angekommen

und

(9) Da er den Zug verpaßt hat, ist mein Freund gerade angekommen

‚mein Freund' und ‚er' koreferieren, d.h. sich auf ein und dieselbe Person beziehen; aber das muß nicht so sein. Im Gegensatz dazu würde man die beiden Ausdrücke (sofern ihre Verwendung nicht von ziemlich speziellen prosodischen und paralinguistischen Merkmalen begleitet ist) in

(10) Er hat den Zug verpaßt, und mein Freund ist gerade angekommen

nicht von vornherein als koreferent ansehen. Üblicherweise, und möglicherweise sogar zu Recht, führt man dies auf eine grammatische Regel zurück, die den Unterschied zwischen Nebenordnung und Unterordnung betrifft. Andererseits gibt es keine grammatische Regel der deutschen Sprache (obwohl auch andere Ansichten dazu vertreten worden sind), die Satzkonstruktionen wie

(11) Hannes liebt Hannes

verbietet. Es gibt höchstens eine stilistische Tendenz, die entweder

(12) Hannes liebt sich selbst

oder

(13) Hannes liebt ihn

den Vorzug gibt, je nachdem, ob Subjekt und Objekt koreferent sind. Das Phänomen der potentiellen Koreferenz ist in den letzten Jahren intensiv im Rahmen der generativen Grammatik untersucht worden.

Deixis hat mit dem Phänomen Referenz, mit dem sie sich überlappt, gemeinsam, daß sie eine Beziehung zum Situationskontext herstellt. Aber Deixis ist zugleich ein spezielleres und ein allgemeineres Phänomen als Referenz. Referenz kann entweder *deiktischer* oder nicht-deiktischer Natur sein, und Deixis schließt nicht automatisch Referenz ein. Die entscheidende Qualität von

Deixis (der Terminus leitet sich von einem griechischen Wort mit der Bedeutung „zeigen“ her) besteht darin, daß sie Struktur und Interpretation von Äußerungen in Relation zu wesentlichen Faktoren bestimmt: in Hinblick auf Zeit und Ort des Äußerungsaktes, auf Identität des Sprechers und des Angesprochenen, auf Objekte und Vorgänge im Rahmen der konkreten Äußerungssituation. So kann beispielsweise das Referenzobjekt von ‚der Mann da drüben‘ nicht identifiziert werden, es sei denn, man bezieht sich auf die Verwendung dieses Ausdrucks durch eine Person, die sich zu einem bestimmten Zeitpunkt an einem bestimmten Ort befindet. Gleiches gilt für ‚gestern‘ und viele andere *deiktische Ausdrücke.* Deixis schlägt sich auf grammatischer Ebene in vielen Sprachen in den Kategorien Person und Tempus nieder: Im Deutschen werden beispielsweise Verwendung und Interpretation (in diesem Fall die Referenz) von ‚ich‘ und ‚du‘ durch die Übernahme der einen kommunikativen Rolle durch den Sprecher und die Zuweisung der Rolle des Angesprochenen an den Gesprächspartner bestimmt; und die Verwendung eines bestimmten Tempus ist (so wollen wir annehmen, wenn es auch in Wahrheit viel komplizierter ist) vom Zeitpunkt der Äußerung abhängig. Auch die Demonstrativpronomen ‚dieser‘ und ‚jener‘ und, zumindest in bestimmten Verwendungssituationen, der bestimmte Artikel haben deiktischen Charakter. Dasselbe gilt für temporale und lokative Adverbien wie ‚nun‘, ‚dann‘, ‚morgen‘, ‚hier‘, ‚dort‘. Dies sind nur die auffälligsten Beispiele für deiktische Kategorien und deiktische Lexeme. Tatsächlich läßt sich das Phänomen Deixis in der Grammatik und im Vokabular natürlicher Sprachen überall wiederfinden.

5.6. Formale Semantik

Obwohl der Terminus ‚formale Semantik‘ in einer sehr allgemeinen Auslegung für eine ganze Reihe verschiedener Ansätze zur Erforschung von Bedeutung angewendet werden könnte, benutzt man ihn heute doch gewöhnlich speziell zur Bezeichnung eines bestimmten Teilbereichs der Semantik, der sich mit *Wahrheitsbedingungen* von Sätzen auseinandersetzt. Er erwuchs aus der Arbeit von Logikern, die speziell entwickelte formale Sprachen erforschten, und wurde in letzter Zeit auch zur Erforschung natürlicher Sprachen herangezogen. Davon soll hier die Rede sein. Die so verstandene formale Semantik gilt allgemein als komplementäre Disziplin zur *Pragmatik,* die ihrerseits unterschiedlich definiert wird: als Erforschung konkreter Äußerungen; als Untersuchung sprachlicher Einheiten eher auf ihren Gebrauch als auf ihre Bedeutung hin; als Untersuchung jenes Aspekts von Bedeutung, der nicht allein durch Wahrheitsbedingungen faßbar ist; als Erforschung von Performanz im Gegensatz zu Kompetenz usw.

Wir wollen mit der Unterscheidung zwischen dem Wahrheitswert einer *Proposition* und den Wahrheitsbedingungen eines Satzes beginnen. Über Propositionen muß nur gesagt werden, daß sie behauptet oder negiert werden können; daß sie bekannt sein können, geglaubt oder bezweifelt werden können; daß sie in Paraphrasen und Übersetzungen erhalten bleiben können; und daß jede Proposition entweder wahr oder falsch ist. Die Wahrheit oder Falschheit einer Proposition ist ihr Wahrheitswert, und dieser ist unveränderlich. Wir können unsere Ansicht über die Wahrheit einer Proposition ändern: Wir können z. B. zu einer Zeit annehmen, die Erde sei flach, und später, zu Recht oder zu Unrecht, zu der Überzeugung gelangen, daß dies nicht der Fall sei. Aber das bedeutet nicht, daß eine einstmals wahre Proposition rückwirkend falsch geworden ist. Es ist wichtig, sich dies zu verdeutlichen.[1]

[1] Was hier über Propositionen gesagt wird, hängt teilweise von einer bestimmten Grundauffassung ab. Andere Definitionen von ‚Proposition' würden jedoch den Kern der in diesem Abschnitt gemachten Aussagen nicht beeinträchtigen.

Die meisten Sätze haben, für sich genommen, keinen Wahrheitswert. Wie wir im vorangegangenen Teil gesehen haben, hängt die Proposition, die sie übermitteln, im allgemeinen von der Referenz der deiktischen und nichtdeiktischen referierenden Ausdrücke ab, die sie enthalten. So kann beispielsweise der Satz

(1) Mein Freund ist gerade angekommen

zur Behauptung unbegrenzt vieler wahrer und falscher Propositionen verwendet werden – kraft der variablen Referenz von ‚mein Freund' (was den deiktischen Ausdruck ‚mein' einschließt) und kraft des deiktischen Charakters des Wortes ‚gerade' und des Perfekts. Sätze können jedoch *Wahrheitsbedingungen* haben: d. h. eine genau spezifizierbare Aufstellung der Bedingungen, die den Wahrheitswert der in Sätzen übermittelten Propositionen bestimmen, wenn diese für Aussagen verwendet werden. Um das klassische Standardbeispiel zu nennen (das von dem Logiker Tarski, einem gebürtigen Polen, stammt):

(2) ‚Schnee ist weiß' ist genau dann wahr, wenn Schnee weiß ist.

In Satz (2) liegt eine Aussage in deutscher Sprache über deutsche Sprache vor, aber wir können im Prinzip jede Sprache (eine *Metasprache*) dazu verwenden, über sie selbst oder eine andere Sprache (die *Objektsprache*) zu sprechen, vorausgesetzt, daß die Metasprache über das notwendige theoretische Vokabular verfügt, wie z. B. ‚wahr', ‚Bedeutung' usw. Was in (2) in Anführungszeichen eingeschlossen ist, ist ein deutscher Aussagesatz; und der ganze Satz (2) informiert uns darüber, unter welchen Bedingungen dieser Satz der Objektsprache verwendet werden kann, um eine wahre Aussage über die Welt zu machen – welche Bedingungen die Welt sozusagen erfüllen muß, damit die durch ‚Schnee ist weiß' übermittelte Proposition wahr ist. Was (2) oder jedes ähnliche Beispiel leistet, ist, die intuitiv offen erkennbare Beziehung zwischen Wahrheit und Realität herauszustellen und explizit zu machen. Die formale

Semantik akzeptiert diese Verknüpfung. Sie akzeptiert auch das weitere Prinzip, daß, die Bedeutung eines Satzes zu kennen, gleichbedeutend damit ist, seine Wahrheitsbedingungen zu kennen.

Aber dies führt uns nicht sehr weit. Wir erlernen die Wahrheitsbedingungen von Sätzen mit Sicherheit nicht dadurch, daß wir jeden Satz mit den Gegebenheiten der Welt vergleichen. Von allem anderen abgesehen, bilden sowohl die Sätze natürlicher Sprachen als auch die Gegebenheiten der Welt undefinierbar große und vielleicht sogar unendlich große Mengen. Die Leistung der formalen Semantik besteht darin, die Bedeutung von Lexemen nach ihrem Anteil zu definieren, den sie am Zustandekommen der Wahrheitsbedingungen von Sätzen haben, und eine genau festgelegte Prozedur für die Berechnung der Wahrheitsbedingungen jedes beliebigen Satzes auf der Grundlage der Bedeutung der ihn konstituierenden Lexeme und seiner grammatischen Struktur zur Verfügung zu stellen. Damit dürfte deutlich sein, daß die formale Semantik ganz natürlich mit der einen oder anderen Ausprägung der generativen Grammatik verknüpft ist (vgl. 7.4).

Es steht außer Zweifel, daß zwischen deskriptiver Bedeutung und Wahrheit ein innerer Zusammenhang besteht. Man kann auch davon ausgehen, daß, falls ein Satz Wahrheitsbedingungen hat, die Kenntnis seiner Bedeutung gleichbedeutend ist mit dem Wissen darüber, welche Gegebenheiten in der Welt er zu beschreiben vorgibt (vorausgesetzt, der Satz wird dazu verwendet, eine Aussage zu machen). Aber keinesfalls folgt daraus, daß alle Sätze Wahrheitsbedingungen haben und daß sich ihre ganze Bedeutung in Wahrheitsbedingungen erschöpft.

Wie wir im letzten Teil gesehen haben, muß zwischen Satzbedeutung und Äußerungsbedeutung unterschieden werden – wobei die erstgenannte letztlich durch die letztgenannte mit Hilfe des Begriffs des charakteristischen Gebrauchs bestimmt wird. Wenigstens auf den ersten Blick könnte es den Anschein haben, als hätten nur Aussagesätze Wahrheitsbedingungen (wegen ihrer typischen Anwendung in deskriptiven Aussagen). Nicht-Aussagesätze verschiedener Art – besonders Befehls- und Fragesätze – werden nicht in erster Linie dazu verwendet, Aussagen zu machen. Und dennoch müssen wir, wenn wir nicht dazu bereit sind, einen absurd eingeengten Bedeutungsbegriff zu benutzen, zugeben, daß sie nicht weniger bedeutungsvoll als Aussagesätze sind und daß fernerhin der Bedeutungsunterschied zwischen einander entsprechenden Aussagesätzen und Nicht-Aussagesätzen systematisch und gleichbleibend ist, wo immer solche Entsprechungen auftreten (z. B. zwischen ‚Mein Freund ist gerade angekommen' und ‚Ist mein Freund gerade angekommen?'). Einige Lösungen für dieses Problem sind im Rahmen der formalen Semantik angeboten worden.

Eine dieser Lösungen geht davon aus, daß man Nicht-Aussagesätze als logische Entsprechungen zu der speziellen Gruppe von Aussagesätzen ansieht, die der Philosoph J. L. Austin als *explizit performativ* bezeichnet hat, z. B. zu Sätzen wie

(3) Ich verspreche, dir 5 DM zu zahlen
(4) Ich taufe dieses Schiff ‚Hamburg',

deren primäre Funktion nicht in der Beschreibung eines äußerlichen und unabhängigen Ereignisses besteht, sondern die konstitutiver und wirksamer Teil der Handlung sind, in die sie eingebettet sind. Austins Begriff der Performativa bildete den Ausgangspunkt für die Theorie der Sprechakte (die in 5.5 bereits erwähnt, aber noch nicht erläutert wurde). Geht man von dem Vorschlag aus, daß Nicht-Aussagesätzen derselbe logische Status wie explizit performativen Sätzen zugebilligt werden solle, so kann man sagen, daß ‚Ist die Tür offen?' logisch äquivalent ist (d.h. dieselben Wahrheitsbedingungen aufweist) mit

(5) Ich frage, ob die Tür offen ist,

daß ‚Öffne die Tür' logisch äquivalent ist mit

(6) Ich befehle dir, die Tür zu öffnen

usw. Aber Austin sagte, daß Sätze wie (3) und (4) keine Wahrheitsbedingungen haben, wenn sie performativ verwendet werden. (Ganz offensichtlich können sie auch dazu verwendet werden, direkt beschreibende Aussagen zu machen.) Austins Auffassung ist von einigen Vertretern der formalen Semantik angegriffen worden. Ob wir nun sagen, daß solche Sätze Wahrheitsbedingungen haben oder nicht, ihr Status unterscheidet sie immer noch von denjenigen, die wir etwa als gewöhnliche Aussagesätze bezeichnen können. Und viele Linguisten haben die Ansicht vertreten, daß es unsinnig sei zu versuchen, (5) und (6) als grundlegendere Formen zu behandeln als ‚Ist die Tür offen?' und ‚Öffne die Tür'.

Andere Probleme ergeben sich aus den sogenannten *deiktischen Ausdrükken*. Alle deutschen Aussagesätze (ebenso wie viele Nicht-Aussagesätze) tragen eine Tempusmarkierung, und viele von ihnen enthalten kontextabhängige Ausdrücke verschiedener Art, deren Referenz durch Deixis bestimmt ist. Selbst Tarskis Beispiel, (2), ist in dieser Hinsicht täuschend einfach und gleichzeitig in hohem Grade unrepräsentativ für deutsche Aussagesätze. Es verläßt sich auf unsere Annahmen bezüglich der intendierten Interpretation des objektsprachlichen Satzes ‚Schnee ist weiß' und des metasprachlichen Gliedsatzes ‚genau dann [. . .], wenn Schnee weiß ist'. Aber beide können eine deiktische Interpretation haben („Schnee ist (möglicherweise) zur Zeit und am Ort der Äußerung weiß") und ebenso eine nicht-deiktische (oder generische) Interpretation („Schnee ist (von Natur aus) immer und überall weiß"), die Tarski wohl ursprünglich im Auge hatte. Die Existenz von Deixis – und ihr Vorherrschen in natürlichen Sprachen – nehmen der Anwendung einer semantischen Wahrheitswerttheorie in der Linguistik nicht ihre Bedeutung. Sicherlich erzeugt sie aber ganz beträchtliche technische Komplikationen bei deren Anwendung.

Gleiches gilt für die Tatsache, daß sehr viele Lexeme der natürlichen Sprachen in ihrer Bedeutung mehr oder weniger vage und unbestimmt sind. So könnten wir beispielsweise behaupten, daß in einem gegebenen Äußerungskontext (1) eine Proposition wiedergibt, die entweder wahr oder falsch ist. Aber innerhalb eines wie kurzen zurückliegenden Zeitraums muß die Ankunft des Referenzobjekts von ‚mein Freund' sich ereignet haben, damit die Aussage, er sei ‚gerade' angekommen, wahr ist? Das Wort ‚gerade' ist ein typisches Beispiel für solche Probleme.

Dies sind nur einige Probleme, die die Anwendung der formalen Semantiktheorie bei der Analyse der Bedeutung in natürlichen Sprachen komplizieren, wenn nicht gar letzten Endes wertlos machen. Es ist schon oben (vgl. 5.1) deutlich geworden, daß der Verfasser dieses Buches zu einem umfassenderen Bedeutungsbegriff neigt, der der deskriptiven Bedeutung keinen theoretischen Vorrang gegenüber der nicht-deskriptiven Bedeutung einräumt. Nichtsdestoweniger muß aber betont werden, daß schon allein der Versuch, die Begrifflichkeit der formalen Semantik auf die konkret beobachtbaren Phänomene in natürlichen Sprachen, für die sie nicht allzu gut geeignet erscheint, anzuwenden, unser Verständnis der Phänomene schärft, ganz gleich, ob der Versuch gelingt oder nicht. Dies hat sich in den vergangenen Jahren immer wieder erwiesen.

Und weiter: Selbst wenn wir zu der Ansicht kommen, daß Bedeutung mehr ist als das, was sich mit der Wahrheitswertsemantik fassen läßt, so ändert dies natürlich nichts an der Tatsache, daß Sinn und Denotation lexemischer und nicht-lexemischer Ausdrücke mittels Wahrheitsbedingungen formalisiert werden können, wobei die Unbestimmtheit vieler Lexeme (vgl. 5.3) angemessen zu berücksichtigen ist. Wenn zwei Sätze (in allen möglichen Welten) dieselben Wahrheitsbedingungen haben, dann haben sie dieselbe deskriptive Bedeutung: vgl. ‚Hannes öffnete die Tür' und ‚Die Tür wurde von Hannes geöffnet'. Wenn zwei Ausdrücke in Sätzen mit gleichen Wahrheitsbedingungen gegeneinander austauschbar sind, so sind die fraglichen Ausdrücke deskriptiv synonym: Sie haben denselben Sinn. Die formale Semantik hat vieles von dem präzisiert, was in den traditionellen Ansätzen zur Erforschung von Bedeutung ungenau ausgedrückt oder einfach als selbstverständlich vorausgesetzt worden war. Und was nicht weniger wichtig ist, sie stellt einen ernsthaften Versuch dar, das mit Inhalt zu füllen, was eher programmatisch am Anfang eines vorangegangenen Abschnitts ausgesagt wurde (5.4): Die Bedeutung eines Satzes ist Produkt sowohl seiner lexikalischen als auch seiner grammatischen Bedeutung. Die formale Semantik leistet dies, indem sie präzise die Art und Weise zu formulieren versucht, in der die beiden Arten von Bedeutung zusammenwirken.

6. Sprachwandel

6.1. *Historische Linguistik*

Was wir heute als historische Linguistik bezeichnen, hat sich, zumindest in seinen Grundzügen, im Laufe des 19. Jahrhunderts entwickelt (vgl. 2.1).

Schon lange waren sich Gelehrte der Tatsache bewußt gewesen, daß Sprachen sich im Laufe der Zeit verändern. Sie wußten auch schon, daß viele der modernen Sprachen Europas sich auf irgendeine Weise aus älteren Sprachen entwickelt haben. So war es z.B. bekannt, daß das Englische aus dem Angelsächsischen hervorgegangen ist und daß die Sprachen, die wir heute die romanischen Sprachen nennen – Französisch, Spanisch, Italienisch usw. – alle ihren gemeinsamen Ursprung im Lateinischen haben. Doch war man sich bis zur Erarbeitung der Prinzipien der historischen Linguistik nicht allgemein darüber im klaren, daß der Sprachwandel eine *universale* (d.h. allen Sprachen eigene), *kontinuierliche* und zu einem erheblichen Grade *regelmäßige* Erscheinung ist.

Jeder dieser drei Aspekte des Sprachwandels wird noch genauer zu untersuchen sein. Hier sei angemerkt, daß der universale und kontinuierliche Charakter des Sprachwandlungsprozesses – die Tatsache also, daß ihm alle lebenden Sprachen unterworfen sind und daß er sich unablässig fortsetzt – den meisten Menschen durch die konservative Grundtendenz in den wesentlichen Literatursprachen Europas und die präskriptive Ausrichtung der traditionellen Grammatik verborgen blieb (vgl. 2.4). Die Stellung des Lateinischen ist in diesem Zusammenhang besonders wichtig. Es war in Westeuropa seit Jahrhunderten als Sprache der Wissenschaften, der Verwaltung und der internationalen Diplomatie benutzt worden. Seit der Renaissance war es allmählich in diesen Funktionen zurückgetreten gegenüber den sich herausbildenden romanischen Sprachen, wie auch gegenüber anderen Sprachen nicht-lateinischen Ursprungs: Englisch, Deutsch, Niederländisch, Schwedisch, Dänisch usw. Seit dem 19. Jahrhundert war das Lateinische nahezu eine tote Sprache, aber es genoß damals noch immer ein Ansehen, das es vor den meisten anderen Sprachen auszeichnete. Bei traditionell ausgerichteten Grammatikern genießt es dieses Prestige noch heute. Die besondere Bedeutung des Lateinischen im Rahmen unseres Themas besteht darin, daß Sprachwissenschaftler bis lange nach der Renaissance der Ansicht sein konnten, es habe als lebende Sprache mehr oder weniger unverändert 2000 Jahre überdauert und sei über diese lange Zeitspanne hinweg dadurch, daß es ausschließlich von der gebildeten Schicht benutzt wurde, und durch die Regeln und Vorschriften der Grammatiker vor dem Verfall bewahrt worden. Wie wir gesehen haben, nahm man in der auf die Renaissance folgenden Zeit eine ganz ähnliche Haltung gegenüber den modernen Literatursprachen Europas ein, als diese sich herausbildeten – oder, genauer, als man sie als Sprachen anerkannte, die auch für literarische Zwecke geeignet schienen.

Sprachen, die auch in einer literarischen Schriftform vorlagen, standen in höherem Ansehen als Nicht-Literatursprachen und Dialekte; und die Grammatiker neigten dazu, jede Abweichung, die sie zwischen der Literatur- und der Umgangssprache oder zwischen der Standardsprache und nicht dem Standard entsprechenden Dialekten feststellten, zu verurteilen und der Nachlässigkeit oder einem Mangel an Bildung zuzuschreiben. Wenn überhaupt, so ist nur von wenigen die Bedeutung der Tatsache erkannt worden, daß sich die Übermittlung der europäischen Literatursprachen von Generation zu Generation grundsätzlich auf andere Weise vollzieht als das Erlernen der Muttersprache im Kindesalter. Man schenkte auch der Tatsache nicht genügend Beachtung, daß im Falle vieler moderner Sprachen, insbesondere des Englischen und des Französischen, die Orthographie, die noch immer auf der Aussprache früherer Jahrhunderte basiert, viele der phonetischen und phonologischen Veränderungen, die in diesen Sprachen stattgefunden haben, verschleiert. Wenn wir Englisch oder Französisch lesen und schreiben können, so haben wir relativ geringe Schwierigkeiten, Shakespeare oder Ronsard zu lesen. Aber wir fänden ihre Werke vermutlich mehr oder weniger unverständlich, würden sie uns in der Aussprachevariante ihrer Autoren vorgetragen. Erst nachdem im Laufe des 19. Jahrhunderts, in jener Spanne zwischen den zwanziger und siebziger Jahren, die wir heute gern als das klassische Zeitalter der historischen Linguistik betrachten, sehr viel detaillierte Arbeit geleistet worden war, gelangten die Linguisten zu einem besseren Verständnis des Verhältnisses von geschriebener zu gesprochener Sprache sowie desjenigen von Standard- zu Nicht-Standardsprachen.

Auf der Grundlage dieser eingehenden Forschung und durch Anwendung der sogenannten *vergleichenden Methode* (die unter Punkt 6.3 zu erläutern sein wird) wurde zweifelsfrei nachgewiesen, daß nicht nur alle großen europäischen Literatursprachen ursprünglich gesprochene Dialekte waren, sondern auch, daß ihre Entstehung und ihre Entwicklung nur mit den gleichen Prinzipien erklärt werden können, die auch den Erwerb und Gebrauch der entsprechenden gesprochenen Sprache bestimmen. Der Zwang traditioneller Einstellungen und Denkgewohnheiten der Gebildeten ist so stark, daß die meisten von uns, soweit sie nicht Fachleute sind, es noch immer schwierig finden, entsprechend diesen Prinzipien zu denken.

So fällt es uns z. B. oft schwer, die Bedeutung der Tatsache voll zu erfassen, daß Sprachen zwar zu einem bestimmten Zeitpunkt in der Geschichte aufhören können zu existieren, so daß wir metaphorisch durchaus sagen können, daß sie gestorben sind, daß es jedoch keinen Sinn ergibt, das gleiche organische oder biologische Bild umzudrehen und zu sagen, daß Sprachen geboren werden.[1]

[1] Vom Pidgin-English und von Kreolsprachen kann man vielleicht sagen, daß sie aus der Vereinigung von zwei ‚Elternsprachen' hervorgegangen sind, die mit den von ihnen abstammenden Sprachen gleichzeitig existieren (vgl. 9.3). Aber um diese mehr oder weniger akzeptable metaphorische Interpretation von ‚Elternschaft' und ‚Geburt' geht es hier nicht.

Diese Beobachtung verdient durchaus Beachtung, da, wie wir sehen werden, die Terminologie der historischen Linguistik durchgängig metaphorisch ist. Wir fassen Sprachen in *Familien* zusammen aufgrund ihrer gemeinsamen *Abstammung* von einer früheren *Ur(sprungs)sprache*; und wir sagen, daß Sprachen, die auf eine gemeinsame *Ursprache* zurückgeführt werden können, *genetisch verwandt* sind, wie ja die romanischen Sprachen insgesamt bis zum Lateinischen zurückverfolgt werden können. Als diese Termini im 19. Jahrhundert in die Sprachwissenschaft eingeführt wurden, wurden sie häufig – unter dem Einfluß der deutschen Romantik einerseits und der Evolutionstheorie Darwins andererseits – sehr viel wörtlicher verstanden, als dies normalerweise heutzutage der Fall ist. Es gilt zu begreifen, daß es keinen Zeitpunkt in der Geschichte gibt, zu dem sich, beispielsweise, das Angelsächsische plötzlich in das Englische verwandelt oder es geboren hätte; und auch keinen Zeitpunkt, zu dem das Lateinische die romanischen Sprachen geboren hätte, wohingegen es selbst noch als Gelehrtensprache über Jahrhunderte fortlebte. Und doch stellen sich Nicht-Linguisten die Entstehung der Sprachen in der Regel so vor.

Tatsächlich aber vollzieht sich die Umwandlung einer Sprache in eine andere nicht plötzlich, sondern allmählich. Daß wir die Geschichte der englischen Sprache in drei Epochen einteilen – Altenglisch (oder Angelsächsisch), Mittelenglisch und Neuenglisch – und sie entweder als drei verschiedene Sprachen oder als drei Entwicklungsstufen derselben Sprache betrachten, ist vor allem ein Ergebnis von Konvention und willkürlichen Entscheidungen. Dafür, daß wir die Trennungslinien da ziehen, wo wir es tun, gibt es sowohl sprachinterne wie außersprachliche Gründe. Wir wollen die Entwicklung von einer regional begrenzten Variante zur weltweit verbreiteten Sprache am Beispiel des Englischen betrachten. Das heutige Standardenglisch geht in den Grundzügen seiner Phonologie und Grammatik sowie in einem großen Teil seines Wortschatzes auf den Londoner Dialekt zurück, der, da sich in unmittelbarer Nachbarschaft drei der vier wichtigsten angelsächsischen Dialektgebiete berührten – das mercische, das westsächsische und das kentische Sprachgebiet –, Elemente von allen dreien enthielt. Außerdem enthielt er einige Einzelmerkmale, die sich aus dem vierten Hauptdialekt, dem Nordhumbrischen herleiten – insbesondere die heutigen Formen *they, their, them* und die meisten Wörter, die mit *sk-* beginnen (‚skill', ‚sky', ‚skin', ‚skirt' usw.) –, das seit dem 9. Jahrhundert stark von der Sprache der Wikinger beeinflußt war.

Nach der normannischen Eroberung im Jahr 1066 diente für ungefähr eineinhalb Jahrhunderte den herrschenden Klassen das Französische als Kultur- und Verwaltungssprache. Und als zu Beginn des 13. Jahrhunderts das Englische wieder als Literatursprache benutzt wurde, unterschied es sich sehr deutlich vom Angelsächsischen der früheren Epoche. Abgesehen von anderen Veränderungen war das, was wir heute als Mittelenglisch bezeichnen, unter den Einfluß des Französischen geraten, das Wortschatz und Grammatik tief geprägt hatte. Chaucer z. B. schrieb im mittelenglischen Dialekt Londons, der zu jener Zeit begann, sich aufgrund der politischen und wirtschaftlichen Bedeutung der Hauptstadt als Standardnationalsprache durchzusetzen. Am Ende des Hundertjährigen Krieges, im 15. Jahrhundert, war England sich seiner eigenen unabhängigen nationalen Identität sehr bewußt geworden und hatte sich aus einem Feudalstaat zu einer Gesellschaft mit einem gebildeten, wohlhabenden und immer mächtiger werdenden Bürgertum entwickelt. Dieser Umstand war ein wichtiger Faktor für die Herausbildung und zunehmende Standardisierung des Mittelenglischen als Literatursprache.

Die Wende vom Mittelenglischen zum Neuenglischen vollzog sich in der Renaissance, die England im späten 15. Jahrhundert erreichte. Eine der wichtigsten Folgen auf kulturellem Gebiet war die Wiederbelebung des Lateinischen als Literatursprache. Doch war diesem Phänomen nur eine relativ kurze Dauer beschieden. Obwohl das Lateinische bis weit ins 19. Jahrhundert hinein hohes Bildungsprestige genoß, wurden dennoch die bedeutendsten literarischen Werke der elisabethanischen und nach-elisabethanischen Epoche, unter ihnen Shakespeares Dramen und Miltons *Paradise Lost*, auf Englisch geschrieben. Inzwischen begann Großbritannien, eine immer gewichtigere Rolle in der Weltpolitik zu spielen. Im 17. Jahrhundert wurden englischsprachige Kolonien in Nordamerika gegründet. Und im 19. Jahrhundert war Englisch nicht nur die Sprache der Verwaltung, des höheren Bildungswesens und der Geschäftswelt in den Vereinigten Staaten, in Kanada, Australien und Neuseeland, wo es nun die Muttersprache der meisten in Politik und Wirtschaft dominierenden Siedler und ihrer Nachkommen war, sondern auch in Indien und anderen asiatischen und afrikanischen Ländern innerhalb des Empire. Seit der Renaissance ist das Englische zur Weltsprache geworden, auf ziemlich die gleiche Weise wie das Lateinische in der sogenannten alten Welt, Nordafrika und Teilen von Asien fast 2000 Jahre früher und auch aus ziemlich den gleichen Gründen. Aber sowohl die lateinische als auch die englische Sprache waren ursprünglich nichts anderes als die örtlichen Dialekte kleiner Stämme, in dem einen Falle eines italischen, im anderen eines germanischen Stammes, und sie unterschieden sich in keinem sprachintern relevanten Detail von den verwandten italischen bzw. germanischen Dialekten der Nachbarstämme.

Dieser kurze und stark vereinfachte Überblick über die Entwicklung und Ausbreitung des Englischen soll dazu dienen, die allgemeine Erkenntnis zu verdeutlichen, daß es zwar gute Gründe dafür geben mag, die innere und äußere Entwicklungsgeschichte einer Sprache in mehr oder weniger klar abgegrenzte Perioden einzuteilen, daß aber der Prozeß des Sprachwandels an sich kontinuierlich ist. Die Illusion der Diskontinuität z.B. zwischen dem Angelsächsischen und dem Mittelenglischen und, in geringerem Maße, zwischen dem Mittelenglischen und dem Neuenglischen entsteht durch das Zusammentreffen mehrerer Faktoren, wie z.B. einerseits der Lücken in der historischen Überlieferung zwischen identifizierbaren Perioden und andererseits der sich über lange Zeiträume hinweg erstreckenden relativen Stabilität von Literatursprachen. Wir besitzen nur sehr wenige außerliterarische schriftliche Zeugnisse der verschiedenen angelsächsischen und mittelenglischen Dialekte. Aber wir können zweier Dinge gewiß sein: erstens, daß die Dialekte des gesprochenen Englisch von den frühesten Anfängen an weniger homogen und weniger säuberlich voneinander zu trennen waren, als die traditionellen Darstellungen der englischen Sprachgeschichte, die sich nur auf literarische Quellen stützen, sie hinstellen; und zweitens, daß wir bei einer lückenlosen historischen Überlieferung irgendeines gesprochenen Dialekts, sei es nun der Londons oder der eines kleinen, entlegenen Dorfes, keinen Zeitpunkt fixieren könnten, zu dem der betreffende Dialekt sich plötzlich von dem einer Periode in den einer neuen verwandelt hätte. Sprachen verändern sich in einigen Epochen schneller als in anderen. Sogar Literatursprachen wandeln sich im Laufe der Zeit; und gesprochene Sprachformen, wie man sie als Kind lernt und später häufig anwendet – lebende Sprachen im vollen Sinne des Wortes –, verändern sich noch offensichtlicher als Formen der (literarischen) Schriftsprache. Überdies ist keine lebende Sprache ganz einheitlich (vgl. 1.6); und dies ist, wie wir noch sehen werden, entscheidend für die Erklärung des Sprachwandels.

Im folgenden wollen wir mit einer Darstellung historischer Linguistik beginnen, wie sie (mit Ausnahme einiger Details, die erst kürzlich ans Licht kamen oder sich besonders auf die gegenwärtige Situation beziehen) von einem der sogenannten Junggrammatiker oder einem ihrer Nachfolger stammen könnte. Die Junggrammatiker waren eine Gruppe von Sprachwissenschaftlern, die im späten 19. Jahrhundert an der Universität Leipzig arbeiteten und im großen und ganzen für die Formulierung der Prinzipien und Methoden der historischen Sprachwissenschaft verantwortlich sind, die seither zur Richtschnur der meisten Forschungen auf diesem Gebiet geworden sind. Als diese Prinzipien und Methoden damals zum ersten Mal verkündet wurden, waren sie umstritten. Und viel von der Kritik, die sich damals auf sie richtete, war, wie wir heute wissen, berechtigt. Dennoch beherrschten sie beinahe unangefochten fast hundert Jahre lang das Feld. Und sie bestimmen noch immer einen gut Teil der gängigen Vorstellungen der Linguisten über den Sprachwandel und sind Grundlage aller Standarddarstellungen der Sprachfamilien in Enzyklopädien und anderen Nachschlagewerken. In späteren Abschnitten dieses Kapitels werden einige Prinzipien der Junggrammatiker in Frage gestellt und im Lichte jüngerer Forschungsergebnisse neu formuliert werden.

6.2. *Sprachfamilien*

Die Behauptung, daß zwei oder mehrere Sprachen zu derselben Familie gehören – daß sie genetisch verwandt sind –, impliziert, daß sie divergierende Varianten, Abkömmlinge einer gemeinsamen *Ursprache* sind.

In den meisten Fällen haben wir keine direkte Kenntnis von der Ursprache, von der die Mitglieder einer bestimmten Sprachfamilie oder eines ihrer Zweige abstammen. Die romanischen Sprachen sind in dieser Beziehung sehr untypisch: Obgleich sich der lateinische Dialekt, von dem sie abstammen, in vielen Einzelheiten der Grammatik und des Wortschatzes von dem noch stärker umgangssprachlich geprägten, überlieferten Text unterschieden haben muß, haben wir doch eine ungleich genauere Vorstellung von der Struktur jenes Dialekts, den wir vielleicht *Urromanisch* nennen könnten, als von den meisten anderen Ursprachen.

Allgemein gesprochen sind Ursprachen hypothetische Konstrukte, und für ihre Existenz gibt es keinen genauen Beweis; gleichwohl geht man davon aus, daß sie einmal existiert und eine bestimmte Struktur aufgewiesen haben, um die genetische Verwandtschaft zweier oder mehrerer bezeugter Sprachen zu erklären. *Urgermanisch* wird z.B. angesetzt als Vorfahr der germanischen Sprachen (Englisch, Deutsch, Niederländisch, Dänisch, Isländisch, Norwegisch, Schwedisch usw.) und *Urslawisch* als Vorfahr der slawischen Sprachen (Russisch, Polnisch, Tschechisch, Slowakisch, Serbokroatisch, Bulgarisch usw.). In beiden Fällen besitzen wir schriftliche Zeugnisse, die ein Licht auf die frühere Geschichte der Sprachfamilie werfen. Für das Germanische haben wir neben einigen frühen Inschriftfragmenten die gotische Bibelübersetzung aus dem 4. Jahrhundert (im Dialekt der Westgoten, die damals an der unteren Donau siedelten), recht umfangreiche literarische Texte in den verschiedenen angelsächsischen (oder altenglischen) Dialekten aus der Zeit vom 6. bis zum 11. Jahrhundert, die Texte der altisländischen (oder altnordischen) Sagas des 12. Jahrhunderts, althochdeutsche Texte aus der zweiten Hälfte des 8. Jahrhunderts usw. Für das Slawische sind die ältesten Texte, auf die wir zurückgreifen können, die kirchenslawischen Texte aus dem 9. Jahrhundert. In keinem der beiden Fälle haben wir jedoch etwas, das der postulierten Ursprache so nahekäme, wie die Sprache der uns überlieferten lateinischen Texte der vermutlich volkstümlicheren lateinischen Sprachform (oft auch Vulgärlatein genannt) nah verwandt gewesen sein muß, die wir hier Urromanisch nennen.

Auf der Grundlage dieser vorhandenen Überlieferung und durch Anwendung der Prinzipien, die im Laufe des 19. Jahrhunderts ausgearbeitet und von den Junggrammatikern in ihren Grundzügen formuliert wurden, können Sprachwissenschaftler einen recht großen Teil des Lautsystems und einiges von der grammatischen Struktur des Urgermanischen und des Urslawischen mit einem ziemlich hohen Wahrscheinlichkeitsgrad *rekonstruieren.* Sie können auch Zwischenstufen der Entwicklung der dokumentierten Glieder einer bestimmten Sprachfamilie aus der postulierten gemeinsamen Ursprache rekonstruieren. Abb. 3 zeigt z. B. eine schematische Darstellung der Entwicklung der in ihrer Existenz als gesichert angesehenen, noch heute gesprochenen germanischen Sprachen und des Gotischen, das im frühen Mittelalter zu verfallen begann und einige Jahrhunderte später schließlich ganz ausstarb (um Platz für einen der slawischen Dialekte zu machen). Man sieht, daß das Englische, das, wie wir im vorangehenden Abschnitt feststellten, bereits zur Zeit der frühesten Überlieferung dialektal differenziert war, in höherer Verwandtschaft zum Friesischen als zum Niederländischen oder Deutschen dargestellt ist und wiederum den beiden letzteren Sprachen näher verwandt ist als dem Skandinavischen. Das Friesische ist einmal sehr viel weiter verbreitet gewesen als heute. Obwohl es nicht in demselben Sinn wie alle anderen in Abb. 3 dargestellten Sprachen Nationalsprache geworden ist, hat es doch in der Provinz Friesland im Norden der Niederlande offiziellen Status, wo es allerdings wenigstens im Wortschatz stark vom Standardniederländischen beeinflußt wird. Nicht nur das Deutsche, sondern alle in Abb. 3 aufgeführten modernen Sprachen existieren in mehreren Dialekten; und sehr häufig ist der Übergang zwischen dem einen und dem anderen nicht scharf, sondern fließend. Wie wir später noch sehen werden, birgt das traditionelle *Stammbaumschema* der Sprachverwandtschaft die Gefahr in sich, die Tatsachen zu stark zu vereinfachen, wenn nicht

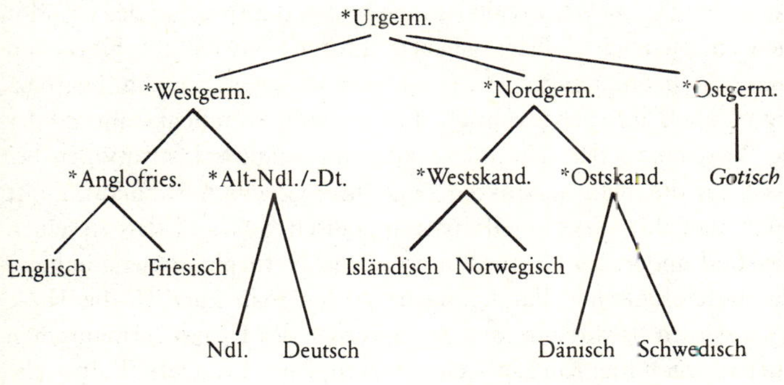

Abbildung 3: Die germanischen Sprachen. Rekonstruierte Ursprachen sind durch ein Sternchen gekennzeichnet; die Namen ausgestorbener Sprachen sind kursiv gedruckt. Urgerm. = Urgermanisch; Westgerm. = Westgermanisch; Nordgerm. = Nordgermanisch; Ostgerm. = Ostgermanisch; Anglofries. = Anglofriesisch; Alt-Ndl./-Dt. = Alt-Niederländisch/-Deutsch; Westskand. = Westskandinavisch; Ostskand. = Ostskandinavisch; Ndl. = Niederländisch. (Auf eine Feindifferenzierung ist verzichtet worden: so wurden z. B. Hoch- und Niederdeutsch nicht unterschieden und ältere Sprachstufen moderner Sprachen – Angelsächsisch, Althochdeutsch usw. – nicht aufgenommen.)

gar völlig zu verdrehen, da es die Phänomene der Konvergenz und Diffusion nicht erfaßt und statt dessen die Sprachverwandtschaft als Ergebnis eines notwendigen und kontinuierlichen Divergierungsprozesses darstellt.

Gehen wir noch weiter zurück und beziehen wir ein noch größeres Korpus von Quellen in die Betrachtung mit ein: die hethitischen Inschriften aus Kleinasien (entziffert 1915), die griechischen Schrifttafeln aus Mykene (entziffert 1952) und, als Beleg für das früheste Sanskrit, die Hymnen der Veda – alles Zeugnisse, die auf die Mitte des 2. Jahrhunderts v. Chr. datiert werden können. Aus ihnen können wir das phonologische System und einiges von den grammatischen Merkmalen und vom Wortschatz des *Urindogermanischen* teilweise rekonstruieren, jenem hypothetischen Vorläufer des Urgermanischen, Urslawischen, Urkeltischen, Uritalischen, Urindoiranischen usw. und letztendlich aller indogermanischen Sprachen, der alten wie der neueren.

Wir können das Urindogermanische sogar mehr oder weniger zuverlässig zeitlich und räumlich eingrenzen: im 4. vorchristlichen Jahrtausend in den Ebenen Südrußlands. Und wenn wir die sprachlichen mit archäologischen Zeugnissen zusammen betrachten, können wir auch etwas über die Kultur der Menschen aussagen, die diese Sprache gesprochen haben. So finden sich beispielsweise in der Mehrzahl der frühestbelegten indogermanischen Sprachen Wörter, die auf hypothetische Wurzelwörter wie ‚Pferd', ‚Hund', ‚Kuh', ‚Schaf' usw. zurückgeführt werden können. Daß der erschlossene Wortschatz des Urindogermanischen diese Wörter neben solchen enthält, die mit Tätigkeiten wie dem Spinnen, Weben, Pflügen und anderen Beschäftigungen in Ackerbau und Viehzucht zu tun haben, beweist recht eindeutig, daß die Sprecher des Urindogermanischen ein ziemlich seßhaftes Leben führten. Wörter, die Flora und Fauna, klimatische Bedingungen usw. bezeichnen, machen es uns in begrenztem Umfang möglich, ihre geographische Heimat zu bestimmen, während der gemeinsame Wortschatz, der sich auf soziale und religiöse Institutionen bezieht, Schlüsse auf die mehr abstrakten Züge ihrer Gesellschaft zuläßt. Es ist z. B. ganz klar, daß ihre Gesellschaft patriarchalisch war und daß sie einen Himmelsgott und andere zu Gottheiten erhobene Naturphänomene anbeteten. Was die archäologischen Funde angeht, so hat man kürzlich die These aufgestellt, sie wiesen darauf hin, daß die Sprecher des Urindogermanischen die Träger der sogenannten Kurgan-Kultur waren, einer Bronzezeitkultur, die sich in der ersten Hälfte des 4. Jahrtausends von Südrußland aus westwärts und etwas später in östlicher Richtung bis nach Iran ausbreitete. Diese These, obwohl vielleicht die plausibelste der bisher zur Diskussion gestellten, ist jedoch nicht allgemein anerkannt. Und viele Forscher bezweifeln grundsätzlich die Möglichkeit, auf der Grundlage der vorhandenen Zeugnisse irgend etwas Definitives über Siedlungsraum und Kultur der Sprecher des Urindogermanischen aussagen zu können.

Der Grund, warum wir diese Frage überhaupt angeschnitten haben, liegt darin, daß die indogermanische Sprachfamilie einen herausragenden Platz in der historischen Linguistik einnimmt. Dies ist vielleicht zum Teil darauf zurückzuführen, daß, wie wir sahen, etliche der indogermanischen Sprachen schriftliche Zeugnisse hinterlassen haben, die Jahrhunderte, wenn nicht gar Jahrtausende zurückreichen. Obwohl viele der Beziehungen, die innerhalb der indogermanischen Sprachfamilie bestehen, zweifellos auch anhand der gesprochenen modernen Sprachen gezeigt werden könnten, hätten doch die Details dieser Beziehungen ohne das Zeugnis der älteren Texte nicht herausgearbeitet werden können (und das Urindogermanische hätte nicht so weitgehend rekonstruiert werden können, wie dies tatsächlich geschehen ist).

Zu sagen, es sei möglich, viele, wenn nicht alle modernen indogermanischen Sprachen als Mitglieder einer Familie zu betrachten, selbst wenn wir keine Zeugnisse der älteren Sprachstufen besäßen, hieße vorauszusetzen, daß der Gedanke, Sprachen in Familien einzuordnen, für uns nicht mehr neu ist und daß uns ferner schon eine verläßliche Methode zur Verfügung steht, Sprachen zu vergleichen und genetische Verwandtschaft aufzuzeigen. Dies führt uns zu dem zweiten Grund dafür, daß die indogermanische Sprachfamilie einen so besonderen Platz in der historischen Linguistik einnimmt: Eben diese Rekonstruktion des Urindogermanischen und der Zwischenstufen in der Entwicklung der einzelnen Zweige des Indogermanischen (besonders des germanischen Zweigs) lieferte den Anreiz und schließlich auch die Methodologie, auf der die historische Linguistik in ihrer uns heute geläufigen Form beruht. Man kann behaupten, daß nicht nur die historische, sondern die gesamte Linguistik als unabhängige wissenschaftliche Disziplin ihren Ursprung in dem hatte, was man etwas romantisch als die Suche des 19. Jahrhunderts nach der blauen Blume des Urindogermanischen bezeichnen mag.

Es ist üblich, die Geburtsstunde der Indogermanistik bei der Äußerung anzusetzen, die Sir William Jones (1746–1794) im Jahre 1786 über das Sanskrit, die Sprache der alten heiligen Schriften und Literatur Indiens, und seine Verwandtschaft mit dem Griechischen, Lateinischen und anderen Sprachen machte: „Wie alt das Sanskrit auch sein mag, es hat einen wundervollen Aufbau; es ist vollkommener als das Griechische, reichhaltiger als das Lateinische und übertrifft beide an erlesener Verfeinerung; jedoch ähnelt es in den Verbwurzeln und den grammatischen Formen den beiden anderen Sprachen zu sehr, als daß es sich um Zufall handeln könnte; die Ähnlichkeit ist so stark, daß kein Philologe das Sanskrit, das Griechische und das Lateinische untersuchen könnte, ohne zu glauben, daß diese Sprachen einer gemeinsamen Quelle entsprangen, die es vielleicht nicht mehr gibt. Ebenso berechtigt ein, wenn auch vielleicht nicht so zwingender, Grund zu der Annahme, daß auch das Gotische und Keltische, die sich zwar mit einer anderen Sprache gemischt haben, derselben Herkunft sind wie das Sanskrit; auch das Altpersische könnte derselben Familie zugerechnet werden."

Dieses berühmte Zitat enthält viel Bemerkenswertes. Eines muß jedoch besonders betont werden: Die These von der Verwandtschaft der Sprachen, der

Existenz einer Sprachfamilie, erschien zwar Jones am Ende des 18. Jahrhunderts als eine ganz offensichtliche Erklärung für die bemerkenswerte Ähnlichkeit, die er zwischen den klassischen Sprachen Europas und dem Sanskrit beobachtete, aber sie wäre in einer anderen Epoche oder für einen Betrachter mit unterschiedlicher Bildung und weniger liberaler Grundhaltung nicht so augenfällig gewesen. Evolutionäre Vorstellungen lagen in der Luft und waren seit der Mitte des 18. Jahrhunderts auch von Gelehrten wie Condillac (1715–1780), Rousseau (1712–1778) und Herder (1744–1803) für die Erforschung von Sprachen herangezogen worden, ganz zu schweigen von James Burnett (1714–1799), mit dem Sir William Jones damals korrespondierte. Als Folge der Expansion Europas in der auf die Renaissance folgenden Zeit hatte sich das Wissen über die Vielfalt der Sprachen auf der Welt gegen Ende des 18. Jahrhunderts vergrößert. Es war nicht länger möglich, gleichermaßen überzeugend die These zu verfechten, daß alle Sprachen strukturell ähnlich seien, wie dies frühere Generationen klassisch gebildeter Gelehrter getan hatten. Die Ähnlichkeiten zwischen dem Griechischen und Lateinischen waren jahrhundertelang als selbstverständlich hingenommen worden. Aber im Zusammenhang dessen, was inzwischen über die Sprachvielfalt bekannt geworden war, verlangte die Tatsache, daß das Sanskrit dem Griechischen und Lateinischen verblüffend ähnelt, nach einer Erklärung. Und jene Erklärung, die Sir William Jones und, nachdem er sie ihnen einmal vorgestellt hatte, auch seinen Zeitgenossen so natürlich erschien, wurde ihm durch eine Grundtendenz im europäischen Denken jener Zeit nahegelegt.

Man muß an dieser Stelle kurz auf die Wichtigkeit der neuen Geistesrichtung, der Romantik, die in Deutschland besonders starke Ausprägung fand, und ihre Querverbindungen zum entstehenden nationalen Denken hinweisen. Herder hatte die Ansicht vertreten, daß zwischen Sprache und Nationalcharakter ein enger Zusammenhang besteht. Dieser Gedanke hatte in Deutschland tiefe Wurzeln geschlagen und zur Schaffung eines geistigen Klimas beigetragen, in dem das Studium früherer Entwicklungsstadien der deutschen Sprache als integraler Bestandteil der Herausbildung und Festigung einer nationalen Identität der deutschsprachigen Völker betrachtet wurde.

In diesem Zusammenhang erscheint es wichtig, den Unterschied zwischen Sprache und Rasse hervorzuheben. Begriffe wie ‚germanisch' oder ‚indogermanisch' beziehen sich in erster Linie auf Sprachfamilien. Sie beziehen sich keinesfalls auf genetisch verschiedene Rassen in biologisch-anthropologischem Sinne. So etwas wie eine germanische oder indogermanische Rasse gibt es nicht und hat es nie gegeben. Soweit der Gebrauch dieser Begriffe in der historischen Linguistik die Existenz einer Urgermanisch oder Urindogermanisch sprechenden Sprachgemeinschaft an einem bestimmten historischen Zeitpunkt und Ort impliziert, kann man mit gutem Grund davon ausgehen, daß die Mitglieder dieser Sprachgemeinschaft sich selbst als derselben kulturellen und ethnischen Gruppe zugehörig empfunden haben. Der Besitz einer gemeinsamen Sprache ist und war wahrscheinlich immer ein bedeutendes Merkmal kultureller Identität und ethnischer Zugehörigkeit. Aber zwischen der genetisch definierten Rassenzugehörigkeit einerseits und Kultur oder ethnischer Zugehörigkeit andererseits gibt es nur partielle und zufällige Verbindungslinien.

Diese Feststellung muß aus zwei Gründen nachdrücklich unterstrichen werden. Zum einen sind Begriffe wie ‚germanisch' und ‚indogermanisch' – oder auch ‚nordisch' und ‚arisch' – oft rassisch oder sogar rassistisch interpretiert worden. Es ist Aufgabe der Linguisten und Anthropologen, die falschen Vorstellungen zu korrigieren, auf denen diese besondere Abart des Rassismus fußt. Es gibt überhaupt keine Grundlage dafür, an die rassische Verschiedenheit der Sprecher des Indogermanischen zu glauben, und erst recht gibt es keine Basis für die Behauptung rassischer Überlegenheit, die die Nazipropaganda in den dreißiger Jahren für ihre Zwecke erfand. Dasselbe gilt für Begriffe wie ‚keltisch', ‚slawisch', ‚englisch' oder ‚deutsch', überhaupt für alle Begriffe, die sich in erster Linie auf Sprachfamilien und Sprachen beziehen.

Ein zweiter (den soeben genannten unterstützender) Grund dafür, nachdrücklich zu betonen, daß es keine innere Verbindung zwischen Rasse und Sprache gibt, liegt darin, daß uns diese Tatsache eine bessere Vorstellung von der Entstehung von Sprachfamilien und damit auch von der Natur von Sprache ermöglicht. Wir wissen nicht, ob es jemals eine einzige Ursprache gegeben hat, von der alle menschlichen Sprachen in der gleichen Weise abstammen wie die germanischen Sprachen vom Urgermanischen und das Urgermanische seinerseits vom Indogermanischen. Wir können nicht einmal mit Sicherheit die indogermanischen Sprachen zu irgendeiner anderen der bisher erschlossenen Hauptsprachfamilien in Beziehung setzen. Es ist durchaus möglich, daß alle Sprachen auf eine einzige Ursprache in fernster Vergangenheit – vielleicht vor einer halben Million Jahre – zurückgehen und so, im fachwissenschaftlichen Sprachgebrauch, Mitglieder derselben Sprachfamilie sind. Andererseits lassen sich die zahlreichen, recht auffallenden strukturellen Entsprechungen in den Sprachen der ganzen Welt, die auf den ersten Blick die These von der Herkunft aus ein und demselben Ursprung zu bestätigen scheinen, genauso gut durch Ausbreitung *(Diffusion)* und Annäherung *(Konvergenz)* erklären.

Die Übermittlung von Sprache von einer Generation zur nächsten ist teils ein biologischer und teils ein kultureller Vorgang. Wir mögen als Menschen genetisch darauf programmiert sein, überhaupt Sprache zu erlernen; aber wir sind nicht genetisch vorprogrammiert, eine bestimmte Sprache zu erlernen. Daraus folgt, daß unter bestimmten sozialen und kulturellen Bedingungen nicht nur Individuen, sondern ganze Gemeinschaften eine Sprache oder einen Dialekt annehmen können, der sich von dem ihrer Eltern unterscheidet. Die großen Begründer der historischen Linguistik des 19. Jahrhunderts, denen wir die Konzeption von Sprachfamilien, mit der wir noch heute arbeiten, verdanken, haben diesem Umstand nicht die theoretische Bedeutung beigemessen, die er, wie wir heute wissen, verdient. Allzu oft wurde die Ausbreitung von Sprachen über einen geographisch weiten Raum mit großen Volksbewegungen in Zusammenhang gebracht. Das ist, gelinde gesagt, eine unnötige Annahme. Wir werden noch sehen, daß kulturelle Ausbreitung und Annäherung für die Erklärung von Sprachwandel nicht weniger wichtig sind als Völkerwanderungen und sprachliche Divergenz. Das traditionelle Stammbaummodell der Sprachverwandtschaft aber läßt nur das Bild von ständig sich auseinander entwikkelnden Sprachen als Abkömmlinge einer gemeinsamen Ursprache zu.

Die indogermanische Sprachfamilie ist nur eine von sehr vielen verschiedenen Sprachfamilien, die bisher identifiziert werden konnten. Einige Sprachwissenschaftler treten für eine Klassifizierung aller Sprachen der Welt in ungefähr dreißig Hauptfamilien ein, innerhalb deren einige allgemeiner anerkannte Sprachfamilien Unterfamilien bilden würden. Aber vieles an dieser umfassenderen genetischen Klassifikation und Unterklassifikation der Sprachen ist noch umstritten. So werden z. B. in Afrika ungefähr tausend verschiedene Sprachen gesprochen. Alle diese (bis auf Englisch, Französisch, Spanisch, Afrikaans usw., die im Zuge der europäischen Kolonisation nach Afrika gebracht wurden) sind neuerdings in vier große Familien eingeteilt worden. Eine von ihnen, *Hamito-Semitisch* (oder Afro-Asiatisch), das alle nördlich der Sahara gesprochenen einheimischen Sprachen umfaßt, enthält auch die seit langem bekannte *semitische* Sprachfamilie, deren bekannteste Mitglieder das Arabische, Hebräische und Amharische sind. In ähnlicher Weise werden die *Bantusprachen* (die Suaheli, Xosa, Zulu usw. umfassen) im allgemeinen, wenn auch nicht einhellig, als Unterfamilie der *Niger-Kongo-Familie* betrachtet. Ähnlich sieht es bei den anderen in der Welt gesprochenen Sprachen aus. Man gelangt nur sehr allmählich zu Fortschritten bei der Zuordnung einer größeren Zahl von Unterfamilien zu einer kleineren Zahl von sogenannten Familienverbänden. Da das Beweismaterial für die größeren Eingruppierungen oft sehr spärlich ist, kann die auf diesem Material beruhende und aus ihm hergeleitete genetische Klassifikation nur vorläufigen Charakter haben und muß auch so behandelt werden. Nicht alle Sprachfamilien, die Linguisten identifiziert und benannt haben, sind mit gleich großer Sicherheit erschlossen.

6.3. *Die vergleichende Methode*

Die Standardmethode, mit der die genetische Verwandtschaft von Sprachen aufgezeigt wird, ist die sogenannte vergleichende Methode. Sie wurde in jener klassischen Periode der historischen Linguistik entwickelt und verfeinert, von der schon die Rede war: zwischen den zwanziger und siebziger Jahren des vorigen Jahrhunderts (vgl. 6.1). Sie basiert auf der Tatsache, daß viele der am deutlichsten verwandten Wörter in verschiedenen Sprachen bezüglich ihrer phonologischen und morphologischen Struktur in einen systematischen Zusammenhang gebracht werden können. In den siebziger Jahren des 19. Jahrhunderts hatten die Sprachwissenschaftler so viel Erfolg mit der Anwendung der vergleichenden Methode in den offensichtlicheren Fällen von genetischer Sprachverwandtschaft erzielt, daß sie auch auf ihre Zuverlässigkeit im Falle von Sprachen vertrauten, deren Verwandtschaft alles andere als offensichtlich war.

Wir wollen die Prinzipien der systematischen Entsprechungen in erster Linie am Beispiel der romanischen Sprachen exemplifizieren. Das hat nicht nur den Vorteil, daß die Tatsache ihrer Verwandtschaft außer Zweifel steht, sondern auch den, daß wir direkte Kenntnis von ihrer Ursprache, von der sie abstammen, besitzen: dem Lateinischen. Es gibt jedoch, wie wir sehen werden, Fälle, in denen sich die urromanischen Formen, wie sie sich mit Hilfe der vergleichenden Methode aus den romanischen Sprachen erschließen lassen, vom überlieferten Latein unterscheiden.

Tab. 4 stellt einige offensichtlich verwandte Wörter in ihrer üblichen orthographischen Zitierform einander gegenüber: Sie entstammen dem Lateinischen sowie den drei romanischen Sprachen Französisch, Italienisch und Spanisch. Die Tabelle könnte sowohl horizontal ergänzt werden durch Hinzunahme von passenden Wörtern aus anderen romanischen Sprachen und Dialekten (Rumänisch, Portugiesisch, Katalanisch, Sardisch, Ladinisch, usw.) als auch vertikal durch Hinzufügen von vielen weiteren Gruppen verwandter Wörter. Die in Tab. 4 aufgeführten Fälle, die – wie gesagt – nur exemplarisch zu verstehen sind, verdeutlichen gut, was mit dem Prinzip der systematischen Entsprechung gemeint ist.

Tabelle 4:
Einige systematische Entsprechungen von Wortformen im Lateinischen und drei romanischen Sprachen.

		Lateinisch (L.)	Französisch (Fr.)	Italienisch (It.)	Spanisch (Sp.)
(1)	„Ding“	*c*ausa	*ch*ose	*c*osa	*c*osa
	„Kopf“	*c*aput	*ch*ef	*c*apo	*c*abo
	„Pferd“	*c*aballus	*ch*eval	*c*avallo	*c*aballo
	„singen“	*c*antare	*ch*anter	*c*antare	*c*antar
	„Hund“	*c*anis	*ch*ien	*c*ane	
	„Ziege“	*c*apra	*ch*èvre	*c*apra	*c*abra
(2)	„Pflanze“	*pl*anta	*pl*ante	*pi*anta	*ll*anta
	„Schlüssel“	*cl*avis	*cl*ef	*chi*ave	*ll*ave
	„Regen“	*pl*uvia	*pl*uie	*pi*oggia	*ll*uvia
(3)	„acht“	o*ct*o	hu*it*	o*tt*o	o*ch*o
	„Nacht“	nox/no*ct*is	nu*it*	no*tt*e	no*ch*e
	„Tatsache“	fa*ct*um	fa*it*	fa*tt*o	he*ch*o
	„Milch“	la*ct*e	la*it*	la*tt*e	le*ch*e
(4)	„Tochter“	*f*ilia	*f*ille	*f*iglia	*h*ija
	„schön“	*f*ormosus			*h*ermoso

Als erstes wäre anzumerken, daß die Wörter, die in den einzelnen Reihen von Tab. 4 zusammengestellt sind, nicht nur in der Wortgestalt – worauf sich das Prinzip der systematischen Entsprechung bezieht –, sondern auch in der Bedeutung verwandt sind. Freilich können Wörter ihre Bedeutung im Laufe der Zeit ändern. So lautete z. B. im klassischen Latein das normale Wort für „Pferd" ‚equus'; ‚caballus' dagegen hatte entweder die speziellere Bedeutung „Packpferd", oder es wurde pejorativ in der Bedeutung „Klepper" oder „Mähre" gebraucht. ‚Caballus' und ‚equus' sind jedoch offensichtlich bedeutungsverwandt; daher spricht durchaus einiges für die Annahme, daß ‚caballus' sowohl seine spezielle Bedeutung als auch seine pejorative Tönung im Spätlateinischen (d. h. im Urromanischen) verloren und die Stelle von ‚equus' als allgemeines und stilistisch neutrales Wort angenommen hat. Umgekehrt haben die Fortentwicklungen des lateinischen Wortes ‚caput', die in der Tabelle gezeigt werden, eingeschränkte oder metaphorische Bedeutungen angenommen: Fr. ‚chef' z. B. bedeutet „Kopf, Haupt" nur noch im Sinne von „Anführer", „Haupt einer Firma", ebenso wie It. ‚capo'; und Sp. ‚cabo' bedeutet „Kap" (d. h. „Kopfland"), „Korporal", „Ende" usw. Auch in diesen Fällen besteht ein intuitiv erfaßbarer offensichtlicher Zusammenhang zwischen der Bedeutung von L. ‚caput' und den Bedeutungen der abgeleiteten Wörter in den romanischen Sprachen.

Keines der in Tab. 4 aufgelisteten Wörter bereitet in bezug auf die Tatsache ihrer semantischen Verwandtschaft irgendwelche Probleme, selbst wenn man in Einzelfällen über die Art dieser Verwandtschaft verschiedener Meinung sein kann. Sehr häufig jedoch ist nicht klar – besonders bei Sprachen, für die wir sehr viel weniger Beweismaterial haben als im Falle der romanischen Sprachen –, ob zwei Wörter überhaupt semantisch verwandt sind oder nicht. Daher richtet die vergleichende Methode das Hauptaugenmerk auf die Verwandtschaft der Wortgestalt. Zu beachten ist auch, daß Wörter nicht nur mit der Zeit ihre Bedeutung ändern können, sondern auch aus verschiedenen Gründen gar nicht mehr benutzt und deshalb ersetzt werden. Das erklärt die Lücken in Tab. 4. Das moderne Spanisch hat das Wort, das sich aus L. ‚canis' herleitete, ersetzt durch ‚perro', und weder das Italienische noch das Französische haben in ihrem Wortschatz eine Ableitung von L. ‚formosus' bewahrt.

Kehren wir also zu den Entsprechungen der Wortgestalt in der Tabelle zurück. Die Wörter sind alle in ihrer orthographischen Zitierform aufgeführt. Wir müssen uns aber vor Augen halten, daß wir es im Prinzip nicht mit Buchstaben, sondern mit Lauten zu tun haben. Was das Lateinische, Spanische und Italienische angeht, so ist die Diskrepanz zwischen Schreibung und Aussprache relativ gering. Wir müssen zwar bedenken, daß es im modernen Spanisch kein Phonem für den Buchstaben ⟨*h*⟩ gibt; daß im Italienischen und Spanischen der Buchstabe ⟨*c*⟩ in verschiedenen Positionen verschieden ausgesprochen wird; daß ⟨*ch*⟩ im Italienischen [k] ausgesprochen wird, aber im Spanischen [tʃ] usw. Aber das sind nur geringfügige Diskrepanzen, und wir können, ohne den Fakten allzu große Gewalt anzutun, mit der Annahme arbeiten, daß eine Eins-zu-Eins-Entsprechung zwischen einzelnen Buchstaben (oder, in besonderen Fällen, Buchstabengruppen: Sp. ⟨*ll*⟩, ⟨*ch*⟩; It. ⟨*ch*⟩, ⟨*ggi*⟩) und Phonemen besteht. Im Französischen ist die Situation ganz anders. Es gibt z.B. keinen Weg, auf der Grundlage der orthographischen Konvention des Französischen zu erkennen, daß *clef* [kle] ausgesprochen wird, aber *chef* [ʃɛf]; oder daß *huit* mit einem [t] am Ende ausgesprochen wird, *nuit* und *lait* (außer in einigen festen Redewendungen) aber nicht, und daß es alternative Aussprachemöglichkeiten für *fait* gibt. Da jedoch die französische Orthographie auf der Aussprache früherer Jahrhunderte beruht (wie auch die englische), können wir für unsere Zwecke die geschriebenen französischen Formen ruhig so nehmen, wie sie sich darstellen, also sozusagen ‚zum Nominalwert'. Wir brauchen uns auch nicht um die Tatsache zu kümmern, daß in der Regel nicht die lateinische Zitierform eines Lexems die Quelle der diachronisch verwandten französischen, spanischen oder italienischen Formen ist: Bei Substantiven und Adjektiven war es fast immer der Akkusativ und nicht der Nominativ, von dem die romanischen Stammformen abgeleitet wurden – *canem*, *caballum* usw. (mit Verlust des End-[m] im Spätlateinischen oder Urromanischen).

Wenn man die Wörter in den einzelnen Abschnitten von Tab. 4 vergleicht, wird man regelmäßige Entsprechungen zwischen verwandten Formen (d.h. unter den Formen verwandter Lexeme) feststellen. Diese Entsprechungen sind durch Kursivdruck hervorgehoben und können von uns nachfolgend als Laute und nicht als Buchstaben wiedergegeben werden. Wie erläutert, setzen wir aber die Buchstaben ‚entsprechend ihrem Nominalwert' in Lautsymbole um:

(1) L. [k] = Fr. [ʃ] = It. [k] = Sp. [k]
(2) L. [pl], [kl] = Fr. [pl], [kl] = It. [pi̯], [ki̯] = Sp. [ʎ]
(3) L. [kt] = Fr. [it] = It. [tt] = Sp. [tʃ]
(4) L. [f] = Fr. [f] = It. [f] = Sp. [h]

Fr. ⟨*it*⟩ und Sp. ⟨*h*⟩ sind hier mit phonetischen Werten angegeben, die, wie wir wissen, früheren Epochen entsprachen. Das meinten wir mit der Formulierung ‚die Orthographie zum Nominalwert nehmen'. Wir könnten ebensogut mit phonetischen Transkriptionen (oder phonologischen Darstellungen) der modernen gesprochenen Formen arbeiten; die systematischen Entsprechungen der Formen könnten damit durchaus formuliert werden, aber sie wären weniger unmittelbar einsichtig. Außer den Entsprechungen (1)–(4) lassen sich noch weitere aus den in Tab. 4 gegebenen Wörtern ablesen:

(5) L. [b] = Fr. [v] = It. [v] = Sp. [b]
(6) L. [a] = Fr. [ɛ] = It. [a] = Sp. [a]

und so weiter. Wie können wir diese systematischen Entsprechungen erklären?

Die Antwort, die die Erfinder der vergleichenden Methode im 19. Jahrhundert gaben, war, daß die Lautveränderungen, die sich in einer Sprache im Laufe ihrer Geschichte vollziehen, ***regelmäßig*** seien. Das Prinzip der Regelmäßigkeit des Lautwandels wurde jedoch erst Mitte der siebziger Jahre besonders hervorgehoben, als die Junggrammatiker es in äußerst starken und kompromißlosen Tönen verkündeten: „Aller Lautwandel, soweit er mechanisch vor sich geht, vollzieht sich nach ausnahmslosen Gesetzen, d.h. die Richtung der Lautbewegung ist bei allen Angehörigen einer Sprachgenossenschaft, außer dem Fall, daß die Dialektspaltung eintritt, stets dieselbe, und alle Wörter, in denen der der Lautbewegung unterworfene Laut unter gleichen Verhältnissen erscheint, werden ohne Ausnahme von der Änderung ergriffen." (Karl Brugmann und Hermann Osthoff im Vorwort zu *Indogermanische Forschungen,* 1878). Schon auf den ersten Blick war die These, daß ***Lautgesetze,*** wie man sich angewöhnt hatte, sie zu nennen, ohne Ausnahme walteten, offenkundig falsch. Es gab viele Beispiele von offensichtlich verwandten Wörtern, die die erwarteten Entsprechungen nicht aufwiesen. Nehmen wir ein berühmtes Beispiel – eines, das sich als eine völlig erklärliche Ausnahme erwies, als das Problem, zu dessen Diskussion es den Anlaß gegeben hatte, von dem dänischen Gelehrten Karl Verner im Jahre 1875 in großartiger Weise gelöst wurde.

Im Jahre 1822 wies Jacob Grimm (einer der beiden Brüder Grimm, die vor allem durch ihre Sammlung deutscher Volksmärchen bekannt geworden sind) darauf hin, daß eine systematische Entsprechung zwischen den Konsonanten der germanischen Sprachen auf der einen Seite und denen anderer indogermanischer Sprachen auf der anderen besteht. Er war nicht der erste, der diese Entsprechung bemerkte: Das Verdienst der ersten Entdeckung gebührt dem dänischen Gelehrten Rasmus Rask. Aber Grimms Arbeiten waren, da auf deutsch geschrieben, der internationalen Forschung leichter zugänglich; das Lautgesetz, das postuliert wurde, um die beobachteten Entsprechungen zu erklären, ist allgemein als *Erste Lautverschiebung* bekannt. Mit Hilfe der Terminologie der modernen artikulatorischen Phonetik etwas umformuliert (und in einigen Punkten etwas vereinfacht), lautet die *Erste* (oder *Germanische*) *Lautverschiebung:*

(a) die urindogermanischen (uridg.) stimmhaften Aspiraten [$\star b^h$, $\star d^h$, $\star g^h$] wurden zu stimmhaften Verschlußlauten [⋆b, ⋆d, ⋆g] – oder möglicherweise zu den stimmhaften Reibelauten [⋆ß, ⋆ð, ⋆ɣ] im Urgermanischen (Urgerm.);

(b) die uridg. stimmhaften Verschlußlaute [⋆b, ⋆d, ⋆g] wurden zu stimmlosen Verschlußlauten [⋆p, ⋆t, ⋆k] im Urgerm.;

(c) die uridg. stimmlosen Verschlußlaute [⋆p, ⋆t, ⋆k] wurden zu stimmlosen Reibelauten [⋆f, ⋆θ, ⋆h] im Urgerm.

Die Sternchen bedeuten, einer lang etablierten Konvention der historischen Linguistik entsprechend, daß die betreffenden Laute rekonstruiert und nicht direkt belegt sind. Auf den Begriff der Rekonstruktion werden wir gleich noch eingehen. Beide Sprachstufen, das Urindogermanische und das Urgermanische, sind natürlich hypothetische Konstrukte (vgl. 6.2).

Die *Erste Lautverschiebung*, so formuliert, trifft tatsächlich auf viele beobachtete Korrespondenzen zu. Sie erklärt z. B., daß das Englische (E.) ein [f] hat, wo das Lateinische (L.), das Griechische (Gr.), das Sanskrit (Skt.) usw. ein [p] haben: vgl. E. *father:* L. *pater,* Gr. *pater,* Skt. *pitar-;* E. *foot:* L. *pes/pedis,* Gr. *pous/podus,* Skt. *pāt/padas.* Sie erklärt auch die Anfangs- und Mittelkonsonanten im gotischen *taihun:* L. *decem,* Gr. *deka,* Skt. *daśa* – E. *ten* enthält keine Spur des Mittelkonsonanten mehr, dagegen aber z. B. das moderne deutsche Wort *zehn* sowie das ahd. *zehan* und das altsächsische *tehan.* (Der Laut [t^s] in der Anfangsposition im Deutschen, der in der Schrift durch ⟨*z*⟩ wiedergegeben wird, ist das Ergebnis der *Zweiten* (oder *hochdeutschen*) *Lautverschiebung,* die ungefähr im 6. Jahrhundert stattfand.) Der [ʃ]-Laut von Skt. *daśa,* der hier durch ⟨*ś*⟩ wiedergegeben ist, ist aus einer Palatalisierung des uridg. [*k] entstanden, die in einer sehr frühen prähistorischen Epoche viele der Unterfamilien der indogermanischen Sprachen ergriff, unter ihnen alle indoiranischen, baltischen und slawischen Sprachen ebenso wie auch das Armenische und Albanische: Es gibt gewisse Schwierigkeiten bei der Rekonstruktion dessen, was wir der Einfachheit halber als velare Verschlußlaute im Idg. angesetzt haben [*g^h, *g, *k]; aber sie beeinträchtigen die allgemeine Formulierung und Gültigkeit der Ersten Lautverschiebung nicht. Wenn man spätere Weiterentwicklungen in verschiedenen Sprachen oder Zwischenstufen der Ursprachen genügend berücksichtigt, dann gibt es eine beeindruckend große Zahl von Beispielen systematischer Korrespondenzen, die die Erste Lautverschiebung, so wie sie im vorigen Absatz zusammengefaßt wurde, stützen.

Es gab jedoch auch viele offensichtliche Ausnahmen. Zu einigen hat Grimm sich selbst geäußert: „Die Lautverschiebung erfolgt in der Masse, tut sich aber im einzelnen nie rein ab: Es bleiben Wörter in dem Verhältnis der alten Einrichtung stehen, der Strom der Neuerung ist an ihnen vorbeigeflossen." Das [p] in deutsch (D.) *spucken, speien,* E. *spit, spew* z. B. entspricht dem [p] in anderen Sprachen in offenbarem Gegensatz zur 1. Lautverschiebung: L. *spuo* usw. Ähnlich Germ. [t] = L. [t], Gr. [t], Skt. [t]: vgl. *stehen,* E. *stand:* L. *sto/stare.* Hier hat in der Tat, wie Grimm sagte, der Strom der Neuerung die germanischen Konsonanten unberührt gelassen. Es fällt jedoch auf, daß in jedem dieser Fälle die stimmlosen Verschlußlaute [*p, *t, *k] den zweiten Teil einer aus zwei Segmenten bestehenden Konsonantenverbindung bilden. Alles, was wir tun müssen, ist daher, die oben gegebene Formulierung der 1. Lautverschiebung etwas abzuwandeln und festzustellen, daß es bei den späteren germanischen Realisationen von Idg. [*p, *t, *k] in dieser Art von phonetischer (oder phonologischer) Nachbarschaft nicht griff. Damit sagen wir eigentlich – um etwas moderne Terminologie einzuführen –, daß die 1. Lautverschiebung einen *phonetisch bedingten* Lautwandel beschreibt. Wenn man sie so formuliert, kann die Erhaltung eines stimmlosen Verschlußlauts in Wörtern wie *spucken, speien,* (E. *spit/spew*), *stehen* (E. *stand*), *acht* (E. *eight*) als eine normale Entwicklung angesehen werden.

Interessanter ist eine andere Klasse von offensichtlichen Abweichungen. Wenn wir die Wörter für „Vater" und „Bruder" in verschiedenen germanischen Sprachen (mit Ausnahme des Englischen) betrachten, sehen wir, daß sie unterschiedliche Mittelkonsonanten haben: z.B. *Vater : Bruder,* im Gotischen *fadar : brōθar* usw. Das Altenglische zeigt noch den gleichen Unterschied: *faeder : brōþor.* Die Tatsache, daß das Deutsche wie seine frühere Form, das Althochdeutsche (*fater : bruodar*), einen stimmlosen Verschlußlaut im Wort für „Vater" und einen stimmhaften Verschlußlaut im Wort für „Bruder" aufweist, kann wieder als Ergebnis der hochdeutschen Lautverschiebung erklärt werden. Nehmen wir an, daß wir auf der Grundlage aller vorhandenen Belege die urgermanischen Wurzeln dieser fraglichen Wörter als **fader* und **brōθar* rekonstruieren können, wobei das, was mit ⟨*d*⟩ wiedergegeben ist, entweder ein Verschlußlaut [d] oder ein Reibelaut [ð], aber in jedem Fall stimmhaft und damit verschieden vom stimmlosen Reibelaut [θ] des Wortes für „Bruder" ist. Da die entsprechenden Wörter der nicht-germanischen indogermanischen Sprachen diesen Unterschied nicht kennen (L. *pater : frater,* Skt. *pitar : bhrā́tar-* usw.) und nach der 1. Lautverschiebung Idg. [*t] zu Urgerm. [*θ] werden müßte, scheint das Wort für „Vater" unregelmäßig in bezug auf seinen Mittelkonsonanten, wenn auch nicht in bezug auf den Anfangskonsonanten zu sein.

Dieses Problem wurde von Verner gelöst. Er zeigte, daß, wenn man davon ausgeht, daß die idg. Wörter für „Vater" und „Bruder" den Wortakzent auf unterschiedlichen Silben trugen, wie z.B. im Sanskrit (*pitár- : bhrā́tar-*), die scheinbare Ausnahmestellung von Urgerm. **fader* zufriedenstellend nach dem sogenannten *Vernerschen Gesetz* erklärt werden kann: stimmlose Reibelaute, z.B. [θ], werden in intervokalischer Stellung stimmhaft, wenn ihnen nicht der Wortakzent unmittelbar vorausgeht. Somit wird eine stufenweise Entwicklung angesetzt, die wie folgt dargestellt werden kann:

(1) Idg. **pətér- :* **bʰrā́ter-*
(2) **faθér- :* **brṓθar-*
(3) **faðér- :* **brṓθar-*
(4) Urgerm. **fáder- :* **brṓθar-*

Traditionellerweise wird die 1. Lautverschiebung herangezogen, um den Übergang von (1) nach (2) zu erklären, und das Vernersche Gesetz für den Übergang von (3) nach (4). Beide Gesetze sollen vor der Epoche gewirkt haben, die wir urgermanisch nennen und die dadurch charakterisiert ist, daß der Wortakzent auf der ersten Silbe aller Wörter lag. Die Lautveränderungen, die durch Grimm und Verner erläutert wurden, könnte man, zusammen genommen, heute auch etwas anders erklären; doch das ist in unserem Zusammenhang irrelevant. Wichtig ist, daß Verner gezeigt hat, daß eine ganze Klasse von vermeintlichen Ausnahmen von der 1. Lautverschiebung unter eine ergänzende, allgemeine Regel – ein weiteres Lautgesetz – subsumiert werden konnte.

Um die gleiche Zeit wie das Venersche Gesetz wurden auch noch etliche andere sogenannte Lautgesetze formuliert. Zusammengenommen vermittelten sie den Sprachforschern eine viel bessere Vorstellung von der relativen Chronologie der Entwicklungen innerhalb der verschiedenen Zweige der indogermanischen Sprachfamilie. Noch wichtiger war, daß sie das berühmte junggrammatische Prinzip von der absoluten Regelmäßigkeit des Lautwandels sehr viel plausibler machten, als es früheren Generationen von Sprachwissenschaftlern hätte erscheinen können. Das Prinzip war noch sehr umstritten, als es in den siebziger Jahren des 19. Jahrhunderts zuerst vorgestellt wurde. Es wurde jedoch bald von den meisten Sprachwissenschaftlern, die im Hauptstrom der Forschung mitschwammen, akzeptiert, und zwar als Grundlage nicht nur der vergleichenden Methode, sondern der gesamten Disziplin der historischen Linguistik. Wir werden später Gelegenheit haben, das Prinzip der Regelmäßigkeit des Lautwandels und die Art, wie die Junggrammatiker in diesem Zusammenhang den Begriff ‚Gesetz' anwandten, etwas kritischer zu betrachten. Doch nichts, was zu seiner Einschränkung gesagt werden muß, sollte den Blick auf seine methodologische Bedeutung verstellen. Es zwang die, die ihm folgten, dazu, zwischen bedingtem und unbedingtem Lautwandel zu unterscheiden und die Bedingungen, unter denen ein bestimmter bedingter Lautwandel sich vollzogen hatte, so genau wie möglich zu definieren. Und es verpflichtete sie zugleich, eine Erklärung für die Formen zu finden, die sich nicht in Übereinstimmung mit den Lautgesetzen, deren Voraussetzungen sie zu erfüllen schienen, entwickelt hatten. Zwei mögliche Erklärungen, auf die die Junggrammatiker und ihre Nachfolger in diesem Zusammenhang zurückgriffen, waren, wie wir sehen werden, Analogie und Entlehnung (vgl. 6.4).

In diesem Abschnitt geht es uns um die Technik der historischen Rekonstruktion mit Hilfe der vergleichenden Methode. An dieser Stelle sollte der Leser gewarnt werden, die sogenannten *Sternchen-Formen* (d. h. die hypothetischen Formen, denen ein Sternchen vorangestellt ist: z. B. Idg. **pətér-* oder Urgerm. **fader-*), die durch Anwendung der Rekonstruktionsmethode hergestellt sind, falsch zu deuten. Sie dürfen nicht mit den tatsächlichen Formen des Urindogermanischen oder irgendeiner anderen Ursprache verwechselt werden. Dafür gibt es mehrere Gründe.

Zunächst einmal tendiert die vergleichende Methode dazu, das Maß an Regelmäßigkeit in einem erschlossenen Sprachsystem zu übertreiben. Dieser Punkt läßt sich leicht illustrieren durch einen Hinweis auf die Unterschiede zwischen bestimmten überlieferten lateinischen und den hypothetisch angesetzten urromanischen Formen, aus denen sich die entsprechenden Formen im Französischen, Italienischen, Spanischen usw. herleiten. Das belegte lateinische Wort für „Haupt" hatte *caput* als Zitierform und *capit-* als Stammform. Keine der romanischen Sprachen bewahrt noch eine Spur des Wurzelauslauts [t]. Sie legen vielmehr den Schluß nahe, daß die urromanische Form **capu(m)* war: vgl. oben, Tab. 4. Nun ist es sehr gut möglich, daß das unregelmäßige

Substantiv ‚caput' im Spätlateinischen normalisiert wurde. Aber wir haben keinen direkten Beweis, daß es so war. Es kann z. B. auch unabhängig voneinander, aber zu einem relativ frühen Zeitpunkt in verschiedenen Zweigen der romanischen Sprachfamilie normalisiert worden sein. Entscheidend ist, daß Unregelmäßigkeiten die Tendenz haben, im Laufe der Zeit zu verschwinden und, allgemein gesagt, die vergleichende Methode außerstande ist, sie zu rekonstruieren.

Zweitens arbeitet die vergleichende Methode mit der Annahme, daß jedes Mitglied einer Familie verwandter Sprachen in direkter Linie von der Ursprache abstammt und während dieser Zeit nicht von anderen verwandten Sprachen und Dialekten beeinflußt worden ist. Das ist, vorsichtig formuliert, eine unrealistische Vorstellung. Alle Sprachen sind in mehr oder weniger großem Maße dialektal differenziert. Es gibt keinen Grund für die Annahme, daß das Urindogermanische, das Urgermanische, das Urslawische und die anderen Ursprachen, die wir hypothetisch als die Quellen von Familien und Unterfamilien belegter Sprachen ansetzen, dialektal nicht differenziert waren. Wo immer es möglich ist, wird die vergleichende Methode eine einzige Urform für alle belegten Formen rekonstruieren. Daraus folgt, daß das so rekonstruierte Sprachsystem wahrscheinlich nicht nur morphologisch regelmäßiger, sondern auch dialektal einheitlicher ist als irgendein konkret vorhandenes Sprachsystem. Ferner können wir nicht wissen, ob all die Laute, die in einer mit Sternchen versehenen Form vorkommen, tatsächlich zur gleichen Zeitstufe und im gleichen Dialekt der Ursprache vorkamen.

Aus diesen und anderen Gründen müssen rekonstruierte Ursprachen als hypothetische Konstrukte angesehen werden, deren Beziehung zu den tatsächlich gesprochenen Sprachen der Vergangenheit nur vage und indirekt ist. Wir können uns hier nicht weiter mit den technischen Einzelheiten dieses Problems oder mit den verschiedenen Kriterien befassen, die beim Prozeß der Rekonstruktion gewichtet werden müssen. Für unsere Zwecke genügt es, die Aufmerksamkeit auf die Tatsache gelenkt zu haben, daß alle historischen Rekonstruktionen dazu tendieren, zu idealisieren und Tatsachen zu simplifizieren. Bei einzelnen mit Sternchen versehenen Formen mögen manche Teile sicherer begründet sein als andere; und kein Teil kann gesicherter sein als das Beweismaterial, das ihn stützt. Gerade dieses ist aber höchst unbeständig.

Abschließend sollte noch erwähnt werden, daß es, obwohl wir uns in diesem Abschnitt mit lexikalischer Rekonstruktion beschäftigt haben, in günstigen Fällen auch möglich ist, Merkmale der grammatischen Struktur von Ursprachen zu rekonstruieren. Natürlich war die erste Generation der Vertreter der historischen Linguistik sogar mehr von den morphologischen Entsprechungen zwischen verwandten Sprachen beeindruckt, da sie spürten, daß solche grammatischen Erscheinungen wie Flexionsendungen sich schwerlich durch Entlehnung von einer Sprache zur anderen ausgebreitet haben dürften (vgl. 6.4).

6.4. *Analogie und Entlehnung*

Der Begriff der *Analogie* geht zurück auf die Antike. Das Wort selbst leitet sich von dem griechischen Wort ‚analogia' her, das „Regelmäßigkeit" – genauer, im Sprachgebrauch der Mathematiker und Grammatiker, „proportionale Regelmäßigkeit" bedeutete. So ist z. B. die proportionale Regelmäßigkeit, die zwischen 6 und 3 auf der einen Seite und 4 und 2 auf der anderen besteht, eine Analogie im ursprünglichen Sinn des Wortes: Es ist ein Verhältnis von vier Größen (6, 3, 4, 2) von der Art, daß die erste, geteilt durch die zweite, der dritten, geteilt durch die vierte, entspricht (6 : 3 = 4 : 2). Argumentieren mittels Analogie war bei Platon und Aristoteles und ihren Nachfolgern gang und gäbe, nicht nur in der Mathematik, sondern auch bei der Entwicklung anderer Zweige der Wissenschaft und Philosophie, einschließlich der Grammatik. Ohne diesen Zusammenhang zu sehen, ist es unmöglich, eines der Hauptprinzipien der traditionellen Grammatik zu verstehen: das des *Paradigmas.* Wenn man uns das Paradigma *springen,* er *springt, springend* und *gesprungen* vorgibt (d. h. die Formen des Musterverbs ‚springen': der Begriff ‚Paradigma' stammt von dem griechischen Wort, das so viel wie „Muster" oder „Beispiel" bedeutet), können wir solche proportionalen Gleichungen wie die folgenden aufstellen: *springen : springt = helfen : x*; *springen : gesprungen = helfen : y* usw. Und wir können diese Gleichungen lösen, indem wir für die unbekannten Größen (*x, y* usw.) die angemessenen Werte einsetzen (*hilft, geholfen* usw.)

Das also verstand man in der traditionellen Grammatik unter ‚Analogie' und insbesondere in der Kontroverse zwischen den Analogisten und den Anomalisten, die im 2. Jahrhundert v. Chr. ausbrach und in dieser oder jener Form bis in die Moderne fortgesetzt wurde, wobei sie tiefgreifenden Einfluß auf die Entwicklung der linguistischen Theorie nahm. Grob vereinfacht kann man sagen, daß die Analogisten die Ansicht vertraten, daß die Beziehung zwischen Form und Bedeutung vom Prinzip der proportionalen Regelmäßigkeit beherrscht ist, und daß die Anomalisten den gegenteiligen Standpunkt einnahmen. Wir brauchen uns hier nicht mit den Einzelheiten dieser manchmal verwirrten und verwirrenden Kontroverse zu befassen. Es ist jedoch wichtig, sich klarzumachen, daß dies alles zu dem Hintergrund gehört, vor dem die Junggrammatiker ihre eigene Vorstellung von der Analogie und ihrer Rolle in der historischen Entwicklung von Sprachen entwickelten.

Nehmen wir ein Beispiel. Das Deutsche trifft wie das Englische eine Unterscheidung zwischen dem, was man aus Bequemlichkeitsgründen schwache und starke Verben genannt hat. Die ersteren, die die Mehrzahl aller Verben in diesen Sprachen darstellen, bilden ihre Präteritalformen, indem ein Suffix an den Präsensstamm angehängt wird. (D. *lieb -t, lieb – te;* E. *jump – s, jump – ed*). Die letzteren weisen unterschiedliche Vokale in den jeweiligen Präsens- und Präteritalstämmen auf und besitzen normalerweise kein Präteritalsuffix, wie es für die schwachen Verben charakteristisch ist (D. *reit-et, ritt;* E. *ride-s, rode*). Die starken Verben lassen sich je nach der Art des Ablauts zwischen ihren Präsens-, Präterial- und Partizipialformen in verschiedene Klassen unterteilen; und sie werden allgemein als unregelmäßig betrachtet. Sie sind sicherlich weniger regelmäßig als die schwachen Verben, die seit vielen Jahrhunderten auf dem Vormarsch sind und die der seit langem wirksamen Regel synchroner Produktivität entsprechen. Die Regel der synchronen Produktivität läßt sich z. T. belegen durch den Spracherwerb im Kindesalter und z. T. durch die Fähigkeit eines erwachsenen Sprechers, die Präterialform neuer Verben, die er im Präsens oder im ersten Partizip kennenlernt, zu bilden. Was den kindlichen Spracherwerb angeht, so beweist das Kind, daß es die Regel über die Bildung regelmäßiger Präterialformen durch Anhängen von Suffixen beherrscht, nicht nur dadurch, daß es viele korrekte Formen benutzt (z. B. *liebte, wanderte, malte*), sondern auch durch einige inkorrekte wie *reitete, springte.* Obwohl es zunächst paradox klingen mag, beweist die Bildung solcher inkorrekter Formen durch Analogie mit einem typischen Beispiel aus der regelmäßigen Klasse der schwachen Verben (*lieben : liebte = reiten :* x; daher x = *reitete*) sogar überzeugender, daß das Kind eine Regel anwendet, als wenn es beliebig viele korrekte Präterial- und Partizipialformen benutzt, denn die kann es alle im Prinzip als unanalysierte Einheiten im Gedächtnis behalten und imitiert haben (vgl. 8.4).

Es gibt einige wenige Beispiele von schwachen Verben, die im Laufe der Geschichte der deutschen Sprache durch die Macht der Analogie in starke verwandelt wurden. Das transitive ‚schmelzen' in der Bedeutung „flüssig machen" konjugierte früher regelmäßig schwach: *Er schmelzt, schmelzte das Eisen, hat das Eisen geschmelzt.* Heute herrschen jedoch auch hier die starken Formen: *Er schmilzt, schmolz das Eisen, hat das Eisen geschmolzen.* In der großen Mehrzahl der Fälle aber hat die Analogie in der umgekehrten Richtung gewirkt und die schwachen Verben auf Kosten der (weniger zentralen) starken Verben vermehrt: Beispiele sind *triefen (triefte, getrieft* statt *troff, getroffen), küren (kürte, gekürt* statt *kor, gekoren), gären (gärte, gegärt* statt *gor, gegoren), glimmen (glimmte, geglimmt* statt *glomm, geglommen)* usw. Beide Vorgänge sind Ergebnis von Analogieprozessen. Die Sprache hält also zwei Konstruktionsmuster bereit, die beide als Paradigma für analogische Ausdehnung dienen können.

An dieser Stelle sollte darauf hingewiesen werden, daß viele der offensichtlich miteinander verwandten Verben im Deutschen und Englischen den gleichen Ablaut aufweisen. Dies ist ein besonders deutlicher Beweis für die tatsächliche Verwandtschaft beider Sprachen: vgl. D. *beginn-t, begann, begonnen:* E. *begin-s, began, begun;* D. *bring-t, brach-te, ge-bracht:* E. *bring-s, brought, brought;* D. *find-et, fand, gefund-en:* E. *find-s, found, found;* D. *gib-t, gab, ge-geb-en:* E. *give-s, gave, giv-en.* Doch die Analogie hat in beiden Sprachen seit Jahrhunderten unabhängig gewirkt und das Vorkommen des Ablauts reduziert, so daß z.B. das deutsche Verb ‚helfen' stark ist *(hilf-t, half, geholf-en)*, während ‚help' im Neuenglischen ein schwaches Verb ist. Auch Lautveränderungen, die unabhängig voneinander in den verschiedenen germanischen Dialekten stattfanden, hatten ihre Auswirkungen und vergrößerten die Zahl der Ablautmöglichkeiten, wodurch die systematische Korrespondenz der Formen zwischen einzelnen Verben allmählich weniger deutlich hervortrat als in früheren Epochen. Doch gibt es noch immer Dutzende von Verben mit ähnlichem Ablaut. Das gleiche gilt vom Niederländischen, das, wie wir schon sahen (vgl. 6.2), näher mit dem Deutschen als mit dem Englischen verwandt ist: vgl. *begin-t, begon, begonn-en; breng-t, brach-t, ge-brach-t* („bringen"); *vind-t, vond, ge-vond-en* („finden"). Sogar die nordgermanischen Sprachen haben starke Verben, deren Präterial- und Partizipialformen mit den Präsensformen durch einen mehr oder weniger regelmäßigen Ablaut in Beziehung stehen: vgl. Schwed. *skriver, skrev, skrivit* („schreiben"); *kryper, krop, krupit* („kriechen"). Tatsächlich geht das Phänomen des Ablauts letztlich auf die urindogermanische Epoche zurück: vgl. Gr. *peith-ō, pe-poith-a, e-pith-on* („überreden"); *leip-ō, le-loip-a, e-lip-on* („verlassen") usw. Wie von uns bereits angemerkt, war es diese Art von Entsprechung – die auch Sir William Jones meinte, als er davon sprach, daß das Sanskrit dem Griechischen und Lateinischen „in den Verbwurzeln und den grammatischen Formen ... zu sehr [ähnelt], als daß es sich um Zufall handeln könnte" (vgl. 6.2) –, die die Begründer der vergleichenden Philologie so tief beeindruckte. Aber uns geht es um die Analogie, und in diesem Zusammenhang sind zwei Dinge anzumerken.

Der erste Punkt, der übrigens schon von den Junggrammatikern besonders hervorgehoben wurde, besteht darin, daß die Analogie häufig den sonst regelmäßigen Lautwandel verhindert (oder nachträglich wieder aufhebt). So wurde z.B. nach dem Eintreten des Vernerschen Gesetzes (vgl. 6.3), aber vor der Niederschrift der frühesten überlieferten Texte intervokalisches [s] im Germanischen zu [r]. So erklärt sich der Buchstabe ⟨*r*⟩ – der in etlichen Dialekten auch noch als [r] ausgesprochen wird – im Plural des Präteritums des Verbs ‚to be' (sein) im Englischen im Gegensatz zum [s] im Singular: *were : was*. Das Holländische weist denselben Kontrast auf (jedoch ohne Unterschied in den Vokalen): *ik was* („ich war") : *wij waren* („wir waren"). Das Deutsche, auf der anderen Seite, hat den Singularstamm in Analogie zu dem des Plurals verändert: *ich war : wir waren*. In diesem Beispiel wurde also das historisch regelmäßige [s] im Auslaut des Singulars durch das historisch unregelmäßige [r] ersetzt. Interessanterweise wurde auch im sehr frühen Latein das intervokalische [s] zu [r]. Daher im klassischen Latein der Kontrast des Nominativ Singular *honos* zu den flektierten Formen *honorem, honoris* (aus **honosem*, **honosis*) usw. Im späteren Latein wurde *honos* dann durch *honor* ersetzt, so daß der Stamm *honor-* für alle Formen verallgemeinert wurde. Es erscheint auch erwähnenswert – und das beruht auf Analogie –, daß das Verb ‚sein', das im Deutschen seine Formen im Präteritum schon ausgeglichen hat, im modernen Englisch das letzte Verb ist, das einen Unterschied zwischen dem Singular- und Pluralstamm im Präteritum aufweist. Im Mittelenglischen wiesen noch viele starke Verben einen ähnlichen Unterschied auf. Wieder einmal hat Analogie den einen oder den anderen Stamm verallgemeinert (oder manchmal auch die Form des Partizips Perfekt); und dies wiederum erklärt die ganz erheblichen Schwankungen, die sich zwischen den einzelnen englischen Dialekten und sogar im spontanen Gebrauch individueller Sprecher beobachten lassen.

Das zweite, was zur Analogie gesagt werden muß, ist, daß sie ein sehr viel mächtigerer Faktor im Sprachwandel ist, als die Junggrammatiker glaubten. Tatsächlich neigten die Junggrammatiker dazu, Analogie nur dann zu Hilfe zu rufen, wenn sie es ihnen ermöglichte, eine der offensichtlichen Ausnahmen von einem ihrer postulierten Lautgesetze ‚wegzuerklären'. Überdies zogen einige von ihnen eine Trennungslinie zwischen Lautwandel, den sie als einen physiologisch erklärbaren Prozeß ansahen, und Analogie, die durch sporadische und unvorhersehbare Eingriffe des menschlichen Verstandes zustandegekommen sein sollte. Für die Anhänger dieser Sicht waren die Lautgesetze mit den Naturgesetzen vergleichbar. Heute weiß man erstens besser, daß in bezug auf Sprache keine solche scharfe Trennungslinie zwischen dem Physischen und dem Psychologischen gezogen werden kann, und zweitens, daß Analogie – vorausgesetzt, der traditionelle Begriff wird mehr im Geiste als nach dem Buchstaben der Tradition interpretiert – sowohl auf der phonologischen wie auf der grammatischen Ebene der Sprachstruktur wirkt. Was traditionell als proportionale Regelmäßigkeit beschrieben wurde, kann unter das allgemeinere Prinzip des Ausgleichs auf der Grundlage der zwischen Form und Bedeutung existierenden Entsprechungsmuster gestellt werden. In der Tat scheint es nicht abwegig, sowohl den Saussureschen Begriff der Struktur wie auch den generativistischen Begriff der regelgeleiteten Kreativität mit einer entsprechend modernisierten Version des traditionellen Analogiebegriffs gleichzusetzen. Doch dies ist ein größeres und umstritteneres Problem (vgl. 7.4).

Ein anderes Phänomen, zu dem die Junggrammatiker ihre Zuflucht nahmen, um einige der offensichtlichen Ausnahmen von den Lautgesetzen zu erklären, war die *Entlehnung*. So finden wir z. B. im modernen Französisch neben dem Wort ‚chef', das wir schon als die französische Ableitung des lateinischen Wortes ‚caput' kennenlernten, dessen urromanische Wurzelform tatsächlich **capu(m)* gewesen sein mag (vgl. Tab. 4), auch das Wort ‚cap' (vgl. ‚de pied en cap', wörtlich „von Fuß bis Kopf"). Die Form *cap* verstößt ganz eindeutig gegen alle drei Lautgesetze (abgesehen vom Verlust des zweiten Vokals), die man heranziehen muß, um *chef* von **capu* herzuleiten. Die Erklärung ist, daß das Wort recht früh aus dem Provençalischen, das diesen Lautgesetzen nicht unterlag, ins Französische übernommen wurde. Ähnlich gibt es im Englischen viele Wörter, die mit *sk-* am Anfang geschrieben werden (vgl. *sky, skill, skirt* usw.) und damit augenscheinliche Ausnahmen des Lautgesetzes darstellen, demzufolge [sk] vor Vorderzungenvokalen im Englischen zu [ʃ] wurde (vgl. *shirt, ship, shed* usw.) Diese Wörter wurden aus dem einen oder anderen jener skandinavischen Dialekte entlehnt, die durch die Wikinger nach England gebracht worden waren und starken Einfluß auf die Sprache im sogenannten Danelaw-Gebiet ausübten. (Bis heute sind noch viele Wörter in den lokalen Dialekten Nordenglands und Schottlands deutlich als ursprünglich skandinavisch erkennbar; doch geht es uns hier um Entlehnungen in die Standardsprache.) Paare von solchen nebeneinander existierenden einheimischen und entlehnten Wörtern wie E. ‚skirt' und ‚shirt' oder F. ‚chef' und ‚cap' werden häufig *Doubletten* genannt. Lexikalische Doubletten sind jedoch selten auch zugleich Synonyme (vgl. ‚skirt' („Rock"): ‚shirt' („Hemd"), ‚skipper' („Kapitän"): ‚shipper' („Spediteur", „Verschiffer")).

Über Entlehnung läßt sich dasselbe sagen wie über Analogie; auch sie ist ein wesentlich wichtigerer Faktor im Sprachwandel, als die Junggrammatiker (und viele ihrer Nachfolger) annahmen. Insbesondere sollte sie ebensowenig wie die Analogie nur als Erklärung für offensichtliche Ausnahmen von den Lautgesetzen herangezogen werden. Wenn man das Englische z.B. als rein westgermanische Sprache ansieht – wie dies üblicherweise geschieht (vgl. 6.2) –, dann müssen wir feststellen, daß es im Laufe seiner Geschichte ganz enorm viel von anderen Sprachen und Dialekten entlehnt hat, nicht nur, was den Wortschatz, sondern auch, was Grammatik und Phonologie angeht.

Ist es aber überhaupt sinnvoll, so zu reden, als ob immer eine scharfe Trennungslinie zwischen einheimischen und nicht-einheimischen Formen gezogen werden könnte? Man weiß schon lange, daß die konventionellen Stammbaumdiagramme zur Sprachentwicklung und Sprachverwandtschaft ernsthaft in die Irre führen können, wenn man sie als realistische Abbilder historischer Prozesse auffaßt. Jüngere Forschungen auf den Gebieten der Dialektologie und Soziolinguistik haben die Bedeutung synchroner dialektaler und stilistischer Variationen innerhalb einer Sprachgemeinschaft als Kausalfaktor im Sprachwandel deutlich gemacht. Unter den Bedingungen synchroner Variation – insbesondere unter denen des Bilingualismus und der Diglossie (vgl. 9.4) – ist die traditionelle Vorstellung der Entlehnung vielleicht nicht mehr anwendbar.

Wie dem aber auch sei, sicherlich zogen die Junggrammatiker eine zu scharfe Linie zwischen dem, was durch Lautgesetze erklärt werden konnte, und dem, was auf Analogie und Entlehnung zurückgeführt wurde. Und dennoch folgen die meisten allgemeinen Darstellungen historischer Sprachentwicklung in dieser Beziehung noch immer den Junggrammatikern.

6.5. Die Ursachen des Sprachwandels

Warum wandeln Sprachen sich im Laufe der Zeit? Es gibt auf diese Frage keine allgemein anerkannte Antwort. Etliche Theorien sind über den Sprachwandel erstellt worden. Aber keine vermag alle Fakten zu erklären. Das äußerste, was wir hier tun können, ist daher, einige der Hauptfaktoren, die die Sprachwissenschaftler zur Erläuterung des Sprachwandels angeführt haben, zu erwähnen und kurz zu kommentieren.

Es ist üblich, bei der Diskussion dieser Frage mit zwei verschiedenen Unterscheidungen zu arbeiten: (a) zwischen Lautwandel auf der einen und grammatischen und lexikalischen Veränderungen auf der anderen Seite und (b) zwischen inneren und äußeren Faktoren. Aber keine dieser beiden Unterscheidungen sollte zu sehr forciert werden. Wie wir gesehen haben, ist die Ansicht der Junggrammatiker, daß der Lautwandel grundsätzlich verschieden von anderen sprachlichen Veränderungen sei, im besten Falle eine Halbwahrheit. Selbst solche mehr oder weniger physiologisch erklärbaren Vorgänge wie die *Assimilation* (die dazu führt, daß aufeinanderfolgende Laute einander hinsichtlich der Artikulationsstelle oder der Artikulationsart angeglichen werden: vgl. It. *otto, notte* usw. in Tab. 4 im Abschnitt 6.3) oder die *Haplologie* (der Verlust von einer von zwei aufeinanderfolgenden phonetisch ähnlichen Silben: z. B. Altenglisch **Engla-land* „Land der Angeln" > *England*) müssen durch andere, allgemeinere Faktoren ergänzt werden, wenn sie bleibende Veränderungen im Lautsystem einer Sprache hervorrufen wollen. Die Unterscheidung zwischen äußeren und inneren Faktoren, die auf der Abstraktion der Sprache als solcher vor dem kulturellen und sozialen Gefüge beruht, in das sie eingebunden ist, fällt schließlich auch in sich zusammen: Die kommunikative Funktion von Sprache, die Form und Bedeutung innerhalb eines Sprachsystems miteinander verknüpft, stellt auch die Beziehung her zwischen diesem Sprachsystem und der Kultur und Gesellschaft, deren Bedürfnissen es dient.

Im vorigen Abschnitt wurden zwei der allgemeinsten Faktoren des Lautwandels erörtert: Analogie und Entlehnung. Jetzt können wir hervorheben, daß vieles, was die Junggrammatiker durch Lautgesetze zu erklären versuchten, in Wahrheit auf das gemeinsame Wirken dieser beiden Faktoren zurückgeführt werden kann. Die Lautgesetze haben an sich keinen wirklichen Erklärungswert: Sie fassen nur zusammen, was zwischen zwei Zeitpunkten in einem bestimmten Gebiet (oder genauer: in einer bestimmten Sprachgemeinschaft) geschehen ist. In der Rückschau und bei nicht zu genauem Hinsehen mag der erfolgte Wandel regelmäßig genug erscheinen (in dem Sinne, in dem die Junggrammatiker und ihre Nachfolger das Prinzip der Regelmäßigkeit verstanden haben). Die Untersuchung von Lautveränderungen, die sich gegenwärtig vollziehen, hat jedoch ergeben, daß sie ihren Ausgang von einem oder zwei entlehnten Wörtern nehmen und sich dann während eines längeren Zeitraums durch Analogie auf andere Wörter ausdehnen können.

Ein Symptom dieses Sprachwandlungsprozesses ist die sogenannte *Hyperkorrektur*. Ein Beispiel dafür wäre die analogische Übernahme der südenglischen Lautung in Wörtern wie *butter* [ʌ] in Wörter wie *butcher* [u] durch nordenglische Sprecher, die die Regelaussprache des erstgenannten Worttyps gelernt (d.h. entlehnt) haben. Phonetische Hyperkorrektur dieser Art unterscheidet sich in den Ursachen nicht von der Hyperkorrektur, die dazu geführt hat, daß Mittelklasse- und oft auch gebildete Sprecher des Standardenglischen *between you and I* sagen. Es ist leicht zu sehen, daß die erste, wenn auch nicht die zweite Art der Hyperkorrektur schließlich zu dem führen kann, was dann in der Retrospektive und bei nicht näherem Hinsehen als regulärer Lautwandel erscheint.

Das alles soll natürlich nicht heißen, daß sich alle Lautveränderungen auf diese Weise erklären ließen. Wir müssen durchaus noch immer die Möglichkeit einer langzeitlichen, sich allmählich und unmerklich vollziehenden *phonetischen Verschiebung* in allen Wörtern, die einen bestimmten Vokal enthalten, gelten lassen. Es soll hier nur darauf hingewiesen werden, daß eine Vielzahl von Kausalfaktoren zusammenwirken kann, um dieselbe Art von Endergebnis hervorzubringen: nämlich etwas, das normalerweise als regelmäßiger Lautwandel angesehen wird und, zumindest in der junggrammatischen Tradition, solchen angeblich sporadischen Phänomenen wie der Analogie und der Entlehnung diametral entgegengesetzt wird.

Sprachwissenschaftler, die den Unterschied zwischen inneren und äußeren Faktoren besonders betonen – und ganz besonders die, welche die strukturalistischen und funktionalistischen Lehren vertreten (vgl. 7.2, 7.3) –, tendieren dazu, so viele sprachliche Veränderungen wie möglich den inneren Faktoren zuzuschreiben: insbesondere der ständigen Umorganisation, die in einem Sprachsystem beim Übergang von einem Stadium der Ausgewogenheit (oder annähernden Ausgewogenheit) in ein anderes vor sich geht. Einer der einflußreichsten Vertreter dieses Standpunkts ist der französische Wissenschaftler André Martinet, der den Sprachwandel und besonders den Lautwandel durch Hinweis auf seine Konzeption von Sprachen als sich selbst regulierenden semiotischen Systemen, die von den sich ergänzenden Prinzipien des geringsten Aufwands und kommunikativer Klarheit beherrscht seien, zu erklären versuchte. Das erste der beiden Prinzipien (unter das man solche physiologisch erklärbaren Erscheinungen wie die Assimilation und die Haplologie, von denen die Rede war, subsumieren kann und auch die Tendenz, Formen, deren Bedeutung leicht zu erraten ist, zu verkürzen) wird sich dahingehend auswirken, die Zahl der phonologischen Unterscheidungsmerkmale zu reduzieren und zugleich den Anwendungsbereich der einzelnen übriggebliebenen zu vergrößern. Es wird jedoch seine Grenzen finden in der Notwendigkeit, eine ausreichende Zahl von Unterscheidungsmerkmalen zu bewahren, um Äußerungen auseinanderzuhalten, die sonst unter den akustischen Bedingungen, unter denen gesprochene Sprache normalerweise benutzt wird, verwechselt werden könnten.

Diese Vorstellung hat etwas sehr Einleuchtendes, und einige Lautveränderungen konnten auch auf diese Weise erklärt werden. Bisher steht allerdings der hinreichende Beweis noch aus, daß die Erklärungsmöglichkeiten dieser Theorie tatsächlich so weit reichen, wie ihre Verfechter behaupten.

Der Hauptbeitrag, den die Strukturalisten und Funktionalisten zur historischen Linguistik leisteten, besteht darin, mit Nachdruck darauf hingewiesen zu haben, daß jeder postulierte Wandel in einem Sprachsystem in bezug auf seine Implikationen für das System als Ganzes evaluiert werden müsse. So haben sie z.B. deutlich gemacht, daß die verschiedenen Teile der 1. Lautverschiebung (oder der großen Vokalverschiebung, die zwischen dem Mittelenglischen und Frühneuenglischen stattfand) zusammen betrachtet werden müßten. Und sie haben interessante Fragen über die *Kettenreaktionen* aufgeworfen, die sich zu gewissen Zeiten in der historischen Entwicklung einer Sprache abzuspielen scheinen. Nehmen wir die 1. Lautverschiebung als Beispiel: Veranlaßten die idg. stimmhaften Aspiraten [$\star b^h$, $\star d^h$, $\star g^h$], als sie ihre Aspiration verloren, die idg. stimmhaften nicht-aspirierten Verschlußlaute [⋆b, ⋆d, ⋆g], die Stimmhaftigkeit zu verlieren, und veranlaßte dies wiederum die idg. stimmlosen Verschlußlaute [⋆p, ⋆t, ⋆k] dazu, Reibelaute zu werden? Oder leiteten vielmehr die idg. stimmlosen Verschlußlaute den Prozeß ein, und zogen die anderen Laute an die Stellen nach, die sie freimachten? Diese Fragen mögen unbeantwortbar sein. Aber sie tragen doch immerhin der Möglichkeit Rechnung, daß die verschiedenen, in der 1. Lautverschiebung zusammengefaßten Veränderungen kausal miteinander verknüpft sein können.

Auch das, was man heute *interne Rekonstruktion* nennt (im Gegensatz zur Rekonstruktion durch die vergleichende Methode), kann dem Strukturalismus als Verdienst angerechnet werden: Sie basiert auf der Überzeugung, daß synchronisch zu beobachtende partielle Regelmäßigkeiten und Asymmetrien als Hinweise auf vollständig regelmäßige produktive Prozesse in einer früheren Zeit verstanden werden können. Selbst wenn wir zum Beispiel kein Vergleichsmaterial und keine Zeugnisse von früheren Sprachstufen des Deutschen hätten, könnten wir doch schließen, daß die zum Teil vorhandenen Regelmäßigkeiten bei den starken Verben (D. *treiben : trieb : getrieben; schreiben : schrieb : geschrieben; singen : sang : gesungen; springen : sprang : gesprungen* usw.) die Überreste eines früheren, vollständiger ausgebildeten regelmäßigen Systems der Verbalflexion sind. Die interne Rekonstruktion ist heute anerkannter Teil der Methodologie der historischen Linguistik und hat ihre Brauchbarkeit bei etlichen Gelegenheiten unter Beweis gestellt.

Wie wir später sehen werden, entwickelte sich der Generativismus aus einer besonderen Version des Strukturalismus und setzt diese teilweise fort. Charakteristisch für den Generativismus ist, daß er Sprachwandel unter dem Gesichtspunkt der Erweiterung, des Verlustes oder der Umordnung der Regeln sieht, die die linguistische Kompetenz eines Sprechers bestimmen. Insoweit die Unterscheidung Kompetenz/Performanz mit der Unterscheidung langue/

parole des Saussureschen Strukturalismus gleichgesetzt werden kann (vgl. 7.2), läßt sich der Beitrag, den die Generativisten zur Theorie und Methodologie der historischen Linguistik geleistet haben, als Verfeinerung und Weiterentwicklung des strukturalistischen Konzepts des Sprachwandels betrachten. In beiden Fällen wird den sogenannten inneren Faktoren Vorrang eingeräumt. Die strukturalistische Vorstellung der Selbstregulierung ist ersetzt worden durch diejenige von der Umstrukturierung der Regeln des Sprachsystems und einer Tendenz zur Vereinfachung. Es ist schwer, grundlegende Unterschiede zwischen diesen beiden Vorstellungen zu entdecken.

Ein Unterschied zwischen der Chomskyschen Unterscheidung zwischen Kompetenz und Performanz sowie der von Saussure zwischen langue und parole besteht jedoch darin, daß die erstgenannte sich leichter als die letztere für eine psychologische Interpretation eignet. Die Generativisten haben sich, wie wir sehen werden, sehr mit Fragen des frühkindlichen Spracherwerbs beschäftigt. Sie haben die Tatsache betont, daß das Kind, wenn es beginnt, seine Muttersprache zu erwerben, die Regeln, die dem System zugrunde liegen, nicht durch Belehrung lernt, sondern sie aus den Mustern von Entsprechungen zwischen Form und Bedeutung ableiten muß, die es in den Äußerungen, die es um sich herum hört, entdeckt. Was herkömmlicherweise als falsche Analogie betrachtet wird (z.B. die Tendenz von Kindern, *gebte* statt *gab* zu sagen), betrachten die Generativisten als Teil des allgemeineren Prozesses des Erwerbs von Sprachregeln.

Die Generativisten sind nicht die ersten, die eine Erklärung für den Sprachwandel bei der Übermittlung von Sprache von einer Generation zur nächsten gesucht haben. Aber sie haben den Prozeß des Spracherwerbs genauer als andere unter dem Gesichtspunkt der Natur der Regeln untersucht, die in bestimmten Stadien dieses Prozesses angewandt werden müssen. Ferner haben sie begonnen, neben den phonologischen und morphologischen auch syntaktische Veränderungen genau zu untersuchen; bis vor kurzem sind die syntaktischen Veränderungen fast gar nicht, und wenn, dann nur gelegentlich und unsystematisch, behandelt worden. Am wichtigsten ist jedoch, daß die Generativisten der historischen Linguistik eine genauere Vorstellung von formalen und materiellen *Universalien* geliefert haben, so daß man in bezug auf sie die postulierten Veränderungen auf prähistorischen und nicht belegten Sprachstufen als mehr oder weniger wahrscheinlich einschätzen und bestimmen kann.

Negativ muß sowohl dem Strukturalismus wie auch dem Generativismus angelastet werden, daß sie beide dazu neigten, der Bedeutung synchronischer Variation als Faktor im Sprachwandel nicht genügend Aufmerksamkeit zu zollen. Abgesehen von allem anderen hat das unsinnige Fragen hervorgebracht wie die folgenden: Vollzieht sich ein Lautwandel plötzlich oder allmählich? Hat der Lautwandel seinen Ursprung in der Kompetenz oder in der Performanz? Was die erste dieser Fragen angeht, so hat Johannes Schmidt schon vor hundert Jahren das Stammbaumschema der Sprachverwandtschaft, das die

Junggrammatiker vertraten, in Frage gestellt und darauf hingewiesen, daß Erneuerungen jeglicher Art, insbesondere Lautveränderungen, sich von einem Impulszentrum wie Wellen auf einem See ausbreiten können und dabei an Kraft verlieren, je weiter sie sich vom Zentrum entfernen. In den folgenden Jahrzehnten zeigten vor allem Sprachforscher, die an der Geschichte der romanischen Sprachen arbeiteten, die ein so reichliches synchronisches und diachronisches Beweismaterial bereithalten, daß, was man die *Wellentheorie* des Sprachwandels genannt hat, zumindest in vielen Fällen die Fakten befriedigender aufzuhellen vermochte als die orthodoxere *Stammbaumtheorie* mit der ihr impliziten Vorstellung von der plötzlichen, sich danach geradlinig fortsetzenden Differenzierung verwandter Dialekte. Weiterhin zeigten Dialektologen, daß ein Lautwandel, der keineswegs immer gleichzeitig in all den Wörtern aufzutreten pflegt, in denen er auftreten könnte, in einem oder zwei Wörtern begonnen haben und sich auf andere Wörter und, im Zuge der Kommunikation, auch auf andere Regionen ausgedehnt haben konnte. Wenn dies nun in der Regel zutrifft, so ist klar, daß eine Frage danach, ob der Lautwandel eine plötzliche oder allmähliche Erscheinung ist, ihren Sinn verliert. Da auch Individuen zwischen dem Gebrauch einer älteren und einer jüngeren Sprachform variieren können, erledigt sich auch die Frage, ob Sprachwandel seinen Ursprung in der Kompetenz oder in der Performanz hat.

Vor kurzem haben Soziolinguisten dargelegt, daß, was für die geographische Ausbreitung phonologischer, grammatischer und lexikalischer Varianten gilt, ebenfalls auf deren Verbreitung in den sozial unterschiedenen Klassen einer bestimmten Gesellschaft zutrifft. Ganz allgemein hat man klar erkannt, daß soziale Faktoren (von der Art, wie wir sie im Kapitel 9 untersuchen werden) viel wichtiger für den Sprachwandel sind, als man früher annahm. Schließlich brauchen die Grenzen, die der Verständigung von Menschen, die im gleichen Gebiet leben, gesetzt sind, nicht immer geographisch oder politisch zu sein. Soziale Dialekte können so verschieden voneinander sein wie geographisch unterschiedliche Dialekte. Auf der anderen Seite kann ein Soziolekt unter entsprechenden Bedingungen (Zusammenbruch einer ursprünglich nach sozialen Schichten gegliederten Gesellschaft, Imitation von Sprachformen und Ausdrucksweisen der oberen Klassen usw.) durch den Kontakt mit einem anderen abgewandelt werden. Tatsächlich beginnt man einzusehen, daß *Bilingualismus* und *Diglossie* – und sogar die *Pidginisierung* und die *Kreolisierung* – eine viel größere Rolle in der Herausbildung der Sprachfamilien der Welt gespielt haben, als einst vermutet (vgl. 9.3, 9.4).

An den Anfang dieses Abschnitts stellten wir die Frage: Warum wandeln Sprachen sich im Laufe der Zeit? Zum Ende wollen wir etwas wiederholen, was in einem früheren Kapitel gesagt wurde (vgl. 2.5): Die Universalität und die Kontinuität von Sprachwandel sind viel weniger verwirrend, wenn man einmal erkannt hat, daß keine natürliche Sprache jemals stagniert oder einförmig ist und daß vieles von dem, was auf den ersten Blick als Sprachwandel erscheint, nur das Ergebnis sozial bedingter, gleichzeitiger Variation ist. Das soll nicht heißen, daß jeder Sprachwandel so erklärt werden muß, sondern nur, daß soziale Faktoren zweifellos viel wichtiger sind, als man einst angenommen hat.

7. Einige moderne Schulen und Strömungen der Linguistik

7.1. Historismus

Im vorliegenden Kapitel soll eine Reihe jener Denkrichtungen innerhalb der Linguistik des 20. Jahrhunderts vorgestellt und erörtert werden, die die gegenwärtig vertretenen Anschauungen maßgeblich geprägt haben. Zunächst wollen wir uns einer Richtung zuwenden, die gewöhnlich als charakteristisch für eine frühere Epoche sprachwissenschaftlichen Denkens gilt: Wir geben ihr die Bezeichnung *Historismus.* Sie ist für unsere Betrachtung deshalb besonders wichtig, weil sie den Weg für den Strukturalismus geebnet hat.

Im Jahre 1922 eröffnete der berühmte dänische Sprachwissenschaftler Otto Jespersen eines seiner interessantesten und umstrittensten Bücher zu allgemein-sprachwissenschaftlichen Fragen mit dem Satz: „In der heutigen Auffassung der Sprachwissenschaft fällt als hervorragendster Zug ihr geschichtlicher Charakter auf." Jespersen vertrat mit dieser Äußerung die gleiche Meinung wie Hermann Paul in seinen *Prinzipien der Sprachgeschichte*, jenem zuerst 1880 veröffentlichten Werk, das gemeinhin als Bibel der junggrammatisch-orthodoxen Schule gilt; dort heißt es (zitiert nach der im Jahre 1920 erschienenen 5. Auflage): „Sobald man über das bloße Konstatieren von Einzelheiten hinausgeht, sobald man versucht, den Zusammenhang zu erfassen, die Erscheinungen zu begreifen, so betritt man auch den geschichtlichen Boden, wenn auch vielleicht, ohne sich klar darüber zu sein." Sowohl Jespersens Buch als auch die 5. Auflage von Pauls *Prinzipien* sind also mehrere Jahre nach Saussures *Cours de linguistique générale* erschienen, jenem Werk, das die heute unter der Bezeichnung ‚Strukturalismus' bekannte Richtung begründete. Und nur wenige Jahre später wurde der Prager Linguistenkreis gegründet, in dem Strukturalismus und Funktionalismus miteinander verschmolzen wurden und in dem einige der gegenwärtig vertretenen generativistischen Ideen ihren Ursprung hatten. Strukturalismus, Funktionalismus und Generativismus sind die wesentlichen Richtungen (oder wissenschaftstheoretischen Anschauungen), mit denen sich dieses Kapitel auseinandersetzt.

Es ist übrigens interessant, festzustellen, daß Bloomfield, obwohl er die Verdienste von Pauls *Prinzipien* anerkannte, das Buch in seinem Werk *Language* (1935) nicht nur wegen seines Historismus, sondern auch wegen seines Mentalismus kritisierte; Bloomfield warf ihm vor, »philosophische und psychologische Pseudoerklärungen« an die Stelle einer induktiv gewonnenen Generalisierung auf der Grundlage »deskriptiver Untersuchungen von Sprache« gesetzt zu haben. Damit hat sich der Kreis geschlossen; wie wir nämlich weiter unten sehen werden, stellte der Bloomfieldsche *Deskriptivismus* (den man als eine spezifisch amerikanische Version des Strukturalismus ansehen kann), das geistige Umfeld dar, in dem der Generativismus Chomskyscher Prägung entstand und auf das er reagierte. Es ist uns in dem vorliegenden Buch nicht möglich, den vielfältigen Beziehungen zwischen den linguistischen Schulen des 20. Jahrhunderts voll gerecht zu werden und genau den Einfluß herauszuarbeiten, den etwa eine bestimmte Schule auf eine andere ausgeübt hat. Wir können in diesem Kapitel nur äußerst selektiv verfahren; dieses Vorgehen bedingt selbstverständlich oft auch eine sehr subjektive Interpretation. Natürlich ist es eine Binsenwahrheit, daß man nie zu einer genauen historischen Perspektive hinsichtlich der jeweils gegenwärtigen Ideen und Überzeugungen gelangen kann. Schon der Versuch dazu ist bereits wieder eine Art Historismus.

Doch was ist eigentlich genau Historismus – in dem Sinne verstanden, in dem wir den Begriff bisher verwendet haben? Es ist die von Hermann Paul in jenem Absatz seines Werkes, aus dem wir lediglich einen Satz zitiert haben, so vehement vorgetragene Meinung, daß die Linguistik, insoweit sie eine wissenschaftliche Disziplin ist oder zu sein bemüht ist, ihrem Wesen nach notwendigerweise historisch ist. Genauer gesagt, der Vertreter des Historismus glaubt, daß die einzige in der Linguistik gültige Erklärung die des Historikers sei: Sprachen seien jeweils so, wie sie sind, weil sie im Laufe der Zeit einer Reihe von inneren und äußeren auf sie einwirkenden Kräften ausgesetzt gewesen seien – Kräften von der Art, wie wir sie im letzten Abschnitt (6.5) des Kapitels zur historischen Linguistik beschrieben haben. Durch die Übernahme dieser Ideen reagierten die berühmten Linguisten des 19. Jahrhunderts auf die Ansichten der französischen Aufklärungsphilosophen und deren Vorgänger in einer langen Tradition, die letztlich bis auf Platon, Aristoteles und die Stoiker zurückreicht: Deren Ziel war es gewesen, die universalen Eigenschaften der Sprache aus den bekannten oder angenommenen universalen Eigenschaften des menschlichen Geistes herzuleiten.

Historismus in dem Sinne, in dem wir den Begriff hier gebrauchen, impliziert nicht notwendigerweise auch den sogenannten *Evolutionismus,* d.h. die Auffassung, daß sich die historische Entwicklung von Sprachen in einer bestimmten Richtung vollziehe. Evolutionäre Ideen wurden für die Sprachwissenschaft des späten 19. Jahrhunderts in der Tat recht einflußreich. So vertrat z.B. Jespersen in dem Buch, auf das wir oben hingewiesen haben, eine bestimmte Version evolutionären Gedankenguts. Andere Versionen sind von Idealisten verschiedener Schulen und natürlich auch von Marxisten im Rahmen der Vorstellungen des dialektischen Materialismus vertreten worden. Man wird jedoch zu Recht feststellen können, daß – abgesehen von einigen bemerkenswerten Ausnahmen – die meisten Linguisten im 20. Jahrhundert den Evolutionismus abgelehnt haben (vgl. 1.4). Der Historismus ist – wie wir im folgenden Abschnitt sehen werden – eine der Bewegungen, gegen die sich später der sogenannte Strukturalismus wandte und definitorisch abgrenzte.

7.2. *Strukturalismus*

Die methodische Richtung, die man gemeinhin, besonders in Europa, als *Strukturalismus* bezeichnet, hat verschiedene Wurzeln. Es ist üblich und sinnvoll, die Veröffentlichung von Saussures *Cours de linguistique générale* im Jahre 1916 als Geburtsstunde des Strukturalismus als einer eigenen Bewegung innerhalb der Sprachwissenschaft anzusetzen. Viele der Gedanken, die Saussure in den Vorlesungen geäußert hat, die er zwischen 1907 und 1911 an der Genfer Universität hielt (und auf denen der *Cours* basiert), können bis ins 19. Jahrhundert und noch weiter zurückverfolgt werden.

Etliche der grundlegenden Distinktionen des Saussureschen Strukturalismus sind bereits eingeführt worden (wenn auch nicht immer in Saussures Terminologie). Es genügt, sie dem Leser nochmals ins Gedächtnis zu rufen und ihren inneren Zusammenhang aufzuzeigen. Da wir gerade den Historismus behandelt haben, bildet die Unterscheidung zwischen der synchronischen und der diachronischen Betrachtungsweise im Rahmen der Erforschung von Sprachen einen natürlichen Ausgangspunkt für unsere weiteren Überlegungen (vgl. 2.5).

Wie wir gesehen haben, vertraten die Junggrammatiker die Ansicht, daß die Sprachwissenschaft, wenn sie den Anspruch auf Wissenschaftlichkeit erhebt und sprachliche Phänomene erklären will, notwendigerweise historisch orientiert sein müsse. Dieser Ansicht hielt Saussure entgegen, daß die synchronische Beschreibung bestimmter Sprachen ebenso wissenschaftlich sein kann und auch ihre Beschaffenheit zu erklären vermag. Die synchronische Erklärung unterscheidet sich von der diachronischen oder historischen dadurch, daß sie eher *strukturell* als kausal ist: Sie gibt auf die Frage „Warum sind die Dinge, wie sie sind?“ eine andersartige Antwort. Statt die historische Entwicklung bestimmter Formen und Bedeutungen zu verfolgen, zeigt sie auf, wie in einem bestimmten Sprachsystem zu einem bestimmten Zeitpunkt alle Formen und Bedeutungen zueinander in Beziehung stehen. Es ist wichtig, sich klarzumachen, daß Saussure, als er sich gegen den Standpunkt der Junggrammatiker wandte, den Wert historischer Erklärung nicht bestritt. Als sehr junger Mann hatte er sich mit einer brillanten Rekonstruktion des urindogermanischen Vokalsystems einen guten Namen gemacht. Und er verlor sein Interesse an der historischen Sprachwissenschaft nie. In seinen Genfer Vorlesungen zur allgemeinen Sprachwissenschaft hat er, genau genommen, ausgeführt, daß die synchronische und die diachronische Erklärungsmethode einander ergänzten und daß die letztgenannte notwendigerweise von der erstgenannten abhängig sei.

Man kann es vielleicht an einem Beispiel verdeutlichen. Nehmen wir an, jemand fragt uns, warum der Motor eines Mercedes eines bestimmten Modells und Jahrgangs so ist, wie er ist. Wir könnten eine diachronische Erklärung geben und die Veränderungen beschreiben, die im Laufe der Jahre am Entwurf des Vergasers, der Kurbelwelle usw. vorgenommen wurden; und das wäre eine völlig angemessene Antwort auf die Frage. Wir könnten aber auch die Rolle beschreiben, die jedes Montageteil im synchronischen System spielt; in diesem Falle sollten wir beschreiben, wie die Maschine zusammengesetzt ist und wie sie funktioniert. Dies wäre dann eine nicht historische, sondern strukturelle (und funktionale) Erläuterung der Fakten. Da Sprachen nicht auf dem Reißbrett entworfen werden und sich auch, wenigstens nach Saussures Meinung, nicht von irgendwelchen äußeren oder inneren Zielsetzungen geleitet im Laufe der Zeit entwickelten, sollten wir die Analogie zum Automotor nicht überstrapazieren, ebenso wie wir auch Saussures eigene Analogie zum Schachspiel nicht überziehen sollten: vgl. 2.5. Wenn man sich aber darüber klar ist, daß ein kontrollierender Konstrukteur nicht vorhanden ist, und den Unterschied zwischen einer Maschine und einer sozialen Einrichtung im Auge behält, kann man durchaus legitimerweise, wenn auch natürlich metaphorisch, sagen, daß eine strukturelle Beschreibung einer Sprache uns Aufschluß darüber gibt, wie alle Bausteine ineinandergreifen.

Bestimmte Aspekte von Saussures Unterscheidung zwischen dem diachronischen und dem synchronischen Standpunkt sind anfechtbar, um nicht zu sagen paradox: insbesondere seine Behauptung, daß der Strukturalismus nichts in der historischen Sprachwissenschaft zu suchen habe. Dies ist paradox angesichts der Tatsache, daß Saussures eigenes Frühwerk über das urindogermanische Vokalsystem aus dem Jahre 1879 schon eine Vorform der später so genannten inneren Rekonstruktion zu enthalten scheint. Auch — wie wir sahen — wurde diese Rekonstruktionsmethode später von solchen Sprachwissenschaftlern übernommen und verfeinert, die sich als Strukturalisten bezeichneten und ihre Anregung, wenigstens zum Teil, Saussure verdankten (vgl. 6.5). Es scheint jedoch, daß Saussure selbst, ob zu Recht oder zu Unrecht, glaubte, daß alle Veränderungen ihren Ursprung außerhalb des Sprachsystems selber haben, und die später als solche identifizierten strukturellen Zwänge innerhalb des Sprachsystems nicht beachtete, die als innere Ursachen des Sprachwandels wirken. Doch darüber braucht hier nicht mehr gesagt zu werden.

Auch zu Saussures Dichotomie von *langue* und *parole*, von *Sprachsystem* und *Sprachverhalten*, muß nicht viel gesagt werden. (vgl. 1.3, 2.6). Hervorzuheben ist an dieser Stelle jedoch der abstrakte Charakter von Saussures Darstellung des Sprachsystems. Eine Sprache (langue), sagt Saussure, ist eine Form, kein Inhalt. Dieser Begriff von ‚Form' ist in der Philosophie zu Hause und verweist einerseits auf Wilhelm von Humboldts Begriff der inneren Sprachform und andererseits auf den Formbegriff der russischen Formalisten, den diese bei der Analyse literarischer Texte dem Begriff des Gehalts gegenüberstellten. Doch der Begriff kann irreführend sein (vgl. 2.6). Wir tun Saussures Gedanken keine Gewalt an, wenn wir statt dessen sagen, daß Sprache eine *Struktur* ist, um mit diesem Terminus anzudeuten, daß sie unabhängig von den physikalischen Erscheinungsformen oder dem Medium ist, in dem sie realisiert wird. ‚Struktur' ist in diesem Sinne mehr oder weniger gleichbedeutend mit ‚System': Eine Sprache ist ein zweidimensionales System mit den Ebenen der *syntagmatischen* und *substitutionellen* (= Ersetzungs-)Relationen (vgl. 3.6). Diese Verwendung des Begriffs ‚Struktur' weist besonders auf die kombinatorischen und kontrastiven Relationen innerhalb eines Sprachsystems hin. Daher paßt der Begriff ‚Strukuralismus' auf mehrere unterschiedliche linguistische Schulen des 20. Jahrhunderts, die sich allerdings in etlichen Punkten unterscheiden mögen, u.a. im Grad der Abstraktheit ihrer Vorstellung vom Sprachsystem und in ihrer Einstellung zur Fiktion der Homogenität (vgl. 1.6). Wie wir noch sehen werden, ist auch der Generativismus in diesem sehr allgemeinen Sinne eine besondere Ausprägung des Strukturalismus.

Aber der Saussuresche Strukturalismus weist noch markantere Wesensmerkmale auf. Hierzu zählt die Behauptung, daß „die Sprache, an und für sich selbst betrachtet, ... der einzige wirkliche Gegenstand der Sprachwissenschaft" sei. Tatsächlich gibt vielleicht dieses berühmte Zitat aus dem letzten Satz des *Cours* Saussures Ansicht nicht exakt wieder, da der Satz nicht den Vorlesungen selbst zu entstammen scheint, sondern anscheinend von den Herausgebern hinzugefügt worden ist. Es bestehen auch einige Zweifel darüber, was genau mit „an und für sich selbst betrachtet" („en elle-même et pour elle-même") gemeint ist. In der Saussureschen Tradition jedoch hat man ihn immer so ausgelegt, daß ein Sprachsystem eine Struktur sei, die man nicht nur von den historischen Kräften, die sie hervorgebracht haben, abstrahieren kann, sondern auch von dem sozialen Rahmen, innerhalb dessen sie wirkt, und von dem psychologischen Prozeß, durch den sie erworben und für den tatsächlichen Sprachgebrauch verfügbar wird. Ob sie nun von Saussure selber stammt oder nicht – die so interpretierte programmatische Aussage ist oft benutzt worden, um das Prinzip der *Autonomie* der Sprachwissenschaft (d.h. ihre Unabhängigkeit von anderen Disziplinen) und eine methodologische Unterscheidung zwischen *Mikro-* und *Makrolinguistik,* so wie sie in einem früheren Kapitel getroffen wurde (vgl. 2.1), zu rechtfertigen. Zuweilen ist sie auch mit der etwas anderen, aber nicht weniger typisch strukturalistischen Aussage gleichgesetzt worden, derzufolge jedes Sprachsystem einzig in seiner Art ist und nur nach Maßgabe seiner spezifischen Eigenschaften beschrieben werden sollte. Wir werden auf diesen Punkt noch zurückkommen (vgl. 10.2).

Einen gewissen Widerspruch könnte man auch sehen zwischen Saussures Ansicht (wenn dies wirklich seine Ansicht war), daß das Sprachsystem losgelöst von der Gesellschaft, in der es wirkt, untersucht werden sollte, und der Ansicht (die er mit Sicherheit wirklich vertrat), daß Sprachen soziale Tatsachen seien. Aber hier handelt es sich nur scheinbar um einen Widerspruch. Denn selbst, wenn es sich um soziale Tatsachen handelt – in dem Sinne, wie

Saussures Zeitgenosse, der große französische Soziologe Emile Durkheim (1858–1917), den Begriff ‚soziale Tatsache' benutzte –, sind diesen ganz spezifische Baugesetze eigen. Wie wir sahen, darf die strukturelle Analyse eines Sprachsystems nicht mit einer kausalen Darstellung des Entwicklungsprozesses des Systems bis zu seinem gegenwärtigen Zustand verwechselt werden. Wenn er sagte, daß Sprachsysteme soziale Tatsachen seien, so meinte er damit mehrere Dinge: daß sie anders geartet, aber nicht weniger real seien als materielle Objekte; daß sie vom Individuum unabhängige Faktoren seien, die es gleichwohl ihren Zwängen unterwerfen; daß sie Wertsysteme darstellten, die durch soziale Konventionen aufrechterhalten würden.

Insbesondere vertrat er die Ansicht, daß Sprachen semiotische Systeme sind, in denen das Bezeichnete *(le signifié)* willkürlich mit dem Bezeichnenden *(le signifiant)* verknüpft ist. Dies ist das berühmte Saussuresche Prinzip der Willkürlichkeit des sprachlichen Zeichens *(l'arbitraire du signe)* – ein Prinzip, das bereits unabhängig von der Rolle, die es im Saussureschen Strukturalismus spielt, in einem früheren Kapitel diskutiert wurde (vgl. 1.5). Der entscheidende Punkt hier – und er ist ganz wesentlich für das Verständnis des Saussureschen Strukturalismus – ist, daß das Zeichen keine aus sich heraus bedeutungstragende Form ist. Es ist vielmehr eine zusammengesetzte Einheit, die entsteht, indem zwei verschiedenen Substanzen durch die kombinatorischen und kontrastiven Relationen im Sprachsystem eine Struktur aufgeprägt wird. Bedeutungen können nicht unabhängig von den Formen, mit denen sie verknüpft sind, existieren, und umgekehrt. Saussure sagt, daß wir uns die Sprachen nicht als Nomenklaturen vorstellen dürfen: d.h. als Sammlung von Namen oder Etiketten für bereits vorhandene Vorstellungen oder Bedeutungen. Die Bedeutung eines Wortes – oder besser: der Aspekt seiner Bedeutung, den Saussure ‚signifié' genannt hat (jener Aspekt der Bedeutung, der sich allein aus dem Sprachsystem ergibt – sein Sinn, nicht so sehr seine Referenz oder Denotation: vgl. 5.3), ist das Ergebnis der semantischen Beziehungen, die zwischen diesem Wort und anderen im selben Sprachsystem bestehen. An die traditionelle philosophische Unterscheidung zwischen Wesen und Sein anknüpfend, kann man sagen, das Wort bezieht nicht nur sein Wesen (was es ist), sondern auch sein Sein (die Tatsache, daß es existiert) aus der Relationsstruktur, die der sonst unstrukturierten Substanz der Gedanken durch das Sprachsystem aufgeprägt wird. In ähnlicher Weise resultiert auch das, was Saussure das ‚signifiant' eines Wortes nennt, d.h. seine phonologische Gestalt, letztlich aus dem Netzwerk der Kontraste und Gleichklänge, die ein bestimmtes Sprachsystem dem Lautkontinuum aufprägt.

Mit dem Strukturalismus Saussures müssen wir uns an dieser Stelle nicht eingehender beschäftigen. Was gerade erläutert wurde, ist zweifellos schwer zu verstehen, wenn es so verkürzt vorgetragen wird wie hier. Was freilich das Aufprägen von Struktur auf die Lautsubstanz angeht, so sollte dies keine Verständnisschwierigkeiten bereiten, wenn man sich die Unterscheidung vor Augen hält, die wir an früherer Stelle zwischen Phonetik und Phonologie getroffen haben (vgl. 3.5). Ob es allerdings legitim ist, in der gleichen Weise von einem Aufprägen von Struktur auf die Substanz der Gedanken zu sprechen, ist, milde ausgedrückt, nicht eindeutig zu entscheiden.

Die Saussuresche Auffassung von der Einmaligkeit der Sprachsysteme und von dem Verhältnis zwischen Struktur und Substanz führt auf natürliche Weise, wenn auch keineswegs unvermeidlich, zur These von der *sprachlichen Relativität*: der These, daß menschliche Sprachen keine universal gültigen Eigenschaften haben (außer jenen sehr allgemeinen semiotischen Eigenschaften wie der Arbitrarität, Produktivität, Dualität und Diskretheit: vgl. 1.5); der These, daß jede Sprache ihren eigenen Gesetzen gehorcht. Jede Richtung oder Position in der linguistischen Forschung, die diesen Standpunkt teilt, läßt sich dem *Relativismus* zuordnen und der Konzeption des *Universalismus* gegenüberstellen. Relativismus ist in stärkerer oder schwächerer Ausprägung mit den meisten Zweigen des Strukturalismus im 20. Jahrhundert verbunden gewesen. Zum Teil kann man ihn als methodologisch heilsame Reaktion auf die Tendenz betrachten, Eingeborenensprachen der Neuen Welt mit den Kategorien der traditionellen abendländischen Grammatik zu beschreiben. Aber der Relativismus ist von seinen Befürwortern in Verbindung mit dem Strukturalismus auch in einem umstritteneren Zusammenhang verteidigt worden: nämlich bei der Diskussion solcher traditioneller philosophischer Probleme wie des Verhältnisses zwischen Sprache und Geist und der Rolle, die die Sprache bei Erwerb und Darstellung von Wissen spielt (vgl. 10.2). Chomsky und seine Schüler haben, wie wir sehen werden, bei der Formulierung der Grundsätze des Generativismus sowohl den philosophischen wie auch den methodologischen Relativismus abgelehnt (vgl. 7.4). Was es hier hervorzuheben gilt, ist die Tatsache, daß zwar eine starke, historisch gewachsene Verbindung zwischen Strukturalismus und Relativismus besteht, es jedoch viele Strukturalisten gab – namentlich Roman Jakobson und andere Mitglieder der Prager Schule (vgl. 7.3) –, die die extremeren Ausprägungen des Relativismus nie akzeptiert haben. Das gilt nicht nur für die Linguistik, sondern auch für andere Disziplinen wie z.B. die Sozialanthropologie, wo der Strukturalismus im 20. Jahrhundert wesentlichen Einfluß ausübte.

Wir können hier nicht auf die Beziehung zwischen der strukturellen Linguistik und dem Strukturalismus in anderen Wissenschaftsgebieten eingehen. Festzuhalten ist jedoch, daß der Strukturalismus eine weitgehend interdisziplinäre Bewegung ist. Insbesondere der Saussuresche Strukturalismus hat stark auf die Entwicklung einer spezifisch französischen Variante der Semiotik (oder Semiologie) sowie auf ihre Anwendung auf die Literaturwissenschaft einerseits und die Analyse von Kultur und Gesellschaft andererseits eingewirkt. Wenn man den Strukturalismus als Ganzes betrachtet, kann man dem Philosophen Ernst Cassirer zustimmen, der 1945 gesagt hat: „Der Strukturalismus ist kein isoliertes Phänomen. Er ist vielmehr der Ausdruck einer allgemeinen Tendenz des Denkens, die sich in den vergangenen Jahrzehnten in fast allen Wissenschaftsgebieten immer stärker durchgesetzt hat."[1]

[1] Vgl. Ernst Cassirer: „Structuralism in Modern Linguistics." In: *Word*. Journal of the Linguistic Circle of New York 1, 1946, 99–120; Zitat auf S. 120.

So als allgemeines Phänomen betrachtet, zeichnet sich der Strukturalismus vor allem dadurch aus, daß er das Augenmerk stärker auf die Relationen zwischen bestimmten Entitäten richtet als auf diese Entitäten selbst. In dieser Hinsicht besteht eine natürliche Affinität zwischen dem Strukturalismus und der Mathematik; einer der am häufigsten gegen den Strukturalismus erhobenen Einwände ist, daß er das Beziehungsgeflecht in den von ihm untersuchten Daten als stärker geordnet, eleganter und allgemeingültiger erscheinen läßt, als es wirklich ist.

7.3. *Funktionalismus*

Die Bezeichnungen ‚Funktionalismus' und ‚Strukturalismus' werden in der Anthropologie und in der Soziologie oft für zwei einander entgegengesetzte Theorien oder Analysemethoden gebraucht. In der Linguistik jedoch sieht man den *Funktionalismus* am treffendsten als besondere Richtung innerhalb des Strukturalismus an. Typisch für den Funktionalismus ist die Überzeugung, daß die phonologische, grammatische und semantische Struktur von Sprachen durch die Funktionen bestimmt ist, die diese in den Gesellschaften, in denen sie wirken, zu erfüllen haben. Die bekanntesten Vertreter des in diesem Sinne verstandenen Funktionalismus sind die Mitglieder der *Prager Schule*, die ihren Ursprung im *Prager Linguistischen Kreis* (Cercle Linguistique de Prague) hatte, der 1926 gegründet worden war und besonders in den Jahren vor dem Zweiten Weltkrieg die europäische Linguistik stark prägte. Nicht alle Mitglieder des Prager Linguistischen Kreises lebten übrigens in Prag; und auch nicht alle waren Tschechen. Zwei ihrer einflußreichsten Mitglieder, Roman Jakobson und Nikolaj Trubetzkoy, waren russische Emigranten. Jakobson lehrte in Brno und Trubetzkoy in Wien. Von 1928 an, als das Manifest der Prager Schule (wie man es wohl nennen kann) dem 1. Internationalen Linguistenkongreß in Den Haag vorgelegt worden war, begannen Sprachwissenschaftler aus vielen europäischen Ländern, sich der Bewegung mehr oder weniger eng anzuschließen. Die Prager Schule hat immer anerkannt, daß sie dem Saussureschen Strukturalismus verpflichtet ist, obwohl sie in einzelnen Punkten geneigt war, Saussures Sicht der Dinge zurückzuweisen, besonders insoweit es die Schärfe seiner Unterscheidung zwischen synchronischer und diachronischer Sprachwissenschaft und seine Ansichten zur Homogenität des Sprachsystems betraf.

Ihre erste durchschlagende Wirkung erzielte die Prager Schule auf dem Gebiet der Phonologie. Tatsächlich stammt der Begriff des funktionalen Kontrasts, den wir heranzogen, um Phonetik und Phonologie voneinander zu unterscheiden, von Trubetzkoy, dessen Konzept der *distinktiven Merkmale,* abgewandelt durch Jakobson und später Halle (in Zusammenarbeit mit Chomsky), in die Theorie der generativen Phonologie eingearbeitet worden ist (vgl. 3.5). Aber die *distinktive Funktion* der phonetischen Merkmale ist nur eine der Arten sprachlich relevanter Funktion, die Trubetzkoy und seine Schüler entdeckten. Ebenfalls beachtet werden sollten einerseits die *abgrenzende* (oder: *delimitative) Funktion* und andererseits die *expressive Funktion.*

Viele der oben erwähnten suprasegmentellen Merkmale (Betonung, Ton, Länge usw., vgl. 3.5) haben in bestimmten Sprachsystemen eher eine abgrenzende als eine distinktive Funktion: sie sind das, was Trubetzkoy Grenzsignale genannt hat. Sie dienen nicht dazu, eine Form von der anderen nach der substitutionellen (oder mit dem Saussureschen Begriff, der paradigmatischen) Dimension des Gegensatzes zu unterscheiden. Sie unterstreichen vielmehr den phonologischen Zusammenhang von Formen und helfen, sie als syntagmatische Entitäten zu identifizieren, indem sie die Grenze zwischen zwei Formen in fließender gesprochener Sprache markieren. In vielen Sprachen, u.a. im Deutschen und Englischen, gibt es z.B. bei jeder Wortform nur einen Hauptakzent. Da die Position dieses Hauptakzents bei deutschen und englischen Wortformen nur zum Teil vorhersagbar ist, läßt seine Anbindung an eine bestimmte statt an eine andere Silbe die Wortgrenzen zwar weniger deutlich hervortreten, als es bei Sprachen mit sogenanntem festen Akzent (wie etwa dem Polnischen, Tschechischen und Finnischen) der Fall ist. Dennoch hat der Wortakzent auch im Deutschen und Englischen eine wichtige Abgrenzungsfunktion. Das gleiche gilt für das Auftreten bestimmter Phonemsequenzen. Im Englischen z.B. erscheint das /h/ (außer bei Eigennamen) fast nur am Anfang eines Morphems, und /ŋ/ erscheint niemals ohne Folgekonsonanten – außer am Ende eines Wortes oder eines Stammes (sofern ein Suffix wie ‚-er' oder ‚-ing' folgt). Das Auftauchen eines dieser beiden Phoneme kann daher dazu dienen, die genaue Position einer Morphemgrenze anzuzeigen. Nicht nur prosodische Merkmale haben also in einem Sprachsystem abgrenzende Funktion: diese Erkenntnis ist von Phonologen oft übersehen worden. Die Tatsache, daß nicht alle Phonemfolgen auch mögliche Wortformen einer bestimmten Sprache sind, trägt zur Identifikation derjenigen Formen bei, die tatsächlich in Äußerungen vorkommen.

Mit der expressiven Funktion eines phonologischen Merkmals ist gemeint, daß dieses auf Gefühle und Einstellung des Sprechers hinweisen kann. Im Französischen z.B. ist der Wortakzent nicht distinktiv; auch spielt er, im Gegensatz zu vielen anderen Sprachen, keine Rolle für die Abgrenzung. Doch gibt es eine bestimmte Art emphatischer Aussprache am Wortanfang, die eine deutlich expressive Funktion erfüllt. Man kann wahrscheinlich mit Recht sagen, daß jede Sprache ihren Benutzern für den Ausdruck von Gefühlen einen reichen Schatz phonologischer Möglichkeiten zur Verfügung stellt. Wenn man den Begriff der sprachlichen Bedeutung nicht auf das beschränkt, was zur Formulierung wahrer und falscher Aussagen relevant ist, so wird man der expressiven Funktion von Sprache sicher den gleichen Rang wie ihrer deskriptiven Funktion einzuräumen haben (vgl. 5.1).

Die Mitglieder der Prager Schule zeigten ihre funktionalistische Sichtweise und vor allem ihre Entschlossenheit, den expressiven und interpersonalen Funktionen von Sprache volle Beachtung zu schenken, nicht nur in der Phonologie. Von Anfang an zogen sie nicht nur gegen den Historismus und Positivismus in den Sprachauffassungen der Junggrammatiker zu Felde, sondern auch gegen den Intellektualismus der abendländischen philosophischen Tradition bis zum 19. Jahrhundert, derzufolge Sprache die Veräußerlichung oder der Ausdruck des Denkens ist (wobei ‚Denken' im Sinne propositionalen Denkens zu verstehen ist). Wie wir sehen werden, ist der Intellektualismus eine Komponente jener komplexen und heterogenen Richtung innerhalb der modernen Linguistik, der wir den Namen ‚Generativismus' geben (vgl. 7.4). Zwischen Funktionalismus und Intellektualismus besteht kein logischer Widerspruch. Schließlich kann man sich als Vertreter des Intellektualismus auf den Standpunkt stellen, daß die einzige oder primäre Funktion von Sprache der Ausdruck propositionalen Denkens ist und zugleich als Funktionalist die Meinung vertreten, daß die Struktur von Sprachsystemen durch ihre teleologische Anpassung an eben diese einzige oder primäre Funktion bestimmt ist. In der Praxis jedoch haben nicht nur die Linguisten der Prager Schule, sondern auch andere, die sich als Funktionalisten bezeichneten, dahin tendiert, die *Multifunktionalität* von Sprache zu betonen sowie die Wichtigkeit ihrer expressiven, sozialen und konativen Funktionen, die sie im Gegensatz zu oder zusätzlich zu ihrer deskriptiven Funktion besitzt.

Was die grammatische Struktur von Sprachen angeht, so ist einer der durchgehenden Interessenschwerpunkte der Prager Schule immer die *funktionale Satzperspektive* gewesen (um den Begriff zu gebrauchen, der die funktionalistische Forschungsmotivation zu diesem Thema besonders unterstreicht). In einem früheren Kapitel wurde erläutert, daß

(1) Heute morgen ist er spät aufgestanden

und

(2) Er ist heute morgen spät aufgestanden

entweder als zwei verschiedene Versionen desselben Satzes oder aber als verschiedene Sätze aufgefaßt werden können (vgl. 4.2). Auf welchen Standpunkt wir uns auch stellen, zwei Dinge sind klar: erstens, daß (1) und (2) denselben Wahrheitswert haben und daher bei einer engen Auslegung des Begriffs ‚Bedeutung' als bedeutungsgleich angesehen werden können (vgl. 5.1); zweitens, daß die Ko- und Kontexte, in denen (1) geäußert würde, sich systematisch von den Ko- und Kontexten unterscheiden, in denen (2) geäußert würde. Insofern

Wortstellung als Angelegenheit der Syntax gilt, können wir sagen, daß zumindest in einigen Sprachen die syntaktische Struktur von Äußerungen (oder von Sätzen – wenn man der Definition von ‚Satz' folgt, derzufolge (1) und (2) verschiedene Sätze sind –) durch den kommunikativen Rahmen der Äußerung und ganz besonders durch das bestimmt wird, was als selbstverständlich gilt oder als Hintergrundinformation *gegeben* ist, bzw. was vor diesem Hintergrund als für den Hörer *neu* und daher wirklich informativ präsentiert wird. Überlegungen dieser Art sind in die Definition dessen eingegangen, was die Linguisten der Prager Schule funktionale Satzperspektive genannt haben. Unterschiede in der Terminologie und Interpretation machen es schwierig, die verschiedenen funktionalistischen Darstellungen der kommunikativen Bezüge von Äußerungen innerhalb eines gemeinsamen theoretischen Rahmenwerks zu vergleichen. Einig sind sich jedoch alle in der Überzeugung, daß die Struktur von Äußerungen durch den Zweck, für den sie eingesetzt werden, und durch den kommunikativen Zusammenhang, in dem sie stehen, bestimmt wird.

Allgemein kann man sagen, daß der Funktionalismus in der Linguistik seit jeher dazu tendiert, den instrumentellen Charakter von Sprache zu betonen. Daher besteht eine natürliche Affinität zwischen dem Standpunkt des Funktionalisten und dem des Soziolinguisten oder dem jener Sprachphilosophen, die das Sprachverhalten unter den umfassenderen Gesichtspunkt der sozialen Interaktion subsumiert haben. Der Funktionalismus ist in dieser wie in anderen Beziehungen dem Generativismus genau entgegengesetzt (vgl. 7.4).

Aber stimmt die Grundannahme der Funktionalisten, daß die Struktur natürlicher Sprachen durch die verschiedenen ineinandergreifenden semiotischen Funktionen – die expressive, die soziale und die deskriptive Funktion – bestimmt wird, die sie erfüllen? Wäre es so, wäre die Struktur der Sprachen in dieser Hinsicht nicht-willkürlich; und insoweit verschiedene Sprachsysteme die gleichen semiotischen Funktionen erfüllten, könnte man erwarten, daß sie strukturell ähnlich, wenn nicht gar identisch wären. Nun ist es durchaus möglich, daß Linguisten zeitweilig die Willkürlichkeit grammatischer Prozesse übertrieben dargestellt und es versäumt haben, bei der Beschreibung bestimmter Phänomene auch der funktionalen Seite die notwendige Aufmerksamkeit zuzuwenden. Ebenso ist es möglich, daß eines Tages für viele Fakten, die heute als gänzlich willkürlich erscheinen, funktionale Erklärungen gefunden werden: z. B. für die Tatsache, daß bei Nominalphrasen im Deutschen und Englischen das Adjektiv regelmäßig vor dem Substantiv steht, daß es aber im Französischen normalerweise dem Substantiv folgt; die Tatsache, daß im Deutschen das Verb im Nebensatz ans Ende tritt usw. In einigen Fällen hat man festgestellt, daß das Vorhandensein einer solchen, offensichtlich willkürlichen Eigenheit einer Sprache oft das Vorhandensein oder Fehlen einer weiteren, offensichtlich willkürlichen Eigenheit mit sich bringt. Doch bisher sind solche *erschlossenen Universalien* im Rahmen einer funktionalistischen Theorie nicht hinreichend erklärt worden. Es hat den Anschein, daß bei den non-verbalen

Komponenten der Sprachsysteme, ganz besonders aber bei ihren grammatischen Strukturen, ein gut Teil Willkürlichkeit herrscht (vgl. 7.4) und daß der Funktionalismus, wie er oben definiert wurde, unhaltbar ist. Daraus folgt natürlich nicht, daß auch abgeschwächte Formen des Funktionalismus, denen zufolge die Struktur von Sprachsystemen zum Teil, aber nicht gänzlich von der Funktion her bestimmt wird, ebenso unhaltbar sind. Und Linguisten, die sich selbst als Funktionalisten bezeichnen, neigen dazu, sich einer dieser abgeschwächten Versionen anzuschließen.

7.4. *Generativismus*

Mit dem Begriff ‚Generativismus' kennzeichnen wir hier jene Sprachtheorie, die während der vergangenen rund zwanzig Jahre von Chomsky und seiner Richtung verpflichteten Linguisten entwickelt wurde. Der Generativismus in diesem Sinne hat einen außerordentlich starken Einfluß ausgeübt, und zwar nicht nur auf die Linguistik selbst, sondern auch auf die Philosophie, Psychologie und andere Disziplinen, die sich mit Sprache befassen.

Zum Generativismus gehört die Überzeugung, daß es nützlich und möglich ist, menschliche Sprachen mit Hilfe generativer Grammatiken des einen oder anderen Typs zu beschreiben. Aber der Generativismus besteht noch aus sehr viel mehr. Obwohl ein Eintreten für die Grundsätze des Generativismus notwendigerweise Interesse an generativer Grammatik mit einschließt, trifft, wie bereits gezeigt, der Umkehrschluß nicht zu (vgl. 4.6). Tatsächlich haben sich nämlich nur relativ wenige der Linguisten, die von den technischen Vorteilen und dem heuristischen Wert des Chomskyschen Systems der generativen Transformationsgrammatik, als er es in den späten fünfziger Jahren zum erstenmal vorstellte, sehr beeindruckt waren, dem Corpus von Thesen und Lehren angeschlossen, das man heute als Generativismus bezeichnet. Es erscheint uns übrigens als erwähnenswert, daß diese Thesen und Lehren zum größten Teil in keinem logischen Zusammenhang zueinander stehen; einige von ihnen haben, wie noch gezeigt werden soll, mehr Anerkennung gefunden als andere. Der Einfluß von Chomskys Generativismus auf die gesamte moderne Theorie der Linguistik war jedoch so tiefgreifend und nachhaltig, daß sogar diejenigen, die diesen oder jenen Aspekt ablehnen, dazu neigen, dies mit Begriffen zu tun, die Chomsky ihnen zur Verfügung gestellt hat.

Was die Entstehung des Generativismus anbetrifft, so heißt es gewöhnlich, er habe sich aus bzw. als Gegenreaktion zu der bis dahin führenden Schule des amerikanischen Deskriptivismus in der Nachfolge Bloomfields – einer besonderen Version des Strukturalismus – entwickelt. Bis zu einem gewissen Grad ist es auch historisch gerechtfertigt, den Ursprung des Generativismus innerhalb der Linguistik in diesem Lichte zu sehen. Aber wie Chomsky später selbst erkannte, bedeutet der Generativismus in mancher Hinsicht auch eine Rückkehr zu älteren und traditionelleren Anschauungen über Sprache. In anderer Hinsicht wiederum übernimmt der Generativismus – leider ohne die gebührende Prüfung – etliche Züge des Strukturalismus in Bloomfields Nachfolge, die in anderen linguistischen Schulen nie auf sehr viel Anerkennung gestoßen sind. Es ist unmöglich, sich im Rahmen dieses Buches angemessen mit den historischen Verbindungen zwischen dem Chomskyschen Generativismus und den Ansichten seiner Vorgänger auseinanderzusetzen; und für die Ziele der vorliegenden Betrachtung ist es auch unnötig, das zu versuchen. So sollen nur die wichtigsten der deutlich erkennbar auf Chomsky zurückzuführenden Bestandteile des heutigen Generativismus herausgegriffen und kurz kommentiert werden.

Wie im 1. Kapitel angemerkt, sind Sprachsysteme in dem Sinne produktiv, daß sie die Konstruktion und das Verständnis von unendlich vielen Äußerungen ermöglichen, die nie zuvor in der Erfahrung irgendeines ihrer Benutzer vorgekommen sind (vgl. 1.5). Tatsächlich folgt aus der Annahme, daß die menschlichen Sprachen die Eigenschaft der *Rekursivität* besitzen – und dies scheint eine gerechtfertigte Annahme zu sein (vgl. 4.5) –, daß die Menge der möglichen Äußerungen in jeder Sprache buchstäblich unendlich ist. Chomsky hat in seinen frühesten Arbeiten auf diesen Umstand aufmerksam gemacht, indem er die weitverbreitete Ansicht kritisierte, daß Kinder ihre Muttersprache lernen, indem sie die Äußerungen erwachsener Sprecher ganz oder teilweise reproduzieren. Wenn Kinder von einem ziemlich frühen Alter an in der Lage sind, für sie völlig neue Äußerungen hervorzubringen, die ein kompetenter Sprecher der betreffenden Sprache als grammatisch wohlgeformt erkennt, so muß offensichtlich noch etwas anderes als Imitation im Spiel sein. Sie müssen die grammatischen Regeln, aufgrund deren die von ihnen gemachten Äußerungen als wohlgeformt empfunden werden, abgeleitet, gelernt oder sonstwie erworben haben. Wir werden uns mit der Frage des Erstspracherwerbs noch in einem späteren Kapitel beschäftigen (vgl. 8.4). Hier genügt es, festzuhalten, daß – ungeachtet des Problems, ob Chomsky in einigen anderen Fragen, die er in diesem Zusammenhang aufwarf, recht hatte oder nicht – jedenfalls kein Zweifel darüber bestehen kann, daß Kinder sprachliche Äußerungen nicht mechanisch auswendig lernen und dann als Reaktion auf Reize aus ihrer Umgebung einfach reproduzieren.

Die Wörter ‚Reiz' und ‚Reaktion' sind hier absichtlich benutzt worden. Sie sind Schlüsselbegriffe der psychologischen Schule des *Behaviorismus,* die vor und nach dem Zweiten Weltkrieg in den Vereinigten Staaten von Amerika großen Einfluß ausübte. Nach Ansicht der Behavioristen kann alles, was gemeinhin als Produkt des menschlichen Geistes gilt – einschließlich der Sprache – befriedigend als Verstärkung und Konditionierung rein physiologischer Reflexe erklärt werden: letztlich als Gewohnheiten oder *Reiz-Reaktions*-Muster von der gleichen Art, wie sie Vertreter der Experimentalpsychologie bei Laborratten ausnutzen, um ihnen beizubringen, durch ein Labyrinth zu laufen.

Da Bloomfield selbst die Grundsätze des Behaviorismus akzeptiert und sogar ausdrücklich in seinem klassischen Handbuch (1935) als Grundlage für die wissenschaftliche Untersuchung von Sprache befürwortet hatte, wurden diese Grundsätze in den USA nicht nur von den Psychologen, sondern auch von den Linguisten während der sogenannten nach-Bloomfieldschen Ära weitgehend anerkannt.

Chomsky hat mehr als jeder andere dafür getan, die Sterilität der behavioristischen Sprachtheorie aufzuzeigen. Er hat darauf hingewiesen, daß ein großer Teil der behavioristischen Fachtermini (‚Reiz', ‚Reaktion', ‚Konditionierung', ‚Verstärkung' usw.), wenn man sie genau betrachtet, keinerlei Relevanz für den Erwerb und den Gebrauch der menschlichen Sprache haben. Er hat verdeutlicht, daß die Weigerung der Behavioristen, die Existenz von irgendetwas anderem als beobachtbaren physikalischen Objekten und Prozessen einzugestehen, auf einem überholten, pseudo-wissenschaftlichen Vorurteil beruht. Er hat erklärt – und, soweit das Beweismaterial reicht, zu Recht –, daß Sprache *unabhängig von Reizkontrolle* ist. Und genau dies ist es, was er unter *Kreativität* versteht: Die Äußerung, die jemand bei einer bestimmten Gelegenheit macht, ist im Prinzip nicht vorhersagbar und kann im fachspezifischen Sinn des Terminus nicht als ‚Reaktion' auf irgendeinen identifizierbaren sprachlichen oder außersprachlichen Reiz angemessen beschrieben werden.

Kreativität ist in Chomskys Sicht eine spezifisch menschliche Fähigkeit, die den Menschen von Maschinen und, soweit wir wissen, von anderen Lebewesen unterscheidet. Aber es handelt sich dabei um eine *regelgeleitete Kreativität*. Und hier kommt die generative Grammatik zum Zuge. Die Äußerungen, die wir produzieren, haben eine bestimmte grammatische Struktur: Sie entsprechen genau bestimmbaren Regeln für die Wohlgeformtheit. In dem Grade, in dem es uns gelingt, diese Regeln für Wohlgeformtheit oder Grammatikalität genau zu bestimmen, werden wir eine wissenschaftlich befriedigende Erklärung jener Eigenschaft von Sprache gefunden haben, die das Ausüben von Kreativität ermöglicht: ihrer Produktivität (vgl. 1.5). Man beachte, daß Produktivität nicht mit Kreativität gleichzusetzen ist; doch es besteht eine wesentliche Verbindung zwischen beiden. Unsere Kreativität bei der Benutzung einer Sprache – unsere Unabhängigkeit von einer Reizkontrolle – manifestiert sich innerhalb der Grenzen, die durch die Produktivität des jeweiligen Sprachsystems gesetzt sind. Weiter ist Chomsky der Meinung – und dies ist eine äußerst bedeutende Komponente des von ihm geprägten Generativismus –, daß die Regeln, die die Produktivität der menschlichen Sprachen bestimmen, spezifische formale Eigenschaften besitzen, die sie der Struktur des menschlichen Geistes verdanken.

Dies führt uns zum *Mentalismus*. Nicht nur die Behavioristen, sondern auch Psychologen und Philosophen vieler unterschiedlicher Ausrichtungen haben die Unterscheidung, die üblicherweise zwischen Körper und Geist getroffen wird, zurückgewiesen. Chomsky dagegen hält diese Distinktion für gültig (auch wenn er nicht unbedingt die Begriffe übernimmt, mit denen sie in der Vergangenheit formuliert wurde). Er vertritt die Meinung, daß die Linguistik bei der Erforschung der Natur des menschlichen Geistes eine wichtige Rolle zu spielen hat. Wir werden auf diese Frage später zurückkommen (vgl. 8.2). Fürs erste erscheint es uns bemerkenswert, daß Bloomfields und Chomskys Auffassungen von der Aufgabe und dem Gegenstandsbereich der Linguistik wesentlich weniger voneinander abweichen, als man dies vielleicht erwartet. Daß Bloomfield dem Behaviorismus verschrieben war, hatte nur geringe praktische Auswirkungen auf die Techniken der linguistischen Beschreibung, die er und die seiner Richtung verpflichteten Forscher entwickelten. Chomskys Mentalismus wiederum ist, wie wir sehen werden, nicht von der Art, daß er (um Bloomfield zu zitieren) „davon ausgeht, die Variabilität menschlichen Verhaltens sei auf das Einwirken irgendeines nicht-physischen Faktors zurückzuführen". Chomskys Mentalismus geht über den eher antiquierten Leib-Seele-Dualismus hinaus, den Bloomfield hier anspricht. Chomsky möchte, nicht weniger als Bloomfield, Sprache innerhalb des von den Naturwissenschaften zur Verfügung gestellten Rahmens von Vorstellungen und Annahmen untersuchen.

Dennoch bestehen entscheidende Unterschiede zwischen Chomskys Generativismus und dem Strukturalismus, wie er von Bloomfield selbst und in modifizierter Form in seiner Nachfolge vertreten wurde. Ein wesentlicher Unterschied hängt mit ihrer divergierenden Haltung zu den *sprachlichen Universalien* zusammen. Bloomfield und seine Anhänger betonten die strukturelle Verschiedenartigkeit von Sprachen (wie übrigens auch die Mehrheit der Strukturalisten in Saussures Nachfolge: vgl. 7.2). Im Gegensatz dazu sind die Generativisten mehr an dem interessiert, was Sprachen gemeinsam ist. In dieser Beziehung bedeutet der Generativismus eine Rückkehr zur älteren Tradition der Universalgrammatik, deren bekanntestes Beispiel die Grammatik von Port Royal aus dem Jahre 1660 darstellt. Doch es gab auch noch im 18. Jahrhundert eine ganze Reihe derartiger Abhandlungen über die Sprache. Sowohl Bloomfield als auch Saussure lehnten sie als spekulativ und unwissenschaftlich ab. Aber Chomskys Position unterscheidet sich auf interessante Weise von der seiner in der gleichen Tradition stehenden Vorgänger. Diese tendieren dazu, die wesentlichen Eigenschaften der Sprache aus dem abzuleiten, was sie für universal gültige Kategorien der Logik oder der Realität hielten. Chomsky dagegen geht es viel dringlicher um solche universalen Eigenschaften der Sprache, die auf diese Weise nicht zu erklären sind: kurz gesagt, um das, was zwar universal, aber *willkürlich* ist (vgl. 1.5). Ein weiterer Unterschied liegt darin, daß er den formalen Eigenheiten von Sprachen und der Natur der Regeln, die für ihre Beschreibung notwendig sind, größere Bedeutung beimißt als den Beziehungen, die zwischen Sprache und außersprachlicher Realität bestehen.

Der Grund für diese Akzentverschiebung ist darin zu sehen, daß Chomsky nach Beweisen für seine Überzeugung Ausschau hält, daß die menschliche

Sprachfähigkeit *angeboren* und *artspezifisch*, d.h. genetisch übertragen und einzig unter allen lebenden Arten, ist. Jede universale Eigenschaft der Sprache, die sich aus rein funktionalen Nützlichkeitserwägungen, als Widerspiegelung der Struktur der Außenwelt oder aus Kategorien der Logik erklären läßt, kann von diesem Standpunkt aus als weniger wichtig eingestuft werden. Nach Chomsky gibt es etliche komplexe formale Eigenschaften, die sich in allen Sprachen finden und doch in dem Sinne willkürlich sind, daß sie keinem erkennbaren Zweck dienen und aus nichts anderem hergeleitet werden können, das wir über die Menschen oder die Welt, in der sie leben, wissen.

Ob es tatsächlich derartige universale formale Eigenschaften der Sprache gibt, wie dies die Generativisten postuliert haben, ist noch keineswegs geklärt. Aber die Suche nach ihnen und der Versuch, eine allgemeine Theorie der Sprachstruktur zu erstellen, innerhalb deren sie ihren Platz finden würden, hat in den letzten Jahren teilweise die interessantesten Arbeiten auf den Gebieten der theoretischen und der deskriptiven Linguistik hervorgebracht. Und viele der erzielten Ergebnisse sind, für sich genommen, sehr wertvoll, einmal abgesehen davon, ob sie nun Chomskys These von der Angeborenheit und dem artspezifischen Charakter der Sprachfähigkeit stützen oder nicht.

Ein weiterer Unterschied zwischen dem Generativismus und dem Bloomfieldschen Strukturalismus sowie dem Strukturalismus in Bloomfields Nachfolge zeigt sich – obwohl in dieser Hinsicht der Generativismus dem Strukturalismus Saussures nähersteht – bei der von Chomsky getroffenen Unterscheidung zwischen *Kompetenz* und *Performanz*. Die sprachliche Kompetenz eines Sprechers ist der Teil seines Wissens – seiner Kenntnis des Sprachsystems als solchem –, der es ihm ermöglicht, die unendlich große Menge von Sätzen zu produzieren, die seine Sprache ausmacht (nach Chomskys Definition einer Sprache als einer Menge von Sätzen: vgl. 2.6). Unter Performanz hingegen versteht er das Sprachverhalten; und von diesem wird gesagt, daß es nicht nur von der sprachlichen Kompetenz des Sprechers bestimmt wird, sondern auch von einer Vielzahl außersprachlicher Faktoren. Diese umfassen auf der einen Seite soziale Konventionen, Vorstellungen über die Welt, die emotionale Einstellung des Sprechers zu dem, was er sagt, seine Vermutungen über die Einstellungen seines Gesprächspartners usw. und auf der anderen den Ablauf der psychologischen und physiologischen Mechanismen, die an der Produktion von Äußerungen beteiligt sind.

Die derart vorgenommene Unterscheidung zwischen Kompetenz und Performanz ist das Herzstück des Generativismus. In jüngeren Darstellungen aus den letzten Jahren stellt sie sich in ihrem Verhältnis zum Mentalismus und Universalismus etwa wie folgt dar: Die sprachliche Kompetenz eines Sprechers besteht aus einer Menge von Regeln, die er in seinem Geist konstruiert hat, indem er seine angeborene Fähigkeit zum Spracherwerb auf die Sprachdaten anwandte, die er in seiner Kindheit um sich herum hörte. Die Grammatik, die der Linguist für das betreffende Sprachsystem erstellt, kann als ein Modell dieser

Kompetenz des muttersprachlichen Sprechers angesehen werden. In dem Grade, in dem sie solche Eigenheiten der sprachlichen Kompetenz wie die Fähigkeit, eine unendlich große Zahl von Sätzen zu produzieren und zu verstehen, erfolgreich abbildet, dient sie auch als Modell einer der Fähigkeiten oder Funktionen des Geistes. Und in dem Grade, in dem die Theorie der generativen Grammatik jenen Teil der sprachlichen Kompetenz bestimmen und für ihn ein Modell entwerfen kann, der, weil er universal (und willkürlich) ist, als angeboren gilt, läßt sie sich dem Bereich der kognitiven Psychologie zuordnen, und zwar als ein Teilbereich, der seinen eigenen und unverwechselbaren Beitrag zur Erforschung des Menschen leistet. Es ist natürlich dieser Aspekt des Generativismus mit seiner Neuinterpretation und Wiederbelebung der alten Vorstellung von einer Universalgrammatik, der die Aufmerksamkeit der Psychologen und Philosophen erregt hat.

Die von Chomsky getroffene Unterscheidung zwischen Kompetenz und Performanz ähnelt Saussures Unterscheidung zwischen langue und parole. Beide beruhen auf der Vorstellung, daß es möglich ist, das rein Sprachliche vom Außersprachlichen zu trennen; und beide vertreten die Fiktion der Homogenität des Sprachsystems (vgl. 1.6). Wenn man die Unterschiede zwischen den beiden Distinktionen herausarbeiten will, kann man sagen, daß die von Saussure getroffene weniger psychologische Elemente enthält als die Chomskys. Obgleich Saussure selbst sich keineswegs klar dazu geäußert hat, haben viele seiner Anhänger das Sprachsystem als etwas völlig Abstraktes aufgefaßt, das sich auch noch von der Kenntnis, die der idealisierte Sprecher von diesem System hat, unterscheidet. Ein noch deutlicher erkennbarer Unterschied besteht hinsichtlich der Rolle, die den Regeln der Syntax zugeschrieben wird. Saussure vermittelt den Eindruck, daß die Sätze einer Sprache Beispiele für die *parole* sind. Er und seine Anhänger sprechen von einer *langue* als von einem System von Beziehungen und sagen wenig oder gar nichts über die Regeln aus, die nötig sind, um Sätze zu generieren. Chomsky hingegen hat von Anfang an darauf beharrt, daß die Fähigkeit, syntaktisch wohlgeformte Sätze zu produzieren und zu verstehen, ein äußerst wichtiger – ja, eigentlich der zentrale – Teil der sprachlichen Kompetenz eines Sprechers ist. In diesem Punkt bedeutet der Chomskysche Generativismus ohne Frage einen Fortschritt gegenüber dem Saussureschen Strukturalismus.

Chomskys Kompetenz-Performanz-Unterscheidung hat viel Kritik auf sich gezogen. Ein Teil davon bezieht sich auf die Gültigkeit dessen, was hier die Fiktion der Homogenität genannt worden ist: Wenn man ‚Gültigkeit' so interpretiert, daß darunter Verwendbarkeit zum Zweck der Beschreibung und des Vergleichs von Sprachen verstanden wird, kann man diese Richtung der Kritik übergehen. Unter der gleichen Vorbedingung können wir auch die Kritik zurückweisen, daß Chomsky eine zu scharfe Trennungslinie zöge zwischen der sprachlichen Kompetenz und anderen Arten von Wissen und kognitiven Fähigkeiten, die bei sprachlichen Vorgängen beteiligt sind, soweit die grammatische und phonologische Struktur betroffen sind. Die semantische Analyse dagegen ist problematischer (vgl. 5.6, 8.6). Zugleich aber muß eingesehen werden, daß die Begriffe ‚Kompetenz' und ‚Performanz' für die Unterscheidung dessen, was sprachlich und was außersprachlich ist, unangemessen und irreführend sind. Wenn man davon ausgeht, daß Sprachverhalten, soweit es systematisch ist, verschiedene Arten kognitiver Fähigkeiten bzw. Kompetenz voraussetzt und daß eine davon die dem Sprecher zugeschriebene Kenntnis der Regeln und des Wortschatzes des betreffenden Sprachsystems ist, dann ist es, milde ausgedrückt, verwirrend, den Begriff ‚Kompetenz' auf das zu begrenzen, was als dem Sprachsystem zugehörig angesehen wird, wie es die Generativisten in Chomskys Lager tun, und alles andere unter den vagen Sammelbegriff ‚Performanz' zu subsumieren. Es wäre besser gewesen, von sprachlicher und nicht-sprachlicher Kompetenz auf der einen Seite und Performanz oder tatsächlichem Sprachverhalten auf der anderen Seite zu sprechen. Und es ist der Beachtung wert, daß Chomsky selbst in seinen jüngsten Arbeiten die grammatische Kompetenz von dem absetzt, was er die pragmatische Kompetenz nennt.

Die bei weitem umstrittensten Aspekte des Generativismus sind seine Verbindung zum Mentalismus und das Wiederanknüpfen an die traditionelle philosophische Lehre vom angeborenen Wissen (vgl. 8.2). Was den im engeren Sinne mehr linguistischen Teil des Generativismus angeht (den mikrolinguistischen Teil: vgl. 2.1), so ist auch da vieles umstritten. Doch das meiste davon teilt er mit dem Strukturalismus in Bloomfields Nachfolge, aus dem der Generativismus ja hervorging, oder mit anderen linguistischen Schulen einschließlich dem Strukturalismus Saussurescher Prägung und der Prager Schule, der er sich inzwischen in dem einen oder anderen Punkt angeschlossen hat. So setzt z. B. der Generativismus die Tradition in der Nachfolge Bloomfields in der Syntax fort, indem er das Morphem zur grundlegenden Analyseeinheit macht und den Konstituentenrelationen mehr Bedeutung beimißt als der Abhängigkeit (vgl. 4.4). Die Verteidigung der Autonomie der Syntax (d. h. der Sicht, daß die syntaktische Struktur von Sprachen ohne Rückgriffe auf semantische Überlegungen beschrieben werden kann) kann ebenfalls dem Erbe der Bloomfield-Nachfolge zugeschrieben werden, obgleich auch viele andere Linguisten, die außerhalb der Bloomfieldschen Tradition stehen, diesen Standpunkt vertreten. Wie wir sahen, steht der Chomskysche Generativismus dem Saussureschen und dem in Saussures Nachfolge stehenden näher, wenn er die Notwendigkeit hervorhebt, eine Unterscheidung zwischen dem Sprachsystem und der Benutzung dieses Systems in bestimmten Äußerungskontexten vorzunehmen. Auch in seiner Einstellung zur Semantik steht der Generativismus dem Strukturalismus Saussures und dessen europäischen Weiterentwicklungen näher. Schließlich hat er sich weitgehend auf die Vorstellungen der Prager Schule zur Phonologie gestützt, freilich ohne die Grundsätze des Funktionalismus mitzuübernehmen. Allzu oft wird der Generativismus als integriertes Ganzes dargestellt, in dem sich die technischen Einzelheiten der Formalisierung und eine Reihe logisch nicht zusammenhängender Vorstellungen über Sprache und Wissenschaftstheorie die Waage halten. Diese Bestandteile müssen entflochten und jedes für sich nach seinem Wert beurteilt werden.

8. Sprache und Geist

8.1. Universale Grammatik und ihre Relevanz

Seit frühesten Zeiten besteht eine enge Verbindung zwischen der Sprachphilosophie und solch lang etablierten Zweigen der Philosophie wie der Logik (d. h. der Erforschung folgerichtigen Schließens) und Erkenntnistheorie (Epistemologie). Was die Logik angeht, so weist schon der Name dieser inzwischen hoch spezialisierten und mehr oder weniger verselbständigten Disziplin auf die ursprüngliche Verbindung hin: Das griechische Wort ‚logos' ist mit dem Verb für „sprechen" oder „sagen" verwandt und kann je nach Kontext mit ‚Schlußfolgerung' oder ‚Rede' übersetzt werden. Diese Art historischer Verbindung ist eigentlich nicht überraschend. Gesunder Menschenverstand und Selbstbeobachtung bestätigen die Ansicht, daß Denken eine Art inneren Redens ist; und diese Auffassung ist in verschiedenen, weiter entwickelten Versionen seit Jahrhunderten von den Philosophen diskutiert worden. Tatsächlich wurde fast während der ganzen zweitausend Jahre, in denen die abendländische traditionelle Grammatik in den verschiedenen Zentren der wissenschaftlichen Forschung die beherrschende Stellung einnahm, auf theoretischer Ebene keine klare Trennungslinie zwischen Grammatik und Logik gezogen. In bestimmten Epochen – vor allem im 13. Jahrhundert und dann wieder im 18. Jahrhundert – wurden Systeme einer sogenannten *universalen Grammatik* entwickelt, in denen die Verknüpfung von Logik und Grammatik aufgedeckt und auf irgendeine Weise philosophisch gerechtfertigt wurde. In all diesen Fällen wurde die Grammatik der Logik untergeordnet, da man die Regeln der Logik für universal gültig hielt.

Die Sprachwissenschaftler des 19. Jahrhunderts neigten dazu, der philosophisch begründeten, universalen Grammatik gegenüber skeptisch zu sein. Einerseits war inzwischen offenbar geworden, daß unter den Sprachen der Welt eine viel größere Vielfalt grammatischer Strukturen herrscht, als frühere Generationen von Forschern angenommen hatten. Andererseits begünstigten sowohl der Zeitgeist als auch die sehr soliden Ergebnisse der neuen Disziplin, der diachronen Sprachwissenschaft, eher historische als philosophische Erklärungen (vgl. 7.1). Darüber hinaus begannen einige Forscher, sich zu fragen, ob die Kategorien der traditionellen aristotelischen Logik tatsächlich universal gelten. In den sechziger Jahren des vorigen Jahrhunderts hatte der deutsche Altphilologe und Philosoph A. Trendelenburg (1802–1872) die Ansicht vorgetragen, daß die Kategorien der aristotelischen Logik völlig anders aussehen würden, wenn Aristoteles Chinesisch oder den Dialekt der Dakota-Indianer gesprochen hätte. Dieser Standpunkt deckte sich weitgehend mit dem von Herder (1744–1803) und Wilhelm von Humboldt (1762–1835), die beide besonders die Vielfalt der Sprachstrukturen und den Einfluß der Sprachstruktur auf die Kategorisierung von Denken und Erfahrung hervorgehoben hatten. Wir werden darauf bei unserer Erörterung der sogenannten Sapir-Whorf-Hypothese (vgl. 10.2) zurückkommen. Aber hier sollte vielleicht angemerkt werden, daß der Historismus – gar nicht zu reden von der Darwinschen Evolutionslehre – im späten 19. Jahrhundert ebenfalls seinen Einfluß auf die sich herausbildenden Disziplinen der Anthropologie und Psychologie geltend machte. Es war nicht nur üblich, über die Evolution der Kultur von der Barbarei zur Zivilisation zu sprechen, sondern Gelehrte wie Levy-Bruhl verfochten sogar die These, daß der Verstand eines sogenannten Wilden anders arbeite als der eines zivilisierten Menschen.

Aus verschiedenen Gründen also kam die universale Grammatik im traditionellen Sinn im Laufe des 19. Jahrhunderts aus der Mode. Sie erlebte jedoch in den letzten zwanzig Jahren eine Wiedergeburt durch Chomsky und seine Schule (vgl. 7.4) als Teil dessen, was wir Generativismus genannt haben. Chomskys Version der universalen Grammatik geht von denselben Grundannahmen über die universale Gültigkeit der Logik und über die gegenseitige Abhängigkeit von Sprache und Denken aus wie die früheren Versionen. Es ist jedoch Chomskys Ansicht, daß die empirische Untersuchung von Sprache mehr zur Philosophie des Denkens beizutragen hat, als traditionelle Logik und Sprachphilosophie zur Linguistik beizutragen haben. Daraus ergibt sich ein fundamentaler Unterschied in der Art, wie die Argumentation geführt wird, selbst wenn es um eine erkennbar traditionelle Frage geht: z. B. ob die Sprachkompetenz angeboren ist oder nicht. Chomskys Originalität auf diesem Gebiet ist kürzlich in einer Einführung in seine Sprachtheorie und seine Auffassung von Linguistik in knapper Form treffend zusammengefaßt worden: „Er war vermutlich der erste, der aus der Beschaffenheit der Sprache detaillierte Belege für die Beschaffenheit des menschlichen Geistes beibrachte, anstatt umgekehrt." (Smith & Wilson, 1979:9)

Vieles von dem, was herkömmlicherweise dem Bereich der Philosophie des Denkens – einschließlich der Epistemologie – zugerechnet wurde, wird heute oft gemeinsam, wenn auch häufig von unterschiedlichen Gesichtspunkten aus, von Philosophen und Psychologen untersucht. Da es bei der Untersuchung um Sprache geht und nicht so sehr um eine andere Fähigkeit oder Operationstechnik des menschlichen Geistes, ist in den letzten Jahren eine eigenständige Teildisziplin entstanden: die *Psycholinguistik.* Wie der Begriff sagt, untersucht sie den Überschneidungsbereich von Psychologie und Linguistik und zieht Erkenntnisse beider Disziplinen heran; in ihren eher theoretischen Aspekten bezieht sie auch Ergebnisse der Logik und der Sprachphilosophie ein; und sie schließt sich auf der einen Seite an die *Neurolinguistik* (die Untersuchung der neurologischen Basis von Sprache) und die *Kognitionstheorien* (vgl. 8.6) an und auf der anderen an die *Soziolinguistik.* Das Forschungsfeld ist äußerst umfangreich. Und bisher jedenfalls gibt es noch keinen allgemein akzeptierten theoretischen Rahmen, innerhalb dessen es möglich wäre, ein zusammenhängendes interdisziplinäres Forschungsprogramm zu entwickeln. Dennoch sind in einigen Bereichen Fortschritte gemacht worden: besonders bei der Erforschung der Perzeption von Sprachäußerungen und des Erstspracherwerbs. Ziel dieses Kapitels ist es, einen kurzen und un-technischen Überblick über die wichtigsten grundsätzlichen Probleme zu geben, die durch die Erforschung des Verhältnisses von Sprache und Geist aufgeworfen werden, und dem Leser einen Teil der empirischen Arbeit vorzustellen, die in jüngerer Zeit auf den Gebieten der Neurolinguistik, der Spracherwerbstheorien und in dem heute mit der Bezeichnung ‚cognitive science' (d. h. der Wissenschaft von den kognitiven Prozessen) umschriebenen Bereich geleistet worden ist.

Doch zunächst ein kurzer Kommentar zum Gebrauch des Wortes ‚Geist'. Der Begriff ‚Geist' ist zwar konnotativ mit der idealistischen Philosophie verknüpft; aber das Wort ‚Verstand' wird im allgemeinen Sprachgebrauch in einem recht engen Sinn, eingeschränkt auf die intellektuellen und logischen Fähigkeiten des menschlichen Gehirns, verwandt. Da hier ein Begriff erforderlich war, der im Sinne der Psychologie und der Philosophie des Denkens nicht nur die logischen Fähigkeiten, sondern auch Gefühle, Erinnerung und Willen umfaßt, fiel die Entscheidung für den Begriff ‚Geist' unter dem Vorbehalt, daß er in dem eben skizzierten Sinne zu verstehen ist. Dieser Punkt ist wichtig, da in der theoretischen Linguistik und in der Sprachphilosophie, wie wir sehen werden, eine Tendenz besteht, den Begriff ‚Geist' und ‚Mentalismus' zu eng zu definieren.

Es sollte vielleicht auch noch daran erinnert werden, daß die Existenz des Geistes und seine Beziehung zum Körper, den er bewohnt oder mit dem er doch in irgendeiner Weise verbunden ist, ein sehr altes und kontrovers diskutiertes philosophisches Problem darstellen. Von den vielen bekannt gewordenen Versuchen, das sogenannte Körper-Geist-Problem zu formulieren und – in einigen Fällen – auch zu lösen, seien hier die folgenden erwähnt: der Dualismus, der Materialismus, der Idealismus und der Monismus.

Als philosophische Lehre ist der *Dualismus* vor allem mit Platon und Descartes verknüpft. Aber man kann zu Recht behaupten, daß er kraft seiner religiösen Fundierung in der christlichen Tradition die stillschweigend übernommene Überzeugung des philosophischen Fragen fernstehenden Durchschnittseuropäers bildet. Der Dualist glaubt nicht nur, daß der Geist existiert, sondern auch, daß er sich von der Materie dadurch unterscheidet, daß er nicht-stofflich ist. In der traditionellen christlichen Lehre wird der Geist in der Regel als eine Fähigkeit der Seele beschrieben. Platon und die Griechen dagegen zogen keine klare Trennungslinie zwischen Geist und Seele: das Wort ‚psyche' deckte beides. Die Dualisten haben verschiedene Theorien ausgearbeitet, um die scheinbare gegenseitige Abhängigkeit zwischen körperlichen und geistigen Phänomenen zu erklären.

Der *Materialismus,* der heute weniger verbreitet ist als im späten 19. und frühen 20. Jahrhundert, besagt, daß nichts außer der Materie existiert und daß das, was man gemeinhin als geistige Phänomene ansieht, letztlich als rein physische Eigenschaft materieller Körper erklärbar ist. Eine besondere Spielart des Materialismus ist der *Behaviorismus,* demzufolge es keine als ‚Geist' zu bezeichnende Entität gibt und solche Bezeichnungen wie ‚Geist', ‚Denken', ‚Gefühl', ‚Willen' und ‚Begierde' als Bezeichnungen von Verhaltensformen aufgefaßt werden sollten oder als Dispositionen, sich in einer bestimmten Weise zu verhalten. Es wurde schon erwähnt, daß der Behaviorismus eine bedeutende Bewegung war, nicht nur in der amerikanischen Psychologie, sondern auch, durch Bloomfields ausdrückliche Parteinahme, in der amerikanischen Linguistik vor Chomsky (vgl. 7.4). Sein Einfluß auf die europäische Linguistik war nie groß, wohingegen er für die Philosophie gewisse Bedeutung erlangte (vgl. Ryle, 1949).

Wie der Materialismus die Existenz des Geistes leugnet, so leugnet der *Idealismus* die Existenz der Materie und behauptet, daß alles, was existiert, geistig ist. Ein anderer Ausdruck für ‚Idealismus' ist ‚Mentalismus'. In der jüngeren Vergangenheit ist der Begriff ‚Mentalismus' jedoch, besonders von Linguisten, in einer unüblichen und recht verwirrenden Weise verwandt worden (vgl. 8.2).

Der *Monismus* schließlich behauptet, im Gegensatz zum Dualismus, daß die Wirklichkeit eine Einheit darstellt. Materialismus und Idealismus können daher als verschiedene Spielarten des Monismus aufgefaßt werden. Es ist jedoch gebräuchlicher, den Begriff ‚Monismus' für die Ansicht zu reservieren, daß weder das Physische noch das Geistige die letzte Realität ist, sondern daß sie beide verschiedene Aspekte einer viel neutraleren und fundamentaleren Realität darstellen.

Es ist ganz offensichtlich unmöglich, die volle Bedeutung eines philosophischen Begriffs zu erfassen, wenn man ihn so allgemein definiert, wie wir es hier getan haben. Aber auch wenn die Definitionen vom philosophischen Standpunkt aus unbefriedigend sein müssen, so können sie uns doch helfen, einige der jüngeren Arbeiten in der Linguistik, der Psychologie und der theoretischen Erfassung kognitiver Prozesse einzuschätzen, die sich auf die Untersuchung dessen beziehen, was traditionell Sprache und Geist genannt wird.

8.2. Mentalistische, rationalistische und nativistische Konzeptionen

Chomsky und andere, die die Grundsätze des Generativismus vertreten, haben behauptet, daß Sprache Belege für den *Mentalismus* liefert, d. h. für den Glauben an die Existenz des Geistes. Das ist vielfach mißverstanden worden. ‚Mentalismus' wird oft mit ‚Idealismus' oder ‚Dualismus' gleichgesetzt. In diesem

Sinn hat Bloomfield den Begriff benutzt (vgl. 7.4). Aber Chomsky und diejenigen, die seine Auffassungen teilen, sind sicherlich keine Idealisten und auch nicht notwendigerweise Dualisten. Sie sagen, daß der Ersterwerb und Gebrauch von Sprache nicht erklärt werden kann, ohne auf Prinzipien zurückzugreifen, die gewöhnlich außerhalb des Gesichtskreises einer rein physiologischen Darstellung der menschlichen Existenz liegen. Sie sind nicht auf die Ansicht festgelegt, daß der Geist eine nicht-stoffliche Entität ist, die für sich, getrennt vom Gehirn oder irgendeinem anderen Körperteil, existiert. Auf der anderen Seite verweigern sie sich aber auch den methodologischen Vorurteilen jener Psychologen, namentlich der Behavioristen, die darauf beharren, daß alles, was traditionell als geistig bezeichnet wird, nur das Produkt einfacher physischer Prozesse sei.

Der Chomskysche Mentalismus hat einen negativen und einen positiven Aspekt, wobei der positive der interessantere und umstrittenere ist. Sein negativer oder kritischer Aspekt ist seine Ausrichtung gegen die rein physiologische oder materialistische Sichtweise und, speziell im Kontext der früher herrschenden Vorstellungen in der amerikanischen Linguistik und Psychologie, gegen den Behaviorismus. Der Behaviorismus ist, wie wir gesehen haben, einfach eine besondere Spielart des Materialismus: eine, die den Gegenstand der Psychologie auf menschliche Verhaltensweisen einschränkt und sich vornimmt, alle Arten von Verhalten, die Sprache eingeschlossen – wobei Denken als verinnerlichtes Reden aufgefaßt wird –, auf der Grundlage deterministischer physiologischer und biochemischer Prozesse zu erklären (vgl. 7.4). Man kann die Bedeutung des Behaviorismus in der Bloomfieldschen und nach-Bloomfieldschen Linguistik leicht überschätzen. Aber es kann kein Zweifel daran bestehen, daß er einen starken Einfluß in der amerikanischen Psychologie ausübte und viele Linguisten daran hinderte, ernsthaft auf dem Gebiet der Semantik zu arbeiten und mit Psychologen und Philosophen in die Diskussion über das einzutreten, was traditionell unter der Rubrik ‚Sprache und Geist' zusammengefaßt wurde. Es gibt auch hochentwickelte Versionen des Behaviorismus, die vielleicht einiges für sich haben mögen. Doch die Art von Behaviorismus, die Bloomfield vertrat und die Chomsky in seiner berühmten Besprechung von B. F. Skinners *Verbal Behavior* (1957) angriff, ist, vorsichtig ausgedrückt, nicht sehr vielversprechend. Und es ist zum großen Teil Chomskys Verdienst, daß der Behaviorismus in der Linguistik und in der Psychologie viel von der Unterstützung verloren hat, die er noch eine Generation zuvor genoß.

Der negative Aspekt des Mentalismus sollte nicht gering geachtet oder unterschätzt werden. Wie wir in vorangegangenen Kapiteln sahen, haben sich Linguisten in früheren Jahrzehnten dieses Jahrhunderts eingehend mit dem Status der Linguistik als Wissenschaft auseinandergesetzt (vgl. 2.2). Häufig gingen sie dabei davon aus, daß jede Disziplin mit wissenschaftlichem Anspruch sich notwendigerweise am Vorbild der sogenannten ‚exakten' Wissenschaften, Physik und Chemie, ausrichten müsse. Und diese Grundannahme wurde manchmal, wie z. B. im Falle von Bloomfield, mit der philosophischen Lehre des *Reduktionismus* verknüpft: Diese Lehre besagt, daß es eine Hierarchie der aufeinander aufbauenden Wissenschaftsdisziplinen gibt. Das theoretische Konzept einer weiter von der Basis entfernten Wissenschaft muß letztlich im Rahmen des theoretischen Konzepts der Wissenschaft ausgedrückt werden, die ihre Grundlage bildet, ‚grundlegender' ist. Wenn man z. B. voraussetzt, daß Physik grundlegender ist als Chemie, Chemie grundlegender als Biologie, Biologie grundlegender als Psychologie, und so weiter, dann würden die Reduktionisten argumentieren, daß die theoretischen Begriffe, mit denen die Psychologen arbeiten, letztlich von der Biologie definiert werden müßten, daß die theoretischen Begriffe der Biologie ihre Definition aus der Chemie beziehen müßten und so weiter.

Es liegt auf der Hand, wie diese Sicht mit dem Materialismus und mit einer Auffassung der Naturwissenschaften, die heute als typisch für das 19. Jahrhundert erscheint, in Zusammenhang gebracht werden kann. Nur wenige Wissenschaftstheoretiker würden heute noch den Reduktionismus verteidigen. Gleichwohl gibt es noch immer viele Praktiker und Theoretiker in den Sozialwissenschaften, die – ganz zu Unrecht – zu empfinden scheinen, daß der Grundannahme von Entitäten und Prozessen, die nicht in physikalistischen Kategorien beschrieben werden können, etwas Unwissenschaftliches anhaftet. Es ist weitgehend Chomsky zu verdanken, daß dieses Gefühl inzwischen unter Linguisten weniger verbreitet ist als früher; und die Linguistik ist seitdem eine reichere und interessantere Disziplin geworden.

So viel also zur kritischen oder negativen Seite der Wiederentdeckung des Mentalismus durch Chomsky und diejenigen, die sich in der Linguistik, Psychologie und Philosophie von ihm haben beeinflussen lassen. Den originellsten und umstrittensten Teil dessen, was wir den Mentalismus Chomskys nennen, bilden aber seine positiven Thesen. Eines der zentralen Probleme in der Philosophie des Geistes stellt der Erwerb von Wissen dar, und insbesondere die Rolle, die dabei der Geist oder der Verstand im Verhältnis zur sinnlichen Wahrnehmung spielt. Diejenigen, die – wie Platon oder Descartes – die Rolle des Verstandes betonen, werden herkömmlicherweise *Rationalisten* genannt; diejenigen, die – wie Locke oder Hume – die übergeordnete Bedeutung von Erfahrung oder Sinneseindrücken betonen, nennt man *Empiristen.* Chomsky stellt sich auf die Seite der Rationalisten. Darüber hinaus vertritt er die Ansicht – wie die meisten Rationalisten vor ihm –, daß die Prinzipien, nach denen der Geist Wissen aufnimmt, *angeboren* sind und der Geist nicht einfach eine leere Tafel ist (‚tabula rasa' ist der traditionelle lateinische Begriff), auf der die Erfahrung ihre Spuren hinterläßt, sondern, wie Leibniz es ausgedrückt hat, als ein Marmorblock gesehen werden muß, der zwar in verschiedenen Formen gemeißelt werden kann, dessen Struktur aber der Kreativität des Bildhauers ihren Stempel aufdrückt.

Der Erstspracherwerb ist ein besonderer Fall des allgemeineren Vorgangs des Erwerbs von Wissen. Zugleich aber erschien der Teil des Spracherwerbs der Muttersprache, der darin besteht, die Bedeutung von Wörtern zu lernen, vielen nur als integrierter Bestandteil des Erwerbs von Wissen überhaupt. Denn nach traditioneller Ansicht schließt der Erwerb von Wissen ein, daß man sich der Begriffe bewußt wird, deren man sich vorher nicht bewußt war. Und es besteht eindeutig eine Art Verbindung zwischen der Entdeckung oder Herausbildung neuer Begriffe (vorausgesetzt, daß das möglich ist) und dem Lernen der Bedeutung von Wörtern. Ist die Verfügbarkeit von angemessenen Begriffen eine Voraussetzung für den Erwerb und korrekten Gebrauch des Wortschatzes der Muttersprache? Oder, andersherum, ist die Verbindung von Sprache und Denken so beschaffen, daß man nicht einmal eine logische Unterscheidung treffen kann zwischen der Verfügbarkeit eines bestimmten Begriffs und der Kenntnis der Bedeutung eines Wortes, das diesen Begriff für uns bezeichnet und damit stabilisiert? Es ist also kaum verwunderlich, daß der Erstspracherwerb jahrhundertelang eine prominente Rolle in den Auseinandersetzungen zwischen den Rationalisten und den Empiristen gespielt hat.

Wie seine Vorläufer in der rationalistischen Tradition vertritt Chomsky die Ansicht, daß Sprache dem Ausdruck von Gedanken dient; daß Menschen von Geburt an (d.h. genetisch) mit der Fähigkeit ausgerüstet sind, vorzugsweise bestimmte Begriffe zu bilden; und daß das Bilden von Begriffen eine Vorbedingung für das Erlernen von Wortbedeutungen ist. Aber Chomskys Auffassung von Sprache unterscheidet sich von der seiner rationalistischen Vorläufer in zweierlei Hinsicht, und gerade das macht seinen Beitrag zur philosophischen Diskussion dieses Themas originell und interessant. Zunächst einmal hat er verdeutlicht, daß das Erlernen (oder, um den neutraleren Begriff zu benutzen, der Erwerb) der grammatischen Struktur der Muttersprache ebenso der Erklärung bedarf wie der Prozeß des Zuordnens der Bedeutung eines Wortes zu seiner Form. Und seine immer stärker verfeinerten Formalisierungen der generativen Grammatik haben neue Normenwerte der Genauigkeit für jene gesetzt, die die strukturelle Komplexität der menschlichen Sprachen im Vergleich zu anderen Kommunikationssystemen beurteilen wollen (vgl. 1.5). Zweitens hat er dargelegt, daß die Natur der Sprache und der Prozeß des Spracherwerbs so beschaffen sind, daß sie sich nur erklären lassen, wenn man annimmt, daß es eine angeborene Fähigkeit zum Spracherwerb gibt.

Diese beiden Punkte hängen zusammen. Wie wir schon gesehen haben, gründet Chomsky sein Postulat der angeborenen Natur und des artspezifischen Charakters der Sprachfähigkeit auf das universale Auftreten gewisser arbiträrer formaler Eigenschaften der Sprachstruktur (vgl. 7.4). Diese formalen Eigenschaften werden gemeinhin unter der allgemeinen Rubrik *Strukturabhängigkeit* zusammengefaßt, die, obwohl sie sich auch in der Phonologie und Morphologie finden mag, vor allem charakteristisch für die Syntax ist. Eine Regel oder ein Prinzip als strukturabhängig zu bezeichnen, bedeutet, zu sagen, daß die Menge oder Folge von Dingen, auf die sie sich bezieht, eine innere Struktur hat und daß die Regel oder das Prinzip sich ganz wesentlich auf diese Struktur als Bedingung ihrer Anwendbarkeit oder als bestimmenden Faktor der Art ihrer Anwendung bezieht. Wenn man z. B. davon ausgeht, daß die Sätze einer Sprache die Art von syntaktischer Struktur haben, die die Linguisten heute mit dem Begriff ‚Konstituentenstruktur' beschreiben, so können sie mit einer Phrasenstrukturgrammatik generiert werden, deren Regeln im geforderten Sinn strukturabhängig sind (vgl. 4.6). Weiter können die Beziehungen zwischen verwandten Sätzen verschiedener Struktur (z. B. ‚Uwe hat das Buch geschrieben' und ‚Hat Uwe das Buch geschrieben?'; ‚Uwe hat das Buch geschrieben' und ‚Ist das Buch von Uwe geschrieben worden?' usw.) genau bestimmt werden durch die ‚P-marker', die (auf einer bestimmten Beschreibungsebene) die Phrasenstruktur mit Hilfe von Transformationsregeln formalisieren. Diese Transformationsregeln sind leistungsfähiger als Phrasenstrukturregeln und beinhalten eine komplexere Strukturabhängigkeit.

Uns geht es hier jedoch nicht um die technischen Details der Strukturabhängigkeit und ihre Formalisierung durch die eine oder andere Fassung der generativen Grammatik. Es geht vielmehr darum, daß Chomskys positiver Beitrag zur Philosophie des Geistes wie zur Psychologie des Erstspracherwerbs auf seiner Erkenntnis der Wichtigkeit der Strukturabhängigkeit als einer offensichtlich universalen Eigenschaft menschlicher Sprache beruht und auf seiner Einsicht, daß man zeigen muß, wie Kinder das Beherrschen dieser Fähigkeit beim Ersterwerb und Gebrauch der Sprache lernen. Chomsky meint, daß das, was wir hier ‚Geist' nennen, am besten als eine Menge abstrakter Strukturen beschrieben werden kann, deren physische Basis noch recht unerforscht ist, die aber so wie physische Organe wie Herz oder Leber gemäß einem genetisch vorgegebenen Entwicklungsprogramm unter Einwirkung von Umwelteinflüssen reifen. Was wir als Sprachfähigkeit im traditionellen Sinn des Wortes bezeichnet haben, ist eine von vielen solcher mentalen Strukturen, die alle hoch spezialisiert sind in bezug auf die Funktion, die sie ausüben.

Können wir Chomsky zustimmen? Die spontane und völlig unbefriedigende Antwort auf diese Frage lautet: vielleicht ja, vielleicht nein. Das zur Verfügung stehende Beweismaterial – Untersuchungsergebnisse über Erstspracherwerb; Fallstudien über Sprachanomalien verschiedener Art; Experimente mit anderen Primaten, besonders Schimpansen; Fortschritte im Verständnis der Neurophysiologie des Gehirns und Forschungsergebnisse auf noch vielen anderen Gebieten – läßt noch keine eindeutige Antwort zu. Es sollte jedoch betont werden, daß der Fundus an relevantem Beweismaterial ständig wächst. Es scheint nicht unmöglich, daß das, was seit Jahrhunderten Gegenstand einer rein philosophischen Debatte gewesen ist, schließlich durch interdisziplinäre empirische Forschung entschieden werden wird. Die Verwendung des Wortes ‚empirisch' ist hier natürlich nicht – das sei angemerkt, um Mißverständissen vorzubeugen – damit gleichzusetzen, daß man zum Anhänger der empiristischen Philosophie wird.

Chomskys Version ist keineswegs die einzige Art von Mentalismus, die in den letzten Jahren im Zusammenhang mit dem Erstspracherwerb entwickelt wurde. Nicht weniger einflußreich war die Theorie des Schweizer Psychologen Piaget. Nach Piaget verläuft die geistige Entwicklung des Kindes in vier Stadien. Entscheidend für den Erstspracherwerb ist bei Piaget der Übergang vom *sensorisch-motorischen Stadium* (das ungefähr bis zum Ende des zweiten Lebensjahres reicht und in dessen Verlauf das Kind mit konkreten Dingen in seiner Umgebung experimentiert) zum sogenannten *präoperationalen* Stadium. Dieses reicht bis zu jenem Alter, das man traditionell das Alter der Vernunft nannte (ungefähr das siebte Lebensjahr). Auf der Grundlage seines vorher gewonnenen Wissens davon, wie konkrete Objekte verglichen, im Raum bewegt und verändert werden können, lernt das Kind während dieser Zeit, auch Wörter und Phrasen zu manipulieren. Psycholinguisten beeindruckt an Piagets Werk, daß es in offen erkennbarer Beziehung zum Funktionalismus steht (vgl. 7.3) und daß es versucht, den Erstspracherwerb im Rahmen allgemeiner Prinzipien der geistigen Entwicklung zu erklären. Aber, wie gezeigt, hat Chomsky eingewandt, daß die Beweislage nicht für Piaget spricht: daß besonders die syntaktischen Strukturen nicht funktionalistisch erklärt werden können und daß der Erstspracherwerb von den unterschiedlichen intellektuellen Fähigkeiten der Kinder unabhängig zu sein scheint. Die Fairneß gebietet es jedoch hinzuzufügen, daß viele Linguisten und Psychologen die Beweislage in beiderlei Hinsicht für unklar halten.

Gewöhnlich sagt man, daß Piagets Theorie der geistigen Entwicklung zwischen den traditionellen Extremen Rationalismus und Empirismus liegt. Einerseits betont er die Bedeutung der Erfahrung und ganz besonders der sensorisch-motorischen Erfahrung; andererseits meint er, daß die verschiedenen Stadien der kognitiven Entwicklung artspezifisch und genetisch vorprogrammiert sind (d.h. bestimmt durch – um einen alten rationalistischen Terminus in einem modernen Sinn zu verwenden – angeborene Ideen). Ebensowenig bestreitet Chomsky, obwohl er sich selbst als Rationalisten bezeichnet, die fundamentale Rolle der Erfahrung für den Erwerb von Wissen und auch nicht die Bedeutung dessen, was er gern (mit Begriffen, die eher charakteristisch für die empiristische und sogar behavioristische Psychologie sind) als Prozesse der Signalauslösung und -formung bezeichnet. Der vernünftigste abschließende Kommentar zu diesem Abschnitt bestände vielleicht in der Aussage, daß die traditionelle Kontroverse zwischen Rationalismus und Empirismus durch moderne Entwicklungen in Genetik, Neurophysiologie und Psychologie so weitgehend verändert worden ist, daß man keinen der beiden traditionellen Begriffe mehr ohne ausführliche Erläuterungen benutzen kann, wenn man irgendeine aktuelle Position zu einem der Themen klassifizieren möchte, an denen sich die Geister der verschiedenen Gruppen von Philosophen oder Psychologen scheiden. Das sollte als Fortschritt gewertet werden. Denn es bedeutet auch, daß die aktuellen Versionen dessen, was die Autoren selbst vielleicht noch recht allgemein als Empirismus oder Rationalismus beschreiben, ein weites Feld von Belegmaterial in Betracht ziehen müssen, das den großen Philosophen der Vergangenheit nicht zur Verfügung stand. Die ursprünglich sehr globalen Themen, auf deren Grundlage Descartes als Rationalist und Locke als Empirist eingestuft wurden, haben sich aufgesplittert in eine Vielzahl sehr viel spezifischerer Fragen, die zu beantworten Aufgabe multidisziplinärer empirischer Forschung ist.

8.3. Sprache und Gehirn

Niemand, welche Ansicht er auch zu dem ehrwürdigen Körper-Geist-Problem (vgl. 8.1) haben mag, würde wohl heute bestreiten, daß von allen Körperorganen das Gehirn die wichtigste Rolle bei den sogenannten geistigen Vorgängen spielt.

Das menschliche Gehirn ist sehr komplex, und die Art, wie es seine verschiedenen Funktionen ausführt, ist nur zum Teil bekannt. Aber in den letzten Jahren sind auf diesem Gebiet enorme Fortschritte gemacht worden, und einiges von dem, was man inzwischen weiß, ist für das Thema dieses Kapitels von Bedeutung.

Das Gehirn – insbesondere das *Großhirn* (Cerebrum) – ist in zwei Hälften oder *Hemisphären* geteilt, die normalerweise vom *Balken* (Corpus callosum) verbunden werden. Die äußere Schicht beider Hemisphären besteht aus der grauen Masse – der *Großhirnrinde* (Cortex) –, die etwa zehn Milliarden Neuronen oder Nervenzellen enthält. Und diese sind untereinander verbunden durch eine ebenso gigantische Zahl von Fasern in der weißen Gehirnmasse, die unter der Rinde liegt. Die rechte Gehirnfläche kontrolliert die linke Körperhälfte und reagiert auf ihre Signale, während die linke Hemisphäre die rechte Seite kontrolliert. Daher kann eine Gehirnschädigung oder eine Embolie in einer der beiden Hälften die Lähmung der Glieder auf der anderen Körperseite nach sich ziehen. Und Signale, die auf der einen Körperhälfte empfangen werden – taktile, visuelle oder auditive –, müssen erst zur zuständigen Hemisphäre laufen, bevor sie zur Verarbeitung über den Balken an die andere Hemisphäre geleitet werden. Daraus folgt, daß, wenn der Balken chirurgisch durchtrennt wurde – und diese Operation wurde noch bis vor kurzem zur Therapie der Epilepsie durchgeführt, bis man die unerwünschten Begleiterscheinungen entdeckte –, Signale von der rechten Körperhälfte nur von der linken verarbeitet werden können und umgekehrt.

Seit gut hundert Jahren weiß man, daß (für alle Rechtshänder und für die meisten, jedoch nicht alle, Linkshänder) eine besondere Beziehung zwischen der Sprache und der linken Hemisphäre besteht, so daß man ganz allgemein sagen kann, daß die Sprache bei den meisten Menschen von der linken Hemisphäre kontrolliert wird. Den Prozeß, durch den eine Gehirnhälfte auf die

Ausübung bestimmter Funktionen spezialisiert wird, nennt man *Lateralisierung.* (In der geringen Minderheit der Fälle, in der unter Linkshändern nicht die linke, sondern die rechte Hemisphäre auf Sprache spezialisiert ist, findet die Lateralisierung dennoch statt, nur umgekehrt wie üblich). Der Vorgang der Lateralisierung ist ein Reifungsprozeß in dem Sinne, daß er genetisch vorprogrammiert ist, aber Zeit zur Entwicklung braucht. Es gibt natürlich viele derartige Reifungsprozesse in der biologischen Entwicklung aller Arten von Lebewesen. Aber Lateralisierung scheint für den Menschen artspezifisch zu sein. Man nimmt allgemein an, daß der Prozeß ungefähr im Alter von zwei Jahren beginnt und irgendwann zwischen dem Alter von fünf Jahren und dem Eintritt der Pubertät abgeschlossen wird.

Lateralisierung für Sprache ist nicht die einzige Funktionsspezialisierung, die sich durch die Bevorzugung einer Gehirnhälfte im Menschen herausbildet. Und die Lateralisierung allgemein wird als die evolutionäre Voraussetzung für die Entwicklung der überlegenen Intelligenz des Menschen angesehen. Heute ist auch die Ansicht verbreitet, daß die Lateralisierung sowohl phylogenetisch als auch ontogenetisch Voraussetzung des Erstspracherwerbs ist. Zur Stützung dieser Ansicht läßt sich die Tatsache anführen, daß der Erstspracherwerb um die gleiche Zeit beginnt wie die Lateralisierung und normalerweise im wesentlichen zu ungefähr der gleichen Zeit abgeschlossen ist wie auch der Lateralisierungsprozeß. Zur weiteren Stützung läßt sich anführen, daß es nach dem Alter, zu dem der Lateralisierungsprozeß abgeschlossen ist, zunehmend schwieriger wird, Sprache zu erlernen. Tatsächlich scheint es so etwas wie ein *kritisches Alter* für den Spracherwerb zu geben, in dem Sinne, daß Sprache überhaupt nicht mehr oder wenigstens nicht bis zur vollen Beherrschung ihrer Möglichkeiten gelernt werden kann, nachdem das Kind das fragliche Alter erreicht hat.

Obwohl die Ansicht, daß es ein kritisches Alter für den Erstspracherwerb gibt, nicht unumstritten ist, scheint sie doch einige Bestätigung durch den frappierenden, wenn auch traurigen Fall eines jungen Mädchens zu finden, das in der Literatur unter dem Namen Genie bekannt ist. Genie wurde 1970 von Sozialarbeitern in Los Angeles entdeckt. Zu jener Zeit war sie dreizehn Jahre alt und von ihren Eltern in völliger Isolation, d.h. von ihnen wie von allen anderen Menschen getrennt gehalten worden. Sie wurde geschlagen, wann immer sie ein Geräusch machte, und war das Opfer nahezu jeder nur denkbaren emotionalen und sinnlichen Deprivation geworden. Eine der Folgen war natürlich, daß sie nicht sprechen konnte. Nachdem man sich dann ihrer angenommen hatte, begann für sie unter der Leitung von Psychologen und Linguisten der Prozeß des Erstspracherwerbs. Anfangs machte sie recht schnelle Fortschritte. Überdies durchlief sie die gleichen Stadien beim Erlernen der englischen Sprache wie normal aufwachsende Kinder im dafür normalen Alter. Auf den ersten Blick konnte es also scheinen, als ob ihr Fall die Hypothese vom kritischen Alter widerlegte. Es wird jedoch berichtet, daß Genie, obwohl ihr Wortgedächtnis sehr gut ist und ihre allgemeine intellektuelle Entwicklung befriedigend verläuft, Schwierigkeiten mit der grammatischen Struktur des Englischen (mit Ausnahme der allereinfachsten Aspekte) hat. Daher wurde geltend gemacht, daß Genies Fall nicht nur die These vom kritischen Alter bestätigt, sondern auch die Ansicht, daß die Fähigkeit zum Spracherwerb unabhängig von anderen intellektuellen Fähigkeiten ist.

Bis vor kurzem nahm man an, daß das Gehirn trotz der genetischen Determination der Lateralisierung genügend Flexibilität besäße, so daß eine Hemisphäre, z. B. bei einer Gehirnschädigung oder nach einer Operation, die Funktionen übernehmen könnte, für die sie normalerweise nicht spezialisiert ist, vorausgesetzt, die Notwendigkeit ergibt sich vor Abschluß des Lateralisierungsprozesses. Doch hat seitdem das gründliche Studium des Sprachverhaltens von Menschen, deren linke Hemisphäre in der frühen Kindheit entfernt werden mußte, ergeben, daß sie mit bestimmten grammatischen Konstruktionen Schwierigkeiten haben, auch wenn das nicht sofort auffällt.

Bisher haben wir uns nur recht allgemein über die Lateralisierung im Hinblick auf Sprache geäußert. Obwohl wir nicht sehr ins Detail gehen können, sollte hier jedoch noch hinzugefügt werden, daß einzelne Aspekte des Sprachprozesses offenbar stärker charakteristisch für die linke Gehirnhälfte sind als andere. So kann z. B. die rechte Hemisphäre ohne Schwierigkeiten einzelne Wörter interpretieren, die konkrete Gegenstände bezeichnen. Dagegen ist sie weniger gut bei der Interpretation grammatisch komplexer Phrasen. Ähnlich werden Sprachlaute im allgemeinen über die linke Gehirnhälfte, die für diesen Zweck spezialisiert ist, geleitet, während Laute, die nicht dem Lautsystem der Sprache angehören, direkt und effizient auch von der rechten Hälfte verarbeitet werden. Es mag in diesem Zusammenhang auch nicht ohne Bedeutung sein, daß die linke Hemisphäre besser im assoziativen Denken und analytischen Argumentieren ist, während die rechte nicht nur für das visuell-räumliche Vorstellungsvermögen, sondern auch für das Erkennen von Intonationsmustern und interessanterweise auch für die Interpretation von Musik wichtiger ist. Dies bedeutet, daß für das Sprachverhalten die Integration mehrerer neurophysiologisch unterschiedlicher Prozesse wichtig ist. Allgemein gesprochen können wir sagen, daß das am deutlichsten linguistische Element der Sprache mit der linken Hemisphäre verbunden ist (vgl. 1.5). Vielleicht ist es diese Komponente, die, wenn sie überhaupt erworben wird, vor dem kritischen Alter erworben werden muß. Und es ist vielleicht auch diese Komponente, die von Schimpansen und anderen Primaten nicht erworben werden kann.

Was in diesem Abschnitt gesagt wurde, stimmt gewiß mit Chomskys These überein, daß die Sprachfähigkeit eine ausschließlich menschliche und genetisch vererbte Fähigkeit ist, die sich von anderen geistigen Fähigkeiten unterscheidet, wenn sie auch mit ihnen zusammenwirkt. Es muß jedoch betont werden, daß das neuro-physiologische Beweismaterial, obwohl es ständig wächst, bisher relativ dünn und noch keineswegs zwingend ist. Psychologen und Philosophen streiten sich daher noch immer über die Frage, ob es eine genetisch vermittelte Sprachfähigkeit gibt oder nicht.

8.4. Erstspracherwerb

Wir wollen diesen Abschnitt mit der Klärung einer rein terminologischen Frage beginnen. Warum sprechen heutzutage viele Psychologen und Linguisten lieber vom *Erwerb* als vom Erlernen einer Sprache? Der Grund liegt einfach darin, daß der Begriff ‚Erwerb' neutral ist in Hinblick auf einige Implikationen, die in der Psychologie mit dem Begriff ‚lernen' verbunden sind. Man mag einwenden, daß ‚Erwerb' zwar in den entscheidenden Aspekten neutraler als ‚Erlernen' ist, aber gleichwohl in die Irre führt, weil ausgedrückt wird, daß man etwas erwirbt, was man vorher nicht hatte. Wenn Sprache angeboren ist, wird sie nicht ‚erworben'; vielmehr wächst sie oder reift natürlich, oder, wie Chomsky sagen würde, organisch. Dennoch ist ‚Erwerb' der Standardbegriff, und wir werden uns weiter seiner bedienen.

Ferner muß noch ein Punkt geklärt werden, der nicht allein terminologischer Art ist. Was man gewöhnlich als Spracherwerb bezeichnet, manifestiert sich normalerweise in der Kenntnis und im Gebrauch bestimmter Sprachen. Das war gemeint, als im allerersten Abschnitt dieses Buches gesagt wurde, daß man Sprache nicht besitzen oder sich ihrer bedienen kann, ohne eine bestimmte natürliche Sprache zu besitzen oder sich ihrer zu bedienen (vgl. 1.1). Obwohl diese Aussage mit philosophischen Argumenten durchaus angegriffen werden kann, ist sie doch hier in einer Weise neu formuliert worden (insbesondere durch den Zusatz ‚normalerweise'), daß sie mit Sicherheit zutreffend ist. Der Terminus ‚Spracherwerb' läßt sich entweder als ‚Erwerb von Sprache überhaupt' oder als ‚Erwerb einer bestimmten Sprache' interpretieren. Selbst wenn wir zugeben, daß in einem gewissen Sinne Sprache (d.h. das, was Chomsky und andere als Sprachfähigkeit bezeichnet haben) nicht erworben wird, haben wir doch guten Grund anzunehmen, daß der größte Teil, wenn nicht gar die ganze Struktur, des Deutschen, Englischen, Französischen, Russischen usw. von denen, die diese Sprachen als Muttersprache benutzen, erworben (wenn auch nicht notwendigerweise gelernt) wird.

Der Begriff ‚Spracherwerb' wird normalerweise ohne Zusatz für den Prozeß verwandt, dessen Resultat die Kenntnis der Muttersprache (oder Muttersprachen) ist. Man kann sich vorstellen, daß der Erwerb von Fremdsprachen, ob sie nun systematisch in der Schule gelernt werden oder nicht, ganz anders abläuft. Wie wir gesehen haben, unterscheidet sich möglicherweise auch der Erwerb der Muttersprache nach dem angenommenen ‚kritischen Alter' aus neurophysiologischen Gründen von der Art, wie das normale Kind seine Muttersprache erwirbt (vgl. 8.3). Und aufgrund von klinischen Beobachtungen bei hirngeschädigten zweisprachigen Patienten wurde kürzlich die Vermutung geäußert, daß der Erwerb einer zweiten Sprache, gleichgültig, ob im Kindes- oder Erwachsenenalter, erhebliche neurophysiologische Auswirkungen hat. Wir müssen daher vorsichtig sein, wenn wir allgemeingültige Schlüsse aus der Untersuchung des Mutterspracherwerbs beim einsprachigen Kind ziehen und sie auf das Problem des Fremdsprachenunterrichts übertragen wollen. So mag es z. B. Argumente für oder gegen die sogenannte direkte Methode des Sprachunterrichts in der Schule geben; aber ein Argument, das gewöhnlich angeführt wird – „so hast du auch deine Muttersprache gelernt" –, ist eindeutig falsch. Im folgenden geht es uns um den Spracherwerb im normalen Sinn, d. h. den Erstspracherwerb.

Beginnen wir mit einigen Fakten. Einige von ihnen ergeben sich aus alltäglichen Beobachtungen, andere sind das Ergebnis von minutiösen Forschungen und Experimenten. Normalerweise erwerben alle Kinder die Sprache, die sie um sich herum sprechen hören, ohne besondere Unterweisung. Sie beginnen ungefähr im gleichen Alter zu sprechen, und sie durchlaufen die gleichen Stadien der Sprachentwicklung. Der Fortschritt, den sie machen, ist, wenigstens phasenweise, so schnell, daß es, wie Eltern und Sprachforscher festgestellt haben, schwierig ist, diesen Vorgang systematisch und umfassend zu beobachten und zu dokumentieren. Überdies wird der Fortschritt im großen und ganzen nicht von Unterschieden in der Intelligenz und im sozialen und kulturellen Milieu beeinflußt.

Obwohl wir gerade gesagt haben, daß alle Kinder ungefähr im gleichen Alter zu sprechen anfangen, ist es doch im Einzelfall unmöglich, genau anzugeben, wann genau das Kind zu sprechen angefangen hat. Zunächst einmal besteht Unklarheit darüber, was als Kriterium angesehen werden sollte: die Fähigkeit des Kindes, einzelne Wörter angemessen zu verwenden? Oder die Fähigkeit, Zwei-Wort-Äußerungen durch eine produktive und regelhafte Denkoperation bilden zu können? Dies sind nur zwei der verschiedenen, möglichen Kriterien, und es gibt keinen ersichtlichen Grund, eines von beiden vorzuziehen. Ein weiterer Grund ist, daß der Übergang von einer Stufe der Sprachentwicklung zur nächsten eher fließend als abrupt verläuft. Obwohl sich eine ziemlich konstante Reihenfolge von Entwicklungsstufen erkennen läßt – im Erwerb von Phonologie, Morphologie, Syntax und Wortschatz der Muttersprache –, ist es doch unsinnig, sich vorzustellen, daß das Kind plötzlich von einer Phase in die nächste hinüberspringt. Eine Abgrenzung wird noch weiter durch die Tatsache erschwert, daß die Sprachproduktion eines Kindes nicht immer den gleichen Entwicklungsstand wie sein rezeptives Vermögen aufweisen muß. Tatsächlich ist man allgemein der Ansicht, daß die rezeptiven Fähigkeiten stets einen Entwicklungsvorsprung vor den produktiven Fähigkeiten aufweisen. Daraus folgt, daß die spontanen Äußerungen eines Kindes seine Kenntnis der Sprache, die es gerade erwirbt, nicht genau widerspiegeln müssen.

Es ist bekannt, daß Babys in den ersten Tagen nach der Geburt (wenn nicht schon früher) nicht nur auf die menschliche Stimme als solche reagieren, sondern auch auf den Unterschied zwischen korrespondierenden stimmhaften und stimmlosen Konsonanten. Dies wird manchmal als Beweis dafür angeführt, daß die Kenntnis der angeblich universell verbreiteten distinktiven Merkmale der Phonologie Kindern angeboren sei (vgl. 3.5). Kürzlich hat man jedoch nachgewiesen, daß auch sehr junge Schimpansen auf die gleiche akustische Unterscheidung reagieren können. Da Schimpansen keine Sprache entwickeln und Kinder erst ab dem zweiten Lebensjahr produktiv und rezeptiv von der phonetischen Unterscheidungsfunktion der Stimmhaftigkeit Gebrauch machen, kann man also folgern, daß das, was da angeboren ist, nicht an sich ein artspezifisches phonologisches Unterscheidungsvermögen darstellt. Es scheint sich eher um eine Fähigkeit auf phonetischer Ebene zu handeln, über die menschliche Wesen ebenso wie höhere Primaten verfügen; allein die Menschen lernen, sie für eine phonologische Distinktion einzusetzen, weil sie dem Umwelteinfluß von Sprache ausgesetzt sind, in dem diese phonologische Distinktion bereits wirksam wird. Wieder einmal reicht das Beweismaterial noch nicht aus. Das bedeutet aber keineswegs, daß Fragen bezüglich angeborener Prädispositionen artspezifischer Eigenheiten außerhalb der Reichweite empirischer Forschung liegen. Ganz im Gegenteil: Es werden ständig neue Beobachtungen gemacht, und es ist durchaus möglich, daß dieses Forschungsproblem in naher Zukunft gelöst wird.

In den ersten sechs Lebensmonaten durchläuft das Kind normalerweise nacheinander die Phasen des Schreiens, des *Gurrens* und des *Lallens*. Es gibt kaum Zweifel, daß diese Entwicklungsfolge genetisch angelegt ist, da die Laute, die beim Schreien, Gurren und und zu Beginn der Lallperiode produziert werden, nicht von der linguistischen Umgebung beeinflußt sind, in der das Kind aufwächst. Und taube Kinder schreien, gurren und lallen, wenigstens anfangs, genauso wie Kinder mit gesundem Gehör. Besonders interessant ist die Tatsache, daß in der Lallperiode (die gewöhnlich bis zum zwölften Monat dauert) viele Sprachlaute produziert werden können, die in der Sprache der Umgebung des Kindes nicht benutzt werden und die es sich später, sollte es eine Fremdsprache erlernen, nur mit großen Mühen aneignen wird. Am Ende der Lallperiode haben die meisten Kinder einige der Intonationsmuster ihrer Muttersprache erworben. Es läßt sich jedoch nicht beweisen, daß diese Intonationsmuster, die einer gelallten Äußerung gleichsam übergestülpt werden, eine deutlich kommunikative Funktion haben (obwohl Erwachsene sie oft so deuten). Obwohl das Lallen sicherlich in gewissem Sinne den Weg für die Sprache bereitet, ist doch umstritten, ob man dies als seine primäre biologische Funktion ansehen sollte.

Wir dürfen nicht vergessen, daß wir hier immer vom sich durchschnittlich entwickelnden Kinde sprechen: Das Alter, in dem Kinder verschiedene Stadien des Entwicklungsprozesses durchlaufen, kann variieren. Dafür, daß das unterschiedliche Entwicklungstempo mit der späteren sprachlichen Kompetenz des Kindes oder gar mit seinen allgemeinen intellektuellen Fähigkeiten in Zusammenhang stände, gibt es keinerlei Anhaltspunkt. Im Alter von etwa neun Monaten sind beim Kind erste Anzeichen dafür zu beobachten, daß bei ihm der Aufbau des phonologischen Systems seiner Muttersprache einsetzt. In einigen Fällen überschneiden sich noch für längere Zeit die Phasen des Lallens und des Erwerbens und Anwendens phonologischer Unterscheidungen; der Unterschied zwischen Lallen und Sprechen wird dann sehr deutlich. Die Mehrzahl dieser phonologischen Unterscheidungen beherrscht das Kind ungefähr mit fünf Jahren. Aber einige der Unterscheidungen, die phonetisch schwieriger oder wie im Falle des Prosodieverlaufs funktional komplexer sind, werden unter Umständen wesentlich später erworben. Bei den Unterscheidungen im Bereich der Segmente gilt inzwischen eine bestimmte Reihenfolge als weitgehend gesichert (die z.T. Roman Jakobsons fast vierzig Jahre alte Voraussagen bestätigt): So gehen beispielsweise bei den Konsonanten die labialen den dentalen/alveolaren und velaren voraus; die Verschlußlaute den Reibelauten; und die oralen Verschlußlaute gehen den Nasalen voraus. Auch über die kombinatorische, syntagmatische Dimension lassen sich einige allgemeingültige Aussagen machen. So bestehen die ersten Äußerungen, gleich, mit welcher Sprache das Kind aufwächst, aus Wörtern, die keine Konsonantenhäufungen enthalten und zur Reduplikation neigen (z.B. [dada], [kiki]) oder die Konsonanten enthalten, bei denen Artikulationsort oder -art gleich sind (z.B. dt. [giŋən] für *singen;* engl. [gek] für *leg*). Man muß jedoch hervorheben, daß das Kind häufig Wörter in der Erwachsenensprache zu unterscheiden vermag, wenn es sie hört (z.B. dt. *Haus, Haut; reißen, reisen, reiten*), auch wenn es sie in seiner eigenen Sprechweise als Homophone behandeln mag.

Mit der Grammatik verhält es sich wie mit der Phonologie: Wenigstens in den frühesten Stadien läßt sich eine Entwicklungslinie erkennen, die unabhängig von der Struktur der Sprache ist, die in der Umgebung des Kindes gesprochen wird. Zuerst kommt die sogenannte *holophrastische* Phase, in der das Kind Äußerungen macht, für die sich die Bezeichnung Einwortsätze eingebürgert hat (daher der Begriff ‚holophrastisch'). Sie kann ungefähr vom neunten bis zum achtzehnten Lebensmonat dauern. Danach folgt die sogenannte *telegraphische* Phase, die durch die Bildung von Äußerungen eingeleitet wird, die aus zwei Wörtern – oder man sollte vielleicht neutraler sagen: zwei Elementen – bestehen. Der Begriff ‚telegraphisch' leitet sich aus der Beobachtung her, daß das kindliche Sprechen in dieser Phase ähnlich wie die Telegrammsprache unflektiert ist und keine sogenannten Funktionswörter enthält (z.B. Präpositionen, Konjunktionen und Elemente der Klasse ‚Determinans', d.h. Artikel, Demonstrativ-, Possessivpronomen usw., die vor einem Substantiv stehen und syntaktisch definierbar sind). Wenn das Kind im Laufe der telegraphischen Phase vom Zweiwortstadium zu späteren Stadien fortschreitet, die schon durch die Bildung längerer Äußerungen charakterisiert sind, nähert sich sein

Sprechen in bezug auf die Wortstellung usw. immer mehr dem von Erwachsenen an. Wenn die Sprache, die das Kind erwirbt, Flexion und sogenannte Funktionswörter enthält, wird es auch diese allmählich in angemessener Weise anwenden, so daß man seine Sprache, wenn es ungefähr vier Jahre alt ist, nicht mehr als telegraphisch charakterisieren kann, auch wenn sie im Vergleich zur Sprache der Erwachsenen noch Defizite aufweist. Man sollte jedoch hinzufügen, daß der impressionistische Begriff ‚telegraphisch' in bezug auf die sogenannten isolierenden Sprachen wie z.B. das Vietnamesische, in denen es keine morphologische Variation gibt, wenig Aussagewert hat.

Bis in die frühen sechziger Jahre hinein war der Erwerb von grammatischen Strukturen noch wenig systematisch erforscht. Die Situation änderte sich drastisch, nachdem Chomsky nachgewiesen hatte, daß Sprachen *regelgeleitet* sind (am deutlichsten in bezug auf ihre Grammatik), und als man bemerkte, daß die vorhandenen Lerntheorien den Erwerb (und kreativen Gebrauch) regelgeleiteter und zugleich produktiver Systeme nicht angemessen zu erklären vermochten. Während der ganzen sechziger Jahre beschäftigten sich die Psycholinguisten bei der Erforschung der kindlichen Sprache fast ausschließlich mit der Grammatik. Aber inzwischen setzt sich immer mehr die Meinung durch, daß man die Entwicklung der grammatischen Kompetenz des Kindes nicht isoliert von seiner allgemeinen kognitiven, emotionalen und sozialen Entwicklung untersuchen kann.

Der Bereich der Forschungsarbeiten zur Sprache des Kindes hat sich über Phonologie, Grammatik und Wortschatz hinaus ausgedehnt und umfaßt jetzt auch die semantische Struktur von Äußerungen, deren Rolle in der sozialen Interaktion und deren Funktion als Spiegel des kindlichen Weltbilds. Auch hat sich der Forschungsrahmen zeitlich in beiden Richtungen erweitert: Gegenwärtig wird beträchtliche Forschungsarbeit zu den vorlinguistischen Determinanten des Grammatikerwerbs in der Schrei-, Gurr- und Lallphase der Entwicklung geleistet. Und man hat andererseits mittlerweile erkannt, daß Kinder einen großen Teil der grammatischen Struktur ihrer Muttersprache erst im Alter von zehn Jahren oder später wirklich beherrschen können, selbst wenn die von dem Kind erzeugten grammatischen Konstruktionen auch schon früher von gröberen Verstößen gegen grammatikalische Regeln frei sind. Diese Entdeckung allein widerlegt noch nicht die Thesen von der Angeborenheit und der Artbesonderheit der Sprache oder die damit zusammenhängende These, daß die Sprechfähigkeit des Menschen unabhängig von seinen anderen geistigen Fähigkeiten ist. Aber sie läßt den Sachverhalt komplexer erscheinen.

Der Spracherwerb ist in diesem Kapitel wegen seiner Bedeutung für die Erforschung des Wesens der Sprache im Verhältnis zum menschlichen Geist behandelt worden. Es gibt natürlich auch praktischere Gründe dafür, sich mit diesem Thema zu befassen. Um sprachbedingte Entwicklungs- oder Verhaltensstörungen bei Kindern – und häufig auch bei Erwachsenen – richtig diagnostizieren und behandeln zu können, müssen die Sprachtherapeuten normale ebenso wie anomale Spracherwerbsprozesse besser verstehen lernen. Und die Lehrmaterialien für die Grundschulen könnten verbessert werden, wenn sie nicht nur im Wortschatz, sondern auch in der Grammatik auf die linguistische Kompetenz der Kinder, für die sie bestimmt sind, abgestimmt würden. Der Stand der geistigen Reife von Kindern, der den Ausgangspunkt pädagogischer Bemühungen bildet, wird häufig teilweise durch Sprachtests bestimmt. Die Spracherwerbsforschung kann helfen, diese Tests auf ihre Validität und Reliabilität hin zu prüfen. Es ist sehr wichtig, daß Lehrer und andere Erzieher nicht die Zeichen einer partiellen Taubheit oder beginnenden Legasthenie übersehen. Aber es ist ebenso wichtig, daß sie nicht einen Rückstand in der geistigen Entwicklung oder ein sogenanntes Sprachdefizit auf der Grundlage unzuverlässiger Testergebnisse diagnostizieren. Jüngere Forschungen auf dem Gebiet des Spracherwerbs haben viel dazu beigetragen, die Tests zuverlässiger zu machen. Freilich ist es ihnen bisher anscheinend noch nicht gelungen, gleichzeitig irgendein komplexes theoretisches Problem der Linguistik, Psychologie oder Philosophie des Geistes zu lösen.

8.5. Andere Teilgebiete der Psycholinguistik

Spracherwerb ist nicht das einzige Forschungsgebiet der Psycholinguistik. Und er bildet auch nicht das einzige Gebiet, das durch den Chomskyschen Generativismus revolutioniert worden ist.

Wie wir gesehen haben, baut Chomsky seine allgemeine Sprachtheorie auf der Unterscheidung zwischen *Kompetenz* und *Performanz* auf (vgl. 7.4). Diese Begriffe wurden erst ab Mitte der sechziger Jahre, seit der Entwicklung der sogenannten Standardtheorie der Transformationsgrammatik benutzt. Die Unterscheidung zwischen dem Sprachsystem als einer Menge von Regeln, die dem, der die Sprache als Muttersprache erworben hat, geläufig sind, und der Anwendung dieser Regeln im Sprachverhalten war jedoch von Anfang an deutlich, wenn sie auch in andere Begriffe gefaßt wurde. Die Bedeutung dieser Unterscheidung, nicht nur für die Psycholinguistik, sondern für die Erforschung des menschlichen Verhaltens überhaupt, erkannte der hervorragende amerikanische Psychologe George Miller nahezu sofort. Er verallgemeinerte Chomskys Ideen und machte seine Kollegen mit ihnen vertraut (vgl. Miller, Galanter & Pribram, 1960). Er arbeitete dann auch mit Chomsky bei einigen seiner frühen theoretischen Forschungsvorhaben zu den Performanzmodellen zusammen. Es lohnt sich, an diesem Punkt Millers berühmten Kommentar zum Eindruck, den Chomskys Arbeiten auf ihn und später viele seiner Kollegen gemacht hatten, zu zitieren: „I now believe that mind is something other than a four-letter word."

Ein großer Teil der frühen psycholinguistischen Forschungen, die durch Chomskys Generativismus angeregt wurden, befaßten sich mit dem sogenannten Problem der *psychologischen Realität.* Eigentlich zerfällt es nach Chomskys Unterscheidung von Kompetenz und Performanz in zwei verschiedene Probleme. (Man wird sich erinnern, daß ziemlich viel Verwirrung dadurch entstanden war, daß Chomsky unter ‚Performanz' nicht nur das tatsächliche Sprachverhalten verstand, sondern auch das nicht-linguistische Wissen oder die Kompetenz, die diesem Verhalten zugrunde liegt: vgl. 7.4.) Tragen Menschen in ihrem Geist – und damit vermutlich neurophysiologisch in ihren Gehirnen verankert – ein System von Regeln ihrer Muttersprache, die denen entsprechen, die Linguisten im Rahmen generativer Modelle des Sprachsystems aufstellen? Um es vereinfacht auszudrücken (wobei wir uns eine Äußerung Chomskys zur von ihm so genannten systematischen Ambiguität zunutze machen, wonach der Begriff ‚Grammatik' sich sowohl auf das Modell beziehen kann, als auch auf den durch das Modell abgebildeten Teil der Realität): Haben wir alle eine generative Grammatik in unserem Kopf? Das ist die erste Frage. Die zweite, die eine positive Antwort auf die erste voraussetzt, lautet folgendermaßen: Welche Rolle spielen diese Regeln bei der Bildung und dem Verstehen von Äußerungen – wenn sie überhaupt dafür von Bedeutung sind?

Ein Teil der frühesten psycholinguistischen Forschungsarbeiten unter dem Einfluß von Chomskys Generativismus beschäftigte sich mit der zweiten Frage. Man ging von der Annahme aus (die Chomsky selbst nicht teilte), daß alle zur Generierung eines Satzes notwendigen Regeln von den Benutzern einer Sprache auch bei der Performanz angewandt werden – bei der Erzeugung und dem Verstehen von Äußerungen. (Abgesehen von allem anderen wurde die Unterscheidung in Sätze und Äußerungen nicht allgemein übernommen: vgl. 5.5.) So wurde z.B. anhand von Experimenten nachgewiesen, daß Sprecher in ihrer Muttersprache schneller auf Sätze im Aktiv als auf solche im Passiv reagierten und auch schneller auf affirmative als auf Negationssätze. Fernerhin wurde aufgezeigt, daß sich die Differenz der Reaktionszeiten auf aktivische affirmative Sätze und passivische Negationssätze als Summe der Reaktionszeitdifferenzen verstehen ließ, die zwischen aktivischen und passivischen Sätzen einerseits sowie affirmativen und Negationssätzen andererseits besteht. Zunächst wurde diese These als recht dramatische Bestätigung der These gedeutet, daß die geistige Verarbeitung von Sätzen die Anwendung solcher Regeln einschließt wie die der Passivbildung und der Negations-‚Insertion' (die in den frühesten Versionen der Chomskyschen generativen Grammatik als Transformationsregeln formuliert worden waren). Später erkannte man, daß es noch andere mögliche relevante Variablen gibt. Und als man diese, so weit das möglich war, überprüfte, waren die Ergebnisse weniger eindeutig.

Tatsächlich stellte sich eines im Laufe der sechziger Jahre immer deutlicher heraus: Selbst wenn wir eine generative Grammatik unserer Muttersprache im Kopf haben, so werden doch wahrscheinlich die Vorgänge bei der Sprachverarbeitung durch die Strukturen in dem Modell, das der Linguist von dieser Grammatik anfertigt, nicht korrekt wiedergegeben. Denn der Linguist läßt absichtlich alle jene Faktoren beiseite, die zwar deutlich das Sprachverhalten beeinflussen (Grenzen der Aufmerksamkeit und des Gedächtnisses, Motivation und Interesse, Faktenkenntnis und ideologische Voreingenommenheit usw.), die aber für die Definition dessen, was in bestimmten Sprachen als wohlgeformt gelten kann, und für die Formulierung allgemeiner Aussagen über die Natur von Sprache nicht direkt relevant sind. Selbst wenn man zubilligt, daß generative Grammatiken in dem Sinne psychologisch realistisch sind, daß wir in unserem Gehirn tatsächlich Regelsysteme neurophysiologisch gespeichert haben, gibt es doch vernünftige Gründe, anzunehmen, daß bei der Bildung und beim Verstehen von Äußerungen andere psychologische Regeln oder Strategien ins Spiel gebracht werden, die es uns ermöglichen, einige der grammatischen Regeln als solche zu umgehen. Es ist auf jeden Fall ganz klar erkennbar (z. B. aus der recht banalen Tatsache, daß wir dazu neigen, Druckfehler und Versprecher nicht zu bemerken), daß das Sprachverstehen eher auf der Anwendung von Mustern als auf einer vollständigen Verarbeitung des perzipierten Signals beruht. Ähnlich kann man täglich beobachten und auch experimentell nachweisen, daß wir sofort beginnen, die grammatischen Strukturen von Äußerungen vorauszuahnen (ganz zu schweigen von ihrer phonologischen Struktur und ihrer Bedeutung), sobald unser Gesprächspartner anfängt zu sprechen. Wir sind uns dieser Vorwegnahme gewöhnlich nicht bewußt, wenn ihr nicht eine andere Information in dem Signal, das wir vor dem Hintergrund unseres Musters aufgenommen haben, widerspricht. Wenn aber unsere Prognose keinen Widerspruch erfährt, brauchen wir nicht alles über die linguistische Struktur einer Äußerung zu wissen, um sie zu verstehen.

Aus diesen und anderen Gründen hat sich das sogenannte Problem der psychologischen Realität als sehr viel komplexer herausgestellt, als es vielen Psychologen in den sechziger Jahren erschienen war. Es sollte auch erwähnt werden, daß es inzwischen etliche Vertreter der generativen Grammatik gibt, die Chomsky widersprechen, wenn er noch immer an der Meinung festhält, daß Linguisten bei der Definition der linguistischen Kompetenz weiterhin beiseite lassen sollten, was man über psychologische Mechanismen und Prozesse weiß. Gegenwärtig scheint die Bewegung, die eine psychologisch fundierte Grammatik befürwortet, an Zulauf zu gewinnen. Wie immer man zum Problem der psychologischen Realität – in einer seiner beiden Interpretationen – und zu seiner Relevanz für die Linguistik stehen mag, es gibt absolut keinen Zweifel darüber, daß die psychologische Erforschung der Sprachspeicherung und der Sprachverarbeitung unter dem Einfluß von Chomskys Generativismus in den letzten Jahren große Fortschritte gemacht hat. Viele Ergebnisse von Experimenten, die sich z. B. auf Wahrnehmungsstrategien, die Rolle des Kurzzeitgedächtnisses, die Interpretation mehrdeutiger Äußerungen usw. beziehen, behalten ihre Gültigkeit, selbst wenn die eigentliche These, die sie beweisen sollten, aufgegeben worden sein mag (z. B. die These, daß Äußerungen auf zwei Analyseebenen, der der Tiefenstruktur und der der Oberflächenstruktur, verarbeitet werden). Chomskys Theorie der Sprachstruktur war für Psychologen deshalb so attraktiv, weil sie experimentell überprüfbare Thesen anbot.

Es braucht wohl kaum betont zu werden, daß die Theorie selbst aus spezifisch linguistischer Sicht keineswegs unangreifbar ist. Auch kann man Chomskys Gebrauch des Begriffs ‚Wissen' in bezug auf die linguistische Kompetenz aus philosophischen Gründen in Frage stellen oder gar ganz ablehnen. Man hat eingewandt, daß die Kompetenz (d.h. das praktische Wissen, das sich im Verhalten manifestiert) sich von der Art von Wissen unterscheidet, die man als Gewißheit über etwas beschreiben kann. Allgemeiner kann man einwenden, daß Chomskys Theorie des Geistes übermäßig intellektualistisch ist, weil sie im Gegensatz zu traditionellen Vorstellungen von der Struktur des Geistes nichts über die nicht-kognitiven Fähigkeiten sagt: die Emotionen und den Willen. Chomsky hat sich mehrfach selbst gegen philosophische Kritik dieser Art verteidigt.

Obwohl die psycholinguistische Forschung der letzten Jahre stark vom Generativismus geprägt worden ist, wäre es falsch zu vermuten, daß sich alle psychologischen Untersuchungen zur Sprache mit der Validität dieses oder jenes generativen Modells des Sprachsystems beschäftigt hätten. Es ist auch weiter über traditionelle Themen der Sprachpsychologie – Sprache und Denken, Sprache und Gedächtnis usw. – im Rahmen von Theorien geforscht worden, die nicht mit der Unterscheidung zwischen Kompetenz und Performanz arbeiten oder sich ihrer spezifisch von Chomsky geprägten Definition gegenüber neutral verhalten.

In der Frage des Verständnisses von Sprache und Denken vertritt Chomsky, wie wir sahen, den traditionellen Standpunkt, der charakteristisch war für die Rationalisten des 17. Jahrhunderts, nämlich, daß Sprache dem Ausdruck unabhängig existierenden, voll artikulierten Denkens dient. Diese Auffassung war im 18. Jahrhundert von den französischen Philosophen Condillac (1746) und Rousseau (1755) und etwas später von Herder (1772) in seinem berühmten Essay über den Ursprung der Sprache angegriffen worden. Besonders Herder vertrat die Meinung, daß Sprache und Denken sich gemeinsam entwickelt hätten und voneinander untrennbar seien. Weiter argumentierte er, daß die Nationalsprachen der Menschheit, da sie sich in Wortschatz und grammatischer Struktur unterscheiden, national verschiedene Denkmuster sowohl bestimmen als auch widerspiegeln. Wie wir später sehen werden, zieht sich eine direkte Entwicklungslinie von Herder zu Sapir und Whorf, die im wesentlichen die gleichen Thesen von der sprachlichen Determination und Relativität im Amerika des 20. Jahrhunderts populär machten (vgl. 10.2). Hier genügt es, festzustellen, daß man die sogenannte Sapir-Whorf-Hypothese in verschiedenen Experimenten zu beweisen versuchte. Die Ergebnisse bestätigten eine abgeschwächte Version der These, die besagt, daß die Sprache, die man benutzt, das Denken beeinflußt, jedoch nicht determiniert.

8.6. Kognitionstheorien und künstliche Intelligenz

Ich widme diesen speziellen, wenn auch kurzen Abschnitt dem Bereich der sogenannten *Cognitive Science* (d.h. den Kognitionstheorien) und der *künstlichen Intelligenz* vor allem deshalb, weil ich auf diese neue und schnell wachsende Disziplin aufmerksam machen möchte, die mit Erkenntnissen der Philosophie, Psychologie, Linguistik und Computerwissenschaft arbeitet, jedoch unter keine dieser Disziplinen subsumiert werden kann. Die Begriffe ‚Cognitive Science' und ‚künstliche Intelligenz' sind etwas irreführend, da sie den Eindruck erwecken, als beschränke sich das Forschungsgebiet auf das Studium jener geistigen Prozesse, die traditionell dem rationalen Denken zugeschrieben werden. Und der Begriff ‚Kognitionstheorie' gibt keinen Hinweis darauf, was das Besondere an dieser Art der wissenschaftlichen Auseinandersetzung mit dem Geist und geistigen Prozessen ist. Wenn man den Begriff ‚Intelligenz' weit genug auslegt, kann man, Minsky (1968:v), einem bekannten Theoretiker und Praktiker auf diesem Gebiet, folgend, sagen, daß wir es zu tun haben mit „der Wissenschaft, Maschinen Dinge tun zu lassen, zu denen Menschen ihre Intelligenz benutzen müßten". Solche Tätigkeiten sind natürlich die Produktion und die Rezeption von Sprachäußerungen.

Aber warum sollten wir eigentlich den Wunsch haben, zu versuchen, eine Maschine – genauer gesagt: einen vielseitig verwendbaren Computer mit entsprechendem Programm – Sprachäußerungen hervorbringen und rezipieren zu lassen? Es gibt dafür natürlich eine Menge praktischer Gründe, u.a. die völlige oder teilweise Automatisierung von Leistungen, die zur Zeit noch viele Stunden hochspezialisierter menschlicher Arbeitskraft erfordern: die Übersetzung von Dokumenten aus einer Sprache in eine andere, das Abrufen von Informationen aus Bibliotheken, das Stellen von Krankheitsdiagnosen auf der Grundlage systematischer Fragen usw. So wichtig diese praktischen Anwendungsmöglichkeiten sind, so setzen sie doch die Lösung vieler theoretischer Probleme voraus, die bisher noch nicht geleistet ist. Uns geht es hier um theoretische Probleme und insbesondere um den Beitrag, den die Wissenschaft von kognitiven Prozessen und die Erforschung der künstlichen Intelligenz zu unserem Verständnis der geistigen Prozesse leisten können, die beim Gebrauch von Sprache ablaufen.

Doch zunächst eine Warnung. Selbst wenn es gelingen sollte, einen Computer alles das tun zu lassen, was dann, wenn es Menschen tun, als Leistung des menschlichen Geistes angesehen wird, würde das nicht bedeuten, daß der Mensch nicht mehr als eine Maschine ist. Ohne Programm kann ein Computer nichts von dem leisten, was uns hier interessiert. Die Fähigkeit des Computers, intelligentes Verhalten zu simulieren, beruht vor allem auf dem Programm, nicht so sehr auf der technischen Konstruktion. Man vertritt zuweilen die Meinung, daß das Programm zum Computer in ziemlich demselben Verhältnis steht wie der Geist zum Gehirn und daß wir, wenn wir das lebende menschliche Gehirn als auf einen bestimmten Zweck programmierten Computer ansehen, das traditionelle Geist-Körper-Problem, wenn nicht lösen, so doch umgehen können. Wie es sich damit aber auch verhalten mag, es muß jedenfalls betont werden, daß künstliche Intelligenz an sich neutral ist in bezug auf die Gegensätze zwischen Dualismus und Monismus einerseits und Materialismus und Idealismus andererseits. Und sie stellt keinen Angriff auf die Menschenwürde oder die Willensfreiheit dar.

Eine der ersten und begrüßenswertesten Lehren, die man aus dem Versuch ziehen kann, auch nur das einfachste Computerprogramm zu schreiben, ist, daß nur sehr wenig oder gar nichts einfach ist, wenn jeder Schritt genauestens vorgeschrieben werden muß. Wir gewinnen neuen Respekt vor der zum großen Teil verborgenen Komplexität unserer eigenen alltäglichen geistigen Leistungen einschließlich derjenigen, sprachliche Äußerungen hervorzubringen und zu rezipieren. Vielleicht noch wichtiger ist, daß wir auf Faktoren aufmerksam werden, die wir sonst gern als selbstverständlich hinnehmen, weil sie – um die Sprache der Computerwissenschaft zu benutzen – in unserer Hardware verdrahtet sind, d.h. als genetisch determinierte unterbewußte Routinen vorprogrammiert sind. Bisher hat die Simulation sprachlicher Vorgänge mit Hilfe des Computers noch keinen entscheidenden Einfluß auf die Entwicklung der linguistischen und psycholinguistischen Theorie genommen. Wohl aber hat sie durchaus die Diskussion über das Problem der psychologischen Realität beeinflußt, auf das wir im vorigen Abschnitt eingegangen sind. Denn auf diese Weise hat man doch eine Vorstellung bekommen von der Komplexität der verschiedenen sprachverarbeitenden Operationen und von der Zeit, die sie erfordern.

Wieviel Gewicht wir der Cognitive Science und der künstlichen Intelligenz beimessen, hängt davon ab, was wir von Modellen als Erklärungskonzepten in den Natur- und Sozialwissenschaften halten. Ein Modell kann das Verhalten eines physikalischen Systems, eines Organismus oder einer sozialen Einrichtung erfolgreich simulieren, ohne notwendigerweise die gleiche innere Struktur besitzen zu müssen wie die Entität, auf die es sich bezieht. Je komplexer allerdings ihr Verhalten und je vielfältiger die Berührungspunkte zwischen Modell und entsprechender Entität sind, desto sicherer können wir annehmen, daß zwischen ihnen auch strukturelle Übereinstimmungen bestehen. Nach diesem Kriterium muß jeder Erfolg, den wir bei Computersimulation von Sprachprozessen erzielen (auf Grundlage von psychologischen Erkenntnissen über das Gedächtnis, über Wahrnehmungsstrategien, über Reaktionszeiten usw. und von Aussagen der Linguistik über Sprachstrukturen), unser Verständnis des Verhältnisses von Sprache und Geist vertiefen. Ob es freilich jemals möglich sein wird, alle geistigen Prozesse, die sich bei der Produktion und der Rezeption von Sprachäußerungen vollziehen, mit Computern zu simulieren, ist ungewiß.

9. Sprache und Gesellschaft

9.1. Soziolinguistik, Ethnolinguistik und Psycholinguistik

Bislang gibt es noch keinen allgemein anerkannten theoretischen Rahmen, innerhalb dessen Sprache makrolinguistisch von mehreren verschiedenen, gleichermaßen interessanten Gesichtspunkten aus untersucht werden könnte: etwa vom sozialen, kulturellen, psychologischen, biologischen usw. (vgl. 2.1). Mehr noch: Es ist, gelinde gesagt, äußerst zweifelhaft, ob jemals ein solcher allgemeiner theoretischer Rahmen konstruiert werden wird. Es ist wichtig, dies nicht zu vergessen.

Wenige Linguisten würden heute noch die positivistischen Prinzipien des Reduktionismus in der gleichen Form vertreten wie Bloomfield und die anderen Vertreter der Unity of Science-Bewegung vor einem halben Jahrhundert (vgl. 2.2). Doch viele befürworten eine eher eingeschränkte Form des Reduktionismus und behandeln bevorzugt die Verbindung der Linguistik mit nur einer der anderen Disziplinen, die sich ebenfalls mit Sprache befassen. Einige, so z.B. Chomsky und die Vertreter des Generativismus, betonen die Berührungspunkte zwischen der Linguistik und der kognitiven Psychologie; andere erklären, daß man letztlich keine Trennungslinie zwischen Linguistik und Soziologie oder Sozialanthropologie ziehen kann, weil Sprache eine sozial bedingte und sozial funktionierende Einrichtung sei. Es ist natürlich, daß eine Gruppe von Wissenschaftlern je nach Neigung, Ausbildung oder Spezialinteressen einen dieser beiden Standpunkte bevorzugt. Verwerflich ist nur die Tendenz, den einmal gewählten Standpunkt als den allein wissenschaftlich vertretbaren hinzustellen. Es gibt heute mehrere anerkannte Zweige der Makrolinguistik – Psycholinguistik, Soziolinguistik, Ethnolinguistik usw. –, die in dem Sinne interdisziplinär sind, daß sie Arbeitsverfahren und theoretische Konzeptionen aus zwei oder mehreren Disziplinen miteinander verbinden. Trotz gegenteiliger Behauptungen in einigen stark doktrinären einführenden Handbüchern steht die Linguistik keiner der Disziplinen, mit denen sie in der interdisziplinären makrolinguistischen Forschung zusammenarbeitet, näher als den anderen.

Doch nicht genug damit, daß es keinen allgemein anerkannten, allumfassenden theoretischen Rahmen gibt, innerhalb dessen alle Disziplinen, die etwas mit Sprache zu tun haben, sinnvoll zueinander in Beziehung gesetzt werden könnten. Viele dieser Disziplinen sind untereinander in Abgrenzungsstreitigkeiten befangen und haben ihre eigenen internen Kontroversen: Was ist der Unterschied zwischen Soziologie und Anthropologie? Wie läßt sich die kognitive Psychologie in die Sozialpsychologie einordnen? Fragen dieser Art prägen unweigerlich die Vorstellung, die man sich von interdisziplinären Gebieten wie der Soziolinguistik, Ethnolinguistik und Psycholinguistik macht. Es ist daher nicht verwunderlich, daß es Meinungsverschiedenheiten darüber gibt, wie man das eine oder andere dieser Gebiete definieren und beschreiben sollte, und daß die zur Zeit erhältlichen Fachbücher diese unterschiedlichen Meinungen widerspiegeln.

Soziolinguistik ist nach der weitesten Definition (die viele Spezialisten gerade deswegen zurückweisen würden, weil sie so weit ist) „die Untersuchung der Sprache in ihrer Beziehung zur Gesellschaft" (vgl. Hudson, 1980: 1). In entsprechender Weise kann man *Ethnolinguistik* als die Untersuchung von Sprache in ihrer Beziehung zur Kultur definieren, wobei wir ‚Kultur' in dem Sinne verstehen, wie der Begriff in der Anthropologie und, allgemeiner, in den Sozialwissenschaften gebraucht wird (vgl. 10.1). Aber Kultur nach diesem Verständnis setzt Gesellschaft voraus; und die Gesellschaft ihrerseits hängt wiederum von der Kultur ab. Daraus folgt, daß sich nach der weitesten Definition von ‚Soziolinguistik' und ‚Ethnolinguistik' die beiden Zweige der Makrolinguistik, auf die sich diese Begriffe beziehen, in recht beträchtlichem Maße überschneiden. Jeder dieser Zweige kann enger eingegrenzt werden, wenn man die Definitionen um die Bedingung erweitert, daß die Ziele von Theorie und Forschung in erster Linie linguistisch und nicht so sehr soziologisch, anthropologisch, psychologisch usw. sein sollten: daß sie sich vor allem auf die Frage „Was ist Sprache?" beziehen sollten (vgl. 1.1). Aber auch diese Zusatzbedingung verringert den Grad der Überschneidung nicht wesentlich.

Aus dem Gesagten geht wohl recht deutlich hervor, daß die Aufteilung des Materials auf dieses und das nächste Kapitel einigermaßen willkürlich ist. Ohnehin erhebt keines der beiden Kapitel den Anspruch, das jeweilige Gebiet erschöpfend zu behandeln. Wir haben nur einige der Themen, die in jüngster Zeit diskutiert und untersucht worden sind, aufgenommen und je nachdem, ob sie sich in erster Linie auf die Struktur oder auf die Vorstellungsinhalte und Praktiken von Gesellschaften beziehen, auf die Kapitel verteilt. Es liegt in der Natur der Sache, daß dies oft nur eine sehr künstliche Unterscheidung sein kann.

Selbst die Unterscheidung von Psycholinguistik auf der einen und entweder Soziolinguistik oder Ethnolinguistik auf der anderen Seite kann Probleme verursachen, um so mehr, wenn *Psycholinguistik* im weiten Sinne als Erforschung von Sprache und Geist und der Interrelationen dieser Bereiche definiert wird. Vieles, was heute in anderen Zweigen der Makrolinguistik behandelt wird, wäre vor zwanzig Jahren als Psycholinguistik eingestuft worden. In diesen Dingen gibt es wie in allen anderen Bereichen modische Tendenzen. Es ist z.B. im Augenblick bei Psycholinguisten Mode, sich mehr für die Frage zu interessieren, was biologisch determiniert und universal ist, als für die sozial und kulturell bedingten Variationen. Die Soziolinguisten auf der anderen Seite sind sehr stark an Sprachvariation interessiert. Doch sollte man diese unterschiedliche Haltung und Gewichtung nicht als Unterscheidungsmerkmal von ‚Psycholinguistik' und ‚Soziolinguistik' werten. Im Prinzip gibt es keinen Grund dafür, warum sich nicht auch Psycholinguisten für die Vielfalt und die Variabilität von menschlicher Sprache interessieren sollten oder, umgekehrt, warum sich nicht auch Soziolinguisten mit sprachlichen und sozialen Universalien befassen sollten. Im voraufgehenden Kapitel über Sprache und Geist wurde (im Unterschied zu den biologischen) nur wenig zu den sozialen und kulturellen Determinanten der Sprachstruktur gesagt. Es wurde jedoch darauf hingewiesen, daß auch im Zusammenhang mit der Whorfschen bzw. Sapir-Whorfschen Hypothese psycholinguistische Forschung betrieben worden ist (vgl. 8.5). Im 10. Kapitel (‚Sprache und Kultur') wird darauf näher eingegangen werden; man hätte das freilich genauso gut unter der Überschrift ‚Sprache und Geist' tun können.

9.2. *Akzent, Dialekt und Idiolekt*

Die Dimension der Sprachvariation, die man auf der Ebene Sprache-Dialekt-Idiolekt behandelt, wurde schon im Zusammenhang mit der Fiktion der Homogenität eingeführt (vgl. 1.6); desgleichen die Unterscheidung zwischen Akzenten und Dialekten. In diesem Abschnitt werden wir uns mit den sozialen Implikationen dieser Art von Sprachvariation befassen.

Der deutlichste Unterschied zwischen den Begriffen ‚Akzent' und ‚Dialekt' besteht darin, daß der erstgenannte sich nur auf Aussprachevariationen bezieht, während der letztere auch Abweichungen in der Grammatik und im Wortschatz mit einbezieht. Im alltäglichen Sprachgebrauch werden sie jedoch häufig durcheinandergebracht. So wird z. B. durchaus von jemandem, der Hochdeutsch bzw. Standardenglisch mit einem ausgeprägten regionalen Akzent spricht, gesagt, daß er seinen Dialekt spreche. ‚Seinen Dialekt' sprechen bedeutet hier wie im allgemeinen Sprachgebrauch von Nicht-Linguisten „in einem anderen Dialekt als dem Hochdeutschen bzw. Standardenglischen". Der Ausdruck ‚mit Akzent' wird in Deutschland wie in Großbritannien, und dort besonders in England, in ähnlichem Sinne benutzt und bedeutet „mit einem anderen als dem hochdeutschen bzw. dem RP-Akzent" (vgl. 3.2) oder aber auch „mit einem anderen Akzent, als ich gewöhnt bin". Jeder Mensch spricht in dem einen oder anderen Dialekt, ebenso wie jeder mit dem einen oder anderen Akzent spricht. Es ist durchaus möglich, daß verschiedene Menschen den gleichen Dialekt mit stark unterschiedlichen Akzenten sprechen. Oft wendet man Bezeichnungen wie ‚Cockney', ‚Geordie' (die Sprachvariante in Newcastle und Tyneside), ‚Scouse' (die Sprachvariante in Liverpool) oder ‚Kölsch' und ‚Missingsch' (die entsprechenden Sprachvarianten in Köln bzw. Hamburg) auf Personen bzw. deren Sprache an, deren Grammatik und Wortschatz sich durchaus am Standardenglischen und an der hochdeutschen Umgangssprache orientieren. Mit der sozialen Bedeutung der Unterscheidung zwischen Standard- und Nichtstandarddialekten werden wir uns etwas weiter unten beschäftigen (vgl. 9.3). Hier sei nur darauf hingewiesen, daß es bezüglich der englischen Sprache wichtig ist, Begriffe wie ‚RP' und ‚Standardenglisch' nicht durcheinanderzubringen, wenn man die Sprechweise von Briten und insbesondere von Engländern beschreibt (etwa in der Art, wie dies in den gängigen umgangssprachlichen Wendungen wie ‚The Queen's English' oder ‚BBC English' Anlaß zu falschen Vorstellungen gibt).

Beachtung verdient auch die Tatsache, daß Begriffe wie ‚britisches Englisch' und ‚amerikanisches Englisch' oft selbst von Linguisten unpräzise verwendet werden, als ob sie sich auf zwei relativ uniforme Dialekte derselben Sprache bezögen. Es gibt natürlich viele lexikalische Unterschiede zwischen der Sprache des durchschnittlichen gebildeten Amerikaners und der des durchschnittlichen gebildeten Engländers, Walisers, Schotten oder Iren: ‚elevator' gegenüber ‚lift', ‚gas' gegenüber ‚petrol' usw. Aber der größte Teil des Wortschatzes im standardamerikanischen Englisch und im standardbritischen Englisch, wenn es so etwas überhaupt gibt, ist identisch. Das gleiche gilt für die grammatische Struktur, obwohl es Konstruktionen und Wortformen gibt, die typisch amerikanisch sind (*It is important that you not come; gotten* usw.) oder typisch britisch (*in hospital; between you and I; move house* usw.). Aber solche Konstruktionen und Formen sind in den Standarddialekten der beiden Länder nicht gerade zahlreich, und einige von ihnen werden nicht einmal überall in Amerika oder Großbritannien benutzt.

Der Begriff ‚britisches Englisch' ist außerdem in einer Weise irreführend, wie es der Begriff ‚amerikanisches Englisch' (oder ‚australisches Englisch', ‚indisches Englisch', ‚karibisches Englisch' usw.) nicht ist. Unter ‚amerikanischem Englisch' versteht man gewöhnlich „Standardenglisch, wie es in den Vereinigten Staaten gesprochen (und geschrieben) wird". Die meisten Autoren, die den Begriff ‚britisches Englisch' verwenden, schränken ihn dagegen stillschweigend auf die Bedeutung „Standardenglisch, wie es in England gesprochen (oder geschrieben) wird" ein. Dafür gibt es natürlich gute soziopolitische Gründe, denn dies war die Version des Standardenglischen, die während der Zeit des britischen Empire in Verwaltung und Erziehung benutzt wurde. Dennoch ist der Begriff ‚britisches Englisch' irreführend, da er die Tatsache verschleiern kann, daß das schottische und das irische Englisch zum Englischen, das im eigentlichen England gesprochen wird, in ziemlich dem gleichen Verhältnis stehen wie das amerikanische Englisch. Und beide weichen von dem, was gewöhnlich britisches Englisch genannt wird, stärker ab als z. B. australisches oder indisches Englisch. In der Tat spräche mehr dafür, australisches oder indisches Englisch dem ‚britischen Englisch' zuzurechnen als schottisches und irisches. Von einer allgemeinen Warte aus kann man sie freilich alle als nur sehr wenig voneinander abweichende Varianten desselben Dialekts ansehen. Verglichen mit anderen Sprachen, die über weite Räume hinweg gesprochen werden, ist das Englische, was seine Grammatik und den Wortschatz betrifft, in hohem Maße standardisiert (vgl. 9.3).

Wie wir schon gesehen haben, sind zwei Sprachsysteme (unabhängig davon, in welchem Medium sie sich manifestieren) genau dann gleich, wenn sie isomorph sind (vgl. 2.6). Gerade weil morphologisch identische Sprachsysteme im phonischen Medium verschieden realisiert werden können, kann man sagen, daß derselbe Dialekt einer Sprache eher mit dem einen als mit einem anderen Akzent ausgesprochen wird (vgl. 3.4). Denn ‚Akzent' meint alle phonetischen Variationen einschließlich derer, die in dem Sinne subphonemisch sind, daß sie nie als Grundlage des von dem Phonologen spezifisch definierten funktionalen Kontrasts benutzt werden. Ob z.B. die phonetische Unterscheidung zwischen den sogenannten dunklen (d.h. velarisierten: vgl. 3.3) und hellen (d.h. nicht-velarisierten) Allophonen des Phonems /l/ im Englischen vorhanden ist oder nicht, ist – im engeren Sinne des Wortes ‚funktional' – funktional irrelevant. Dagegen ist es sicherlich relevant, um den Akzent einer Person zu identifizieren. Das gleiche gilt für die besondere Qualität des Allophons in bestimmten Positionen: Der Grad der Velarisierung mit damit einhergehenden anderen phonetischen Eigenheiten unterscheidet den Akzent von Bristol und Südwestengland von dem vieler anderer Regionen (vgl. Hughes & Trudgill, 1979). Um ein anderes Beispiel zu nehmen: In vielen amerikanischen Akzenten kann man in bestimmten Positionen einen deutlichen Grad von Nasalität bei der Aussprache der Vokale beobachten. Und dies ist eines von mehreren Merkmalen (einschließlich anderer Unterschiede in der Vokalqualität, ganz zu schweigen von prosodischen Abweichungen: vgl. 3.5), durch die man die meisten Amerikaner aufgrund ihres Akzents von Nicht-Amerikanern unterscheiden kann. Doch auch dieses ist nicht funktional im engeren Sinne.

Andere Unterschiede im Akzent können die Identifizierung grammatischer Formen beeinflussen. So gibt es z.B. in den Akzenten von Nord- und Mittelengland nicht den phonemischen Gegensatz, der sich in vielen englischen Akzenten einschließlich der RP in dem Vokalkontrast von *put : putt, could : cud, butcher : butter* usw. findet ([u] : [ʌ]). Infolgedessen gibt es Flexionsformen – insbesondere den Infinitiv, das einfache Präsens und das Partizip Präsens von ‚put' und ‚putt' –, die wohl in der RP, aber nicht in der typischen Aussprache des Nordens und Mittelenglands unterschieden sind. Ein unterschiedlicher Kontext (einschließlich der Hinweise, die sich aus dem syntaktischen Unterschied von ‚put' und ‚putt' ergeben) macht normalerweise, genau wie bei einem geschriebenen Text, klar, ob *putting* eine Form von ‚put' oder von ‚putt' ist. Dennoch haben wir es hier mit einem Unterschied im Akzent zu tun, der mit einem Dialektunterschied zusammenfällt: Die zugrunde liegenden Sprachsysteme sind auf der phonologischen Ebene nicht isomorph.

Die Begriffe ‚Dialekt' und ‚Akzent' ergänzen sich daher nicht einfach, wie man nach unserer Erörterung der Möglichkeit, den gleichen Dialekt – und insbesondere das Standardenglisch – eher mit dem einen als mit einem anderen Akzent zu sprechen, hätte meinen können. Was hinsichtlich der Grammatik und des Wortschatzes im wesentlichen ein einheitlicher Dialekt ist, kann mit mehreren, sich stärker oder geringer unterscheidenden phonologischen Systemen verbunden sein. Und dies ist die Situation beim Standardenglischen. So sind z.B. die Vokalsysteme der verschiedenen Akzente des schottischen bzw. des irischen Englisch weit davon entfernt, gemessen am Kriterium des funktionalen Kontrasts, mit der RP oder irgendeinem anderen englischen Akzent isomorph zu sein.

Soziolinguistisch ist der Akzent, obgleich der Begriff sich teilweise mit dem des Dialekts überschneidet, deshalb so wichtig, weil die Mitglieder einer Sprachgemeinschaft oft die subphonemischen und phonemischen Unterschiede in der Aussprache gleichermaßen als Indikatoren für die regionale oder soziale Herkunft des Sprechers deuten. In dem Grade, in dem sie das bewußt oder unbewußt tun, kommt dem sogenannten subphonemischen Unterschied eine soziale, wenn nicht sogar eine deskriptive Bedeutung zu (vgl. 5.1). Im Gegensatz zu dem, was viele Linguisten behauptet haben, ist es nicht unbedingt so, daß man bei Sprechern der eigenen Muttersprache rein allophonische Variationen überhört. So bemerken z.B. die meisten Sprecher der englischen Sprache ebenso genau, ob in intervokalischer Stellung als ein Allophon von /t/ ein Knacklaut produziert wird, wie sie das Fortlassen von [h] am Anfang eines Wortes registrieren. Dieser Knacklaut ist für viele Stadtdialekte in England und Schottland (einschließlich derer von London, Manchester und Glasgow) charakteristisch. Das Vorkommen eines Knacklauts in anderen Positionen mag dagegen weniger auffallen.

Der Punkt ist, daß gewisse phonetische Unterschiede zwischen Akzenten genauso wie gewisse lexikalische und grammatische Unterschiede zwischen Dialekten von der Gesellschaft gebrandmarkt werden können. Eltern und Lehrer versuchen oft auszumerzen, was sie für Kennzeichen eines niedrigen Sozialstatus oder für Provinzialismen halten. Selbst wenn ihnen das nicht gelingt, tragen sie doch damit ihren Teil dazu bei, in der gesamten Sprachgemeinschaft den Glauben zu verewigen, daß eine in bestimmter Weise geartete Aussprache ein Zeichen von Bildungsmangel und sozialer Unterlegenheit sei. Die Folge ist, daß die Sensibilität der meisten Menschen in dieser Richtung geschärft wird. Unter den vielen Akzentunterschieden, auf die Mitglieder einer Sprachgemeinschaft meist global reagieren, ohne sagen zu können, was genau die Sprache einer anderen Person von ihrer eigenen unterscheidet, sind offenbar einige besonders charakteristisch und werden ohne Schwierigkeiten sofort registriert. In England fallen das weggelassene [h] und die intervokalischen Knacklaute in diese Kategorie. Besonders sensibel reagieren auf diese beiden Züge zumeist Menschen, die einen höheren sozialen Status anstreben, als es derjenige ist, der ihnen ihrem Empfinden nach sonst attestiert werden würde. In New York wird aus ähnlichen Gründen das Weglassen des [r] vor Konsonanten in Formen wie *farm, farther* usw. gebrandmarkt. Das gilt nicht für die amerikanischen Neuengland-Staaten – und schon gar nicht für England, wo die Tilgung des [r] ein charakteristischer Zug der RP ist.

All dies ist den Linguisten und jedem aufmerksamen Beobachter und intelligenten Laien längst bekannt; desgleichen die Tatsache, daß in vielen Ländern, aber ganz besonders in England, die Sprache der sozial niedrigen Schichten mehr regionale Variationen aufweist als die der höheren Schichten. Man hat geschätzt, daß nicht mehr als 3% der Bevölkerung mit einem RP-Akzent sprechen, der keinerlei Hinweis auf die regionale Herkunft des Sprechers gibt und meistens das Ergebnis einer Public School-Erziehung ist. Ein wesentlich größerer Prozentsatz spricht mit einem Akzent, der der RP zwar in vielen entscheidenden Punkten (z. B. der Aussprache von *bath* usw.) nahekommt, aber doch auch Hinweise auf die geographische Herkunft des Sprechers enthält. Jüngere soziolinguistische Forschungen haben das ebenso bestätigt wie die nahezu durchgängige Tatsache, daß, je tiefer jemand hinsichtlich Erziehung, Einkommen, Beruf usw. auf der sozialen Stufenleiter steht, sein Akzent desto stärker von der RP abweicht und regional geprägt ist.

Doch man hat noch etwas sehr viel Interessanteres herausgefunden; mit Hilfe bestimmter Umfragen, die zuerst von William Labov in den USA durchgeführt wurden, hat man nämlich festgestellt, daß Akzent und Dialekt eines Menschen sich systematisch je nach der Förmlichkeit der Situation, in der er sich befindet, verändern. So kann man z. B. New Yorker nicht einfach danach einteilen, ob sie ein vorkonsonantisches [r] in Wörtern wie *farm, farther* usw. sprechen oder nicht. Die meisten New Yorker der Mittelklasse benutzen beide Aussprachen. Im allgemeinen kann man sagen: Je höher der soziale Status, desto häufiger kommen in informeller und relativ unkontrollierter Rede Formen mit präkonsonantischem [r] vor. In förmlicheren Situationen jedoch artikulieren Sprecher aus der unteren Mittelklasse dieses [r] häufiger als Sprecher aus der oberen Mittelklasse. Man hat dies recht plausibel mit der größeren Empfindlichkeit der sozial weniger selbstsicheren und sozial ehrgeizigeren Menschen erklärt. Im großen und ganzen ähnliche Resultate haben Untersuchungen zu Akzent und Dialekt in Großbritannien ergeben (vgl. Trudgill, 1978). Besonders interessant ist dabei die sowohl in Amerika als auch in England gewonnene Erkenntnis, daß Frauen eher als Männer den Akzent oder Dialekt annehmen, der im allgemeinen mit einem höheren Sozialstatus in Verbindung gebracht wird.

Es gibt verschiedene Gründe, warum Frauen in modernen westlichen Gesellschaften vielleicht in bezug auf die Sprache und auch sonst normen- und statusbewußter sind als Männer. Einige dieser Gründe konnten empirisch belegt werden. Was die RP in England angeht, gehört dazu die Tatsache, daß für viele Männer aus der Arbeiterklasse in Nordengland der Gebrauch und das Beibehalten des lokalen Akzents mit Männlichkeit und In-group-Loyalität zusammenhängen. Nordenglische Arbeiterfrauen dagegen werden von anderen

Menschen dann positiv eingeschätzt, wenn sie RP sprechen, und zwar auf der Basis von Beurteilungsfaktoren, denen zum einen Teil normalerweise als männlich geltende Tugenden (berufliche Kompetenz, Überzeugungskraft usw.), zum anderen Teil aber auch solche der Weiblichkeit zugeordnet werden. Ob dies nun wirklich der primär bestimmende Faktor für die Differenzierung der Sprache von Männern und Frauen in bezug auf das, was als soziales Ansehen gilt, ist oder nicht – es kann kein Zweifel darüber bestehen, daß das Geschlecht eine der wichtigsten soziolinguistischen Variablen in allen Sprachen darstellt. Und es gibt in der einschlägigen Literatur viele wohldokumentierte Fälle von geschlechtsspezifischen Dialektunterschieden, die nicht unbedingt die gleichen Einstellungen zum sozialen Status und zur weiblichen bzw. männlichen Rolle widerspiegeln wie die geschlechtsbezogenen Unterschiede in unserer eigenen Gesellschaft. Das Verhältnis von Sprachvariation und deren sozialen Korrelaten ist so beschaffen, daß sehr allgemeine Aussagen in bezug auf Variablen wie Geschlecht, Alter oder soziale Klasse im Einzelfall durch detaillierte und daher sehr viel interessantere ersetzt werden müssen, die die Struktur der verschiedenen Gesellschaften und die Einstellungen ihrer Mitglieder (d. h. deren Kultur) berücksichtigen.

Aus dem, was in diesem Abschnitt bisher dargelegt wurde, dürfte klar geworden sein, daß der Begriff des *Idiolekts* weniger nützlich ist, als er auf den ersten Blick scheinen mag. Zum einen ist es so, daß, wie schon erwähnt, die einzelnen Menschen ihren Idiolekt ihr ganzes Leben lang modifizieren und erweitern können, wenn auch zweifellos mit zunehmendem Alter immer weniger leicht (vgl. 1.6). Zum anderen ist aber die Tatsache noch wichtiger, daß, wie wir gerade gesehen haben, ein Mensch mehrere Dialektvarianten in seinem Repertoire haben und je nach der Situation, in der er sich befindet, von der einen zur anderen umschalten kann. Wenigstens vom soziolinguistischen Standpunkt aus ist es nützlicher, sich vorzustellen, daß es zur linguistischen Kompetenz eines Menschen gehört, mehrere z. T. isomorphe Dialekte zu beherrschen, die er jeweils mit den anderen Mitgliedern der einen oder anderen sozialen Gruppe teilt, als das, was man normalerweise als Dialekte bezeichnet, als Schnittmengen von Idiolekten anzusehen. Sprachvariation beim Individuum und Sprachvariation in der Gesellschaft sind zwei Seiten derselben Münze.

Dieses Argument hat auch seine Relevanz für das, was im Kapitel über Semantik zur expressiven und sozialen Bedeutung gesagt wurde: nämlich daß sie miteinander verschmelzen und voneinander abhängig sind (vgl. 5.1). Insoweit wir unsere Persönlichkeit und Individualität in unserem Sprachverhalten ausdrücken, tun wir es im Sinne von sozialen Kategorien, wie sie in der Gesellschaft, deren Mitglieder wir sind, in Sprachvariationen gewissermaßen kodiert sind. Überdies ist die soziale Bedeutung, die den Variablen des Akzents und Dialekts zugeschrieben wird, zum großen Teil von sogenannten *Stereotypen* bestimmt. Wir bringen z. B. einen besonderen Akzent oder Dialekt – ganz zu schweigen von der Stimmqualität, die im übrigen zum Teil von rein anatomischen Gegebenheiten abhängt – mit einem besonderen Persönlichkeitsmerkmal in Zusammenhang (z. B. Intelligenz, Freundlichkeit, Männlichkeit usw.) und beurteilen Menschen in unserem vorwiegend oberflächlichen alltäglichen Umgang mit ihnen auf der Grundlage dieses Stereotyps. Man hat nachgewiesen, daß Mitglieder einer bestimmten sozialen Gruppe auf bestimmte Akzente und Dialekte positiv oder negativ reagieren und nach der Stimme die Persönlichkeit eines Menschen beurteilen, ohne den Sprecher zu sehen oder irgendetwas über ihn zu wissen. Besonders interessant ist das Ergebnis, daß man den Akzent und Dialekt, der für die eigene soziale Gruppe charakteristisch ist, nicht unbedingt bezüglich aller Dimensionen von Persönlichkeit und Charakter günstiger beurteilt als die einer erkennbar abweichenden sozialen Gruppe. In einigen Fällen wenigstens scheinen Mitglieder einer sozial niedriger stehenden Gruppe die Gültigkeit des Stereotyps zu akzeptieren, nach dem Mitglieder von sozial überlegenen Gruppen sie beurteilen.

Die Auswirkungen, die dieses sprachliche Vorurteil – sofern es zu Recht Vorurteil genannt wird (vgl. Hudson, 1980: 195) – auf Bildung und Berufsaussichten hat, liegen auf der Hand. Wir werden auf diesen Aspekt des Problems noch zurückkommen (vgl. 9.5). Doch sollte auch der allgemeinere Punkt hervorgehoben werden, daß Persönlichkeit ihrem ureigenen Wesen nach ein soziales Phänomen ist. Was wir Persönlichkeit nennen, ist, wenigstens zum Teil, Ergebnis von *Sozialisation* – von jenem Prozeß, durch den wir zu Mitgliedern einer bestimmten Gesellschaft und zu Teilnehmern der für sie charakteristischen Kultur gemacht werden. Und was wir Ausdruck der eigenen Persönlichkeit nennen, ist die Projektion der einen oder anderen sozial interpretierbaren Vorstellung. Aus diesem Grunde sind in der Sprache wie in anderen Arten des kommunikativen Verhaltens expressive und soziale Bedeutung letztlich nicht voneinander zu trennen. Wie wir in diesem Abschnitt sahen, können Unterschiede des Akzents und des Dialekts eine wichtige Rolle in der Projektion bestimmter sozialer Vorstellungen spielen. Wir stellten das in bezug auf das Englische fest. Doch es gilt auch allgemeiner. Wie wir noch sehen werden, ist das Englische in vielen Beziehungen ein höchst untypisches Beispiel für menschliche Sprache: zum einen, weil es so stark standardisiert ist, und zum anderen, weil es in vielen Teilen der Welt als Muttersprache gesprochen wird und dazu als wichtigste internationale Sprache fungiert. Dialektvariation in Indien z. B. stellt sich als etwas ganz anderes dar (vgl. Burling, 1970: 103 ff.). Wenn man freilich die Unterschiede in der Sozialstruktur gebührend berücksichtigt (z. B. die Bedeutung der Kasten in der indischen Gesellschaft), so wird das, was hier über die soziale Bedeutung von Dialektverschiedenheiten gesagt wurde, auch für Indien und alle anderen Länder gelten, in denen es ein nennenswertes Maß an Dialektvariation gibt.

9.3. *Standards und Mundarten*

Als die Unterscheidung zwischen Sprachen und Dialekten zu Beginn des vorliegenden Buches erörtert wurde, gelangten wir zu der Feststellung, daß sich zwar vom historischen Standpunkt aus der Standarddialekt einer Sprache (wenn sie einen hat) nicht substantiell von verwandten Nicht-Standarddialekten unterscheidet, es aber gleichwohl soziale und kulturelle Gründe gibt, bei der synchronischen Beschreibung von Sprachen einen anderen Standpunkt einzunehmen (vgl. 1.6). Jetzt ist es an der Zeit, die notwendige Modifikation der häufig von Linguisten geäußerten These einzuführen, derzufolge alle Dialekte gleich seien. Aus Bequemlichkeitsgründen soll hier der Begriff ‚Mundart' im Sinne der Alltagssprache verwandt werden, d. h. er soll nicht nur die Nicht-Standarddialekte derselben Sprache bezeichnen, sondern auch die genetisch nicht verwandten Dialekte, die in manchen Ländern in der gleichen funktionalen Beziehung zur Standardsprache stehen wie in anderen genetisch verwandte Nicht-Standarddialekte. Einige Soziolinguisten haben den Begriff ‚Mundart' in einem engeren und mehr technischen Sinn verwandt.

Die Standardisierung eines bestimmten Dialekts im Verhältnis zu einer oder mehreren Mundarten ist nicht notwendigerweise das Ergebnis gezielter Politik. Das Standard-Englisch z. B. entwickelte sich als solches im Laufe von Jahrhunderten dank der politischen und kulturellen Bedeutung Londons; und das Standard-Französisch entwickelte sich in ähnlicher Weise als Folge der überragenden Bedeutung von Paris. In beiden Fällen basiert der Standard auf jener Sprache, die einst die Oberschicht bei Hofe oder in der Hauptstadt auszeichnete. Das heißt nicht, daß die Standardisierung des Englischen und Französischen nicht zum Teil auch durch gezielte Eingriffe zustande gekommen wäre. Die Académie Française, 1635 von Richelieu gegründet, war nur eine von zahlreichen derartigen Institutionen, die nach der Renaissance in Europa eingerichtet und mit der Aufgabe betraut wurden, die nationale Literatursprache zu standardisieren, indem sie normative Grammatiken und Wörterbücher zusammenstellten. Die Académie erfüllt diese Aufgabe noch heute. In den Englisch sprechenden Ländern gibt es keine vergleichbare Institution, so daß sich die Frage, ob eine sprachliche Erscheinung ein Zug des Standard-Englischen ist oder nicht, keineswegs so einfach beantworten läßt. Dennoch haben verschiedene Einrichtungen wie Schulen, Universitäten und Verlage unter dem Einfluß der präskriptiven Grammatiker des 18. Jahrhunderts und ihrer Nachfolger in Großbritannien, den Vereinigten Staaten und anderswo eine quasioffizielle Rolle gespielt, die der sehr ähnelt, die die literarischen Akademien in Frankreich und vielen anderen europäischen Ländern spielten. Dennoch sind Französisch und Englisch aus politischen Gründen als Schriftsprachen stärker standardisiert als einige der anderen Hauptsprachen Europas. Die politische Einigung Italiens z. B. ist noch relativ jung; daher gibt es dort verschiedene

Kulturzentren, von denen jedes noch heute einen etwas anderen literarischen Standard hat.

Man wird feststellen, daß in all diesen Fällen die Schriftsprache meist stärker standardisiert ist als die gesprochene Sprache der Sprachenbenutzer. Wenn jedoch in einer Gesellschaft ein allgemein anerkannter Standard für die Schriftsprache existiert, kann er als Maßstab der angemessenen und korrekten Sprache für die Gebildeten dienen, zumal wenn in dieser Gesellschaft das Beherrschen der Schriftsprache soziales Prestige oder die Möglichkeit sozialen Aufstiegs mit sich bringt. Die Literatursprachen Europas, die sich in den meisten Fällen aus Mundarten in Abgrenzung zum Lateinischen herausbildeten, haben seit Jahrhunderten ihren standardisierenden Einfluß auf die gesprochenen Dialekte der Gebildeten ausgeübt und damit auch indirekt auf die Mundarten, denen sie als Standard entgegengehalten wurden. Dieser Einfluß ist am stärksten spürbar bei den förmlicheren Sprechsituationen. Daher meinen wir, wenn wir sagen, daß jemand Standardenglisch oder Standardfranzösisch spricht, daß der Dialekt, den er in förmlichen Situationen benutzt, in Grammatik und Wortschatz mehr oder weniger mit der Schriftsprache identisch ist. In weniger offiziellen Situationen dagegen benutzt er vielleicht durchaus eine mehr bodenständige oder sozial enger begrenzte Mundart. Wie wir später noch sehen werden, ist die Kluft zwischen Standard und Mundart in vielen Gesellschaften so tief, daß die Differenzierung ihrer Funktionen, ob sie nun Dialekte derselben Sprache sind oder nicht, in der aktuellen soziolinguistischen Literatur deutlich als Spielart der Zweisprachigkeit eingestuft worden ist: als *Diglossie* (vgl. 9.4).

Die Standardisierung eines bestimmten Dialekts zu offiziellem Gebrauch hat ganz offensichtliche Vorteile, und dies ganz besonders in einem modernen demokratischen Staat, der sich selbst das Ideal allgemeiner Bildung zum Ziel setzt. Das Englische und das Französische wurden, wie wir gesehen haben, ebenso wie das Deutsche über einen langen Zeitraum hinweg standardisiert, und das zu einem großen Teil durch einen Vorgang, der uns als natürlicher historischer Prozeß erscheinen kann. Nur sehr wenige Sprachen der Welt sind auf diese Weise standardisiert worden. Etliche Regierungen haben jedoch Versuche unternommen, den historischen Prozeß zu beschleunigen oder zu umgehen – durch Auswahl und Standardisierung einer bestimmten Mundart, um diese im Bereich der Bildung und Erziehung, beim Rundfunk, in öffentlichen Versammlungen, bei offiziellen Verlautbarungen usw. einzusetzen. Abgesehen von den praktischen Vorteilen, die es mit sich bringt, für derlei Zwecke einen einzigen Standard zu haben, ist auch die Kraft, die in der historischen Verbindung zwischen Sprache einerseits und dem nationalen und ethnischen Zugehörigkeitsgefühl andererseits liegt, nicht unwichtig. Der Nachteil des Versuchs, den Prozeß der Standardisierung durch offizielle Entscheidungen voranzutreiben, wenn dies die Auswahl einer von mehreren bereits benutzten Mundarten bedeutet, ist darin zu sehen, daß diejenigen, die den ausgewählten

Dialekt als Muttersprache sprechen, dadurch politisch und sozial in eine günstigere Position kommen als die Sprecher anderer Mundarten. Aus diesem Grunde wird in Indien noch immer als offizielle Regierungssprache das Englische benutzt. Obgleich Hindi als offizielle Landessprache bestimmt wurde (und etliche andere Sprachen als offizielle Regionalsprachen), ist es doch für die meisten, die eine der damit nicht verwandten Mundarten sprechen, in dieser Funktion nicht akzeptabel. Viele der neuen unabhängigen Nationen sahen sich ähnlichen Problemen gegenüber. Israel, auf der anderen Seite, ging diesem Problem aus dem Wege, indem es das klassische Hebräisch zur Landessprache wählte.

Die Begriffe ‚Standardsprache', ‚Landessprache' und ‚offizielle Sprache' sind natürlich nicht synonym. Gemeinsam ist ihnen, daß jede Sprache, die von den Sprechern als Symbol der nationalen Zugehörigkeit (d.h. der politischen und kulturellen Identität) akzeptiert oder von der Regierung zum offiziellen Gebrauch bestimmt wird, von vornherein oder als Folge eben dieses Faktums, gewollt oder ungewollt zur Standardisierung neigen wird. Der Umkehrschluß stimmt jedoch nicht. Es gibt sehr hoch standardisierte Sprachen, die weder Landes- noch offizielle Sprachen sind (obwohl sie es einmal gewesen sein mögen). Die auffälligsten Beispiele sind einige der großen klassischen Sprachen Europas und Asiens (vgl. 10.1). Was die Unterscheidung zwischen offiziellen und Landessprachen angeht, so ist die letztere Kategorie der Natur der Dinge nach weniger scharf definiert als die erstere. In einigen Fällen wird, wie oben erklärt, ein Land eine bestimmte Sprache zu seiner offiziellen Landessprache erklären: d.h. zu der Sprache, die es auf nationaler Ebene für offizielle Anlässe benutzt. Aber dies muß nicht unbedingt auch eine Landessprache im tieferen, weniger leicht zu definierenden Sinne des Wortes sein. Tansania z.B. hat Suaheli als seine offizielle Landessprache gewählt. Aber bis heute wenigstens kann es nicht als Symbol der nationalen Zugehörigkeit und kulturellen Identität für die meisten Bürger des Landes gelten, die einer sehr großen Anzahl verschiedener ethnischer und sprachlicher Gruppen angehören. Schließlich sollte noch angemerkt werden, daß man Sprachen auch auf einer niedrigeren als der nationalen Ebene und für einen relativ engen Bereich offizieller Zwecke zur offiziellen Sprache erklären kann, wie das Beispiel Indiens zeigt.

Unsere kurzen Bemerkungen über den Zusammenhang zwischen Standardsprachen auf der einen Seite und offiziellen und Landessprachen auf der anderen sollen auf die Komplexität der Frage sowie auf die Vielfalt aufmerksam machen, die in den meisten Teilen der Welt in bezug auf die Standardsprachen und Mundarten herrscht. Wenn wir als Muttersprache eine der sehr wenigen Sprachen auf der Welt sprechen, die hoch standardisiert sind und in einem oder mehreren Ländern zugleich als Landessprache und offizielle Sprache dienen (Englisch, Französisch, Deutsch, Spanisch, Russisch, Japanisch usw.), machen wir uns vielleicht sehr falsche Vorstellungen über andere Sprachen und die Rolle, die sie in den Gesellschaften, in denen sie benutzt werden, spielen.

Vielleicht verstehen wir nicht einmal die Beziehung zwischen der Standardsprache und den verschiedenen Mundarten in unseren eigenen Gesellschaften, oder die Gefühle von Menschen, die eine regionale Landessprache sprechen (z. B. Walisisch, Bretonisch, Baskisch) und sie, ob sie für bestimmte Zwecke offiziell zugelassen ist oder nicht, als bedroht empfinden. Nicht nur die neuen unabhängigen Länder haben ein sogenanntes Sprachenproblem. Soziolinguistische Forschung allein kann diese Probleme nicht lösen. Aber sie kann den Regierungen das Wissen zur Verfügung stellen, das zu ihrer Lösung notwendig ist (soweit sie durch politische Entscheidungen lösbar sind). Allgemeiner und auf einer nicht-politischen Ebene kann sie bei jedem von uns, selbstverständlich auch bei den Vertretern der theoretischen Linguistik, das Verständnis für die Natur von Sprache vertiefen. Ein guter Teil dieses Wissens ist heute in bezug auf bestimmte Länder durchaus vorhanden.

Zum Schluß sollten noch die *Pidgin-* und die *Kreolsprachen* erwähnt werden, die als sehr eng begrenzte, spezifisch charakterisierte Mundarten entstehen, aber als Kreolsprachen unter bestimmten Umständen den Status von Standardsprachen erreichen können. Die bekanntesten Pidginsprachen haben sich alle aus Kontakten zwischen Menschen entwickelt, die keine gemeinsame Sprache sprechen. So gibt es z. B. in vielen Teilen der Welt Pidginsprachen, deren Grundlage das Englische ist, d. h. daß ein Teil der Grammatik und des Wortschatzes, wenn nicht sogar die phonologische Struktur, aus dem Englischen übernommen wurde, das Kaufleute und Missionare benutzten, um sich mit Völkern zu verständigen, deren Sprachen sie nicht kannten. Aber zu sagen, daß sie eine englische Grundlage haben, ist vielleicht schon irreführend. Normalerweise stammt genauso viel, wenn nicht mehr, von dem, was in die Struktur der Pidginsprachen eingegangen ist, aus anderen Quellen. Allgemein gesprochen, charakterisiert man sie treffender als Mischsprachen, obwohl es oft unklar ist, welche Bestandteile und in welchem Verhältnis sie diese ursprünglich enthielten. Das gleiche gilt von Pidginsprachen, die auf anderen europäischen Sprachen basieren. Tatsächlich ist der Begriff der *Pidginisierung* ziemlich umstritten. Ganz abgesehen von den Einzelheiten ihrer Entstehung, wurden die Pidginsprachen vermutlich zumindestens anfangs nur in einer sehr begrenzten Zahl von Situationen benutzt und waren daher in Wortschatz und Grammatik entsprechend restringiert. Einige Pidginsprachen werden jedoch inzwischen in bestimmten Gesellschaften für einen größeren Funktionsbereich benutzt und haben sich grammatisch und lexikalisch so weit entwickelt, daß man sie mit Recht als vollgültige Sprachsysteme bezeichnen kann.

Wenn Kinder eine Pidginsprache als ihre Erstsprache erwerben, so spricht man von einer Kreolsprache. Bekannte Beispiele sind das auf dem Englischen basierende Kreolisch in Jamaica und das Kreolisch auf Haiti, das eine französische Grundlage hat. Das melanesische Pidgin (Tok Pisin: „pidgin talk") und Krio sind heute die offiziellen Standardsprachen von Neuguinea bzw. Sierra Leone. In Gesellschaften, in denen Kreolsprachen als Mundarten neben höher angesehenen Sprachen und Dialekten benutzt werden, entwickelt sich häufig Diglossie, und es kommt zum Code-Wechsel (vgl. 9.4).

Erst seit kurzem werden Pidgin- und Kreolsprachen als eigenständige Sprachsysteme erforscht und nicht mehr als abgesunkene und reduzierte Dialekte der europäischen Sprachen behandelt, für deren Ableger man sie hielt. Eine der Folgen ist, daß die Prozesse der Pidginisierung und Kreolisierung nicht länger als unbedeutende Randerscheinungen im Verlaufe der Entwicklung der Sprachen und Dialekte der Welt angesehen werden. Man nimmt jetzt weithin an, daß das Black English – die Mundart der städtischen schwarzen Unterschicht in den Nordstaaten der USA – viele seiner strukturellen Züge dem Kreolischen verdankt, das die Vorfahren der heutigen Bevölkerung als Sklaven sprachen. Aber auch wenn diese Annahme zutrifft, ist das Black English dennoch heute ebenso ein Dialekt des Englischen wie jeder andere regionale und soziale Dialekt. Wenn man Pidginisierung und Kreolisierung (ganz zu schweigen von der teilweise vollzogenen bzw. sich vollziehenden Ent-Kreolisierung, wie man sie beim Black English in Amerika und bei den Dialekten einiger westindischer Einwanderer in Großbritannien beobachten kann) von einer etwas allgemeineren Warte aus betrachtet, so kann man erkennen, daß viel von der historischen Differenzierung der Dialekte, die man in der historischen Linguistik traditionellerweise mit dem Stammbaummodell der Sprachentwicklung zu erklären pflegt, im wesentlichen das Ergebnis vergleichbarer Prozesse sein könnte. Wäre es nicht z.B. vorstellbar, daß die romanischen Sprachen aus der langen Koexistenz zwischen dem Standard-Lateinischen und verschiedenen, auf dem Latein basierenden Kreolsprachen hervorgegangen sind? Wenn man die Frage in dieser Form stellt – selbst wenn sie hier weniger Aufschluß bringen mag als in anderen Fällen –, so wird doch deutlich, daß Pidginisierung und Kreolisierung Vorgänge sind, die wir nicht ausschließlich mit der sogenannten Expansion Europas oder dem Sklavenhandel in Verbindung bringen sollten.

9.4. Bi- und Multilingualismus, Code-Wechsel und Diglossie

Einige Länder sind offiziell zweisprachig (bilingual) oder mehrsprachig (multilingual) in dem Sinne, daß sie zwei (oder mehrere) offizielle Sprachen auf regionaler oder nationaler Ebene besitzen (vgl. 9.3). Zwei wohlbekannte Beispiele für offiziell zweisprachige Länder sind Kanada und Belgien. Beide Länder haben Erfahrungen mit Sprachproblemen von der Art gemacht, wie wir sie im voraufgehenden Abschnitt erörtert haben. Ein ebenso wohlbekanntes Beispiel für ein offiziell mehrsprachiges Land, das keine vergleichbaren Sprachprobleme erlebt hat, ist die Schweiz. In einigen anderen Ländern werden, obwohl sie nicht offiziell zweisprachig (oder mehrsprachig) sind, zwei (oder mehr) verschiedene Sprachen gesprochen. In diese Kategorie fallen die meisten Länder

der Welt. Obgleich das aus dem bisher Gesagten nicht hervorgeht, gibt es überdies in den meisten Ländern, ob sie offiziell zweisprachig (oder mehrsprachig) sind oder nicht, ganze Gemeinschaften, die in dem Sinne zweisprachig (oder mehrsprachig) sind, daß ihre Mitglieder in ihrem täglichen Leben normalerweise zwei (oder mehr) Sprachen benutzen. In einem offiziell zwei- oder mehrsprachigen Land ist es natürlich nicht so, daß alle Bürger mehr als eine Sprache benutzen oder auch nur kennen. Uns geht es hier um die Zweisprachigkeit in kleineren Gemeinschaften, wobei der Begriff ‚Zweisprachigkeit' fortan auch eventuelle Mehrsprachigkeit mit einschließen soll.

Offensichtlich kann man eine Gemeinschaft erst dann zweisprachig nennen, wenn eine hinreichende Anzahl ihrer Mitglieder zweisprachig ist. Doch was bedeutet es, zu sagen, daß jemand zweisprachig ist? Als theoretisches Ideal können wir die Möglichkeit der perfekten Zweisprachigkeit annehmen, definiert als volle Sprachkompetenz in beiden Sprachen, die derjenigen entspricht, die ein monolingualer Mensch nur in seiner Muttersprache besitzt. Perfekte Zweisprachigkeit ist, wenn sie überhaupt möglich ist, sehr selten, weil es sehr selten ist, daß Menschen beide Sprachen in allen Situationen gleichermaßen umfassend benutzen und daher die notwendige Kompetenz erwerben. Es ist jedoch nicht so selten, daß Menschen der perfekten Zweisprachigkeit dadurch sehr nahekommen, daß sie in einer recht großen Skala von Situationen in beiden Sprachen gleich kompetent sind. In solchen Fällen kann man sie vom psycholinguistischen Standpunkt aus als *vermischt* oder *koordiniert zweisprachig* einstufen, je nachdem, ob sie nun beide Sprachen gleichzeitig in ihrer Kindheit oder die eine als ihre Erstsprache und die andere etwas später erworben haben. Die Begriffe beziehen sich darauf, ob die beiden Sprachsysteme auf einer recht tiefen Ebene psychologischer Organisation als Einheit integriert oder getrennt gespeichert werden. Bisher ist nicht klar, ob dies eine echte Dichotomie ist und, wenn es eine ist, welcher Art ihre neurophysiologischen Implikationen sind (vgl. 8.3). In Fällen einer von Perfektion weit entfernten Zweisprachigkeit wird immer die eine Sprache *dominant* und die andere *untergeordnet* sein. Man hat die Vermutung geäußert, daß der Gebrauch der untergeordneten Sprache einen Übersetzungsprozeß aus der dominanten Sprache einschließt, der auf einer recht oberflächlichen, wenn auch nicht notwendig bewußten Ebene psychologischer Programmierung von Äußerungen abläuft.

Diese Klassifikation zweisprachiger Sprecher mag vom psychologischen und neurophysiologischen Standpunkt aus wohlbegründet sein oder nicht. Ganz ohne Frage hat sich ein großer Teil der neueren Forschung nach ihr gerichtet, und zumindest unterstreicht sie die Tatsache, daß es viele verschiedene Arten von zweisprachigen Individuen gibt.

Ganz ähnlich gibt es viele verschiedene Arten von zweisprachigen Gemeinschaften: verschieden in bezug darauf, ob eine Sprache für die Mehrzahl ihrer Mitglieder deutlich dominant ist oder nicht; ob eine Sprache zwar für einige Mitglieder dominant ist, für andere aber nicht; ob sich einige Mitglieder der vollkommenen Zweisprachigkeit annähern oder nicht; ob beide Sprachen gleichzeitig erworben werden oder nicht; usw. Abgesehen von all diesen Unterschieden jedoch gibt es etwas, das den meisten, wenn nicht allen zweisprachigen Gemeinschaften eigen ist: eine ziemlich klare funktionale Differenzierung zwischen den beiden Sprachen hinsichtlich dessen, was viele Soziolinguisten spezielle *Domänen* nennen. Eine solche Domäne kann z.B. der häusliche Bereich sein. Damit ist natürlich nicht nur die unmittelbare Örtlichkeit gemeint, an der die Unterhaltung stattfindet, sondern auch der Kreis der Gesprächsteilnehmer, die Themen der Unterhaltung und andere relevante Variablen. So kann etwa eine Sprache in dem Sinne dem häuslichen Bereich zugeordnet sein, daß sie immer benutzt wird, wenn man sich zu Hause mit anderen Familienmitgliedern über häusliche Angelegenheiten informell unterhält. Dagegen wird vielleicht außerhalb des Hauses eine andere Sprache benutzt oder auch im Hause, wenn Fremde zu Gast sind (auch wenn diese ebenfalls zweisprachig sein mögen) oder wenn das Thema nicht den häuslichen Bereich betrifft. Diese Vorstellung von den Domänen, die eine Reihe von typischen und immer wiederkehrenden Situationen zusammenfaßt, leuchtet unmittelbar ein. In einer Vielzahl der theoretischen und deskriptiven soziolinguistischen Arbeiten, die von Fishman (1965) angeregt wurden, ist versucht worden, die Variablen zu identifizieren, die in bestimmten Gesellschaften solche intuitiv erfaßbaren Domänen bestimmen.

Wenn eine Variable, die zur Definition einer Domäne gehört, sich in einer aktuellen Situation ändert, kann es zum sogenannten *Code-Wechsel* kommen. Wenn z.B. zwei Leute in Tansania Geschäftsverhandlungen auf Englisch führen, können sie plötzlich umschalten auf Suaheli oder, wenn sie Mitglieder derselben ethnischen und sprachlichen Untergruppe sind, auch auf eine lokal begrenzte Mundart, wenn sich die Unterhaltung von den geschäftlichen Angelegenheiten entfernt und eher persönlichen Themen zuwendet. Die gleiche Art von Code-Wechsel hat man in vielen zweisprachigen Gemeinschaften beobachtet: in Indien zwischen Englisch auf der einen Seite und Hindi/Urdu, Bengali, Tamil oder irgendeiner anderen der vielen lokalen Sprachen auf der andern; in Paraguay zwischen Spanisch und Guarani; bei der puertorikanischen Bevölkerungsgruppe in New York zwischen Englisch und Spanisch usw.

Bisher haben wir in diesem Abschnitt stets so argumentiert, als ob der Unterschied zwischen der einen und der anderen Sprache immer so deutlich wäre wie im Falle von Englisch und Französisch, Spanisch und Guarani, Hindi/Urdu und Tamil usw. Dem ist aber nicht so. Zunächst einmal hängt die Verwendung des Begriffs ‚Sprache' in Abgrenzung zu dem Begriff ‚Dialekt' von einer Vielzahl politischer und kultureller Überlegungen ab. Zweitens kann es selbst dort, wo der Unterschied zwischen zwei Standards, ob man sie nun Sprachen oder Dialekte nennt, deutlich genug ist, noch eine ganze Reihe von sozial oder geographisch unterschiedenen Mundarten geben, die zwischen ihnen stehen, so daß man von einigen unmöglich sagen kann, ob sie dem einen oder dem anderen Standard näher stehen. Obgleich z. B. Hindi und Urdu (früher meist unter der Bezeichnung Hindustani zusammengefaßt) sich in Indien unter der britischen Herrschaft im 19. Jahrhundert als zwei verschiedene literarische Standards herausgebildet und sich seit der Unabhängigkeit Indiens und der Aufspaltung des Staatsgebildes in Indien und Pakistan noch weiter auseinander entwickelt haben, ist die Klassifizierung von Hindi und Urdu als strukturell verschiedene Mundarten unrealistisch. Und es gibt Mundarten, die in der gleichen Weise zwischen Hindi/Urdu auf der einen und Bengali auf der anderen Seite eine Zwischenstellung einnehmen – oder zwischen irgendwelchen anderen zwei der genetisch verwandten regionalen Standards, die auf dem indischen Subkontinent durch eine Grenze getrennt sind. Das gleiche gilt in vielen Teilen Europas: von Holländisch und Plattdeutsch, Italienisch und (Nicht-Standard-)Französisch, Englisch und Schottisch, Norwegisch und Dänisch usw. In vielen Teilen Westeuropas haben ein allgemein hoher Bildungsstandard, Urbanisierung, verstärkte Mobilität und andere Faktoren dazu geführt, daß sich benachbarte Mundarten den nationalen oder regionalen Standards angleichen, durch die sich Gemeinschaften politisch oder kulturell identifizieren. Tatsache jedoch bleibt, daß die Unterscheidung zwischen Einsprachigkeit und Bilingualismus selbst hier keineswegs klar ist, wenn wir den Begriff ‚Bilingualismus' so weit fassen, daß er sowohl die Kompetenz in zwei (oder mehr) Nicht-Standard-Dialekten derselben Sprache als auch den Standard- und einen Nicht-Standard-Dialekt derselben Sprache einschließt.

Wir werden auf dieses Thema gleich zurückkommen. Zunächst soll eine besondere Spielart des Bilingualismus (im weiteren Sinn) erläutert werden, die in der Linguistik heute, Ferguson (1959) folgend, *Diglossie* genannt wird. Es gibt viele bilinguale Gemeinschaften, deren Mitglieder regelmäßig den einen Dialekt für mehr öffentliche und formelle Gelegenheiten und den anderen für mehr informelle, umgangssprachliche Situationen verwenden. Wenn man die Gültigkeit der Unterscheidung zwischen einer förmlichen und einer Umgangssprache akzeptiert (die man vielleicht in bestimmten Gesellschaften vor allem nach den relevanten Domänen treffen kann), kann man nach diesem rein funktionalen Kriterium einen hohen (H) und einen niederen (N) Dialekt unterscheiden. Häufig wird der H-Dialekt ein literarischer Standard sein und in einigen Fällen die Art von Literaturstandard, die wir *klassisch* nennen, oder ein Dialekt, der ihm nahekommt. Der N-Dialekt dagegen wird meist eine örtliche Mundart sein. Das klassische Arabisch z. B. verhält sich in der eben beschriebenen Weise funktional als H zu verschiedenen örtlichen Dialekten in den einzelnen arabisch sprechenden Ländern, die als N fungieren. Das Hochdeutsche verhält sich ähnlich zum Schweizerdeutschen in der Schweiz; Standard-Französisch zum französischen Kreolisch in Haiti; Katharévusa zu Dhimotiki in Griechenland usw. Und natürlich stellte während der Renaissance in weiten Teilen Europas das Lateinische den H-Dialekt im Verhältnis zu den sich herausbildenden romanischen Sprachen dar.

In all diesen Fällen muß hervorgehoben werden, daß die Unterscheidung zwischen H- und N-Dialekten etwas anderes ist als die Unterscheidung zwischen zwei Soziolekten. In vielen Fällen kann es durchaus sein, daß nur die gebildeten Schichten sowohl den H- als auch den N-Dialekt voll beherrschen. In bestimmten Fällen mag der H-Dialekt auch aus kulturellen Gründen als die korrektere oder reinere Version der Sprache selbst gelten. Das gilt offensichtlich für das klassische Arabisch, die heilige Sprache des Islams. Diejenigen jedoch, die über eine hinreichende Kompetenz in H und N verfügen, treffen ihre Wahl darüber, welchen Dialekt sie sprechen, nicht nach ihrer sozialen Klassenzugehörigkeit (wie immer diese in der betreffenden Gesellschaft definiert ist), sondern nach der Situation, in der sie sich befinden. Hier wie anderswo auch verliert die Unterscheidung zwischen Dialekten und Stilen viel von ihrer Kraft (vgl. 9.6). Ihrer Struktur nach (d.h. gemessen am Grad der phonologischen, grammatikalischen und lexikalischen Unterschiede) sind H und N Dialekte; ihrer Funktion nach dagegen kann man sie als Stilarten betrachten.

Die meisten der beschriebenen Fälle von Diglossie finden sich in Sprachgemeinschaften, die, obwohl sie unsere erweiterte Definition von ‚Bilingualismus' erfüllen, normalerweise als monolingual bezeichnet werden: als Arabisch sprechend, Griechisch sprechend usw. In anderen besteht unter Umständen sogar innerhalb der Gemeinschaft selbst aufgrund der Schwierigkeit bei der Bestimmung dessen, was politisch oder kulturell als eigene Sprache gilt, kein Konsens darüber, ob die Mitglieder monolingual sind oder nicht. Einige Leute würden z.B. sagen, daß Schweizerdeutsch eine selbständige Sprache sei, die zwar dem Standard-Deutschen verwandt, ihm aber gleichrangig sei; andere würden dem widersprechen. Es ist wichtiger, zu erkennen, was die verschiedenen Fälle von Diglossie gemeinsam haben, als sie danach zu trennen, ob sie in gewöhnlich als monolingual angesehenen Sprachgemeinschaften vorkommen oder nicht.

Jetzt kommen wir, wie vielleicht vorauszusehen, zur letzten Möglichkeit: Neben solchen Sprachgemeinschaften, in denen es offensichtlich Diglossie gibt, und anderen, wo es ebenso offensichtlich keine gibt, stehen viele, die zwischen diese beiden Extreme fallen. So ist es z.B. nicht üblich zu sagen, daß in französischsprachigen Gemeinschaften in Frankreich selbst das Phänomen der Diglossie auftritt. Aber es besteht doch ein ziemlich klarer Unterschied zwischen dem H-Dialekt, dem Standard-Französischen, wie es auf der Schule gelehrt und bei formellen Gelegenheiten, besonders im Schriftmedium benutzt wird, auf der einen Seite und dem alltäglichen, umgangssprachlichen N-Dialekt auf der anderen. Die Unterschiede beschränken sich nicht nur auf den Wortschatz, sondern es gibt auch grammatische und, wenigstens für einige Sprecher, phonologische Divergenzen. Obgleich der H-Dialekt dem Literaturstandard sicher am nächsten kommt, wäre es doch irreführend, würde man den N-Dialekt von Pariser Intellektuellenzirkeln als Nicht-Standard-Mundart einstufen.

Wenngleich der Begriff der Diglossie sich also auf diese beiden nichtmundartlichen Dialekte des Französischen anwenden läßt, scheint er im Gegensatz dazu jedoch in den meisten Teilen der englischsprachigen Welt für das Englische unbrauchbar zu sein. Natürlich muß man zwischen dem Standard-Englischen und verschiedenen regionalen Dialekten und Soziolekten unterscheiden, und innerhalb des Standard-Englischen gibt es lexikalische und grammatische Unterschiede, die durchaus mit den funktionalen Abweichungen auf der Ebene förmlicher und umgangssprachlicher Situationen korrelieren. Aber der Unterschied zwischen förmlicher und umgangssprachlicher Variante ist für Sprecher des Standard-Englischen weniger scharf als für Sprecher des Standard-Französischen. Und keiner der Nicht-Standard-Dialekte (außer vielleicht einigen Kreolsprachen mit englischer Grundlage, sofern man sie als englische Dialekte einstuft) steht zum Standard-Englischen in der Beziehung von N zu H. Man findet höchstens einzelne Personen, die zwischen Standard-Englisch und einem Nicht-Standard-Dialekt hin- und herschalten können, wenn sie zwischen zwei Sprachgemeinschaften pendeln. Das ist nicht ungewöhnlich. Aber man kann es kaum als Diglossie oder gar als Bilingualismus bezeichnen – bei der starken Beeinflussung der Nicht-Standard-Mundarten und besonders der regionalen Dialekte durch das Standard-Englische. Wieder einmal erweisen sich die englischsprachigen Gemeinschaften als recht untypisch für die Sprachgemeinschaften der Welt.

Doch letztlich – und das ist die Hauptlehre, die man bisher aus der soziolinguistischen Forschung ziehen kann – gibt es so etwas wie eine typische Sprachgemeinschaft gar nicht. Allein unter den englisch-sprachigen Sprachgemeinschaften herrscht eine solche Vielfalt, daß man sich vor übereilten Verallgemeinerungen bezüglich der Rolle hüten sollte, die das Englische in den Gesellschaften spielt, in denen es als einzige oder als Hauptsprache benutzt wird.

9.5. Anwendung der Forschungsergebnisse

Wir haben bereits den Unterschied zwischen der theoretischen und der angewandten Linguistik erörtert, der sich im Prinzip sehr von dem zwischen Mikro- und Makrolinguistik unterscheidet. Wir stellten dabei fest, daß es in den meisten Teilbereichen der angewandten Linguistik, insbesondere auch bei der Anwendung von Ergebnissen der theoretischen und deskriptiven Linguistik auf den Sprachunterricht, gleichwohl von entscheidender Bedeutung ist, die Dinge makrolinguistisch zu betrachten (vgl. 2.1). So hat die Psycholinguistik eine Menge zu unserem Verständnis dessen beizusteuern, was vorgeht, wenn eine Sprache in der Kindheit als Muttersprache oder später als Zweitsprache nach dem für den Spracherwerb sogenannten kritischen Alter erworben wird (vgl. 8.4). Und auch die Soziolinguistik hat auf diesem Gebiet viel beizutragen – soviel beizutragen, daß das Ziehen der Trennungslinie zwischen Psycholinguistik und Soziolinguistik nur noch als eine Angelegenheit methodologischer Präferenzen und jeweiliger akademischer Modetendenzen erscheint (vgl. 9.1). Vieles von dem, was in diesem Kapitel erwähnt wurde, ist – ob man es nun vom psycholinguistischen oder vom soziolinguistischen Standpunkt aus betrachtet – außerordentlich wichtig für eine Reihe einschlägiger Bereiche der angewandten Linguistik. Um mit dem Fremdsprachenunterricht zu beginnen: Obwohl sich die Situation in vielen Teilen der Welt zur Zeit ändert, werden Fremdsprachen meist noch immer gelehrt, ohne daß einerseits der Unterschied zwischen geschriebener und gesprochener Sprache und andererseits der zwischen Standards und Mundarten berücksichtigt würde. Der Unterricht von Englisch als Fremdsprache ist in den letzten Jahren erheblich verbessert worden, indem Spezialisten mit den relevanten Erkenntnissen und Fertigkeiten vertraut gemacht wurden. Dabei hat man ihnen Grammatikhandbücher und Lehrmaterialien an die Hand gegeben, die ihnen mehr und zuverlässigere Informationen über förmliches und umgangssprachliches Standard-Englisch bieten, als zuvor zugänglich waren. Der Fremdsprachenunterricht in den Schulen und Universitäten der englischsprachigen Welt ist zwar in ähnlicher Weise, jedoch bislang noch nicht in demselben Maß besser geworden.

Der Unterricht in der Muttersprache wirft andersartige Probleme auf. Es ist nachgewiesen worden, daß Lehrer – wie übrigens die meisten gebildeten Mitglieder der Sprachgemeinschaft – ungeachtet ihrer eigenen Herkunft verschiedene Vorurteile gegen nicht dem Standard entsprechende regionale und soziale Dialekte hegen. Sie halten sogar manchmal, ohne sich dessen bewußt zu sein, Kinder für weniger intelligent, nur weil deren Dialekt (oder sogar nur deren Akzent) ausgeprägter als der ihrer Mitschüler ist. Das Kind selbst hat dann – und das zum Schaden seiner Bildungsaussichten – unter den Folgen solcher negativer Urteile zu leiden. Daher kann ein besseres Verständnis bezüglich der Natur der Beziehungen zwischen Standards und Mundarten zumindest unabsichtliche Diskriminierung und Ungerechtigkeit reduzieren helfen.

Doch es geht um noch tiefere Probleme, die soziolinguistische Theorie und Forschung erhellen, wenn auch, der Natur der Sache entsprechend, nicht lösen können – höchst aktuelle Probleme mit einer politischen Dimension. Man hat behauptet, daß Kinder aus Arbeiterfamilien im Vergleich zu Mittel- und Oberschichtkindern ein *Sprachdefizit* haben. Zur Stützung dieser These wurden vor allem zwei Argumente angeführt: (a) daß der Nicht-Standard-Dialekt, den diese Kinder als Muttersprache erworben haben, im Vergleich mit dem Standard Mängel aufweist und (b) daß in einem typischen Arbeiterhaushalt weniger diskutiert wird und der Gebrauch der Sprache im allgemeinen funktional enger begrenzt ist als in der typischen Mittel- oder Oberschichtfamilie. Eine Version der Sprachdefizittheorie beruht auf der von Bernstein (1971) getroffenen Unterscheidung zwischen dem *restringierten* und dem *elaborierten Code*. Bernsteins Arbeiten haben großen Einfluß auf die Erziehungswissenschaft gehabt, sind aber von soziolinguistischer Seite aus sehr umstritten. Der restringierte Code ist angeblich in einem Maße vage und kontextabhängig, wie es der elaborierte nicht ist (d. h. es werden mehr elliptische Ausdrücke und Pronomen benutzt, die beim Hörer die Fähigkeit voraussetzen, die notwendigen kontextuellen Informationen zu ergänzen). Dieser Theorie zufolge sind Arbeiterkinder in der Schule, wo angeblich der elaborierte Code erforderlich ist, im Nachteil, weil Mitglieder der Arbeiterklasse, anders als die Mitglieder der höheren Klassen, ausschließlich den restringierten Code benutzen.

Wie Bernstein selbst betont hat – wenn ihm hier auch nicht immer alle seine Schüler gefolgt sind –, darf die Unterscheidung in elaborierten und restringierten Code nicht mit der Unterscheidung zwischen Standard- und Nicht-Standard-Dialekten gleichgesetzt werden. Andererseits besteht zwischen beiden Arten der Unterscheidung eine Wechselbeziehung, insofern in den Situationen, in denen die Sprachkompetenz von Kindern getestet wird, der elaborierte Standard mit dem restringierten Nicht-Standard verglichen wird. Man wird mit Recht annehmen können, daß Arbeiterkinder sich in der Defensive fühlen, wenn sie sich mit vorwiegend aus der Mittelklasse stammenden Sprachforschern konfrontiert sehen; sie werden sich daher in solchen Testsituationen vermutlich nicht im besten Licht zeigen, während Mittelklassekinder mit größerem Selbstvertrauen ihre offensichtlich bessere Beherrschung des elaborierten Codes zur Schau tragen. Darüber hinaus haben Gegner der Theorie eingewandt, daß nicht nur in der Praxis, sondern – möglicherweise sogar bezüglich der theoretischen Grundlagen – falsche Vorstellungen über den Unterschied zwischen restringiertem Code und Nicht-Standard-Dialekten herrschen, weil die Sprachforscher selbst dazu neigen, die strukturelle Komplexität und das kommunikative Potential von Nicht-Standard-Dialekten, wie z. B. dem Cockney oder dem Black English, zu verkennen. Starke Einwände gegen die Sprachdefizit-Theorie sind von seiten derjenigen erhoben worden, die den Standpunkt vertreten, daß Nicht-Standard-Dialekte keineswegs Mängel aufweisen, sondern nur andersartig sind. Ferner argumentieren sie, daß auch die Art der kommunikativen Kompetenz, die den Benutzern dieser Dialekte zur Verfügung steht, lediglich anders sei als die, die die Schulen von den Kindern verlangen.

Niemand jedoch würde leugnen, daß, wie die Dinge heute stehen, Kinder, die mit einem Dialekt zur Schule kommen, der erheblich vom Standard abweicht, sich einem Problem gegenüber sehen, das Sprecher des Standards nicht haben. Ein großer Teil des Wortschatzes und der grammatischen Strukturen im Unterrichtsmaterial, anhand dessen sie lesen lernen sollen, ist ihnen möglicherweise unbekannt. Dieses spezielle Problem könnte vielleicht bis zu einem gewissen Grade dadurch gemildert werden, daß man sorgfältig konstruiertes Material benutzt, das vor allem dem Überschneidungsbereich zwischen dem Standard und bestimmten regionalen und sozialen Nicht-Standard-Dialekten entnommen ist. Doch das bedeutet, daß für verschiedene Untergruppen verschiedenes Material erstellt werden müßte; und das erweist sich in Gegenden mit einer mobilen und gemischten Bevölkerung als undurchführbar. In den meisten Gesellschaften wäre es aus sozialen und politischen Gründen nicht zu vertreten, einen Nicht-Standard-Dialekt als Unterrichtsmedium zu benutzen, außer vielleicht im mündlichen Unterricht und in begrenztem Umfang in der Grundschule. Auf der anderen Seite ist es möglich, sich die Tatsache zunutze zu machen, daß es zumindest bei einigen Sprachen eine ganze Reihe von anerkannten, oft nicht einmal als solche besonders beachteten Varianten innerhalb des Standards gibt. Dies trifft auf das Deutsche z.B. ebenso wie auf das Englische zu, obwohl beide ja im Vergleich zu vielen anderen Sprachen in hohem Grade standardisiert sind. Es wäre z.B. unvernünftig, wenn ein Lehrer in England die Lernprobleme eines Schülers, der den Nicht-Standard-Dialekt von Edinburgh oder Glasgow spricht, vergrößern würde, indem er darauf bestünde, daß die Hilfsverben in der gleichen Weise gebraucht werden, wie es die Norm bei Sprechern des Standard-Englischen im Süden des Landes ist (vgl. Hughes & Trudgill, 1979: 20 ff.).

Diese Probleme sind besonders brisant für Kinder von Einwanderern und anderen ethnischen Minoritäten. Hin- und hergerissen zwischen zwei Kulturen, sind sie oft nur in unvollkommenem Maße bilingual – und dies zumeist in zwei Nicht-Standard-Dialekten. Der Bilingualismus und der sogenannte Bikulturalismus haben natürlich nicht nur Nach-, sondern auch Vorteile, vorausgesetzt, daß sie der pädagogischen und sozialen Förderung des Kindes nicht im Weg stehen. Heute ist man sich in zahlreichen Ländern viel mehr als früher darüber im klaren, daß die Muttersprache ethnischer Minoritäten gefördert und nicht in der fälschlichen Annahme unterdrückt werden sollte, sie stelle eine Barriere für die Integration in die größere Gemeinschaft dar. Der sogenannte *Spracherhalt* ist heute in vielen Ländern die offizielle Politik gegenüber einigen, wenn auch nicht allen Sprachen einheimischer und fremder Minoritäten. Doch ist es viel leichter, diese Politik zu verkünden und sie für politisch und sozial wünschenswert zu erklären, als sie in die Tat umzusetzen oder – in bestimmten Fällen – auch nur zu wissen, wie man dabei vorgehen sollte.

Die Soziolinguistik, und zwar sowohl die theoretische als auch die deskriptive und die angewandte, hat bereits einen großen Beitrag zu unserem Verständnis der bildungsrelevanten, sozialen und politischen Implikationen dieses und anderer Aspekte der *Sprachplanung* geleistet, und das nicht nur in bezug auf die Entwicklungsländer, sondern auch – und dies zunehmend in den letzten Jahren – in bezug auf die besonderen Bedürfnisse ethnischer und sprachlicher Minderheiten in industrialisierten Gesellschaften. Schon in naher Zukunft ist ein noch größerer Beitrag zu erwarten. Denn die sogenannten Sprachprobleme sind Teil des viel umfassenderen Problems der sozialen und kulturellen Diskriminierung. Und dieses Zentralproblem ist aus politischen Gründen in vielen Ländern viel bedrängender geworden denn je.

9.6. *Stilistische Variation und Stilistik*

Der Begriff der *stilistischen Variation* wurde im 1. Kapitel eingeführt und einerseits gegen unterschiedliche Akzente und Dialekte, andererseits gegen unterschiedliche Medien abgegrenzt (vgl. 1.7, 1.4).

Ein möglicher Weg, sich dem Phänomen der stilistischen Variation zu nähern, besteht in der eingehenden Betrachtung der Tatsache, daß ein Sprachsystem für seine Benutzer häufig verschiedene Möglichkeiten bereithält, dieselbe Sache auszudrücken. Insofern das eine Frage der Wahl zwischen Lexemen ist, kann man von Synonymie sprechen. Aber, wie wir gesehen haben, ist Synonymie selten vollständig und kaum jemals absolut (vgl. 5.2). Zwei Wörter oder Phrasen können das gleiche bezeichnen, sich aber durchaus in ihrer sozialen und expressiven Bedeutung unterscheiden (vgl. ‚Vater' gegenüber ‚Papi'). Solche nicht vollständig synonymen Ausdrücke kann man als *stilistische Varianten* bezeichnen, genauer als stilistisch nicht-äquivalente Varianten. Ob man sagt, daß sie semantisch ebenso wie stilistisch nicht-äquivalent sind, hängt natürlich davon ab, ob man eine weitere oder eine engere Definition von ‚Bedeutung' und ‚Semantik' zugrunde legt (vgl. 5.1).

Man muß auch mit Ausdrücken rechnen, die vollständig, aber nicht absolut synonym sind: d. h. mit Ausdrücken, die (a) semantisch in einigen, aber nicht in allen ihren Bedeutungen äquivalent sind oder (b) sich in bezug auf die Kontexte, in denen sie auftreten können, unterscheiden. Von diesen zwei Arten der nicht-absoluten Synonymie ist die letztere – die kontextabhängige – am deutlichsten für die Frage der stilistischen Variation von Bedeutung. Wenn einer von zwei synonymen Ausdrücken in einem bestimmten Kontext unmöglich auftauchen kann, so stellt sich ganz offensichtlich in einem solchen Falle gar nicht die Frage einer stilistisch signifikanten Wahl zwischen den beiden. Wenn aber zwei oder mehrere synonyme Ausdrücke in einem bestimmten Kontext denkbar sind, muß man noch zwischen zwei weiteren Möglichkeiten unterscheiden. Die fraglichen Ausdrücke werden sich entweder bezüglich des Grades ihrer Akzeptabilität, Angemessenheit und Normalität unterscheiden oder nicht. Wenn sie sich in dieser Hinsicht unterscheiden, können wir auch hier von stilistischer Variation sprechen. Wenn nicht, so ist die Variation stilistisch ohne Belang: Wir haben dann einen Fall sogenannter *vollständig freier Variation* vor uns.

Solche vollständig freie Variation, die vollständige Synonymie einschließt, ist relativ selten – besonders in der Literatur, wo die Determinanten der kontextuellen Akzeptabilität zahlreicher und vielfältiger als im alltäglichen, unreflektierten Gebrauch der Sprache sind. Wie wir sahen, wird der Begriff ‚freie Variation' von Phonologen üblicherweise auf etwas angewandt, was wir jetzt als eine besondere Spielart unvollständig freier Variation erkennen können: der funktionale Kontrast ist hier auf die Funktion begrenzt, eine Form von der anderen zu unterscheiden (vgl. 3.4). Linguisten der Prager Schule haben immer schon eine großzügigere Auffassung von der Vorstellung des funktionalen Kontrasts gehabt; und das entspricht ihrem Interesse an stilistischen Variationen aller Art (vgl. 7.3).

Vieles, wenn auch sicher nicht alles, was mit ‚Kontext' gemeint ist, ist auf soziale Faktoren bezogen und gehört zu dem soziolinguistisch definierbaren Begriff der Domäne eines Diskurses (vgl. 9.4). Viele Autoren würden unter dem sozialen Kontext einer Äußerung nicht nur die eindeutigeren soziolinguistischen Variablen (Status, Alter, Geschlecht der Gesprächspartner; Förmlichkeit oder Zwanglosigkeit der Situation usw.) verstehen, sondern auch die Gefühle des Sprechers und seine kommunikativen Absichten. Wir haben bereits kurz erwähnt, daß Persönlichkeit wenigstens zum Teil das Produkt von Sozialisation ist und der sogenannte Ausdruck der eigenen Persönlichkeit die Projektion der einen oder anderen sozial interpretierbaren Vorstellung (vgl. 9.2). Aber diese Formulierung läßt die Möglichkeit offen, daß einzelne Personen besser dazu in der Lage sind als andere, den sozialen Freiraum, der mit der Benutzung eines bestimmten Sprachsystems verbunden ist, auszuschöpfen oder zu übersteigen. In der Literaturwissenschaft und der Ästhetik gibt es einen alten Streit darüber, inwieweit dem erkennbar kreativen Umgang einzelner Schriftsteller mit der Sprache durch soziale Faktoren Grenzen gesetzt sind. Ohne Prophezeiungen über den Ausgang dieses Disputs machen zu wollen, kann man folgende Feststellung rein definitorischer Art treffen: Insofern stilistische Variation durch den sozialen Kontext bestimmt oder bedingt ist, fällt sie in den Rahmen des soziolinguistischen Begriffs des *Registers.* In der Fachliteratur trifft man auch auf andere Definitionen von ‚Register'. Aber die hier gegebene ist vermutlich diejenige, auf die man sich am besten einigen kann.

Stilistische Variation im allgemeinen und Register-Variation im besonderen sind nicht einfach eine Angelegenheit der Wortwahl. Die Grammatik und, soweit es sich um gesprochene Sprache handelt, die Aussprache sind ebenfalls betroffen. So sind z.B. elliptische Äußerungen (*Einkaufen gewesen? Wollte nur „Danke" für gestern abend sagen* usw.) und Frageanhängsel (*Du hast nicht zufällig meinen Füller gesehen, oder?*) in der informellen Sprache viel häufiger als in der förmlichen. Was die Aussprache angeht, so gibt es mehr Fälle von Assimilation, von besonderen Allegroformen usw. in der lässigen Alltagssprache als bei förmlicherem Stil. Es ist freilich wichtig, zu erkennen, daß die weniger förmlichen Register des Deutschen, Englischen und anderer Sprachen im wesentlichen in der gleichen Weise *regelgeleitet* sind wie die förmlicheren Register. Zum größten Teil sind diese Regeln in beiden Fällen eher immanent als transzendent: Daß diese Tatsache nicht allgemein bewußt ist, ist Schuld der normativen Ausrichtung der traditionellen Grammatik. Sie hat der Ansicht Vorschub geleistet, daß die informelle Sprache nachlässig und ungeregelt sei (vgl. 2.4).

Es ist wichtig, daß man die weniger förmlichen Register einer Sprache nicht mit den Nicht-Standard-Dialekten dieser Sprache verwechselt (vgl. 9.3). Sprecher des Standard-Englischen oder des Standard-Deutschen werden die entsprechenden (passenden) informellen Register in einer ganzen Reihe von erkennbar informellen Situationen benutzen: beim Plaudern mit Freunden und Kollegen, bei den häuslichen Mahlzeiten mit der Familie usw. Nicht-Standard-Dialekte haben unter Umständen nicht dieselbe Skala von Registern, einfach deshalb, weil es etliche offizielle und halboffizielle Situationen gibt, in denen Nicht-Standard-Dialekte im allgemeinen nicht benutzt werden. Wie schon ausgeführt, verliert die Unterscheidung zwischen Dialekten und Stilarten in Sprachgemeinschaften mit Diglossie viel von ihrer Kraft (vgl. 9.4). Dennoch ist die Unterscheidung im wesentlichen gültig; und sie ist nicht immer genügend berücksichtigt worden bei der Behandlung solcher Fragen wie der des Unterschieds zwischen den sogenannten restringierten und elaborierten Codes einer Sprache (vgl. 9.5).

Alles, was bisher über stilistische Variation in Verbindung mit verschiedenen Arten der nicht-absoluten Synonymie gesagt wurde, gilt auch für stilistisch wichtige Unterschiede in Grammatik und Aussprache. Fragen können z. B. im Deutschen – und Englischen – gebildet werden, indem man entweder einen Fragesatz äußert oder aber einen Aussagesatz mit deutlich steigendem Intonationsmuster:

(1) Regnet es? (Is it raining?)
(2) Es regnet? (It's raining?)

Das Fragezeichen in Frage (2) ist nicht mehr als die konventionelle schriftsprachliche Wiedergabe des spezifischen Intonationsmusters. Und die Linguisten mögen darüber streiten, ob (2) ein Aussagesatz ist, der geäußert wurde, um eine Frage zu stellen (wie er hier klassifiziert wurde), oder eine besondere Art des Interrogativsatzes. Dieser Auffassungsunterschied ist für den Punkt, um den es hier geht, irrelevant. (1) und (2) unterscheiden sich in ihrer grammatischen Struktur; als Äußerungen, wenn auch nicht als Sätze, sind sie teilweise, jedoch nicht völlig äquivalent. Über die Funktion als Frage hinaus hat (2) die zusätzliche expressive Funktion, des Sprechers Erstaunen, Ärger, Betroffenheit usw. anzuzeigen oder anzudeuten. Natürlich kann auch (1) eine zusätzliche expressive Funktion haben, die durch das Hinzufügen einer bestimmten prosodischen Kontur vermittelt werden kann. Aber an sich ist die Möglichkeit (1) stilistisch neutraler als (2).

Eine andere Form kontextuell bedingter stilistischer Variation läßt sich an folgenden Beispielen verdeutlichen:

(3) We want Watney's

steht gegenüber

(4) What we want is Watney's.

Von diesen beiden Möglichkeiten ist (3) stilistisch neutral, und (4) ist, wie (2) im Gegensatz zu (1), stilistisch *hervorgehoben* (d h. nicht neutral). In diesem Fall würde man den stilistischen Unterschied zwischen der hervorhebenden und der nicht-hervorhebenden oder neutralen Konstruktion im allgemeinen nicht als Registervariation einstufen. Er hat vielmehr etwas mit dem zu tun, was die Linguisten der Prager Schule als *funktionale Satzperspektive* bezeichnet und andere unter dem Gesichtspunkt der thematischen Bedeutung von Äußerungen oder deren Informationsstruktur behandelt haben (vgl. 7.3). Obgleich (3) und (4) bezüglich der Bedingungen ihres Wahrheitswerts äquivalent sind und daher auch die gleiche deskriptive bzw. propositionale Bedeutung besitzen, sind sie doch nicht äquivalent in bezug auf die Kontexte, in denen sie normalerweise auftauchen würden. Ein Grund dafür, warum (4) und nicht (3) wirkungsvoller ist und daher in vielen Werbekampagnen als Slogan für die bekannte britische Biermarke eingesetzt wird, liegt darin, daß er die feste, sich offenbar aus dem Kontext ergebende Annahme ausdrückt, daß eine oder mehrere Personen etwas haben wollen, und zwar vermutlich etwas zu trinken. (Ein weiterer Grund ist natürlich, daß die Konstruktion, die in (4) benutzt wurde, in diesem Falle auch Alliteration und Assonanz entstehen läßt.) Vieles von dem, was die Sprachforscher als stilistische Variation unter den Rubriken der funktionalen Satzperspektive oder der thematischen Bedeutung behandeln, ist eine Frage der Satzstellung oder der Wahl zwischen verschiedenen grammatischen Konstruktionen, im Falle der gesprochenen Sprache zusätzlich noch verbunden mit Unterschieden in der Betonung und Intonation.

Die Fähigkeit eines Sprechers, die entscheidenden Registerunterschiede zu beherrschen und nach Maßgabe seiner kommunikativen Absichten die Struktur seiner Äußerungen dem jeweiligen Kontext anzupassen, ist wesentlicher Bestandteil seiner sprachlichen Kompetenz: d.h. seiner Kenntnis von dieser oder jener Sprache. Nehmen wir z.B. die beiden folgenden englischen Sätze:

(5) I have read that book

und

(6) That book I have read.

Jemand, der zwar erkennt, daß beide Sätze grammatisch richtig konstruiert sind, aber nicht weiß, daß (6) stilistisch hervorgehoben ist, und es nicht aus dem Kontext zu deuten vermag, ist in dieser Beziehung weniger kompetent im Englischen als jemand, der (5) und (6) wie ein Engländer benutzen und deuten kann. Man verrät sich oft als Ausländer, indem man in *stilistische Inkongruenz* verfällt: z.B. indem man zwei stilistisch hervorgehobene Ausdrücke zusammenstellt, von denen einer typisch für die Umgangssprache und der andere typisch literarisch ist. Andererseits kann stilistische Inkongruenz natürlich auch von Dichtern und Humoristen absichtlich für ihre Zwecke genutzt werden. Aber diese Art der Abweichung von der Norm beweist in erster Linie nur, daß es eine Norm gibt. Stilistische Inkongruenz wird als solche nur erkannt und erreicht ihre Wirkung nur im Kontrast zu den Normen stilistischer Kongruenz.

Jüngere Forschungen haben ergeben, daß die Normen der stilistischen Kongruenz zum größten Teil statistischer Natur sind. Obgleich man bestimmte Ausdrücke oder Konstruktionen wohl als formell oder informell identifizieren kann, besteht der Unterschied zwischen förmlichem und informellem Deutsch z. B. nicht prinzipiell darin, daß die eine Ebene Ausdrücke und Konstruktionen enthielte, die die andere nicht kennt. Vielmehr besteht der Unterschied eher im Zahlenverhältnis zwischen ausgeprägter förmlichen und weniger förmlichen Formulierungsmöglichkeiten in bestimmten Texten oder Gesprächssituationen. Die Sprecher wechseln nicht einfach die gesamten Register, wenn sie sich aus einer Situation bzw. Domäne in eine andere begeben.

Es muß noch betont werden, daß das, was im Gegensatz zu dem, was als stilistisch neutral gilt, als stilistisch hervorgehoben gilt, sich je nach dem Register wandelt, das für bestimmte Kontexte angemessen ist. Im Deutschen wie im Englischen ist es üblich, beim Abfassen wissenschaftlicher Texte Aktivsätze in der 1. Person zu vermeiden (‚Ich entschied, daß . . .', ‚Wir haben fünf Beispiele aus jeder Gruppe ausgewählt . . .' usw.). Statt dessen wird häufig Gebrauch von unpersönlichen Passivkonstruktionen gemacht (‚Es wurde entschieden, daß . . .', ‚Fünf Beispiele wurden aus jeder Gruppe ausgewählt . . .' usw.). Obwohl das unpersönliche Passiv im Gegensatz zur 1. Person des Aktivs nicht nur im informellen Register der Alltagssprache, sondern auch in den meisten förmlichen Registern stilistisch hervorgehoben ist, gilt das Gegenteil innerhalb des wissenschaftlichen Stils. Dieser Punkt ist von größter Wichtigkeit. Denn die Wirkung, die durch den absichtlichen Gebrauch eines stilistisch hervorgehobenen Ausdrucks oder einer solchen Konstruktion erzielt wird, hängt davon ab, ob sie innerhalb des Kontextregisters, in dem sie verwandt werden, hervorgehoben sind, nicht etwa von ihrer Stellung im betreffenden Sprachsystem als Ganzen.

Wir kommen jetzt zur *Stilistik,* einem mehr oder weniger wohletablierten Zweig der Makrolinguistik (vgl. 2.1). Eine mögliche Definition, der wohl die meisten Linguisten zustimmen würden, könnte folgendermaßen lauten: Stilistik ist das Studium der stilistischen Variationen innerhalb der Sprachen sowie der Art, wie die Sprecher diese Variationen benutzen. Diese Definition ist sicher allgemein genug: Sie deckt alles ab, was diejenigen, die den Begriff ‚Stilistik' verwenden, nur abgedeckt haben wollen. Aber man kann einwenden, daß sie zu allgemein ist. Nach dieser Definition würde sich die Stilistik völlig der Soziolinguistik (im weiteren Sinn: vgl. 9.1) und Pragmatik (vgl. 5.6) unterordnen lassen. Einige Linguisten wären mit dieser Definition von ‚Stilistik' sicher außerordentlich glücklich.

Häufiger jedoch wird der Begriff ‚Stilistik' mit oder ohne weitere Bestimmung auf die *literarische Stilistik* eingeschränkt: auf das Studium der Sprache literarischer Texte. Aber auch die Begriffe ‚literarisch‘ und ‚Literatur‘ kann man enger und weiter definieren. Unser europäischer Literaturbegriff gilt keineswegs überall auf der Welt. Es gibt jedoch eine allgemeinere Definition von ‚Literatur‘, die sie nicht auf die geschriebene Sprache festlegt und nicht auf die Kategorien und Genres beschränkt, die in unserem Kulturbereich üblich sind. Wie Bloomfield (1935: 21–22) es ausgedrückt hat: „Literatur, ob in mündlicher Form oder, wie heute üblich, in schriftlicher, besteht aus schönen oder auf andere Weise bemerkenswerten Äußerungen“. Man mag sich über den genauen Gehalt der Begriffe ‚schön‘ und ‚bemerkenswert‘ streiten; und man muß das Wort ‚Äußerungen‘ so auslegen, daß es ganze Texte und nicht nur einzelne Akte der Äußerung umfaßt. Doch Bloomfields Definition hat den Vorzug, uns die Erkenntnis zu vermitteln, daß das, was wir in unserer eigenen Kultur als Literatur betrachten, nur eine besondere Manifestation von etwas ist, das sich in allen Kulturen findet: der Erkenntnis nämlich, daß bestimmte Texte und Äußerungen kraft ihrer ästhetischen oder dramatischen Eigenschaften würdiger sind als andere, bewahrt, wiederholt und interpretiert zu werden. Literatur in diesem Sinne ist nicht nur kulturell universal. Sie ist auch eines der wichtigsten charakteristischen Bestimmungsmerkmale von Kulturen, durch das diese sich voneinander abheben.

Bedauerlicherweise hat sich in den letzten Jahren so etwas wie eine Kluft zwischen der linguistischen Forschung und der Literaturwissenschaft aufgetan. Dies war zu einem großen Teil das Ergebnis von Mißverständnissen und Vorurteilen sowie von übersteigerten Vorstellungen bestimmter Linguisten und Literaturwissenschaftler über die Ziele und Errungenschaften ihrer jeweiligen Disziplin. Obwohl Mißverständnisse und Vorurteile noch vielfach auf beiden Seiten fortbestehen, werden sie doch langsam abgebaut. Linguisten pochen nicht mehr so selbstsicher wie gewohnt auf den wissenschaftlichen Charakter ihrer Disziplin (vgl. 2.2). Sie vertreten auch das Prinzip der Priorität der gesprochenen Sprache nicht mehr so lautstark und sind vorsichtiger in ihrer Kritik an der literarischen und präskriptiven Ausrichtung der traditionellen Grammatik geworden (vgl. 1.4, 2.4). Und wenigstens einige Literaturwissenschaftler haben erkannt, daß sich das Beharren der Linguisten darauf, Literatur sei nicht der einzige, nicht einmal der wichtigste Gebrauch von Sprache, durchaus mit ihrer eigenen Meinung vereinbaren läßt, nach der die literarischen Funktionen der Sprache die Untersuchung besonders lohnen. Tatsächlich gibt es inzwischen etliche Forscher, die auf dem Gebiet der literarischen Stilistik arbeiten und deren Interessen gleichermaßen die Bereiche von Sprache und Literatur umfassen, die man gewöhnlich in unseren Schulen und Universitäten getrennt behandelt.

Die Ziele der literarischen Stilistik konnten wir in diesem Abschnitt nur streifen. Es wird jedoch deutlich geworden sein, daß die oben gegebene allgemeine Definition von ‚Stilistik‘ – das Studium der stilistischen Variationen innerhalb der Sprachen sowie der Art, wie die Sprecher diese Variationen benutzen – zumindest im Prinzip auch die literarische Stilistik einschließt. Denn die literarische Verwendung einer Sprache kann als diejenige angesehen werden, bei der die Nutzung ihrer Möglichkeiten auf allen Ebenen ihrer Struktur besonders wirkungsvoll und kreativ ist. Stilistische Inkongruenz, gewollte Mehrdeutigkeit, die kühne Verwendung von Metaphern, ganz zu schweigen von Alliteration, Assonanz, Metrum, Rhythmus usw., die letztlich von Eigenschaften des phonischen Mediums abhängen – dies sind nur einige der am ehesten als spezifisch sprachlich identifizierbaren Mittel, deren sich ein Dichter oder Redner bedienen kann, wenn er „schöne oder auf eine andere Art bemerkenswerte Äußerungen" hervorbringen will. Die literarische Stilistik stellt sich selbst die Aufgabe, diese Mittel zu beschreiben.

10. Sprache und Kultur

10.1. Was ist Kultur?

Das Wort ‚Kultur' (ebenso seine Entsprechungen in anderen europäischen Sprachen) wird in vielerlei miteinander verknüpften Bedeutungen gebraucht, von denen hier zwei erwähnt und unterschieden werden müssen.

Da kann ‚Kultur' zunächst einmal mehr oder weniger als mit ‚Zivilisation' synonym verwendet werden und steht dann, in einer älteren und extremen Formulierung des Gegensatzes, zum Ausdruck ‚Barbarei' in Opposition. Diese Bedeutung findet sich im Deutschen beispielsweise in dem Wort ‚Kulturvölker'. Sie beruht letzten Endes auf der klassischen Vorstellung davon, was an bildender Kunst, Literatur, Lebensart und gesellschaftlichen Institutionen als hervorragend gilt. Durch die Humanisten der Renaissance zu neuem Leben erweckt, wurde diese klassische Konzeption von den aufklärerischen Denkern des 18. Jahrhunderts bekräftigt und durch sie mit ihrer eigenen Vorstellung von menschlicher Geschichte als Fortschritt und autonomer Entwicklung verknüpft.

Diese Geschichtsbetrachtung wurde ebenso wie viele andere Ideen der Aufklärung von Herder in Zweifel gezogen, der über ‚Kultur' sagte: „Nichts ist unbestimmter als dieses Wort und nichts trüglicher als die Anwendung desselben auf ganze Völker und Zeiten" (vgl. Herders *Sämtliche Werke,* hrsg. von Bernhard Suphan, Berlin 1887, S. 4). Er stand besonders der Annahme kritisch gegenüber, daß die europäische Kultur des 18. Jahrhunderts, beherrscht durch französisches Denken und französische Sprache, den Höhepunkt menschlichen Fortschritts darstelle. Bemerkenswert ist in diesem Zusammenhang, daß der Ausdruck ‚langue de culture' von Französisch sprechenden Gelehrten zur Unterscheidung von nach ihrer Meinung kulturell höher entwickelten und kulturell weniger entwickelten Sprachen verwendet wurde. Gleiches gilt für das deutsche Wort ‚Kultursprache'. Im Englischen gibt es zwar keinen allgemein verbreiteten entsprechenden Ausdruck, aber die Grundeinstellung, auf der diese Begriffsprägung beruht, ist und war in englischsprachigen Gesellschaften nicht weniger verbreitet. Wie wir bereits in einem früheren Kapitel gesehen haben, vertreten die meisten Linguisten heute die Auffassung, daß es keine primitiven Sprachen gebe (vgl. 1.7). Es lohnt sich jedoch, diese Frage erneut mit speziellem Augenmerk auf das, was man den klassischen Kultur-Begriff nennen könnte, zu betrachten. Wir werden dies am Ende des Kapitels tun.

Im überwiegenden Teil dieses Kapitels sollte das Wort ‚Kultur' nicht in seinem klassischen Sinn, sondern in dem, was man etwa seinen anthropologischen Sinn nennen könnte, verstanden werden. Dies ist übrigens genau der Sinn, in dem nach Herders Vorschlag das Wort verwendet werden sollte; erst achtzig Jahre später tauchte es in dieser Bedeutung in den Werken englischsprachiger Anthropologen auf. In dieser zweiten Bedeutung wird ‚Kultur' benutzt, ohne daß sich damit die Vorstellung eines einheitlichen, linearen Fortschritts der Menschheit verknüpft, der von der Barbarei zur Zivilisation führt, und ohne daß schon im voraus Werturteile über die ästhetische oder intellektuelle Qualität der Kunst, Literatur, Institutionen usw. einer bestimmten Gesellschaft gefällt werden. In diesem Sinn des Wortes, der aus der Anthropologie auch in andere Gesellschaftswissenschaften übernommen wurde, hat jede Gesellschaft ihre eigene Kultur; und verschiedene Untergruppierungen der Gesellschaft können ihre eigene Subkultur haben. Herders Eintreten für einen solchen Kultur-Begriff stand in Zusammenhang mit seiner These von der wechselseitigen Abhängigkeit von Sprache und Denken einerseits und andererseits mit seiner Ansicht, daß Kultur und Sprache einer Nation Manifestationen von deren spezifischer nationaler Mentalität bzw. deren Nationalbewußtsein seien. Viele andere Vertreter der Romantik hatten ähnliche Vorstellungen. Dies alles bildet einen Strang in der komplexen historischen Entwicklung der sogenannten Sapir-Whorf-Hypothese, die alle Äußerungen der vergangenen Forschergeneration über Sprache und Kultur und über Sprache und Denken beherrschte.

Obwohl die Bezeichnung ‚Kultur' heute in den Gesellschaftswissenschaften und besonders bei den Anthropologen weithin so Verwendung findet, wie sie soeben herausgearbeitet worden ist, kann sie, technisch gesehen, auch mit ganz verschiedenen Definitionen verknüpft werden. Entsprechend der Definition, von der wir ausgehen wollen, kann Kultur als gesellschaftlich erworbenes Wissen beschrieben werden, d.h. als das Wissen, über das jemand kraft seiner Zugehörigkeit zu einer bestimmten Gesellschaft verfügt (vgl. Hudson, 1980: 74). Das Wort ‚Wissen' bedarf hier zweier Erläuterungen. Erstens wird es so verstanden, daß es sowohl handlungs- als auch wahrheitsbezogenes Wissen abdeckt: Man weiß, wie man etwas tut, und man weiß, daß etwas so-und-so ist oder auch nicht. Zweitens ist für das letztere, sogenannte propositionale Wissen nicht ausschlaggebend, ob etwas wirklich wahr oder falsch ist, sondern, ob es für wahr oder falsch gehalten wird. Ferner müssen wir bei den meisten, wenn nicht gar allen Kulturen die Existenz verschiedener Wahrheitskonzeptionen bzw. Wahrheitsebenen akzeptieren, so daß beispielsweise die Wahrheit einer religiösen oder mythologischen Aussage anders bewertet wird als die eines nüchternen Sachberichts. So betrachtet ist Wissenschaft selbst ein Teil der Kultur. Und bei der Erörterung der Beziehung zwischen Sprache und Kultur sollte dem wissenschaftlichen Wissen kein Vorrang gegenüber dem alltagspraktischen Wissen oder gar dem Aberglauben eingeräumt werden.

Üblicherweise wird eine Unterscheidung zwischen kultureller und biologischer (d.h. genetischer) Informationsübermittlung getroffen. Was die Sprache betrifft, so mag es möglicherweise eine angeborene Fähigkeit zum Spracherwerb geben (vgl. 8.4). Ganz gleich, ob dies nun wirklich der Fall ist oder nicht: Es besteht kein Zweifel daran, daß das Wissen über die eigene Sprache kulturell vermittelt wird. Es wird durch die Zugehörigkeit zu einer bestimmten Gesellschaft erworben, wenn dazu auch kein organisierter Lernprozeß zwingend erforderlich ist. Außerdem bewirkt eine genetisch übertragene Sprachfähigkeit, selbst wenn es sie gibt, nicht den Erwerb und das Vorhandensein von Kenntnissen in einer Sprache, wenn nicht die Gesellschaft, in der das Kind lebt, die Daten liefert, auf denen diese Fähigkeit dann aufbaut. Und man kann mit Recht sagen, daß auch äußere Umstände, die die kognitive und emotionale Entwicklung des Kindes hemmen, den Spracherwerb behindern. Dies bedeutet, daß biologische und kulturelle Faktoren in der Sprache wechselseitig voneinander abhängig sind. Es wird sogar bei einigem Nachdenken deutlich, daß unsere sprachliche Kompetenz, ungeachtet ihrer biologischen Fundierung, in den Bereich unserer Kulturdefinition fällt. Und es ist sehr wohl möglich, daß andere Arten gesellschaftlich erworbenen Wissens – wie Mythen, religiöser Glaube usw. – eine ebenso gattungsspezifische, biologische Grundlage haben wie die Sprache. Dies sollte man im Auge behalten, wenn man Erwerb und Struktur von Sprache im Rahmen des Gegensatzes biologischer und kultureller Faktoren betrachtet. Man kann fortan die Vorstellung einer scharfen Trennungslinie zwischen Natur und Kulturentwicklung nicht mehr aufrechterhalten.

10.2. Die Sapir-Whorf-Hypothese

Der große amerikanische Linguist und Anthropologe Edward Sapir (1844–1939) und sein Schüler Benjamin Lee Whorf (1897–1941) waren die Erben einer europäischen Ideentradition (ihnen höchstwahrscheinlich vermittelt durch Franz Boas, 1848–1942), die, wie wir gesehen haben, eine wichtige Rolle für die Entwicklung des *Strukturalismus* spielte (vgl. 7.2). Diese Tradition geht mindestens bis auf Herder zurück; einer ihrer frühesten und einflußreichsten Vertreter war Wilhelm von Humboldt (vgl. 8.1). Sie ist gekennzeichnet durch die Betonung des positiven Werts kultureller und sprachlicher Verschiedenheit, und, allgemein gesagt, durch ihre Nähe zu den Prinzipien des romantischen Idealismus.

Obwohl sie sich dem Klassizismus, dem Universalismus und dem exzessiven Intellektualismus der Aufklärung entgegenstellte, ging die von Herder und Humboldt geprägte Tradition in ihrer ablehnenden Haltung nie so weit, daß sie die Existenz von sprachlichen und kulturellen Universalien leugnete. Zumindest Humboldt betonte gleichermaßen das Universale und das Spezifische in Sprache. Er sah die strukturelle Unterschiedlichkeit der Sprachen (ihre innere Form) als das Produkt einer universal wirksamen und spezifisch menschlichen Fähigkeit an. Aus diesem Grund konnte Chomsky in der Arbeit Humboldts („der direkt am Kreuzweg von Rationalismus und Romantik stand und dessen Werk in mancher Weise Höhe- wie Endpunkt dieser Entwicklungen darstellt“; Chomsky, 1966, dt. 1971: 3) den Ursprung des Generativismus und, ganz speziell, seines eigenen Kreativitätsbegriffs sehen (vgl. 7.4). Wie dem auch immer sei, die Fassung des Herder-Humboldtschen Konzepts von der Beziehung zwischen Sprache und Denken, der die amerikanischen Linguisten, Anthropologen und Psychologen in den fünfziger Jahren dieses Jahrhunderts die Bezeichnung ‚Sapir-Whorf-Hypothese‘ gaben, wird gewöhnlich in Zusammenhang mit der These von der *sprachlichen Relativität* gesehen. Obwohl sie keine notwendige Ergänzung zum Strukturalismus an sich bildet, war sie doch eines der auffallendsten Kennzeichen von dessen amerikanischen Ausprägungen, eingeschlossen die linguistische Schule der Zeit nach Bloomfield.

Herder sprach, wie oben bereits erwähnt (vgl. 8.1), von der wechselseitigen Abhängigkeit von Sprache und Denken. Humboldt steht dem *sprachlichen Determinismus* näher. So, wie sie üblicherweise dargestellt wird, verbindet die Sapir-Whorf-Hypothese sprachlichen Determinismus („Die Sprache bestimmt das Denken“) mit sprachlicher Relativität („Der strukturellen Unterschiedlichkeit von Sprachen sind keine Grenzen gesetzt“). In ihrer extremsten Fassung kann die Sapir-Whorf-Hypothese folgendermaßen formuliert werden:

(a) Wir sind, in allem unserem Denken und für immer „der bestimmten Sprache ausgeliefert, die Ausdrucksmedium für [unsere] Gesellschaft geworden ist“, weil wir nur „sehen und hören und auf andere Weise wahrnehmen können“ in Form der Kategorien und Unterscheidungen, die in der Sprache kodiert sind;
(b) die in einem Sprachsystem enkodierten Unterscheidungen sind allein diesem System eigen und mit denen anderer Systeme nicht vereinbar.

Es ist nicht sicher, daß Sapir oder Whorf sich mit der Hypothese in dieser Form identifiziert haben würden. Obwohl Sapirs eigene Formulierungen in die obige Fassung der These vom sprachlichen Determinismus integriert worden sind, enthält ja die berühmte Textpassage, der sie entstammen (Sapir 1947: 162, [dt. Fass. v. Übers.]), auch eine Reihe von einschränkenden Formeln, die die Aussage abschwächen.

Es lohnt festzuhalten, daß die extreme, soeben vorgestellte Fassung der Hypothese, so scharf sie auch formuliert sein mag, nicht von sich aus die Möglichkeit von Zweisprachigkeit ausschließt. Man könnte die Ansicht vertreten, der Zweisprachige habe auch zwei verschiedene Sehweisen der Welt und wechsele von einer zur anderen, so wie er auch zwischen einer Sprache und der anderen hin- und herwechsele. Wenn die Hypothese in ihrer extremen Fassung wahr ist, dann steht sie aber im Widerspruch zur offensichtlichen Tatsache, daß zweisprachige Menschen keine deutlich erkennbaren Symptome dafür zeigen, daß sie auf Grundlage völlig unvereinbarer Wahrnehmungsweisen der Welt handeln, und daß sie oft beanspruchen, in der Lage zu sein, ein und denselben Sachverhalt in beiden Sprachen ausdrücken zu können. Auch Übersetzer werden sehr oft, wenn auch nicht immer, darin übereinstimmen, daß das in einer Sprache Gesagte oder Geschriebene auch in einer anderen Sprache gesagt oder geschrieben werden kann. (Die Einschränkung, ‚sehr oft, wenn auch nicht immer', wird gleich erläutert werden.)

Vermutlich würde heutzutage niemand mehr die Thesen vom Determinismus und von der Relativität in ihren extremen Fassungen verfechten. Aber es läßt sich vieles zugunsten einer abgeschwächten – und philosophisch weniger interessanten – Fassung der Sapir-Whorf-Hypothese sagen, in der die beiden sie konstituierenden Thesen in modifizierter Form auftauchen Wir wollen mit dem Determinismus den Anfang machen.

Das Interesse der Psychologen am Einfluß der Sprache auf das Denken ist älter als die Sapir-Whorf-Hypothese. Es war bereits lange bekannt gewesen, daß Gedächtnis und Wahrnehmung von der Verfügbarkeit geeigneter Wörter und Ausdrücke beeinflußt werden. Beispielsweise wurde experimentell nachgewiesen, daß visuelle Erinnerungen leicht Verzerrungen unterliegen können, die sie näher an gewöhnlich verwendete Ausdrücke anpassen. Ferner neigen Menschen dazu, Dinge wahrzunehmen (und sich daran zu erinnern), die in ihrer Sprache *kodierbar* sind: d.h. Dinge, die in den Referenzbereich leicht verfügbarer Wörter und Ausdrücke fallen. Kodierbarkeit läßt sich in diesem Sinne graduell stufen. Etwas, das durch die Denotation eines gewöhnlichen, einzelnen Wortes erfaßt werden kann (z.B. ‚Onkel' im Deutschen), ist in höherem Maße kodierbar als etwas, dessen Beschreibung ein speziell konstruiertes Syntagma erfordert (z.B. ‚Bruder eines Elternteils').

Es ist allgemein bekannt, daß der Wortschatz einer Sprache in der Regel dazu neigt, im Vergleich zu dem einer anderen mehr oder weniger nicht-isomorph zu sein (vgl. 5.3). Je nachdem, wieweit dies der Fall ist, werden einige Dinge in einer Sprache leichter kodierbar sein als in einer anderen. Ebenso wie die Eskimosprache offenbar kein einzelnes Wort für Schnee, sondern viele verschiedene Wörter für verschiedene Arten von Schnee hat, verfügen beispielsweise die meisten australischen Sprachen anscheinend über kein Wort mit der Bedeutung „Sand"; statt dessen bezeichnet eine Reihe von Wörtern verschiedene Arten von Sand. Der Grund dafür ist in beiden Fällen offensichtlich. Der Unterschied zwischen der einen oder anderen Art Schnee oder Sand ist von großer Bedeutung für das alltägliche Leben der Eskimos einerseits und der australischen Ureinwohner andererseits. Sprecher des Deutschen, die nicht gerade die Küstenregion oder den Alpenraum bewohnen, verfügen über keine spezifischeren Wörter als ‚Sand' und ‚Schnee'. Handelt es sich bei ihnen jedoch beispielsweise um Skiläufer, die vielleicht ähnlich wie der Eskimo an den verschiedenen Formen von Schnee interessiert sind, so werden sie Ausdrücke wie

‚Pulverschnee', ‚verharschter Schnee' usw. verwenden, die durch häufige Benutzung und feststehende Denotation innerhalb einer bestimmten Gruppe nahezu den Status von Lexemen gewinnen und bestimmte Phänomene für diese Personen leichter kodierbar machen, als dies für den durchschnittlichen Sprecher des Deutschen der Fall ist.

Über die soeben getroffene Feststellung sollte man nicht zu schnell hinweggehen. Innerhalb einer Sprachgemeinschaft ist Kodierbarkeit nicht notwendigerweise eine konstante und überall gleiche Größe – besonders wenn wir einmal an eine Sprachgemeinschaft denken, die so komplex, schwer abgrenzbar und unterschiedlich ist wie die der muttersprachlichen Sprecher des Englischen. Allzuoft wird auf einer sehr allgemeinen Ebene eine Beziehung zwischen Sprache und Kultur hergestellt, und man nimmt dabei stillschweigend oder auch explizit an, daß alle Menschen, die dieselbe Sprache sprechen, auch notwendigerweise eine Kultur miteinander teilen. Diese Annahme ist erwiesenermaßen in Hinblick auf viele Sprachen und viele Kulturen falsch. Nicht weniger wichtig ist die Tatsache, daß Kodierbarkeit nicht einfach vom Vorhandensein von Einwort-Lexemen abhängig ist. Wenn wir aber nicht vergessen, daß wir prinzipiell über bestimmte Gruppen und nicht über ganze Nationen sprechen und daß die Möglichkeiten, die das Sprachsystem bietet, es den Angehörigen einer Gruppe ermöglichen können, selbst die Kodierbarkeit alles für sie Wichtigen zu erhöhen, dann dürfen wir nichtsdestoweniger auch weiterhin den Begriff Kodierbarkeit verwenden, als ob es sich um eine grundsätzliche Eigenschaft von Sprachsystemen handele.

Als die Sapir-Whorf-Hypothese in den fünfziger Jahren durch Psychologen weiter verfolgt wurde, konnte aufgezeigt werden, daß die größere Kodierbarkeit bestimmter Farbunterscheidungen in einer Sprache im Vergleich zu einer anderen die erwartete Auswirkung auf Wahrnehmung und Gedächtnis hatte. Man verglich zwei Gruppen von Sprechern des Zuni, einer amerikanischen Indianersprache, in der der Unterschied zwischen gelb und orange nicht kodiert ist, mit einer Gruppe von Sprechern des Englischen. Mitglieder der ersten Gruppe, die nur Zuni sprachen, hatten größere Schwierigkeiten als Sprecher der zweiten Gruppe, die Zuni und Englisch sprachen, und als die Angehörigen der nur Englisch sprechenden dritten Gruppe, wenn es darum ging, nach einer gewissen Zeit Objekte wiederzuerkennen, deren Farbe zwar leicht im Englischen, nicht aber in Zuni kodierbar war. Gleichwohl bedeutete dies nicht, daß die Zunisprecher den Unterschied zwischen einem gelben und einem orangenfarbigen Objekt nicht wahrnehmen konnten, wenn sie zu einem Vergleich aufgefordert wurden.

Man kann zusammenfassend sagen, daß die fraglichen Experimente die Sapir-Whorf-Hypothese teilweise bestätigt haben, aber sie lieferten keine Beweise für die Richtigkeit der weitestgehenden Fassung der Hypothese. Gleiches gilt für andere Experimente, die in den fünfziger und sechziger Jahren durchgeführt wurden, unter ihnen ein besonders interessantes Experiment, das die

Wirkungen der Unterschiede in der grammatischen statt nur in der lexikalischen Struktur nachprüfen sollte (vgl. Slobin, 1971: 131 ff.). Sie bestätigten jedoch eine eingeschränkte Fassung der Hypothese: daß nämlich die Struktur der Sprache, die man spricht, Wahrnehmung und Erinnerungsvermögen beeinflußt. Und dies sollte man nicht vergessen. Es mag vielleicht nicht überraschen, daß es in einer Sprache leichter sein kann, bestimmte Unterscheidungen zu treffen als in anderen Sprachen. Aber es bleibt dennoch eine Tatsache, und diese Unterschiedlichkeit der Sprachen scheint einen begrenzten Einfluß auf Wahrnehmung und Gedächtnis und auf unser alltägliches Denken zu haben.

Da die These vom linguistischen Determinismus heute nicht mehr so intensiv diskutiert wird wie noch eine Generation zuvor, ist es schwer, festzustellen, welche Position genau die Wissenschaft ihr gegenüber heute einnimmt. Man kommt der allgemeinen Auffassung vermutlich recht nahe, wenn man sagt, daß die meisten Psychologen, Linguisten und Philosophen die These akzeptieren würden, daß Sprache den eben angedeuteten Einfluß auf Gedächtnis, Wahrnehmung und Denken hat, aber jeder weitergehenden Fassung der Hypothese, daß Sprache die Denkkategorien und Denkmuster bestimme, skeptisch gegenüberstehen würden. Sie könnten hinzufügen, daß ein großer Teil der von Whorf und anderen für eine weitergehende und metaphysisch interessantere Fassung der These vorgebrachten Argumente durch falsche Übersetzung und Zirkelschlüsse ihres Wertes beraubt sind. So hatte beispielsweise Whorf selbst behauptet, daß die Hopi-Indianer, deren Sprache nicht über die grammatische Kategorie Tempus verfügt, mit einer völlig andersartigen Vorstellung von Zeit operieren als die Sprecher europäischer Sprachen. Aber er liefert keine hinreichend sprachunabhängigen Beweise für unterschiedliches Verhalten oder unterschiedliche Denkmuster, die diese Behauptung untermauern könnten. Man kann auch einwenden, daß er den Unterschied zwischen der grammatischen Kategorie Modus in der Sprache der Hopi und dem, was in den europäischen Sprachen als Tempus klassifiziert wird, übertrieben dargestellt hat. Ebenso ist die Tatsache, daß in vielen australischen Sprachen Zahlwörter fehlen, die einen höheren Wert als „vier" bezeichnen, oft als Beleg für die Unfähigkeit der Sprecher solcher Sprachen angesehen worden sind, mit dem Prinzip der Zahl umzugehen. Aber es zeigte sich, daß die Ureinwohner Australiens, die Englisch als Zweitsprache lernten, keine Probleme mit Zahlwörtern hatten und sie genauso geläufig zum Zählen und zur Durchführung von Berechnungen verwenden konnten wie ein durchschnittlicher muttersprachlicher Sprecher des Englischen (vgl. Dixon, 1980: 107); kurz gesagt scheint, trotz der gegenläufigen Aussagen von Vertretern des extremen Determinismus, bis jetzt kein zwingender Grund dafür entdeckt worden zu sein, die eher traditionelle Auffassung aufzugeben, derzufolge den Sprechern verschiedener Sprachen im Grunde dieselbe Sichtweise der Welt, derselbe konzeptuelle Rahmen eigen ist, wo es um solche grundlegenden und philosophisch interessanteren Konzepte wie Zeit, Raum, Zahl, Materie usw. geht.

Daraus folgt jedoch nicht, daß die Sprecher verschiedener Sprachen in Hinblick auf andere, weniger grundlegende Konzepte auch die Welt auf dieselbe Weise sehen. Denn viele der Konzepte und Begriffe, mit denen wir arbeiten, sind kulturell determiniert, in dem Sinn, daß ihre Verständlichkeit vom Vorhandensein praktischen und theoretischen gesellschaftlich vermittelten Wissens abhängig ist und daß sie von Kultur zu Kultur bedeutende Abweichungen aufweisen. Man betrachte zum Beispiel solche Konzepte wie „Ehrlichkeit", „Sünde", „Verwandtschaft", „Ehre" usw. Es ist eine allgemein anerkannte Tatsache, daß sich kulturabhängige Konzepte dieser Art, um es ganz vorsichtig zu formulieren, in bestimmten Sprachen leichter wiedergeben lassen als in anderen. Vertreter der These von der linguistischen Relativität würden sagen, daß es ein Wesensmerkmal vieler in Sprachen festzustellender Unterschiede im Bereich der grammatischen und lexikalischen Struktur sei, daß manches, was in einer Sprache gesagt werden kann, in einer anderen Sprache nicht ausgedrückt werden kann. Aber haben sie damit recht?

Wie wir gesehen haben, ist es häufig möglich, die Kodierbarkeit zu erhöhen, indem man sich der Mittel bedient, die ein Sprachsystem anbietet, und komplexe Ausdrücke konstruiert, die dann kraft ihres häufigen Auftretens in bestimmten Kontexten in ähnlichem Grade wie Lexeme spezifische Bedeutung erlangen. Als Beispiele waren hier ‚Pulverschnee', ‚verharschter Schnee' usw. aus dem Wortschatz deutschsprachiger Skiläufer angeführt worden. Die auf solche Weise vorgenommene Erhöhung der Kodierbarkeit hängt von der Produktivität der Sprachsysteme und von dem, was Chomsky als regelgeleitete Kreativität bezeichnet hat, ab (vgl. 7.4). Es handelt sich dabei um einen Vorgang, der sich ständig im alltäglichen Sprachgebrauch vollzieht. Viele der so konstruierten komplexen Ausdrücke erlangen größere Verbreitung (‚Schneller Brüter', ‚Wilde Ehe', ‚Anti-Blockier-System', ‚Angebot und Nachfrage', ‚Kampf ums Dasein' usw.); und es kommt ein Zeitpunkt, an dem der Lexikograph mit Recht feststellen kann, daß sie als selbständige Einheiten in den Wortschatz eingegangen sind. Dieser Vorgang bildet einen Teilaspekt dessen, was am Anfang dieses Buches als Erweiterungsfähigkeit und Modifizierbarkeit von Sprachen bezeichnet worden ist (vgl. 1.2). Festzuhalten ist, daß der Vorgang zwar ganz am Anfang keinen Einfluß auf das Sprachsystem hat, letztlich aber doch eine Erweiterung des Wortschatzes bewirkt. Ganz offensichtlich müssen wir jede Version der linguistischen Relativitätshypothese ablehnen – und gleichfalls jedes Argument, das beansprucht, sie zu stützen –, die im Widerspruch zu solcher Erweiterungsfähigkeit und Modifizierbarkeit steht.

Eine andere Möglichkeit zum Ausbau des Sprachsystems selbst bildet die *Entlehnung* von Lexemen aus anderen Sprachen (vgl. 6.4). Im Zusammenhang, der uns hier beschäftigt, ist jedoch die sogenannte *Lehnübersetzung* von besonderem Interesse. Bei der am deutlichsten erkennbaren Form der Lehnübersetzung werden die konstituierenden Teile eines fremdsprachlichen Wortes bzw. einer Phrase übersetzt. Nachdem beispielsweise die englische Phrase ‚summit conference' mehr oder weniger lexikalisiert worden war – zunächst im Sprachgebrauch der Diplomaten und Journalisten; durch den Vorgang, der im vorangegangenen Absatz skizziert worden ist –, wurde sie mittels Wort-für-Wort-Übersetzung in viele andere Sprachen übernommen: französisch: ‚conférence au sommet', deutsch: ‚Gipfelkonferenz' usw.

Dieses Beispiel deutet auf eine weitere, wichtige Beobachtung hin: Die Lehnübersetzung wird dadurch erleichtert, daß formal verwandte Wörter existieren, wenn diese Wörter vielleicht auch in anderen Kontexten als denen, die durch die Lehnübersetzung selbst geschaffen werden, nicht genau dieselbe Bedeutung haben mögen. Die Entscheidung für ‚conférence de presse', ‚Pressekonferenz', ‚press conference' war zweifellos durch die Tatsache beeinflußt, daß auf formaler Ebene eine Beziehung zu ‚conférence'/‚Konferenz'/‚conference' bestand; alle drei Wörter sind, diachronisch gesehen, Lehnwörter aus dem Lateinischen.

Wie in einem späteren Abschnitt noch erläutert werden wird, gibt es subtilere und weniger leicht erkennbare Formen der Lehnübersetzung, die ihre Entstehung kulturellen Kontakten verdanken (vgl. 10.5). An dieser Stelle muß festgehalten werden, daß die Erweiterung des Vokabulars einer Sprache mittels Entlehnung und die Modifizierung der Bedeutung bereits existierender Wörter Veränderungen in der lexikalischen Struktur des Sprachsystems hervorrufen. Akzeptiert man dies, so ist hinreichend klargestellt, daß nicht nur manche Dinge existieren, die in einigen Sprachen stärker kodierbar sind als in anderen, sondern daß es auch Dinge gibt, die nicht in allen einzelnen Sprachen ausgedrückt werden können, einfach weil das Vokabular fehlt, um sie auszudrücken. Es gibt beispielsweise Tausende von Sprachen, in denen der englische Satz ‚They are playing cricket' aus eben diesem Grund nicht gesagt werden kann, und in allen Sprachen mit Ausnahme des Englischen, in denen das doch möglich ist, hat dies seinen Grund darin, daß das Wort ‚Cricket' oder seine Bedeutung entlehnt worden ist. Ja, in der Mehrzahl der Fälle gilt dies auch für das Wort ‚play' und seine Bedeutung. Und wenn man das Vokabular durch Entlehnung oder Lehnübersetzung modifiziert, verändert man auch die Sprache in eine etwas andere Sprache. Dies mag auf den ersten Blick als rechte Trivialität erscheinen. Aber es hat, wie wir später noch sehen werden, weitergehende Auswirkungen, als man gemeinhin annimmt Denn ein großer Teil dessen, was man als Übersetzung ansieht, ist zwangsläufig Lehnübersetzung. Daß man dies nicht erkannte, stärkte die irrige Annahme, der Grad der Übersetzbarkeit von Sprachen in andere Sprachen sei hoch, höher als er es tatsächlich ist (vgl. 10.5).

Nicht allein die Unterschiede in der lexikalischen Struktur (zu deren hervorstechendsten die *lexikalischen Lücken* gehören: das Fehlen eines geeigneten Wortes) machen die Übersetzung aus einer Sprache in die andere schwierig und zuweilen unmöglich. Es ist möglich und trifft sogar oft zu, daß Sprachen hinsichtlich semantisch relevanter Kategorien wie Tempus, Modus und Numerus grammatisch nicht-isomorph sind. Diese Tatsache ist vielleicht aus philosophischer Sicht nicht so bedeutsam, wie Whorf und seine Anhänger glaubten – ganz zu schweigen von seinen Vorläufern wie z.B. Trendelenburg, der bereits zitiert wurde (vgl. 8.1). Sie hat aber, was die Übersetzbarkeit betrifft, weitgehend dieselben Auswirkungen wie der Nicht-Isomorphismus auf lexikalischer Ebene.

Um ein einfaches Beispiel zu geben: Es ist, genau genommen, unmöglich, ins Russische (ja, in die Mehrzahl der auf der Welt existierenden Sprachen) eine deutsche Nominalphrase zu übersetzen, die einen bestimmten Artikel enthält, da das Russische in der grammatischen Struktur nicht den semantischen Unterschied oder die Unterschiede abbildet, die im Deutschen durch Auftreten oder Fehlen eines Determinativums einerseits und der Unterscheidung zwischen bestimmten und unbestimmten Artikeln andererseits widergespiegelt werden. In der Alltagspraxis läßt der Übersetzer die durch den bestimmten Artikel getragene Information gewöhnlich einfach weg. Kann sie nicht aus dem Kontext erschlossen werden und wird sie als so bedeutsam angesehen, daß sie durch die Übersetzung vermittelt werden muß, ist der Übersetzer gezwungen, ein demonstratives Adjektiv mit der Bedeutung von „dies“ oder „jenes“ einzufügen. In der Mehrzahl der Fälle haben demonstrative Adjektive im Deutschen und in anderen Sprachen eine speziellere Bedeutung als der bestimmte Artikel.

Man kann noch wesentlich eindrucksvollere Beispiele anführen. In seiner äußerst einflußreichen Einführung, die er zu dem *Handbook of American Indian Languages* beitrug, betonte Boas (1911) sowohl die lexikalischen als auch die grammatischen Strukturunterschiede. (Nebenbei gesagt, war es Boas, der an diesem Ort das Beispiel mit den zahlreichen Wörtern, die die Eskimos zur Bezeichnung von Schnee verwenden, vorlegte. Es ist seitdem in unzähligen Lehrbüchern und allgemeinen Darstellungen von Sprache und Kultur aufgenommen worden. Boas bietet zahlreiche andere, gleichermaßen überzeugende Beispiele für wesentliche Unterschiede in der lexikalischen Struktur.) In Hinblick auf die grammatischen Unterschiede wählte er den einfachen englischen Satz ‚The man is sick‘ (dt.: ‚Der Mann ist krank‘/‚Dem Mann ist übel‘) und zeigte auf, wie bei dessen Übersetzung in drei verschiedene amerikanische Indianersprachen (Kwakiutl, Eskimo und Ponca) der Übersetzer gezwungen werden würde, Informationen hinzuzufügen (und zwar in jeder Sprache andere Informationen), die im ursprünglichen Satz nicht enthalten sind: Er müßte beispielsweise durch die Entscheidung für eine bestimmte grammatische Kategorie anstelle einer anderen ausdrücken, ob der Sprecher die genannte Person sehen kann oder nicht; ob sie auf dem Rücken liegt, ruht oder sich bewegt usw., oder ob der Sprecher selbst sich für die Wahrheit der Information verbürgen kann, weil er selbst Augenzeuge war, oder ob er sich nur auf die Aussage eines Dritten beruft.

In der Nachfolge Boas' haben viele andere Linguisten, darunter auch Sapir und Whorf, in verschiedenen Veröffentlichungen dieselbe Grundthese vertreten und ihre Gültigkeit überzeugend nachgewiesen. Wofür jedoch kein Beweis erbracht wurde, ist, daß es eine Beziehung zwischen unterschiedlicher grammatischer Struktur und unterschiedlicher Denkungsart der Sprecher verschiedener Sprachen gibt. Vorausgesetzt, wir übernehmen und betonen diese wesentliche Einschränkung, so müssen wir uns, auf der Grundlage der bisherigen Forschungsergebnisse, einer modifizierten Fassung der These von der linguistischen Relativität anschließen.

Da wir uns in diesem Kapitel in erster Linie mit Sprache und Kultur beschäftigen, sollte darauf hingewiesen werden, daß keinesfalls alle der zwischen Sprachen auftretenden lexikalischen und grammatischen Unterschiede sinnvoll zu gegenwärtigen oder vergangenen kulturellen Unterschieden zwischen ihren Benutzern in Beziehung gesetzt werden können. Eine Übersetzung kann unabhängig davon, ob es nun zwischen zwei Sprachgemeinschaften korrelierende kulturelle Unterschiede gibt oder nicht, unmöglich sein. Beispielsweise ließe sich kaum die Ansicht rechtfertigen, daß das Vorhandensein oder das Fehlen eines bestimmten Artikels (vgl. Deutsch und Russisch) mit einem feststellbaren kulturellen Unterschied Hand in Hand gehe. Es gibt jedoch viele Unterschiede auf den Ebenen der lexikalischen und grammatischen Struktur, die zu Unterschieden in den Kulturen in Beziehung gesetzt werden können, mit denen die jeweiligen Sprachen verknüpft sind. Dies wird in den folgenden zwei Abschnitten anhand zweier recht unterschiedlicher Beispiele aufgezeigt werden. Wir werden dann eher in der Lage sein, die Rolle zu beurteilen, die die kulturelle Komponente bei der Festlegung der Struktur von Sprachen spielt.

10.3. Farbbezeichnungen

Es läßt sich eine Reihe von Gründen dafür anführen, daß man das Vokabular zur Bezeichnung von Farben in Zusammenhang mit der These von der linguistischen Relativität untersucht. Bis vor kurzem bildete es die Domäne der Strukturalisten, die mit seiner Hilfe den Nachweis führten, daß menschliche Sprachen lexikalisch nicht-isomorph sind. Dies aufzuzeigen fällt um so leichter und wirkt als Beweis um so schlagender, weil man die rein deskriptive Bedeutung von Farbbezeichnungen ohne größere Schwierigkeiten von deren expressiver und sozialer Bedeutung trennen kann. Außerdem scheint diese deskriptive Bedeutung hinsichtlich der Denotation mit der stofflichen, alltäglich erfahrenen Welt viel direkter verknüpft zu sein, als dies bei der deskriptiven Bedeutung der Lexeme in vielen anderen semantischen Feldern der Fall ist (vgl. 5.3). Auch aus diesem Grund wurde das Farbvokabular in den fünfziger Jahren von Psychologen bei ihrer Untersuchung der Sapir-Whorf-Hypothese herangezogen (vgl. 10.2).

Das Farbspektrum bildet ein physikalisches Kontinuum. Es bildet auch ein visuelles Kontinuum, in dem Sinn, daß jede unterscheidbare Farbe allmählich und im Grenzbereich visueller Unterscheidungsfähigkeit sogar unmerklich in die ihr benachbarte Farbe übergeht. So geht beispielsweise Blau in diesem Sinn allmählich und unmerklich in Grün über; Grün in Gelb usw. Vermutlich bieten alle Sprachen ihren Benutzern Wörter an, die es diesen ermöglichen, auf bestimmte Bereiche dieses visuellen Kontinuums zu referieren: im Deutschen solche grundlegenden Farbbezeichnungen wie ‚Schwarz', ‚Weiß', ‚Rot', ‚Grün', ‚Blau', ‚Braun' usw.; hinzu kommen nichtgrundlegende, sekundäre Farbbezeichnungen wie ‚Türkis', ‚Purpur' und ‚Ocker'. Was man als grundlegende Farbbezeichnung und was man demgegenüber als sekundäre Farbbezeichnung ansieht, darüber läßt sich streiten, da es eine ganze Reihe von Unterscheidungskriterien gibt, die angewendet werden können. So könnte beispielsweise ‚Orange' wegen seiner assoziativen Verknüpfung mit der Farbe der Frucht nicht als grundlegende Farbbezeichnung betrachtet werden: Man würde es ebenso wie ‚Ocker' als sekundär ansehen. Andere Kriterien – darunter die häufige Verwendung als Farbbezeichnung und die Tatsache, daß der durchschnittliche Angehörige der Sprachgemeinschaft mit der Verwendung des Wortes vertraut ist – würden uns andererseits die Feststellung nahelegen, ‚Orange' sei im Deutschen eine grundlegende Farbbezeichnung. Es ist möglich, daß man, wenn man bestimmte Kriterien anlegt, zu dem Ergebnis kommt, daß manche Sprachen überhaupt über keine grundlegenden Farbbezeichnungen verfügen. Bei den meisten Sprachen ist dies jedoch der Fall, und alles in allem lassen sich die Grundbezeichnungen leicht feststellen. Wir wollen also die Unterscheidung zwischen grundlegenden und nicht-grundlegenden Farbbezeichnungen als gegeben annehmen.

Daß sich Sprachen hinsichtlich der Zahl der Bezeichnungen für Grundfarben, über die sie verfügen, unterscheiden – und damit natürlich auch hinsichtlich der Zahl der von ihren Sprechern als grundlegend angesehenen Farben –, ist eine allgemein bekannte und unbestrittene Tatsache. Ebenso bekannt ist, daß unabhängig hiervon eine wörtliche Übersetzung von Farbbezeichnungen von einer Sprache in die andere häufig unmöglich ist, weil kein Wort der einen Sprache genau einem Wort der anderen Sprache entspricht. Beispielsweise existiert im Französischen kein Wort, das für sich genommen genau den Referenzbereich des englischen ‚brown' abdeckt; es gibt kein einzelnes Wort im Russischen, Spanischen oder Italienischen, das ‚blau' entspricht; kein einzelnes Wort im Ungarischen, das ‚rot' entspricht usw. Solche Tatsachenbeobachtungen wurden bis zum Ende der sechziger Jahre häufig als Belege angeführt, nicht nur zum Nachweis der strukturellen Unvergleichbarkeit oder des Nicht-Isomorphismus verschiedener lexikalischer Systeme, sondern auch als Beweis für die Willkürlichkeit der Unterteilungen, die verschiedene Sprachsysteme innerhalb des von uns als physikalisches und auch als visuelles (d.h. psychophysikalisches) Kontinuum beschriebenen Bereichs vornehmen.

Da es heute gewissen Anlaß zu Zweifeln darüber gibt, ob diese Unterteilungen rein willkürlicher Natur sind, sollte man zugleich betonen, daß die These von der strukturellen Unvergleichbarkeit des Vokabulars bestimmter Sprachen mit dem anderer Sprachen hinsichtlich ihrer Farbbezeichnungen nicht widerlegt oder auch nur in Zweifel gezogen worden ist. Der deutsche Satz ‚Meine Lieblingsfarbe ist Blau' kann beispielsweise nicht (geht man von der konventionellen Bedeutung des Wortes ‚übersetzen' aus) ins Russische übersetzt werden, ohne daß man willkürlich eine Entscheidung für ‚sinij' – in etwa ‚Dunkelblau' – oder ‚goluboj' – in etwa ‚Hellblau' trifft. In der Übersetzungspraxis ist man oftmals gezwungen, willkürliche Entscheidungen dieser Art zu treffen; und für den jeweiligen Zweck hat dies gewöhnlich keine Folgen. Wir stellen uns eine Übersetzung gewöhnlich als einen Vorgang vor, bei dem mindestens der propositionale Kontext des Gesagten erhalten bleibt. Aber ein großer Teil der gewöhnlichen Übersetzungen leistet dies nicht und kann dies nach Lage der Dinge auch gar nicht leisten.

Im Jahre 1969 veröffentlichten Berlin und Kay ein wichtiges Buch, *Basic Colour Terms,* in dem sie Beweise dafür vorlegten, daß die Ähnlichkeiten und Unterschiede, die Sprachen hinsichtlich der Art, wie sie das Farbspektrum unterteilen, aufweisen, nicht so zufällig seien, wie man zuvor geglaubt hatte. Zunächst lenkten sie die Aufmerksamkeit auf die Bedeutung dessen, was sie *Kernreferenzbereich* (focal meaning) einer Bezeichnung nannten, im Gegensatz zu deren peripherer Bedeutung. Soweit es um Farbbezeichnungen geht, kann der Kernreferenzbereich festgestellt werden, indem man Sprecher bittet, auf einer Farbtafel genau auf den Farbton zu deuten, der nach ihrer Meinung ein gutes Beispiel für die fragliche Farbe darstellt. Tut man dies, so stellt sich dabei heraus, daß die Mehrzahl der Sprecher einer Sprache über den Kernreferenzbereich der grundlegenden Farbbezeichnungen ihrer Sprache übereinstimmen, wenngleich es ihnen große Schwierigkeiten bereiten mag, zu bestimmen, wo die Grenze zwischen dem Referenzbereich einer Bezeichnung und dem einer anderen zu ziehen ist, oder sie sich nicht auf einen Vorschlag einigen können, wo genau im Spektrum die Grenze verlaufen soll. Sprecher des Deutschen werden sich beispielsweise vielleicht nicht darauf einigen können, wo auf der Farbtafel die Grenze zwischen Blau und Grün verläuft (oder ob sie in einem bestimmten Fall im Alltagsleben das Wort ‚blau' oder das Wort ‚grün' verwenden müssen). Es bereitet ihnen aber keine Probleme anzugeben, was typisch blau oder grün ist (was also der Kernreferenzbereich ist). Bis hier stehen die von Berlin und Kay gemachten Beobachtungen im Einklang mit der zuvor von der Mehrzahl der Strukturalisten vertretenen Auffassung, jede Sprache nehme innerhalb des Farbspektrums ihre eigenen, willkürlichen Unterteilungen vor.

Sie stellten jedoch auch fest, daß unterschiedliche Sprachen dazu neigen, den Kernbereich bestimmter grundlegender Farbbezeichnungen gleich anzusetzen, und daß dies unabhängig davon gilt, wie viele Farbbezeichnungen das jeweilige System umfaßt. Beispielsweise ist nicht nur der Kernbereich des englischen ‚red' und des französischen ‚rouge' gleich (Englisch und Französisch verfügen über die gleiche Anzahl grundlegender Farbbezeichnungen), sondern auch eine Sprache mit weniger grundlegenden Farbbezeichnungen kann über eine verfügen, deren Kernbereich mit dem von ‚red' oder ‚rouge' übereinstimmt. Noch verblüffender wirkt die Tatsache – wenn es wirklich eine ist –, daß es eine universal gültige Gliederung oder Hierarchie der potentiellen Farbbezeichnungen in Sprachen gibt. Beispielsweise wird jede Sprache mit nur drei Farbbezeichnungen über Wörter verfügen, deren Kernreferenzbereiche denen von ‚Schwarz', ‚Weiß' und ‚Rot' entsprechen; alle Sprachen mit sechs Farbbezeichnungen werden zusätzlich Wörter haben, deren Kernbereiche mit denen von ‚Grün', ‚Gelb' und ‚Blau' übereinstimmen. Der Kernbereich einer siebenten Bezeichnung in einem siebengliedrigen System soll dem von ‚Braun' entsprechen. (Das Französische kennt allerdings, wie bereits erwähnt, kein einzelnes Wort für die braune Farbe; im Rahmen kontextueller Beschränkungen kann aber ‚brun' und zunehmend auch ‚marron' als Äquivalent für den durch ‚Braun' bezeichneten Kernreferenzbereich angesehen werden.) Hierauf folgen Purpur, Rosa, Orange und Grau, aber in dieser Gruppe gibt es keine feste Ordnung: D. h., ein achtgliedriges System kann über eine Bezeichnung für Purpur verfügen, ein anderes über eine für Rosa usw.

Die Berlin-Kay-Hypothese hat beträchtliche Kontroversen hinsichtlich ihrer experimentellen Fundierung ausgelöst. Bis jetzt hat sie aber, abgesehen von einigen hier nicht erwähnten Details, empirischer Überprüfung standgehalten. Zwei allgemeine Aussagen lassen sich hinsichtlich der Hypothese treffen, die beide von Bedeutung für die Relativitätshypothese und die Beziehung zwischen Sprache und Kultur wichtig sind.

Die erste lautet folgendermaßen: Es gibt zwar vielleicht eine universale Grundstruktur des Farbvokabulars, aber es gibt ganz eindeutig auch eine nicht-universale übergeordnete Struktur. Der Unterschied zwischen Sprachen mit einem relativ umfangreichen und Sprachen mit einem relativ begrenzten System grundlegender Farbbezeichnungen bleibt unverändert bestehen. Außerdem beschränken sich die Beweise, die für eine universale Gliederung der Menge potentieller Farbbezeichnungen sprechen, wie wir gesehen haben, auf die sechs oder sieben am häufigsten gekennzeichneten Farben. Selbst wenn man akzeptiert, daß die entsprechenden Bereiche des Farbspektrums, genauer gesagt, die mit ihnen assoziierten Kernbereiche, bei der sinnlichen Wahrnehmung durch menschliche Wesen besonders hervorstechen, was zumindest teilweise auf deren neurophysiologische Beschaffenheit zurückzuführen ist, so gibt es doch auch andere, nicht-universale und weniger ‚ins Auge springende' Bereiche des Farbspektrums, die lexikalisch erfaßt und mit den universal stärker hervorstechenden Bereichen im Farbvokabular bestimmter Sprachen integriert werden. Aus den Diskussionen, die Anthropologen in bezug auf die Berlin-Kay-Hypothese und unabhängig von ihr über das Phänomen Farbe geführt haben, ist recht deutlich geworden, daß es für die Identifizierung von Farbbezeichnungen eine Rolle spielt, was einem aus biologischen ebenso wie aus kulturellen Gründen als herausragend erscheint; und wie wir gesehen haben, sind biologische und kulturelle Faktoren beim Spracherwerbsprozeß wechselseitig voneinander abhängig (vgl. 8.4). Schließlich gibt es viele alltägliche Anwendungen von Farbbezeichnungen – und darunter nicht nur die ganz offensichtlich symbolischen (Weiß für Reinheit, Rot für Gefahr, Schwarz für Trauer usw.) –, die in dem Sinn kulturabhängig sind, daß man sie nicht erlernen kann, ohne gleichzeitig das dafür wesentliche soziale Wissen zu erwerben. Die Bedeutung dieser Tatsache ist von vielen Linguisten, Psychologen und Philosophen unterschätzt worden, die die Berlin-Kay-Hypothese erörtert haben. Was für das Farbvokabular gilt, dürfte ebenso für jeden anderen beliebigen Bereich des Wortschatzes gelten. Wenn es in ihm eine universale Grundstruktur semantischer Unterscheidungen gibt, so wird es auch eine nicht-universale und vielleicht wesentlich umfangreichere, kulturabhängige übergeordnete Struktur geben.

Die zweite Aussage betrifft den Begriff der Kernreferenzbereiche. Wenngleich wir anfangs von der Farbe als visuellem Kontinuum sprachen, ist deutlich geworden, daß dies in einem wesentlichen Sinn nicht zutrifft. Menschliche Wesen sind (ebenso wie alle Tiere) so beschaffen, daß sie auf bestimmte Reize neurophysiologisch reagieren und auf andere nicht. Dies könnte, zumindest teilweise, der Grund dafür sein, daß bestimmte Farb-Kernreferenzbereiche uns stärker ins Auge springen und universal zu sein scheinen (vgl. Clark & Clark, 1977: 526 f.). Solche Kernbereiche dienen als Bezugspunkte, mit deren Hilfe wir den Rest des physikalischen Kontinuums strukturieren, sofern wir ihm eine Struktur zuordnen. Und sie dienen gleichzeitig als prototypische Muster beim Erwerb der Farbbezeichnungen. Beispielsweise erlernen wir die Bedeutung von ‚rot', indem wir das Wort zunächst mit dem Kernbereich assoziieren und dann seine Denotation vom Kern über einen nicht exakt bestimmten Raum ausdehnen. Die prototypische oder Kern-Bedeutung dient aber auch weiterhin als fester Bezugspunkt; und wir neigen dazu, sie mit etwas zu verknüpfen, das uns aus unserer alltäglichen Umwelt vertraut ist: ‚rot' kann beispielsweise in diesem Sinn prototypisch durch Referenz auf Blut oder Feuer definiert werden (wie dies viele Wörterbücher auch tatsächlich tun). Wiederum gilt das, was auf das Farbvokabular zutrifft, auch für den Wortschatz ganz allgemein: Unsere Erfahrungswelt präsentiert sich uns nicht als undifferenziertes Kontinuum. Wie wir in einem früheren Kapitel gesehen haben, wird sie von uns wenigstens in gewissem Grade kategorisiert, in Form von traditionell so bezeichneten *natürlichen Arten* (vgl. 5.3).

Wir haben auch am Anfang gesehen, daß die meisten Lexeme aller Sprachen nicht natürliche Arten oder Klassen von Dingen bezeichnen; ferner, daß die Denotation derjenigen, die es doch tun, kulturell gestützt werden muß. Die Tatsache, daß bestimmte Substanzen kraft ihrer materiellen Zusammensetzung natürliche Arten bilden (z.B. Salz) oder daß dies bestimmte biologische Arten kraft ihrer Fähigkeit zur Fortpflanzung und zum Erhalt ihrer Gattung tun (z. B. Tiger), ist in Hinblick auf die lexikalische Struktur von Sprache unbedeutend, sofern nicht diese Substanzen oder Gattungen kulturell hervorgehoben werden. Neuere Forschungsarbeiten im Bereich der philosophischen Semantik, der Psycholinguistik und der Soziolinguistik haben die Aufmerksamkeit auf die Rolle gelenkt, die kulturell etablierte Prototypen für die Definition der Bedeutung von Wörtern spielen, ganz gleich, ob sie natürliche Arten im traditionellen Sinn des Ausdrucks bezeichnen oder nicht.

10.4. Anredepronomen

Das Phänomen, mit dem wir uns in diesem Abschnitt beschäftigen wollen, ist von Linguisten und Nicht-Linguisten sowohl um seiner selbst willen als auch als Musterbeispiel für eine umfangreichere Reihe von kulturell determinierten Unterscheidungen in verschiedenen Sprachen lebhaft diskutiert worden. Es wurde hier ausgewählt, weil, zumindest auf den ersten Blick, die mit ihm verknüpfte soziale und expressive Bedeutung im scharfen Gegensatz zur deskriptiven Bedeutung von Farbbezeichnungen steht.

In den meisten modernen europäischen Sprachen, allerdings nicht in der Standardform des Englischen (wie sie von der Mehrzahl seiner Benutzer in der Mehrzahl der Verwendungssituationen verwendet wird), besteht ein Unterschied zwischen den üblicherweise so bezeichneten höflichen und vertraulichen Anredepronomen: Französisch ‚vous': ‚tu'; Italienisch ‚lei': ‚tu'; Russisch ‚vy': ‚ty'; Spanisch ‚usted': ‚tu'; Deutsch ‚Sie': ‚du' usw. Die Herkunft dieser Unterscheidung ist unklar. Man geht jedoch davon aus, daß sie ihren Ursprung im Latein der Spätzeit des Römischen Reiches oder im frühen Mittelalter hatte und daß sie zu verschiedenen Zeitpunkten von den anderen Sprachen übernommen wurde. Aus ihrem heutigen Auftreten in der Mehrzahl der europäischen Sprachen wird recht deutlich erkennbar, daß sie aus einer anderen Sprache entlehnt wurde. In der Tat hat es sogar verschiedene Ebenen der Entlehnung gegeben, da die Unterscheidung nicht immer unmittelbar aus dem Lateinischen übernommen wurde und da im Laufe der Jahrhunderte Sprachen, die über die Unterscheidung verfügten, von anderen Sprachen, denen sie ebenfalls eigen war, beeinflußt wurden. Hier war, wie es fast immer der Fall ist, die Entlehnung die Folge einer *kulturellen Durchdringung* (vgl. 10.5). Der Einfachheit halber und um dem allgemein verbreiteten Verfahren zu folgen, wollen wir die vertraulichen und die höflichen Pronomen, gleich welcher Sprache sie angehören, in Anlehnung an die französischen Pronomen jeweils mit T oder V bezeichnen.

Sozialpsychologen haben die Verwendung von T und V einerseits anhand der Begriffe Macht und Solidarität und andererseits auf Grundlage ihrer reziproken und nicht-reziproken Verwendung untersucht. Allgemein gesagt kann man davon ausgehen, daß eine nicht-reziproke Verwendungsweise einen anerkannten Statusunterschied anzeigt. In Gesellschaften, in denen eine nicht-reziproke Verwendungsweise auftritt, wird eine sozial höhergestellte oder in anderer Hinsicht mächtigere Person T gegenüber Untergebenen oder Unterlegenen verwenden, von ihnen aber mit V angesprochen werden. Der nicht-reziproke Gebrauch ist jedoch in den meisten europäischen Sprachen seit dem 19. Jahrhundert zurückgegangen, ausgenommen im Falle von Erwachsenen und Kindern, die nicht derselben Familie angehören, sowie in ein oder zwei Sonderfällen. Dies läßt sich historisch teilweise durch die Verbreitung stärker egalitärer oder demokratischer Verhaltensweisen in westlichen Gesellschaften und teilweise durch die gestiegene Bedeutung des Faktors Solidarität erklären, die nicht nur durch die reziproke Verwendungsweise an sich, sondern noch spezieller durch die reziproke Verwendung von T gekennzeichnet sind. In vielen europäischen Ländern, besonders in Frankreich, hat die reziproke Verwendung von T unter Kollegen und Bekannten in den letzten Jahren stark zugenommen, und dies auf allen sozialen Ebenen, besonders aber unter der jüngeren Generation und bei den Vertretern liberaler und linksgerichteter Anschauungen. So ist es beispielsweise heutzutage äußerst selten, daß Ehepartner gegenseitig V verwenden oder daß T und V nicht-reziprok zwischen Eltern und Kindern verwendet werden. Dies war jedoch in früheren Zeiten in allen Familien der französischen Oberschicht üblich und ist hier und da noch immer zu beobachten.

Es muß betont werden, daß die soeben gemachten verallgemeinernden Aussagen über den allmählichen Übergang von der Macht zur Solidarität als bestimmendem Faktor in dem Wandel, der sich etwa während der letzten hundert Jahre in der Verwendung von T und V in den europäischen Sprachen vollzogen hat, rein statistischer Natur sind. Es ist mit Sicherheit nicht so, daß man mit absoluter Genauigkeit voraussagen kann, ob zwei Individuen in einer bestimmten Situation T oder V verwenden werden, nur weil man über Informationen über ihre Zugehörigkeit zu einer Gesellschaftsschicht, ihr Alter, ihr Geschlecht, ihre politische Grundhaltung usw. verfügt. Auch bestehen hinsichtlich der Freiheit, T zu verwenden, Unterschiede zwischen dem Anschein nach vergleichbaren sozialen Gruppen in verschiedenen Ländern Europas. Dennoch ist der oben beschriebene Wandel zweifellos eingetreten, zu verschiedenen Zeitpunkten und mit unterschiedlichem Entwicklungstempo.

Dieses Beispiel ist ausgewählt worden, um zu verdeutlichen, daß sowohl auf synchroner als auch auf diachroner Ebene eine Korrelation zwischen der sozialen Struktur auf der einen Seite und nicht nur dem Vokabular, sondern auch der grammatischen Struktur von Sprachen auf der anderen Seite besteht oder bestehen kann. Diese Korrelation ist in anderen Sprachen, wie Japanisch, Hindu oder Javanisch, wesentlich ausgeprägter als in irgendwelchen europäischen Sprachen. Aber man darf nicht übersehen, daß es auch in diesen eine Fülle charakteristischer Details gibt: So ist im Italienischen und Spanischen, im Gegensatz beispielsweise zum Französischen, Deutschen und Russischen, in bestimmten grammatischen Konstruktionen eine Imperativ/Konjunktiv-Unterscheidung mit dem Gebrauch von entweder T oder V verknüpft; so gibt es in bestimmten süditalienischen Dialekten eine weitere Differenzierung innerhalb von V, ‚lei' und ‚voi'; so ist in einigen, aber nicht in allen Sprachen, die zwischen T und V unterscheiden, eine von anderen Faktoren unabhängige Singular/Plural-Unterscheidung damit verknüpft usw. Wenn man die Bedeutung von T und V in einer bestimmten Sprache erläutern soll, so müssen wesentlich mehr Daten bezüglich der Sozialstruktur und der sozialen Rollen in Betracht gezogen werden, als dies mit den globalen Begriffen Macht und Solidarität möglich ist. Ferner sind Informationen über die Interpretation von T und V im Rahmen der grammatischen Struktur jeder Sprache und über ihre Verwendung im Zusammenhang mit Titeln, Namen und anderen Anredeformen erforderlich. Trotzdem dürfte der generelle Sachverhalt deutlich geworden sein: Die soziale und expressive Bedeutung von T und V ist ganz offensichtlich von der Kultur abhängig; sie ist Gegenstand eines durch gesellschaftliche Vermittlung erworbenen Wissens. Und dieses Wissen ist eher praktisch als theoretisch: Es gehört in den Bereich des sozialen Know-hows.

Die Bedeutung von T und V kann von Sprache zu Sprache leicht unterschiedlich sein. Ein schlagender Beweis dafür findet sich in der russischen Literatur des 19. Jahrhunderts, besonders in den Romanen Tolstois (vgl. Friedrich, 1968). Entscheidend ist, daß unter den Angehörigen des russischen Adels zu dieser Zeit Diglossie verbreitet war, wobei Französisch die H-Sprache und Russisch die N-Sprache war (vgl. 9.4). Wenn die Aristokraten unter sich französisch sprachen, so pflegten sie gegenseitig V zu verwenden, unabhängig von ihren verwandtschaftlichen oder auf Freundschaft beruhenden Beziehungen. In dieser Hinsicht folgten sie dem Sprachgebrauch der französischen Oberschicht jener Zeit. Aber wenn sie russisch sprachen, verwendeten sie gewöhnlich entweder T oder V, und zwar reziprok untereinander oder nicht-reziprok gegenüber den sozial niedriger Stehenden und ihnen Untergebenen. Der reziproke Gebrauch unterlag sowohl aktuellen als auch permanenten Einflüssen. Als permanenter Faktor konnte das gelten, was hier bereits global als Solidarität bezeichnet worden ist und auf Verwandtschaft, Freundschaft, Ehe usw. beruhte. Er hatte zur Folge, daß Männer und Frauen entweder mit ihren Bekannten T verwendeten oder auch nicht. Der aktuelle Faktor bestand in der Stimmung oder dem Gefühl, durch die der jeweilige Augenblick geprägt war: Das Russische ermöglichte es, im Gegensatz zum Französischen, leicht von einem normalerweise üblichen T als Zeichen der Solidarität und Intimität zu einem äußerst bedeutungskräftigen kurzfristigen V als Zeichen des Ärgers und der Distanzierung überzugehen; und es erlaubte auch, was uns hier allerdings nicht so sehr interessiert, durch aktuelle, kurzfristige Solidarität die sozialen Barrieren in stark emotionsgeprägten Augenblicken zu durchbrechen und über die permanenten Regeln der nicht-reziproken Verwendung von V und T zu triumphieren.

Tolstoi war sich der Unterschiede zwischen der T/V-Unterscheidung im Russischen und im Französischen voll bewußt, da sie für die Sprechweise der Klasse, der er angehörte, funktionelle Bedeutung hatte. Er respektierte diese Unterschiede nicht nur beim Schreiben selbst, er lenkte gelegentlich auch die Aufmerksamkeit des Lesers gezielt auf sie. Der Grund hierfür lag darin, daß ein großer Teil der Gespräche, besonders in seinen späteren Romanen, zwar im Originaltext in russischer Sprache wiedergegeben ist, aber so verstanden werden sollte, als handele es sich um Konversation in Französisch. So ist es gewöhnlich auf der Grundlage textimmanenter Merkmale und unter Heranziehung des eigenen Wissens über soziolinguistische Variablen möglich, herauszufinden, ob ein bestimmter Teil des Textes ein in Französisch geführtes Gespräch wiedergeben soll oder nicht. Ein Anhaltspunkt hierfür ist die Verwendung des Anredepronomens. Beispielsweise ist in „Anna Karenina" das Auftreten einer T-Form in einem Dialog zwischen Hauptpersonen (mit Ausnahme einiger weniger, aus dem Kontext erklärbarer Sonderfälle) ein sicheres Indiz dafür, daß russisch gesprochen wird (vgl. Lyons, 1980). Die Verwendung einer V-Form impliziert jedoch für sich genommen nicht, daß man davon ausgehen muß, das entsprechende Gespräch werde in Französisch geführt. Erstens verkehren nicht alle Hauptpersonen auf der Stufe von T miteinander. Zweitens finden an bestimmbaren und hochbedeutsamen Punkten nicht nur Übergänge statt, die einen langfristigen Wechsel von V zu T signalisieren, es können auch Wechsel von T zu V, wie oben bereits erwähnt, in Streitgesprächen, die auf Russisch geführt werden, auftreten – eine Wiederannäherung der Streitenden oder neue Freundlichkeit wird dann durch die Rückkehr von T angezeigt.

Russen, die derselben Gesellschaftsklasse wie Tolstoi angehörten und für die er in der fraglichen Periode schrieb, würden auf diese Schlüsselsignale mehr oder weniger automatisch reagieren. Sie waren zweisprachig, sprachen Russisch und Französisch, und verwendeten, was die T/V-Unterscheidung betraf, zwei recht unterschiedliche und unvereinbare Systeme in ihrem alltäglichen Leben, so daß sie, denen bewußt war, ob eine V-Form im Text die Bedeutung des französischen V oder des russischen V hatte, ohne Zögern und überwiegend wohl unbewußt auf solche Textpassagen reagieren konnten, in denen ein Wechsel von einer russischen V-Form zur T-Form und umgekehrt auftrat. Viele dieser Übergänge sind von großer Bedeutung, und einige von ihnen, aber nicht alle, werden als solche vom Autor ausdrücklich vermerkt. Dem modernen Leser des Werks wird vieles entgehen, es sei denn, er kann die Sensibilität erwerben, die nötig ist, um den Text angemessen zu rezipieren, d.h. in der Art, wie es Tolstois Russisch sprechende Zeitgenossen taten.

Jeder Leser englischer Übersetzungen der Texte verpaßt nun notgedrungen diese signifikanten Übergänge, da das Englische, wie bereits gesagt, nicht über die T/V-Unterscheidung verfügt und allenfalls durch den Aufbau einer – allerdings kaum als Übersetzung zu bezeichnenden – Unterscheidung zwischen ‚thou' und ‚you', die im gesamten Werk durchgehalten werden müßte, die subtilen, aus dem sprachlichen Verhalten erkennbaren, sozialen und expressiven Bedeutungsnuancen wiedergeben könnte. Daß solche Versuche einer Übertragung ebenso wie der Versuch, z.B. durch die Verwendung von Kosenamen und Vornamen für die Anrede eine Entsprechung herzustellen, letztlich zum Scheitern verurteilt sind, ist unschwer nachzuweisen (vgl. Lyons, 1980).

Man könnte nun denken, daß eine Übersetzung ins Französische das Problem besser bewältigen könne, und dies ist auch in gewissem Sinn der Fall, wenn sie nämlich konsequent Tolstois Vorgehensweise umkehrt. Aber während der russische Leser zur Zeit Tolstois zweisprachig war, sowohl Russisch als auch Französisch sprach, gilt dies nicht für den durchschnittlichen französischen Leser der Werke Tolstois. Und jeder, der eine französische Übersetzung liest, die ‚vous' konsequent statt des russischen ‚vy' und ‚tu' für das russische ‚ty' verwendet, muß einige der Pronomen entsprechend dem russischen System und einige entsprechend dem recht andersartigen französischen System interpretieren – und zwar nicht entsprechend dem heutigen System der Anrede in Frankreich, sondern demjenigen, das vor hundert Jahren bestand. Er braucht also nicht bilingual (zweisprachig) zu sein, muß aber sicherlich in Hinblick auf die wesentlichen Aspekte in hinreichendem Grade in beiden Kulturen zu Hause sein, bi-kulturell sein.

Und hierin beruht die zentrale Erkenntnis, die sich aus dem Beispiel gewinnen läßt: Die meisten Sprachen, wenn nicht gar alle, weisen in ihrer grammatischen oder lexikalischen Struktur Unterscheidungen auf, die ihre Bedeutung aus ihrer Korrelation mit funktionalen Unterscheidungen in der Kultur oder Subkultur gewinnen, in der die Sprache verwendet wird. Diese Bedeutung ist gewöhnlich, wenn auch nicht notwendigerweise, eher sozial und expressiv als deskriptiv. Aber was im vorangegangenen Abschnitt über die Kombination einer möglicherweise universalen zugrunde liegenden Struktur mit einer kulturabhängigen, nicht-universalen übergeordneten Struktur gesagt wurde, hat auch in Hinblick auf diese Art von Bedeutung seine Gültigkeit. Wie wir gesehen haben, besteht ein Unterschied zwischen der russischen T/V-Unterscheidung und der französischen T/V-Unterscheidung. Doch dieser Unterschied kann bis zu gewissem Grade auch demjenigen einsichtig gemacht werden, der weder Russisch noch Französisch spricht, wenn man dies mit Hilfe sehr allgemeiner, wenn nicht gar universaler Begriffe tut, die mit sozialer Stellung, Verwandtschaft, Liebe, Freundschaft usw. zu tun haben. Auf dieselbe Weise können Anthropologen, Soziolinguisten und Literaturinterpreten anderen mehr oder weniger adäquat die Bedeutung unbekannter kulturbedingter Ausdrücke einer fremden Sprache klarmachen. Diese Beobachtung wird im folgenden Abschnitt wieder aufgenommen und allgemeiner untersucht werden. Hier jedoch muß eines herausgestellt werden: Wenn man dazu in der Lage ist, eine kulturell bedingte grammatische oder lexikalische Unterscheidung mehr oder weniger befriedigend mittels einer anderen Sprache, die diese Unterscheidung nicht kennt, zu erklären, so ist dies nicht damit gleichzusetzen, daß diese Unterscheidung auch in einer Übersetzung angemessen wiedergegeben werden kann. Metalinguistische Erklärung[1] darf nicht mit Übersetzung verwechselt werden.

[1] Der Terminus ‚metalinguistisch' wird heute gewöhnlich in der Bedeutung „bezogen auf Beschreibung oder Analyse von Sprache oder von einer Sprache" (vgl. ‚Metasprache': 5.6) verwendet. Er wurde auch von Vertretern der strukturalistischen Linguistik in der Zeit nach Bloomfield in bezug auf die Erforschung von Sprachen in ihrem kulturellen Kontext verwendet. Beide Bedeutungen sind hier anwendbar.

10.5. Kulturelle Überlappung, kulturelle Durchdringung und Übertragbarkeit

In diesem Kapitel, ja, in diesem ganzen Buch wurde die grundlegende Auffassung herausgearbeitet und durch Beispiele belegt, daß Sprache sowohl ein biologisches als auch ein kulturelles Phänomen ist. Einzelsprachen, so hat es den Anschein, verfügen über eine universale Basisstruktur, mit Sicherheit im Bereich von Grammatik und Wortinventar und vielleicht auch in dem der Phonologie, und sie verfügen über eine nicht-universale Hyperstruktur, die nicht nur auf der Basisstruktur aufgebaut, sondern auch voll mit ihr integriert ist.

Die universale Basisstruktur ist teilweise bestimmt durch die genetisch vermittelten kognitiven Fähigkeiten des menschlichen Geistes und, was nicht weniger bedeutsam ist, durch die genetisch determinierten menschlichen Triebe und Bedürfnisse. Hinzu kommt dann noch als weiteres Element die Interaktion zwischen diesen biologisch determinierten kognitiven und nicht-kognitiven Faktoren und der realen Welt, wie sie sich menschlichen Wesen darstellt. Ob es auch eine spezifische Befähigung zum Spracherwerb gibt, ist bis heute ungeklärt (vgl. 8.4). Der Prozeß des Spracherwerbs ist jedoch so gestaltet, daß auch die biologische Vermittlung aller universalen Elemente der Sprache von einem Prozeß kultureller Vermittlung abhängig ist, wenn sie erfolgreich sein soll.

Die nicht-universale Hyperstruktur von Sprachen ist wesentlich deutlicher als Objekt kultureller Vermittlung erkennbar – und dies in doppeltem Sinn. Dieser Teil der Sprachkompetenz wird nicht etwa nur über die Institutionen einer bestimmten Gesellschaft von einer Generation der nächsten übermittelt, sondern das Übermittelte selbst bildet einen wesentlichen Bestandteil der Kultur dieser Gesellschaft. Wenn Kompetenz in Hinblick auf eine bestimmte Sprache die Fähigkeit zum Erzeugen und Verstehen von Sätzen dieser Sprache einschließt, dann handelt es sich dabei unzweifelhaft um einen Teil der Kultur: d.h. um soziales Wissen (vgl. 10.1). Denn ein großer Teil der Bedeutung von Ausdrücken, darunter ihre deskriptive ebenso wie ihre soziale und expressive Bedeutung, ist nicht-universal und kulturabhängig. Dies ist in den vorangegangenen zwei Abschnitten bereits in bezug auf zwei ganz unterschiedliche Beispiele dargelegt worden. Gleiches gilt jedoch auch für die nicht weniger wesentliche Beobachtung, daß es zwar unmöglich sein mag, alle Sätze einer Sprache in Sätze einer anderen Sprache ohne jede Verzerrung oder ohne behelfsmäßige Kompromisse zu übertragen, daß es aber in der Regel möglich ist, auch jemandem, der die Originalsprache und -kultur nicht kennt, ein mehr oder weniger befriedigendes Verständnis sogar jener kulturabhängigen Ausdrücke zu ermöglichen, die sich der Übertragung in irgendeine ihm vertraute Sprache widersetzen.

Dies ist möglich, weil es zwischen zwei beliebigen Gesellschaften einen größeren oder kleineren Grad an kultureller *Überlappung* gibt. Im Grenzfall mag diese nicht größer sein, als man auf Grund der biologischen Konstitution des Menschen und auf Grund offenkundiger Umweltübereinstimmungen in allen bewohnbaren Teilen der Welt erwarten kann. Aber aus verschiedenen Gründen, darunter auch die von Anthropologen so genannte *kulturelle Durchdringung,* übersteigt der Grad der Überlappung bei weitem dieses Minimum. Ganz allgemein gesagt: Übertragbarkeit ist eine Funktion kultureller Überlappung. Wie wir im Fall der russischen und französischen Anredepronomen bei Tolstoi gesehen haben, können diese zwar nicht befriedigend ins Englische übersetzt werden, aber dennoch kann ihre Verwendung auch Sprechern, die nur Englisch verstehen, erläutert werden, wenn man sich recht allgemeiner Begriffe bedient, die sich, wenn auch mit Unterschieden im Detail, ebenso für die Beschreibung unserer eigenen Kultur anwenden lassen.

Die gleiche Feststellung hätte man auch, was Anredewörter betrifft, bezüglich Sprachen treffen können, die über eine reichhaltige Menge von *Statusbezeichnungen* verfügen (z. B. Javanisch, Koreanisch, Thai und viele andere südostasiatische Sprachen); oder in Hinblick auf Sprachen, die, wie das Japanische, auch statusbezeichnende Pronomen haben, aber statt der Pronomen viel häufiger Verwandtschaftsbezeichnungen und Titel verwenden. Auf den ersten Blick scheint sich dies extrem von allem zu unterscheiden, was sich in europäischen Gesellschaften findet. Aber die kulturellen Parameter, die den nicht-reziproken Gebrauch bestimmen – soziale Rangüberlegenheit, Alter, Verwandtschaft, Geschlecht usw. –, sind auch in unserer Kultur wirksam, wenn auch in begrenzterem Ausmaß und ohne die gleiche Wirkung auf die grammatische Struktur und den Wortschatz des Deutschen. So wird beispielsweise nicht nur der reziproke oder nicht-reziproke Gebrauch von Pronomen, Namen und Titeln in deutschsprachigen Gesellschaften durch eben diese Faktoren bestimmt, es gibt auch Situationen, in denen (wie es allgemeiner im Japanischen üblich ist) der Ranghöhere, jedoch nicht der Rangniedrigere, mittels derselben Verwandtschaftsbezeichnungen und desselben Titels von sich sprechen kann, mit dem er angeredet wird (vgl. die Verwendung von ‚Papa' oder ‚Mutti' oder ‚der Bundeskanzler' in *Hat dir Papa/Mutti nicht gesagt, du sollst ...* und *Der Bundeskanzler hat schon im März darauf hingewiesen ...*). Kulturelle Überlappung dieser Art und dieses Grades macht es uns möglich, in allgemeiner Form die Beschreibungen der semantischen Struktur anderer Sprachen zu verstehen, die in der soziolinguistischen und anthropologischen Literatur auftreten (vgl. Hymes, 1964). Es wäre jedoch ein Fehler, anzunehmen, daß das auf diese Weise erworbene allgemeine Verständnis der semantischen Struktur anderer Sprachen mehr als nur oberflächlich ist. Ein volles Verstehen der verschiedenen Arten von Bedeutung, die in Grammatik und Vokabular einer Sprache kodiert sind, erwächst allein aus einem vollen Verstehen der Kultur oder der Kulturen, in denen sie wirksam sind.

Das soeben Gesagte bildet einen Gemeinplatz, nicht nur in der Sozio- und der Ethnolinguistik, sondern auch im Bereich der Literaturwissenschaft. Und das Studium ausgewählter Fremdsprachen an unseren Schulen und Universitäten – denen sämtlich der Status einer ‚Kultursprache' (‚langue de culture': vgl. 10.1) im engeren Sinn von ‚Kultur' zugebilligt wird – wird traditionell und auch zu Recht mit weitgehend gleichen Argumenten begründet. Bestimmte Sprachen sind historisch mit bestimmten Kulturen verknüpft; die Sprachen liefern den Schlüssel zu diesen mit ihnen verbundenen Kulturen und besonders zu deren Literatur; und die Sprachen selbst entziehen sich einem vollen Verständnis, sofern sie nicht im Kontext derjenigen Kulturen betrachtet werden, in die sie eingebettet und mit denen sie unlösbar verknüpft sind; darum werden Sprache und Kultur im Zusammenhang studiert. Auf der Ebene des grundlegenden Prinzips kann dieses Argument nicht widerlegt werden. Man kann natürlich darüber diskutieren, ob die eher traditionellen Ziele und Methoden des Sprachunterrichts auf einem hinreichend umfassenden Konzept von Kultur beruhen. Aber dies ist eine andere Frage. Der Prozeß des Erlernens einer Sprache kann und sollte auf spezifische Zwecke zugeschnitten sein. Einer dieser Zwecke besteht in dem möglichst weitgehenden Eindringen in eine Kultur, die sich von der unterscheidet, in der man aufgewachsen ist, – besteht darin, sie kennenzulernen und an ihr teilzuhaben.

Es gibt bestimmte Aspekte des wechselseitigen Zusammenhangs zwischen Sprache und Kultur, denen die ihnen zustehende allgemeine Würdigung meist versagt bleibt. Hierzu gehört die für die Übersetzungsproblematik äußerst bedeutsame Frage, inwieweit kulturelle Durchdringung die semantischen Unterschiede zwischen Sprachen reduziert und zuweilen auch nur verdeckt. Die stärker ins Auge springenden sprachlichen Konsequenzen kultureller Durchdringung sind bereits erwähnt worden: Entlehnung und Lehnübersetzung (vgl. 10.2). Womit wir uns hier beschäftigen wollen, ist ein weniger leicht erkennbarer Typ der Lehnübersetzung: ein Phänomen, das ihr im allgemeinen gar nicht zugerechnet wird, um so mehr, als es in vielen Fällen nur schwer von der gewöhnlichen Übersetzung einerseits und von kreativem Sprachgebrauch andererseits zu unterscheiden ist, der, wenngleich er nicht regelgeleitet ist, sehr wohl der Sprachkompetenz eines gewöhnlichen Sprechers zuzuordnen ist.

Nehmen wir beispielsweise an, wir wollten einen Text aus dem klassischen Griechisch ins Deutsche übersetzen und stießen dabei auf das Wort ‚sophia'. Es wird üblicherweise mit ‚Weisheit' übersetzt, und dies ist in vielen Kontexten ein völlig befriedigendes Äquivalent oder hat zumindest den Anschein, eines zu sein. So könnte zum Beispiel ein Satz, der das Adjektiv ‚sophos' enthält (welches sich syntaktisch und semantisch ebenso zu ‚sophia' verhält wie ‚weise' zu ‚Weisheit') in einem griechischen Text eines Autors wie Platon auftreten und im Deutschen mit ‚Homer war weiser als Hesiod' wiedergegeben werden. Ohne den Kontext zu berücksichtigen, könnte ein Leser, der weder über gute griechische Sprachkenntnisse noch über hinreichende Kenntnis des sozialen und kulturellen Hintergrunds verfügt, diese Aussage durchaus so interpretieren, als sei ‚weise' mit der gleichen Bedeutung verwendet worden wie in ‚Goethe war weiser als Hölderlin'. Aber ist dies wirklich der Fall? Vom Kontext losgelöst ist diese Frage schwer zu beantworten, da ‚sophia' mit Sicherheit das mit einschließt und auch als Bezeichnung für das verwendet werden würde, was wir im heutigen Deutsch als Weisheit ansehen würden. Aber ‚sophia' und ‚Weisheit' haben nicht denselben Bedeutungsumfang. In vielen Kontexten würde die beste deutsche Übersetzung des griechischen Satzes lauten: ‚Homer war ein besserer Dichter als Hesiod'. Tatsächlich kann man die Ansicht vertreten, daß dies der griechischen Bedeutung von ‚sophos' weitestgehend entspricht, wenn das Wort in seinem *prototypischen* Sinn verwendet wird. Wenn ein Schuhmacher oder Zimmermann ein kompetenter Vertreter seines Berufsstandes ist, wird er gleichermaßen zu Recht als ‚sophos' bezeichnet wie ein guter Arzt, Dichter oder Staatsmann. Man könnte die Ansicht vertreten, daß niemand ein guter Staatsmann oder guter Arzt sein könne, wenn er nicht weise ist, aber was wir im Deutschen normalerweise unter Weisheit verstehen, ist zweifellos kein entscheidendes Merkmal eines guten Schuhmachers, Zimmermanns oder Dichters.

Aber Übersetzungen aus einer in eine andere Sprache können sich nicht immer am normalen Sprachgebrauch orientieren. Übersetzt jemand eine der zahlreichen Textpassagen bei Platon, in denen es um die auf deutsch traditionell so formulierte Frage ‚Ist Tugend lehrbar?' geht (die mit dem berühmten sokratischen Paradoxon ‚Niemand tut wissentlich etwas Falsches' und mit vielen anderen ebenso berühmten Thesen verknüpft ist, welche nicht nur der griechischen Philosophie, sondern der gesamten abendländischen, daraus entwickelten philosophischen Tradition entstammen), so wird er sich gezwungen sehen, entweder ‚Weisheit' für ‚sophia' (und ‚Tugend' für das griechische ‚arete') einzusetzen oder ein anderes Wort, das, wie auch immer es beschaffen sein mag, in seiner normalen Bedeutung für viele der Kollokationen, in denen es nun auftritt, ungeeignet erscheint. Übersetzt er das Wort jedoch uneinheitlich, wählt mal diesen, mal jenen passenden Begriff innerhalb der Textpassage, so wird die Argumentationsstruktur verdeckt, und die unterstützenden Beispiele verlieren ihre Aussagekraft. Damit ist für die Übersetzungspraxis folgendes gemeint: Der Wert einer Übersetzung verhält sich relativ zu dem Zweck, den eine bestimmte Übersetzung erfüllen soll, und zu dem vermuteten Hintergrundwissen derer, die sie benutzen. Aus diesem Grund ist die sogenannte ‚buchstäbliche' oder ‚wörtliche' Übersetzung zuweilen angemessener als die freie Übersetzung.

Aber was ist unter ‚wörtliche Übersetzung' zu verstehen? In einigen Fällen handelt es sich um eine Art von Übersetzung, die es versäumt, wegen der unterschiedlichen Verwendung von Symbolen und Metaphern in den beiden Sprachen am Text Veränderungen vorzunehmen. In vielen Fällen jedoch – so zum Beispiel wenn ‚sophia' in den Absätzen der Dialoge Platons, die oben erwähnt wurden, einheitlich mit ‚Weisheit' übersetzt würde (und ‚arete' mit ‚Tugend') – handelt es sich lediglich um die mehr oder weniger absichtliche Verwendung von Lehnübersetzungen, wobei im vorliegenden Beispiel der Unterschied zwischen wörtlicher und metaphorischer oder symbolischer Bedeutung nicht so wichtig ist. Es handelt sich vielmehr um einen Unterschied im deskriptiven Gehalt von Wörtern und den kulturabhängigen Prototypen, mit denen sie assoziiert werden. Statt das deutsche Wort ‚Weisheit' zu verwenden, könnten wir genausogut das griechische Wort ‚sophia' in den Text einfügen. Die Wirkung bleibt letzten Endes gleich, und man könnte es natürlich gut im Rahmen einer Übersetzung tun, die primär für die Benutzung durch Deutsch sprechende Studenten der Philosophie bestimmt wäre, die mit der griechischen Kultur hinreichend vertraut sind, aber nicht über genügende griechische Sprachkenntnisse verfügen, die es ihnen ermöglichen würden, den Originaltext zu lesen. Es bedarf jedoch nur kurzen Nachdenkens, vielleicht unterstützt durch praktische Übersetzungserfahrung, um zu erkennen, daß es nicht nur ein problemträchtiges Wort wie ‚sophia' (oder ‚arete') ist, das Schwierigkeiten bereitet und dazu neigt, die Grenze zwischen Lehnübersetzung und gewöhnlicher Übersetzung verschwimmen zu lassen. Die Bedeutung von Wörtern wie ‚sophia' und ‚arete' ist wegen der philosophischen – und, im engeren Sinn von ‚Kultur', der kulturellen – Bedeutung der Texte, in denen sie auftreten, ausführlich diskutiert worden. Man ist sich deshalb der Notwendigkeit, bei ihrer Übersetzung äußerste Sorgfalt walten zu lassen, besonders bewußt.

Ebenso offensichtliche Beispiele lassen sich in jeder anderen klassischen Sprache der Welt finden. So kann beispielsweise das Sanskrit-Wort ‚dharma' in verschiedenen Kontexten verschieden übersetzt werden: mit ‚Pflicht', ‚Sitte', ‚Gesetz', ‚Recht' usw. Aber seine Grundbedeutung, in seiner späteren Entwicklung und als entlehntes Wort in anderen Sprachen, ist so stark kulturabhängig, besonders in hinduistischen und buddhistischen Gesellschaften, daß es mit dieser Bedeutung ins Deutsche und in andere europäische Sprachen übernommen wurde. Ebenso ist das Wort ‚Kismet' über das Türkische und Persische aus dem Arabischen in einem Sinn entlehnt worden, den man kurz als seine islamische Grundbedeutung bezeichnen könnte. Vermutlich sind diese Wörter als Lehnwörter übernommen worden, weil man das Gefühl hatte, daß eine Übersetzung von ‚dharma' mit ‚Pflicht' und ‚Kismet' mit ‚Schicksal' oder ‚Bestimmung' an der Aufgabe scheitern würde, die höchst bedeutsamen kulturabhängigen Implikationen mit wiederzugeben. Das griechische Wort ‚sophia' wäre vielleicht ebenso unverändert in andere europäische Sprachen übernommen worden, wenn in der Neuzeit der Kontakt mit einer Gesellschaft hergestellt worden wäre, in der dieses griechische Wort verwendet wurde und in der man – nur um ein Beispiel zu geben – die ‚sophia' einer Person als – ähnlich wie sein ‚dharma' in hinduistischen Gesellschaften – durch seine Kaste bestimmt ansehen würde. Aber natürlich hat das klassische Griechisch sowohl direkt als auch indirekt über das Latein denselben kontinuierlichen Einfluß auf die Sprachen Europas ausgeübt, wie dies Sanskrit und Arabisch über Jahrhunderte hinweg auf die Sprachen Asiens und Afrikas taten.

Anthropologen stehen diesem Problem ständig in Hinblick auf Sprachen gegenüber, die im Gegensatz zum Griechischen, zum Sanskrit oder Arabischen nicht weltweit und jahrhundertelang als Sprachen mit anerkannter kultureller Bedeutung gedient haben: d. h. als Kultursprache im Sinn von ‚langue de culture'. Sie müssen entscheiden, ob sie ein Wort aus der Sprache der Gesellschaft, die sie beschreiben, übernehmen wollen (so wie ‚Tabu' aus einer polynesischen Sprache, dem Tonga, im 18. Jahrhundert übernommen und später verallgemeinert wurde) oder ein bereits existierendes Wort verwenden und es mehr oder weniger willkürlich durch Lehnübersetzung für ihren Zweck, die Beschreibung der Gesellschaft, mit der sie sich beschäftigen, umformen. Letztlich besteht kein Unterschied zwischen dem, was der Anthropologe oder auch jeder andere tut, wenn er die Bedeutung von Wörtern seiner Muttersprache auf diese Weise durch Lehnübersetzungen ausweitet, und dem, was der Übersetzer die ganze Zeit über tut, wenn er in der Übersetzung zwischen zwei Sprachen vermittelt, deren zugehörige Kulturen sich nicht überlappen.

Ferner besteht letztlich kein Unterschied zwischen Lehnübersetzungen dieses mehr oder weniger bewußten Typs und der Art und Weise, wie ein muttersprachlicher Sprecher seine eigene Sprache benutzt, wenn er die Bedeutung von Wörtern in neuartigen Situationen über ihren ursprünglichen Rahmen hinaus erweitert. So kann er beispielsweise in die Denotation von ‚Hut', ‚Mütze', ‚Kappe' usw. verschiedene Arten von Kopfbedeckungen eingliedern, die für andere Kulturen, nicht aber seine eigene typisch sind; er kann im Rahmen der Denotation von ‚Boot' nicht nur Kanus, sondern auch Katamarane einordnen, wenn er sie zum ersten Mal sieht (ganz gleich, ob er nun die von den Angehörigen der Kulturen, die diese Wasserfahrzeuge benutzen, verwendeten Wörter übernimmt oder nicht); er kann die Wörter ‚Trauung' oder ‚Bestattung' auf eine große Reihe von Praktiken anwenden, die nur wenig Ähnlichkeit mit dem haben, was die Mehrzahl der Sprecher des Deutschen als Grundtyp einer Trauung oder einer Bestattung ansehen würden.

Nun ist es eine Tatsache, daß Englisch, Französisch, Deutsch und die anderen Hauptsprachen Europas, wie schon in dem Kapitel über Sprache und Gesellschaft betont worden war, in vielerlei Hinsicht hochgradig unrepräsentativ für die Sprachen unserer Erde sind. Englisch beispielsweise wurde als Verwaltungssprache eines Weltreichs voller großer kultureller Gegensätze benutzt. Es wird als Muttersprache von Menschen vieler verschiedener ethnischer Gruppen und in den verschiedensten Teilen der Welt lebenden Anhängern vieler Religionen gesprochen. Es findet Verwendung durch Anthropologen, Missionare und Autoren jeder Art, nicht nur zur Beschreibung jeder bekannten Gesellschaft, sondern auch in Romanen, Theaterstücken usw., deren Handlungsort und gesellschaftliches Umfeld außerhalb des englischen Sprachraums liegen. Dies bedeutet, daß Englisch in noch größerem Ausmaß als andere europäische Sprachen in nahezu jedem lexikalischen Feld durch Lehnübersetzungen bereichert und modifiziert worden ist. Die Korrelationen zwischen den semantischen Strukturen des Englischen und den Kulturen seiner muttersprachlichen Sprecher sind deshalb wesentlich komplexer und mannigfaltiger als die Korrelationen zwischen Sprache und Kultur in der großen Mehrheit menschlicher Gesellschaften. Deshalb fällt es jemandem, der Englisch oder eine andere europäische Hauptsprache spricht, viel leichter, zu glauben, daß alle menschlichen Sprachen wechselseitig übersetzbar seien, als Sprechern der meisten anderen Sprachen. Es ist von großer Bedeutung, diese Tatsache im Auge zu behalten, wenn man theoretische Diskussionen über die Natur von Sprache liest, in denen sich Beispiele finden, die ausschließlich der einen oder anderen Hauptsprache Europas entstammen.

Wenden wir uns nun dem letzten Punkt zu. Linguisten verkünden häufig, und sei es auch nur als Arbeitshypothese, das Prinzip, daß es keine primitiven Sprachen gebe: daß alle Sprachen nahezu die gleiche Komplexität aufwiesen und daß sie den Kommunikationsfunktionen, die sie in den Gesellschaften, von denen sie benutzt werden, erfüllen, gleichermaßen gut angepaßt sind (vgl. 2.4). Dieses Prinzip bindet nicht aus sich heraus den Linguisten an die Auffassung, daß alle Sprachen zur Befriedigung aller Kommunikationsbedürfnisse gleich gut geeignet sind. Tatsächlich ist ja einigen Sprachen, wie wir eben gesehen haben, kraft ihrer Rolle als Weltsprachen eine Flexibilität und Vielseitigkeit eigen, die die meisten anderen Sprachen nicht haben. Andere Sprachen, ob sie nun ebenfalls Weltsprachen sind oder nicht, sind mit Kultur im engeren oder klassischen Sinn des Wortes verknüpft (vgl. 10.1). Es wäre paradox, wenn nicht gar absurd, das Prinzip der Gleichwertigkeit von Sprachen so zu interpretieren, als impliziere es, daß die Sprache, die jemand spricht, keinerlei Einfluß auf die Qualität seines intellektuellen und künstlerischen Lebens habe, ganz zu schweigen von seiner Karriere und seinen ökonomischen Perspektiven (vgl. 9.5). Es gibt höchst plausible Gründe dafür, daß einige Sprachen an unseren Schulen und Universitäten gelehrt werden und andere nicht. Linguisten, die die Gleichwertigkeit von Sprachen betonen, schließen sich damit nicht notwendigerweise der Auffassung an, daß alle Ausprägungen von Kultur gleichermaßen jener bewußten Form der Verbreitung würdig sind, die wir als Erziehung und Unterricht bezeichnen. Dies ist eine Frage, über die Linguisten als Individuen ihre Privatmeinung haben können. Eine allen gemeinsame, berufsstandstypische Auffassung gibt es nicht.

Bibliographie

Sammelbände und Monographien einführenden Charakters sind durch ein Sternchen gekennzeichnet. Die meisten angegebenen Zeitschriftenartikel sind in Anthologien leicht zugänglich. Die (in Klammern gesetzte) Ziffer vor der bibliographischen Angabe verweist auf das entsprechende Kapitel des vorliegenden Buches, dem der Lektürehinweis zuzuordnen ist. In ausgewählten Fällen werden dabei auch Darstellungen genannt, die einen Theoriestand repräsentieren, der erst *nach* Erscheinen der englischen Originalausgabe erreicht wurde.

(3) Abercrombie, D. (1966) *Elements of General Phonetics.* Edinburgh: Edinburgh University Press & Chicago: Aldine.

(2) Abercrombie, D. (1967) *Problems and Principles in Language Study.* London: Oxford University Press.

(9) Abrahams, R.D. (1974) 'Black talking on the streets'. In Bauman & Sherzer (1989).

(10) Adler, M.K. (1978) *Naming and Addressing: A Sociolinguistic Study.* Hamburg: Buske.

(8) Aitchison, J. (1976) *The Articulate Mammal.* London: Hutchinson. Dt. Übers. von Umberger, E. (1981), *Der Mensch – das sprechende Wesen. Eine Einführung in die Psycholinguistik.* Tübingen: Narr.

(2) ⋆Aitchison, J. (1978) *Linguistics,* 2. Aufl. London: Teach Yourself Books. (1. Aufl., 1972.)

(6) Aitchison, J. (1991) *Language Change: Progress or Decay?* 2. Aufl., London: Fontana. (1. Aufl., 1981.)

(7) Akmajian, A. & Heny, F.W. (1975) *An Introduction to the Principles of Transformational Syntax.* Cambridge, Mass.: MIT Press.

(2) Akmajian, A., Demers, R. A., Farmer, A. K. & Harnish, R. M. (1990) *Linguistics: An Introduction to Language and Communication,* 3. Aufl. Cambridge, Mass. & London: MIT Press. (1. Aufl. 1979.)

(8) Albert, M.L. & Obler, L.K. (1978) *The Bilingual Brain: Neuropsychological Aspects of Bilingualism.* New York, San Francisco & London: Academic Press.

(7) ⋆Allen, H.B. (ed.) (1964) *Readings in Applied English Linguistics,* 2. Aufl. New York: Appleton-Century-Crofts.

(7) ⋆Allen, J.P.B. & Corder, S.P. (eds) (1975 a) *The Edinburgh Course in Applied Linguistics,* Vol. 1. *Readings for Applied Linguistics.* London: Oxford University Press. (1. Aufl., 1973.)

(7) Allen, J.P.B. & Corder, S.P. (eds) (1975 b) *The Edinburgh Course in Applied Linguistics,* Vol. 2: *Papers in Applied Linguistics.* London: Oxford University Press.

(7) Allen, J.P.B. & Corder, S.P. (eds) (1975 c) *The Edinburgh Course in Applied Linguistics,* Vol. 3: *Techniques in Applied Linguistics.* London: Oxford University Press. (1. Aufl., 1974.)

(4) Allerton, D.J. (1979) *Essentials of Grammar: A Consensus View of Syntax and Morphology.* London & Boston: Routledge & Kegan Paul.

(8) Allwood, J., Andersson, L.-G. & Dahl, O. (1973) *Logik für Linguisten.* Tübingen: Niemeyer.

(7) Althaus, H.-P., Henne, H. & Wiegand, H.D. (Hrsg.) (1980) *Lexikon der Germanistischen Linguistik.* Tübingen: Niemeyer. (1. Aufl., 1973.)

(9) Ammon, U. (1973) *Dialekt und Einheitssprache in ihrer sozialen Verflechtung.* Weinheim/Basel: Beltz.

(4) *Anderson, W.L. & Stageberg, N.C. (eds) (1966) *Introductory Readings on Language.* Überarb. Ausg. New York: Holt, Rinehart & Winston.

(5) Apresjan, J.D. (1974) *Leksičeskaja Semantika.* Moskau: ‚Nauka'.

(9) Ardener, R. (ed.) (1971) *Social Anthropology and Language.* London: Tavistock Press.

(4) Bach, E. (1974) *Syntactic Theory.* New York: Holt, Rinehart & Winston.

(9) Bailey, C.-J.N. & Shuy, R.W. (eds) (1973) *New Ways of Analysing Variation in English.* Washington: Georgetown University Press.

(9) Bailey, R.W. & Robinson, J.L. (eds) (1973) *Varieties of Present Day English.* New York: Macmillan.

(7) Baker, C.L. (1978) *Introduction to Generative-Transformational Syntax.* Englewood Cliffs, NJ: Prentice-Hall.

(9) Barltrop, R. & Wolveridge, J. (1980) *The Muvver Tongue.* London & West Nyack: The Journeyman Press.

(6) Barber, C.L. (1972) *The Story of Language.* Überarb. Ausg. London & Sydney: Pan Books.

(1) *Bartsch, R. & Vennemann, T. (Hrsg.) (1973) *Linguistik und Nachbarwissenschaften.* Kronberg: Scriptor.

(9) Basso, K.H. (1974) 'The ethnography of writing'. In Bauman & Sherzer (1989).

(6) Baugh, A.C. (1965) *History of the English Language,* 2. Aufl. London: Kegan Paul & New York: Appleton-Century-Crofts.

(9) Bauman, R. & Sherzer, J. (eds) (1989) *Explorations in the Ethnography of Speaking,* 2. Aufl., London & New York: Cambridge University Press. (1. Aufl., 1974.)

(4) *Baumgärtner, K. et al. (1973) *Funk-Kolleg Sprache. Eine Einführung in die moderne Linguistik.* Frankfurt a.M.: Fischer.

(9) Beekman, J. & Callow, J. (1974) *Translating the Word of God.* Grant Rapids, Michigan: Zondervan.

(9) Bell, R.T. (1976) *Sociolinguistics: Goals, Approaches and Problems.* London: Batsford.

(7) *Bense, E., Eisenberg, P., Haberland, H. (Hrsg.) (1976) *Beschreibungsmethoden des amerikanischen Strukturalismus.* München: Hueber.

(4) Bergenholtz, H. & Mugdan, J. (1979) *Einführung in die Morphologie.* Stuttgart: W. Kohlhammer.

(10) Berlin, B. & Kay, P. (1969) *Basic Color Terms.* Berkeley: University of California Press.

(9) Bernstein, B. (1971) *Class, Codes and Control,* Vol. 1: *Theoretical Studies Towards a Sociology of Language.* London: Routledge & Kegan Paul. Dt. Fassung (1972) *Studien zur sprachlichen Sozialisation.* Düsseldorf: Schwann.

(9) Bernstein, B., Brandis, W. & Henderson, D. (1973) *Soziale Schicht, Sprache und Kommunikation.* Düsseldorf: Schwann.

(7) Berry, M. (1975) *Introduction to Systemic Linguistics I: Structures and Systems.* London: Batsford.

(7) Berry, M. (1977) *Introduction to Systemic Linguistics II: Levels and Links.* London: Batsford.

(10) Black, M. (1959) ‚Linguistic relativity: the views of Benjamin Lee Whorf'. *Philosophical Review* 68: 228–38. Abgedr. in Black, M. (1962) *Models and Metaphors.* Ithaca, NY: Cornell University Press.

(10) Black, M. (1969) ‚Some problems with „Whorfianism"'. In Hook (1969).

(8) Blakemore, C. (1977) *Mechanics of the Mind.* Cambridge: Cambridge University Press.

(7) Bloch, B. & Trager, G.L. (1942) *Outline of Linguistic Analysis.* Baltimore: Linguistic Society of America/Waverly Press.

(7) Bloomfield, L. (1935) *Language.* London: Allen & Unwin. (Amerikan. Ausg., New York: Holt, Rinehart & Winston, 1933.)

(7) Boas, Franz (1911) *Handbook of American Indian Languages.* Washington: Smithsonian Institute. (Einleitung auszugsweise in Hymes (1964).)

(8) Bobrow, D.G. & Collins, A. (eds) (1975) *Representation and Understanding: Studies in Cognitive Science.* New York: Academic Press.

(8) Boden, M.A. (1977) *Artificial Intelligence and the Natural Man.* Hassocks, Sussex: Harvester & New York: Basic Books.

(8) Boden, M.A. (1980) *Piaget.* London: Fontana/Collins & New York: Viking Penguin.

(3) Bolinger, D.L. (ed.) (1972) *Intonation.* Harmondsworth: Penguin.

(2) *Bolinger, D.L. (1975) *Aspects of Language,* 2.Aufl., New York: Harcourt Brace Jovanovich. (1.Aufl., 1968.)

(6) Boretzky, N. (1977) *Einführung in die historische Linguistik.* Reinbek b. Hamburg: Rowohlt.

(6) Bourcier, G. (1978) *Histoire de la langue anglaise du Moyen Age à nos jours.* Paris: Bordas.

(9) Brang, P. & Züllig, M. (1982) *Kommentierte Bibliographie zur Slavischen Soziolinguistik.* Bern/Frankfurt a. M.: P. Lang.

(9) Braun, P. (1987) *Tendenzen in der deutschen Gegenwartssprache,* 2. Aufl., Stuttgart: W. Kohlhammer. (1. Aufl., 1979.)

(9) Bright, W. (ed.) (1966) *Sociolinguistics.* The Hague: Mouton.

(9) Bright, W. (ed.) (1968) *Sociolinguistics.* The Hague: Mouton.

(3) Brosnahan, L.F. & Malmberg, B. (1970) *Introduction to Phonetics.* London & New York: Cambridge University Press.

(9) Brower, R.A. (ed.) (1966) *On Translation.* London & New York: Oxford University Press. (1.Aufl., 1959.)

(3) Brown, A. (ed.) (1991) *Teaching English Pronunciation.* London & New York: Routledge.

(4) Brown, E.K. & Miller, J.E. (1980) *Syntax: A Linguistic Introduction to Sentence Structure.* London: Hutchinson.

(3) Brown, G. (1977) *Listening to Spoken English.* London: Longman.

(8) Brown, P. & Levinson, S. (1978) ‚Universals in language usage'. In Goody (1978).

(8) Brown, R. (1958 a) ‚How shall a thing be called?' *Psychological Review* 65: 14–21. Abgedr. in Oldfield & Marshall (1968).

(8) Brown, R. (1958 b) *Words and Things.* Glencoe, Ill.: Free Press.

(9) Brown, R. (1970) *Psycholinguistics.* New York: Free Press.

(10) Brown, R. & Ford, M. (1961) ‚Address in American English'. *Journal of Abnormal and Social Psychology* 62: 375–85. Abgedr. in Hymes (1964); Laver & Hutcheson (1972).

(10) Brown, R. & Gilman, A. (1960) ‚The pronouns of power and solidarity'. In Sebeok (1960). Abgedr. in Fishman (1968); Giglioli (1972); Laver & Hutcheson (1972). Dt. Übers. in Steger (1982).

(8) Brown, R. & Lenneberg, E.H. (1954). ‚A study of language and cognition'. *Journal of Abnormal and Social Psychology* 49: 452–60. Abgedr. in Brown (1970); Saporta (1961).

(7) Bühler, K. (1934) *Sprachtheorie. Die Darstellungsfunktion der Sprache.* Frankfurt a. M.: Ullstein 1978 (zuerst Stuttgart: Fischer 1934).

(1) Burgess, A. (1975) *Language Made Plain,* 2. Aufl. London: Fontana/Collins.

(10) Burling, R. (1970) *Man's Many Voices: Language in its Cultural Context.* New York: Holt, Rinehart & Winston.

(9) Burling, R. (1973) *English in Black and White.* New York: Holt, Rinehart & Winston.

(6) Bynon, T. (1977) *Historical Linguistics.* Cambridge: Cambridge University Press. Dt. Übers. v. Abraham, W. & Abraham, G. (1980) *Historische Linguistik.* Eine Einführung. München: C.H. Beck.

(2) Carroll, J.B. (1953 a) *The Study of Language.* Cambridge, Mass.: Harvard University Press.

(8) Carroll, J.B. (1953 b) *Language and Thought.* Englewood Cliffs, NJ: Prentice-Hall.

(9) Cashdan, A. & Grudgeon, E. (eds) (1972) *Language in Education: A Source Book.* London & Boston: Routledge & Kegan Paul, in Zusammenarbeit mit The Open University Press.

(8) Catford, J.C. (1965) *A Linguistic Theory of Translation: An Essay in Applied Linguistics.* London: Oxford University Press.

(3) Catford, J.C. (1977) *Fundamental Problems in Phonetics.* Edinburgh: Edinburgh University Press.

(9) Chambers, J.K. & Trudgill, P. (1980) *Dialectology.* Cambridge: Cambridge University Press.

(1) *Chao, Y.R. (1968) *Language and Symbolic Systems.* London & New York: Cambridge University Press.

(8) Charniak, E. & Wilks, Y.A. (eds) (1976) *Computational Semantics: An Introduction to Artificial Intelligence and Natural Language Comprehension.* Amsterdam: North Holland.

(9) Chatman, S. & Levin, S.R. (eds) (1967) *Essays on the Language of Literature.* Boston, Mass.: Houghton Mifflin.

(1) Cherry, C. (1957) *On Human Communication.* Cambridge, Mass.: MIT Press. (Nachdruck, New York: Science Editions, 1959.)

(6) Cherubim, D. (Hrsg.) (1975) *Sprachwandel. Reader zur diachronischen Sprachwissenschaft.* Berlin: de Gruyter.

(7) Chomsky, N. (1957) *Syntactic Structures.* The Hague: Mouton. Dt. Übers. v. Lange, K.-P. (1973) *Strukturen der Syntax.* The Hague: Mouton.
(7) Chomsky, N. (1959) Rezension zu B. F. Skinner, *Verbal Behavior.* In *Language* 35: 26–58. Abgedr. in Fodor & Katz (1964); Jakobovits & Miron (1967)
(7) Chomsky, N. (1965) Aspects of the Theory of Syntax. Cambridge, Mass.: MIT Press. Dt. Übers. v. Lang, E. (1969) *Aspekte der Syntax-Theorie.* Frankfurt a. M.: Suhrkamp.
(7) Chomsky, N. (1966) *Cartesian Linguistics.* New York: Harper & Row. Dt. Übers. v. Kruse, R. (1971) *Cartesianische Linguistik.* Tübingen: Niemeyer.
(7) Chomsky, N. (1972 a) *Language and Mind,* 2. erw. Aufl. New York: Harcourt Brace. (1. Aufl., 1968). Dt. Übers. v. Kanngiesser, S., Lingrün, G. & Schwartz, U. (1970) *Sprache und Geist.* Frankfurt a. M.: Suhrkamp.
(7) Chomsky, N. (1972 b) *Problems of Knowledge and Freedom.* London: Barrie & Jenkins. Dt. Übers. v. Lingrün, G. (1971) *Über Erkenntnis und Freiheit.* Frankfurt a. M.: Suhrkamp.
(7) Chomsky, N. (1976) *Reflections on Language.* London: Temple Smith. Dt. Übers. v. Meggle, G. & Ulkan, M. (1977) *Reflexionen über Sprache.* Frankfurt a. M.: Suhrkamp.
(7) Chomsky, N. (1979) *Rules and Representations.* New York: Columbia University Press. (Engl. Ausg.: Oxford: Blackwell, 1980). Dt. Übers. v. Leuninger, H. (1981) *Regeln und Repräsentationen.* Frankfurt a. M.: Suhrkamp.
(3) Chomsky, N. & Halle, M. (1968) *The Sound Pattern of English.* New York: Harper & Row.
(6) Christmann, H. H. (1977) *Sprachwissenschaft des 19. Jahrhunderts.* Darmstadt: Wissenschaftliche Buchgesellschaft.
(9) Clark, H. H. & Clark, E. V. (1977) *Psychology and Language: An Introduction to Psycholinguistics.* New York: Harcourt Brace Jovanovich.
(7) Cook, W. A. (1969) *Introduction to Tagmemic Analysis.* Washington, DC: Georgetown University Press.
(8) Cooper, D. E. (1973) *Philosophy and the Nature of Language.* London: Longman.
(2) Corder, S. P. (1973) *Introducing Applied Linguistics.* Harmondsworth: Penguin.
(5) Crick, M. (1976) *Explorations in Language and Meaning: Towards a Semantic Anthropology.* London: Malaby.
(9) Criper, C. & Widdowson, H. G. (1975) ‚Sociolinguistics and language teaching'. In Allen & Corder (1975 b).
(1) Crystal, D. (1971) *Linguistics.* Harmondsworth: Penguin. Dt. Übers. u. Bearb. v. Gutknecht, C., Horstmann, A. & Olsson, Y. (1975) *Einführung in die Linguistik.* Stuttgart: W. Kohlhammer.
(8) Crystal, D. (1976) *Child Language, Learning and Linguistics: An Overview for the Teaching and Therapeutic Professions.* London: Arnold.
(9) Crystal, D. (1981) *Directions in Applied Linguistics.* London: Academic Press.
(1) Crystal, D. (1987) *The Cambridge Encyclopedia of Language.* Cambridge: Cambridge University Press.
(9) Crystal, D. & Davy, D. (1969) *Investigating English Style.* London: Longman.
(4) Culicover, P. W. (1976) *Syntax.* London & New York: Academic Press.
(7) Culler, J. (1973) ‚The linguistic basis of structuralism'. In Robey (1973).
(9) Culler, J. (1975) *Structuralist Poetics.* London: Routledge & Kegan Paul.

(7) Culler, J. (1976) *Saussure.* London: Fontana/Collins.

(4) Curme, G.O. (1935) *A Grammar of the English Language.* Boston: Ginn.

(6) Dale, P.S. (1976) *Language Development: Structure and Function,* 2. Aufl. New York & London: Holt, Rinehart & Winston.

(9) DeStefano, J.S. (1973) *Language, Society and Education: A Profile of Black English.* Worthington, Ohio: Charles Jones.

(7) Dik, S.C. (1978) *Functional Grammar.* Amsterdam, New York & London: North Holland.

(9) Dillard, J.L. (1972) *Black English: Its History and Usage in the United States.* New York: Random House.

(5) Dillon, G. (1977) *An Introduction to Contemporary Linguistic Semantics.* Englewood Cliffs, NJ: Prentice-Hall.

(1) Dinneen, F.P. (1967) *An Introduction to General Linguistics.* New York: Holt, Rinehart & Winston.

(3) Dinnsen, D. (ed.) (1979) *Current Approaches to Phonological Theory.* Bloomington & London: Indiana University Press.

(9) Dittmar, N. (1973) *Soziolinguistik. Exemplarische und kritische Darstellung ihrer Theorie, Empirie und Anwendung. Mit kommentierter Bibliographie.* Frankfurt a.M.: Fischer-Athenäum.

(9) Dixon, R.M.W. (1980) *The Languages of Australia.* Cambridge Cambridge University Press.

(8) Donaldson, M. (1978) *Children's Minds.* London: Fontana/Collins.

(1) Eco, U. (1972) *Einführung in die Semiotik.* Aus dem Italien. von Trabant, J. München: Fink.

(10) Edwards, A.D. (1976) *Language in Culture and Class.* London: Heinemann.

(8) Edwards, P. (1967) *Encyclopaedia of Philosophy.* New York & London: Collier & Macmillan.

(7) Ehrmann, J. (ed.) (1970) *Structuralism.* New York: Doubleday.

(8) Elliot, A. (1981) *Child Language.* Cambridge: Cambridge University Press.

(4) Elson, B. & Pickett, V. (1962) *An Introduction to Morphology and Syntax.* Santa Ana, Calif.: Summer Institute of Linguistics.

(9) Emeneau, M.S. (1980) *Language and Linguistic Area.* Selected and introduced by A.S. Dil. Stanford, Calif.: Stanford University Press.

(8) Ervin-Tripp, S. (1973) *Language Acquisition and Language Choice.* Selected and introduced by A.S. Dil. Stanford, Calif.: Stanford University Press.

(6) Faiß, K. (1977) *Aspekte der englischen Sprachgeschichte.* Tübingen: Narr.

(1) *Falk, J.S. (1973) *Linguistics and Language.* Lexington, Mass. & Toronto: Xerox College Publishing.

(10) Fast, J. (1970) *Body Language.* New York. Dt. Fassung (1971) *Körpersprache.* Reinbek b. Hamburg: Rowohlt.

(9) Ferguson, C.A. (1959) ‚Diglossia'. *Word* 15: 325–40. Abgedr. in Giglioli (1972); Hymes (1964). Dt. Übers. in Steger (1982).

(2) Ferguson, C.A. (1971) *Language Structure and Language Use.* Selected and introduced by A.S. Dil. Stanford, Calif.: Stanford University Press.

(7) Fink, S.R. (1977) *Aspects of a Pedagogical Grammar Based on a Case Grammar and Valence Theory.* Tübingen: Niemeyer.

(7) Firth, J.R. (1957) *Papers in Linguistics* 1934–51. London: Oxford University Press.

(3) Fischer-Jørgensen, E. (1975) *Trends in Phonological Theory: A Historical Introduction.* Kopenhagen: Akademisk Forlag.

(9) Fishman, J.A. (1965) ‚Who speaks what language to whom and when'. *La Linguistique* 2. 67–88. Revidierte Fassung ‚The relationship between micro- and macro-sociolinguistics in the study of who speaks what language to whom and when'. In Pride & Holmes (1972). Dt. Übers. in Steger (1982).

(9) Fishman, J.A. (ed.) (1968) *Readings in the Sociology of Language.* The Hague: Mouton.

(9) Fishman, J.A. (1970) *Sociolinguistics: A Brief Introduction.* Rowley, Mass.: Newbury House.

(9) Fishman, J.A. (1972a) *The Sociology of Language.* Rowley, Mass.: Newbury House. Dt. Übers. u. Bearb. v. Hirsch, H. u. Wächtler, K. (1975): *Soziologie der Sprache. Eine interdisziplinäre Betrachtung der Sprache in der Gesellschaft.* München: Hueber.

(9) Fishman, J.A. (ed.) (1972b) *Advances in the Sociology of Language,* 2 vols. The Hague: Mouton.

(10) Fishman, J.A. (1972c) *Language and Nationalism.* Rowley, Mass.: Newbury House.

(9) Fishman, J.A., Ferguson, C.A. & Das Gupta, J. (eds) (1968) *Language Problems of Developing Nations.* New York: Wiley.

(8) Fletcher, Paul & Garman, Michael (eds) (1979) *Language Acquisition.* Cambridge: Cambridge University Press.

(8) Fodor, J.A. (1975) *The Language of Thought.* New York: Crowell & Hassocks, Sussex: Harvester.

(8) Fodor, J.A. & Katz, J.J. (eds) (1964) *The Structure of Language: Readings in the Philosophy of Language.* Englewood Cliffs, NJ: Prentice-Hall.

(5) Fodor, J.D. (1977) *Semantics: Theories of Meaning in Generative Linguistics.* New York: Crowell & Hassocks, Sussex: Harvester.

(1) *Fowler, R. (1964) *Understanding Language: An Introduction to Linguistics.* London: Routledge & Kegan Paul.

(9) Fowler, R. (ed.) (1966) *Essays on Style and Language.* London: Routledge & Kegan Paul.

(6) Francis, W.N. (1967) *The English Language: An Introduction.* London: English Universities Press.

(9) Freeman, D.C. (ed.) (1970) *Linguistics and Literary Style.* New York: Holt, Rinehart & Winston.

(10) Friedrich, P. (1968) ‚Structural implications of Russian pronominal usage'. In Bright (1968).

(10) Friedrich, P. (1972) ‚Social context and semantic feature: the Russian pronominal usage'. In Gumperz & Hymes (1972).

(6) Fries, C.C. (1952) *The Structure of English. An Introduction to the Construction of English Sentences.* New York: Harcourt Brace.

(1) *Fromkin, V. & Rodman, R. (1983) *An Introduction to Language,* 3. Aufl. New York: Holt, Rinehart & Winston. (1. Aufl., 1974).

(1) Fry, D.B. (1977) *Homo Loquens.* Cambridge: Cambridge University Press.

(3) Fry, D.B. (1979) *The Physics of Speech.* Cambridge: Cambridge University Press.

(3) Fudge, E.C. (1970) ‚Phonology'. In Lyons (1970).

(3) Fudge, E.C. (ed.) (1973) *Phonology.* Harmondsworth: Penguin.

(1) Gaeng, P.A. (1971) *Introduction to the Principles of Language.* New York: Harper & Row.

(8) Gardner, H. (1985) *The Mind's New Science. A History of the Cognitive Revolution.* New York: Basic Books, Inc. Dt. Übers. v. Drolshagen, E.D. (1992) *Dem Denken auf der Spur.* Stuttgart: Klett-Cotta.

(7) Garvin, P.L. (ed.) (1964) *A Prague School Reader on Aesthetics, Literary Structure and Style.* Washington, DC: Georgetown University Press.

(2) Gelb, I.J. (1963) *A Study of Writing,* 2. Aufl. Chicago: University of Chicago Press. (1. Aufl., 1952.)

(2) Gelb, I.J. (1976) ‚Writing, Forms of'. *Encyclopaedia Britannica,* 15. Aufl.

(9) Giglioli, P.P. (ed.) (1972) *Language and Social Context.* Harmondsworth: Penguin.

(9) Giles, H. (ed.) (1977) *Language, Ethnicity and Social Context.* London: Academic Press.

(3) Gimson, A.C. (1970) *Introduction to the Pronunciation of English,* 2. Aufl. London: Arnold.

(7) *Gleason, H.A. (1961) *Introduction to Descriptive Linguistics,* 2. Aufl. New York: Holt Rinehart. (1. Aufl., 1955.)

(4) Gleason, H.A. (1965) *Linguistics and English Grammar.* New York: Holt, Rinehart & Winston. Dt. Übers. v. Wächtler, K. (1970) *Linguistische Aspekte der englischen Grammatik.* München: Hueber.

(10) Goody, E.N. (ed.) (1978) *Questions and Politeness: Strategies in Social Interaction.* Cambridge: Cambridge University Press.

(10) Goody, J. (1968) *Literacy in Traditional Societies.* Cambridge: CUP.

(9) Goody, J. & Watt, I. (1962) ‚The consequences of literacy'. *Comparative Studies in Society and History* 5: 304–26; 332–45. Auszüge in Giglioli (1972).

(9) Greenberg, J. (1968) *Anthropological Linguistics.* New York: Random House.

(10) Greenberg, J. (1971) *Language, Culture and Communication.* Selected and introduced by A.S. Dil. Stanford, Calif.: Stanford University Press.

(9) Greene, J. (1972) *Psycholinguistics: Chomsky and Psychology.* Harmondsworth: Penguin.

(9) Gumperz, J.J. (1971) *Language in Social Groups.* Selected and introduced by A.S. Dil. Stanford, Calif.: Stanford University Press.

(9) Gumperz, J.J. & Hymes, D.H. (eds) (1972) *Directions in Sociolinguistics: The Ethnography of Communication.* New York: Holt, Rinehart & Winston.

(1) *Gutknecht, C. (Hrsg.) (1977) *Grundbegriffe und Hauptströmungen der Linguistik.* Hamburg: Hoffmann & Campe.

(8) Gutknecht, C. (1978) *Kontrastive Linguistik: Zielsprache Englisch.* Stuttgart: W. Kohlhammer.

(3) Gutknecht, C. (1978) ‚Intonation and language learning: the necessity for an integrative approach'. In *Studies in Second Language Acquisition* 1: 25–36. Nachgedr. in Brown, A. (1991).

(7) Gutknecht, C. & Panther, K.U. (1973) *Generative Linguistik. Ergebnisse moderner Sprachforschung.* Stuttgart: W. Kohlhammer.

(7) Gutknecht, C. & Panther, K.U. (1978) *Lingüística generativa. Moderna investigación del lenguaje.* Madrid: Oriens.

(10) Gutknecht, C. & Rölle, L. J. (1988) ‚Die multifaktorielle Translationssituation bei den Modalverben des Sprachenpaares Deutsch-Englisch.' In *Einheit in der Vielfalt. Festschrift für Peter Lang zum 60. Geburtstag.* Bern et al.: P. Lang.

(9) Haarmann, H. (1975) *Soziologie und Politik der Sprachen Europas.* München: dtv.

(1) Haas, W. (1976) ‚Writing: the basic options'. In Haas, W. (ed.) *Writing without Letters.* Manchester: Manchester University Press.

(8) Hacking, I. (1975) *Why Does Language Matter to Philosophy?* Cambridge: Cambridge University Press.

(5) Hale, K. (1971) ‚A note on a Walbiri tradition of antonymy'. In Steinberg & Jakobovits (1971).

(1) Hall, R.A. (1964) *Introductory Linguistics.* Philadelphia & New York: Chilton Books.

(1) Hall, R.A. (1968) *An Essay on Language.* Philadelphia & New York: Chilton Books.

(7) Halliday, M.A.K. (1970) ‚Language structure and language function'. In Lyons (1970).

(7) Halliday, M.A.K. (1973) *Explorations in the Functions of Language.* London: Arnold, Dt. Übers. von Bünting, K.D., Flader, D., Krallmann, D., Raith, J., Wolff, D. (1957) *Beiträge zur funktionalen Sprachbetrachtung.* Hannover: Schroedel.

(7) Halliday, M.A.K. (1976) *System and Function in Language: Selected Papers,* ed. G.R. Kress. London: Oxford University Press.

(2) Halliday, M.A.K. & McIntosh, A. (eds) (1966) *Patterns in Language: Papers in General, Descriptive and Applied Linguistics.* London: Longman.

(1) Halliday, M.A.K., McIntosh, A. & Strevens, P.D. (1964) *The Linguistic Sciences and Language Teaching.* London: Longman. Dt. Übers. (1972) *Linguistik, Phonetik und Sprachunterricht,* Heidelberg.

(1) *Hamp, E.P., Householder, F.W. & Austerlitz, R. (1966) *Readings in Linguistics II.* Chicago: University of Chicago Press.

(7) Harman, G. (ed.) (1974) *On Noam Chomsky: Selected Essays.* New York: Doubleday.

(5) Harras, G., Haß, U., Strauß, G. (1991) *Wortbedeutungen und ihre Darstellung im Wörterbuch.* Berlin, New York: de Gruyter.

(7) Harris, Z.S. (1951) *Methods in Structural Linguistics.* Chicago: University of Chicago Press. (Nachgedr. als *Structural Linguistics,* 1951.)

(9) *Hartig, M. (1980) *Soziolinguistik für Anfänger.* Hamburg: Hoffmann & Campe.

(6) Hartig, M. (1981) *Sprache und sozialer Wandel.* Stuttgart: W. Kohlhammer.

(9) Haugen, E. (1972) *The Ecology of Language.* Selected and introduced by A.S. Dil. Stanford, Calif.: Stanford University Press.

(9) Haugen, E. (1973) ‚Bilingualism, language contact, and immigrant languages in the United States: A research report 1956–1970'. In Sebeok, T.A. (ed.) *Current Trends in Linguistics,* Vol. 10. The Hague: Mouton.

(1) Hawkes, T. (1977) *Structuralism and Semiotics.* London: Methuen.

(1) Hayden, D.E., Alworth, P.E. & Tate, G. (1967) *Classics in Linguistics.* New York: Philosophical Library.

(7) Helbig, G. (1971 a) *Geschichte der neueren Sprachwissenschaft.* München: Hueber.

(7) Helbig, G. (ed.) (1971 b) *Beiträge zur Valenztheorie.* The Hague: Mouton.

(3) Henderson, E. J. A. (1971) ‚Phonology'. In Minnis (1971).

(10) Henle, P. (ed.) (1958) *Language, Thought and Culture.* Ann Arbor: University of Michigan Press. Dt. Übers. v. Pelzer, R. & Herborth, F. (1975) *Sprache, Denken, Kultur.* Frankfurt a. M.: Suhrkamp.

(4) Heuer, K. (1977) *Untersuchung zur Abgrenzung der obligatorischen und fakultativen Valenz des Verbs.* Frankfurt a. M. & Bern: P. Lang.

(1) Hewes, G. W. (1977) ‚Language origin theories'. In Rumbaugh (1977).

(7) Hildebrandt, R. (1976) *Cartesianische Linguistik. Eine Analyse der Sprachauffassung Noam Chomskys.* Frankfurt a. M. & Bern: P. Lang.

(2) *Hill, A. A. (1958) *Introduction to Linguistic Structures.* New York: Harcourt, Brace & Co.

(10) Hinde, R. A. (ed.) (1972) *Non-Verbal Communication.* London & New York: Cambridge University Press.

(1) *Hockett, C. F. (1958) *A Course in Modern Linguistics.* New York: Macmillan.

(1) Hockett, C. F. (1960) ‚Logical considerations in the study of animal communication'. In Lanyon, W. E. & Tavolga, W. N. (eds) *Animal Sounds and Communication.* Washington, DC: American Institute of Biological Sciences. Abgedr. in Hokkett, C. F. (1977) *The View from Language: Selected Essays* 1948–1974. Athens, Georgia: University of Georgia Press.

(2) Hockett, C. F. & Altmann, S. (1968) ‚A note on design features'. In Sebeok (1968).

(1) *Hogins, J. B. & Yarber, R. E. (eds) (1969) *Language: An Introductory Reader.* New York: Harper & Row.

(10) Hoijer, H. (ed.) (1954) *Language in Culture.* Chicago: University of Chicago.

(9) Honey, J. (1989) *Does Accent Matter?* London: Faber and Faber.

(8) Hook, S. (ed.) (1969) *Language and Philosophy.* New York: New York University Press.

(9) Hough, G. (1969) *Style and Stylistics.* London: Routledge & Kegan Paul.

(9) Householder, F. W. (1971) *Linguistic Speculations.* Cambridge: Cambridge University Press.

(4) Householder, F. W. (ed.) (1972) *Syntactic Theory I: Structuralist. Selected Readings.* Harmondsworth: Penguin.

(7) Huddleston, R. (1976) *An Introduction to English Transformational Syntax.* London: Longman.

(4) Hudson, R. A. (1971) *English Complex Sentences: An Introduction to Systemic Grammar.* Amsterdam: North Holland.

(7) Hudson, R. A. (1976) *Arguments for a Non-transformational Grammar.* Chicago: University of Chicago Press.

(8) Hudson, R. A. (1980) *Sociolinguistics.* Cambridge: Cambridge University Press.

(8) Hüllen, W. (1980) *Understanding Bilingualism.* Frankfurt a. M., Bern & Cirencester: P. Lang.

(9) Hughes, A. & Trudgill, P. (1979) *English Accents and Dialects: An Introduction to Social and Regional Variation in British English.* London: Arnold.

(1) ⋆Hungerford, H., Robinson, J. & Sledd, J. (1970) *English Linguistics: An Introductory Reader.* Glencoe, Ill.: Scott, Foresman.

(3) Hyman, L. (1975) *Phonology: Theory and Analysis.* New York: Holt, Rinehart & Winston.

(10) Hymes, D.H. (ed.) (1964) *Language in Culture and Society.* New York: Harper & Row.

(9) Hymes, D.H. (ed.) (1971) *Pidginization and Creolization of Language.* Cambridge: Cambridge University Press.

(9) Hymes, D.H. (1977) *Foundations in Sociolinguistics: An Ethnographic Approach.* London: Tavistock Publications. (Amerikan. Ausg., Philadelphia: University of Philadelphia Press, 1974.)

(3) International Phonetic Association (1949) *Principles of the International Phonetic Association,* revised edn. London: International Phonetic Association.

(7) Ivić, M. (1965) *Trends in Linguistics.* The Hague: Mouton. Dt. Übers. v. Rammelmeyer, M. (1971) *Wege der Sprachwissenschaft.* München: Hueber.

(7) Jacobs, R.A. & Rosenbaum, P.S. (eds) (1970) *Readings in English Transformational Grammar.* Waltham, Mass.: Ginn & Co.

(8) Jakobovits, L.A. & Miron, M.S. (1967) *Readings in the Psychology of Language.* Englewood Cliffs, NJ: Prentice-Hall.

(8) Jakobson, R. (1966) ‚On linguistic aspects of translation'. In Brower (1966).

(5) Jakobson, R. (1973) *Six leçons sur le son et le sens* (mit einem Vorwort von C. Lévi-Strauss). Paris: Minuit.

(6) Jespersen, O. (1909–49) *A Modern English Grammar on Historical Principles.* Heidelberg: Winter & Kopenhagen: Munksgaard.

(1) Jespersen, O. (1922) *Language: Its Nature, Development and Origin.* London: Allen & Unwin. Dt. Übers. v. Hittmair, R. & Waibel, K. (1925) *Die Sprache, ihre Natur, Entwicklung und Entstehung.* Heidelberg: Winter.

(7) Johnson, N. A. (ed.) (1976) *Current Topics in Language.* Cambridge, Mass.: Winthrop.

(8) Johnson-Laird, P.N. & Wason, P.C. (eds) (1977) *Thinking: Readings in Cognitive Science.* Cambridge: Cambridge University Press.

(3) Jones, D. (1975) *An Outline of English Phonetics,* 9. Aufl. Cambridge: Cambridge University Press.

(3) Jones, W.E. & Laver, J. (eds) (1973) *Phonetics in Linguistics.* London: Longman.

(1) ⋆Joos, M. (ed.) (1966) *Readings in Linguistics I.* Chicago: University of Chicago Press. (1. Aufl., 1957.)

(5) Kempson, R.M. (1977) *Semantic Theory.* London & New York: Cambridge University Press.

(3) Kenstowicz, M. & Kisseberth, C. (1979) *Generative Phonology.* Bloomington & London: Indiana University Press.

(4) Keyser, S.J. & Postal, P.M. (1976) *Beginning English Grammar.* New York & London: Harper & Row.

(9) Klein, W. & Wunderlich, D. (Hrsg.) (1971) *Aspekte der Soziolinguistik.* Frankfurt a.M.: Athenäum.

(8) Klima, E. & Bellugi, U. (1978) *The Signs of Language.* Cambridge, Mass.: Harvard University Press.

(3) Kohler, K. J. (1977) *Einführung in die Phonetik des Deutschen.* Berlin: E. Schmidt.

(7) Koutsoudas, A.C. (1966) *Writing Transformational Grammars. New York: McGraw-Hill.*

(9) Labov, W. (1972) *Sociolinguistic Patterns.* Philadelphia: University of Philadelphia Press & Oxford: Blackwell.

(3) Ladefoged, P. (1962) *Elements of Acoustic Phonetics.* Chicago & London: Chicago University Press.

(3) Ladefoged, P. (1974) ‚Phonetics'. In *Encyclopaedia Britannica,* 15. Aufl.

(3) Ladefoged, P. (1975) *A Course in Phonetics.* New York: Harcourt Brace Jovanovich.

(7) Lane, M. (ed.) (1970) *Structuralism: A Reader.* London: Cape.

(1) Langacker, R.W. (1968) *Language and its Structure.* 2. Aufl. New York: Harcourt, Brace & World. Dt. Übers. v. Fritz, G. (1971) *Sprache und ihre Struktur.* Tübingen: Niemeyer.

(4) Langacker, R.W. (1972) *Fundamentals of Linguistic Analysis.* New York: Harcourt Brace Jovanovich.

(6) Lass, R. (ed.) (1969) *Approaches to Historical English Linguistics: An Anthology.* New York: Holt, Rinehart & Winston.

(1) Laver, J. & Hutcheson, S. (1972) *Communication in Face to Face Interaction.* Harmondsworth: Penguin.

(9) Lawton, D. (1968) *Social Class, Language and Education.* London: Routledge & Kegan Paul.

(9) Leech, G. N. (1969) *A Linguistic Guide to English Poetry.* London: Longman.

(5) Leech, G. N. (1971) *Semantics.* Harmondsworth: Penguin.

(5) Leech, G. N. (1976) *Meaning and the English Verb.* London: Longman.

(6) Lehmann, W. P. (1969) *Einführung in die historische Linguistik.* Heidelberg.

(6) Lehmann, W.P. (1973) *Historical Linguistics: An Introduction,* 2. Aufl. New York: Holt, Rinehart & Winston.

(7) Lehmann, W. P. (1981) *Linguistische Theorien der Moderne.* Bern: P. Lang.

(8) Lenneberg, E. H. (1967) *Biological Foundations of Language.* New York: Wiley. Dt. Übers. v. Herborth, F. (1972) *Biologische Grundlagen der Sprache.* Frankfurt a. M.: Suhrkamp.

(7) Lepschy, G. (1970) *A Survey of Structural Linguistics.* London: Faber & Faber. (Italien. Original, *La linguistica strutturale.* Turin: Einaudi, 1966.)

(7) Leroy, M. (1963) *Les grands courants de la linguistique moderne.* Brussels & Paris: Presses Universitaires.

(8) Leuninger, H., Miller, M. H. & Müller, F. (Hrsg.) (1971) *Linguistik und Psychologie.* Frankfurt a. M.: Athenaion.

(8) Levinson, S. (1981) *Pragmatics.* Cambridge: Cambridge University Press. Dt. Übers. v. Fries, U. (1990) *Pragmatik.* Tübingen: Max Niemeyer.

(1) Lewandowski, T. (1990) *Linguistisches Wörterbuch.* 5. Aufl. Heidelberg: UTB 1518. (1. Aufl., 1973/75.)

(1) Lieberman, P. (1975) *On the Origins of Language. An Introduction to the Evolution of Human Speech.* New York: Macmillan.

(1) Linden, E. (1976) *Apes, Man and Language.* London & New York: Penguin. (Erstausgabe: New York: Dutton, 1975.)
(1) ⋆Linke, A., Nussbaumer, M. & Portmann, P. R. (1991) *Studienbuch Linguistik.* Tübingen: Niemeyer.
(8) List, G. (1981) *Sprachpsychologie.* Stuttgart: W. Kohlhammer.
(8) Lloyd, B. B. (ed.) (1972) *Perception and Cognition: A Cross-Cultural Perspective.* Harmondsworth: Penguin.
(7) Lockwood, D. G. (1972) *Introduction to Stratificational Linguistics.* New York: Harcourt Brace.
(6) Lockwood, W. B. (1972) *A Panorama of Indo-European Languages.* London: Hutchinson. Dt. Übers. v. Ettinger, E. (1979) *Überblick über die indogermanischen Sprachen.* Tübingen: Narr.
(2) Longacre, R. E. (1964) *Grammar Discovery Procedures: A Field Manual.* The Hague: Mouton.
(10) Lounsbury, F. L. (1969) ‚Language and culture'. In Hook (1969).
(9) Love, G. A. & Payne, M. (eds) (1969) *Contemporary Essays on Style.* Glenview, Ill.: Scott, Foresman.
(4) Lowth, R. (1762; repr. 1979) *A short introduction to English Grammar.* Delmar.
(10) Lüllwitz, B. (1970) ‚Versuch zu einer Systematik lingualer Kontaktphänomene'. In *Germanistische Linguistik* 6, Varia I, 641–695.
(7) ⋆Lutz, L. (1981) *Zum Thema „Thema". Einführung in die Thema-Rhema-Theorie.* Hamburg: Hamburger Buchagentur.
(8) Lutz, L. (1992) *Das Schweigen verstehen. Über Aphasie.* Berlin: Springer.
(3) Lyons, J. (1962) ‚Phonemic and non-phonemic phonology'. *International Journal of American Linguistics* 28: 127–33. Abgedr. in Jones & Laver (1973).
(4) ⋆Lyons, J. (1968) *Introduction to Theoretical Linguistics.* London & New York: Cambridge University Press. Dt. Übers. v. Abraham, W. & Abraham, G. (1971) *Einführung in die moderne Linguistik.* München: Beck.
(7) ⋆Lyons, J. (ed.) (1970) *New Horizons in Linguistics.* Harmondsworth: Penguin. Dt. Übers. v. Coulmas, F. & Wiese, B. (1975) *Neue Perspektiven in der Linguistik.* Reinbek b. Hamburg: Rowohlt.
(1) Lyons, J. (1974) ‚Linguistics'. In *Encyclopaedia Britannica,* 15. Aufl.
(7) Lyons, J. (1977 a) *Chomsky,* 2. Aufl. London: Fontana & New York: Viking/Penguin (1. Aufl. 1970.) Dt. Übers. v. Immler, M. (1971) *Noam Chomsky,* München: dtv.
(5) Lyons, J. (1977 b) *Semantics,* 2 vols. London & New York: Cambridge University Press. Dt. Übers. u. Bearb. von Asbach-Schnitker, B., Boase, J. & Brekle, H. E. (1980) *Semantik* Bd. 1, (1982), *Semantik* Bd. 2. München: C. H. Beck.
(10) Lyons, J. (1980) ‚Pronouns of address in *Anna Karenina:* the stylistics of bilingualism and the impossibility of translation'. In Greenbaum, S., Leech, G. & Svartvik, J. (eds) *Studies in English Linguistics: For Randolph Quirk.* London: Longman.
(5) Lyons, J. (1981) *Language, Meaning and Context.* London: Fontana/Collins.
(9) Mackey, W. F. (1965) *Language Teaching Analysis.* London: Longman.
(3) Makkai, V. B. (1972) *Phonological Theory, Evolution and Current Practice.* New York: Holt, Rinehart & Winston.

(7) Makkai, A. & Lockwood, D.G. (eds) (1973) *Readings in Stratificational Linguistics.* Alabama: University of Georgia Press.
(3) Malmberg, B. (1963) *Phonetics.* New York: Dover.
(7) Malmberg, B. (1964) *New Trends in Linguistics.* Stockholm: Naturmetodens Språkinstitut.
(3) Malmberg, B. (ed.) (1968) *A Manual of Phonetics.* Amsterdam: North Holland.
(3) Martinet, A. (1949) *Phonology as Functional Phonetics.* London: Oxford University Press.
(1) ⋆Martinet, A. (1960) *Eléments de linguistique générale.* Paris: Colin. Dt. Übers. v. Fuchs, A. & Lieb, H.-H. (1963) *Grundzüge der allgemeinen Sprachwissenschaft.* Stuttgart: W. Kohlhammer.
(7) Martinet, A. (1962) *A Functional View of Language.* Oxford: Clarendon.
(9) Matteis, M. de (1978) *Mehrsprachigkeit: Möglichkeiten und Grenzen. Phonologische, morphologisch-syntaktische und semantische Studien zur Mehrsprachigkeit bei Kindern.* Frankfurt a. M. & Bern: P. Lang.
(4) Matthews, P.H. (1974) *Morphology: An Introduction to the Theory of Word Structure.* London & New York: Cambridge University Press.
(7) Matthews, P.H. (1979) *Generative Grammar and Linguistic Competence.* London: Allen & Unwin.
(4) Matthews, P.H. (1981) *Syntax.* Cambridge: Cambridge University Press.
(8) McNeill, D. (1970) *The Acquisition of Language. The Study of Developmental Psycholinguistics.* New York: Harper & Row. Dt. Übers. v. Donath, J. & Mock, W. (1974) *Der Spracherwerb. Psycholinguistische Untersuchungen.* Düsseldorf: Schwann.
(8) Miller, G.A. (1967) *The Psychology of Communication: Seven Essays.* New York: Basic Books.
(9) Miller, G.A., Galanter, E. & Pribram, K.H. (1960) *Plans and the Structure of Behavior.* New York: Holt, Rinehart & Winston.
(2) ⋆Minnis, N. (ed.) (1971) *Linguistics at Large.* London: Gollancz. Dt. Übers. (1974): *Perspektiven der Linguistik.* München: List.
(5) Minsky, M.L. (ed.) (1968) *Semantic Information Processing.* Cambridge, Mass.: MIT Press.
(7) Mohrmann, C., Sommerfelt, A. & Whatmough, J. (eds) (1961) *Trends in European and American Linguistics* 1930–1960. Utrecht & Antwerpen: Spectrum.
(8) Morton, J. (ed.) (1971) *Biological and Social Factors in Psycholinguistics.* London: Logos/Elek Books.
(1) Nash, W. (1971) *Our Experience of Language.* London: Batsford.
(10) Newmark, P. (1991) *About Translation.* Clevedon et al.: Multilingual Matters.
(10) Nida, E.A. (1945) ‚Linguistics and ethnology in translation-problems'. *Word* 1: 194–208. Abgedr. in Hymes (1964).
(4) Nida, E.A. (1949) *Morphology: The Descriptive Analysis of Words,* 2. Aufl. Ann Arbor: University of Michigan Press.
(10) Nida, E.A. (1964) *Towards a Science of Translating. With Special Reference to Principles and Procedures Involved in Bible Translating.* Leiden: Brill.
(10) Nida, E.A. (1966) ‚Principles of translation as exemplified by Bible translating'. In Brower (1966).

(10) Nida, E.A. & Traber, C.R. (1969) *The Theory and Practice of Translation.* Leiden: Brill. Dt. Übers. (o. J.) *Theorie und Praxis des Übersetzens.* Stuttgart: Weltbund der Bibelgesellschaften.

(9) Niepold, W. (1971) *Sprache und soziale Schicht.* Berlin: Spiess. (1. Aufl. 1970.)

(5) Nilsen, D.L.F. & Nilsen, A.P. (1975) *Semantic Theory: A Linguistic Perspective.* Rowley, Mass.: Newbury House.

(7) Norman, F. & Sommerfelt, A. (eds) (1963) *Trends in Modern Linguistics.* Utrecht & Antwerpen: Spectrum.

(3) O'Connor, J.D. (1973) *Phonetics.* Harmondsworth: Penguin.

(8) Oksaar, E. (1977) *Spracherwerb im Vorschulalter. Einführung in die Pädolinguistik.* Stuttgart: W. Kohlhammer.

(1) Oldfield, R.C. & Marshall, J.C. (eds) (1968) *Language: Selected Readings.* Harmondsworth: Penguin.

(8) Olshewsky, T.A. (ed.) (1969) *Problems in the Philosophy of Language.* New York & London: Holt, Rinehart & Winston.

(10) Osgood, C.E., May, W.H. & Miron, M.S. (1975) *Cross-Cultural Universals of Affective Meaning.* Urbana, Chicago & London: Chicago University Press.

(3) Palmer, F.R. (ed.) (1970) *Prosodic Analysis.* London: Oxford Univ. Press.

(4) *Palmer, F.R. (1971) *Grammar.* Harmondsworth: Penguin. Dt. Übers. u. Bearb. v. Gutknecht, C. (1974) *Grammatik und Grammatiktheorie.* München: C.H. Beck.

(4) Palmer, F.R. (1974) *The English Verb.* London: Longman.

(5) *Palmer, F.R. (1976) *Semantics: A New Outline.* Cambridge: Cambridge University Press. Dt. Übers. u. Bearb. v. Gutknecht, C. (1977) *Semantik. Eine Einführung.* München: C.H. Beck.

(6) Paul, H. (1975) *Prinzipien der Sprachgeschichte,* 9. Aufl., Tübingen: Niemeyer. (1. Aufl., Halle 1880.)

(3) Pfeiffer-Rupp, R. (1980) *Einführung in die Lautschriften des Englischen. Mit einem umschriftentypologischen Vergleich neuerer Segmentaltranskription.* Heidelberg: Winter.

(7) Piaget, J. (1968) *Le structuralisme.* Paris: Presses Universitaires de France. Dt. Übers. v. Häflinger, L. (1980) *Der Strukturalismus.* Stuttgart: Klett-Cotta.

(8) Piattelli-Palmarini, M. (1979) *Théories du langage. Théories de l'apprentissage. Le débat entre Jean Piaget et Noam Chomsky.* Paris: Seuil.

(1) Ploog, D. (1974) *Die Sprache der Affen.* München: Kindler.

(1) Potter, S. (1950) *Our Language.* Harmondsworth: Penguin.

(2) *Potter, S. (1967) *Modern Linguistics,* 2. Aufl. London: Oxford University Press.

(6) Poutsma, H. (1926–9) *A Grammar of Late Modern English.* Groningen: Nordhoff.

(1) Premack, D. (1977) *Intelligence in Ape and Man.* New York: Wiley.

(9) Pride, J.B. (1971) *The Social Meaning of Language.* London: OUP.

(9) Pride, J.B. & Holmes, J. (eds) (1972) *Sociolinguistics.* Harmondsworth: Penguin.

(1) Quirk, R. (1968) *The Use of English,* 2. Aufl. London: Longman. (1. Aufl., 1962.)

(4) Quirk, R., Greenbaum, S., Leech, G.N. & Svartvik, J. (1972) *A Grammar of Contemporary English.* London: Longman.

(7) Reibel, D.A. & Schane, S.E. (eds) (1969) *Modern Studies in English: Readings in Transformational Grammar.* Englewood Cliffs, NJ: Prentice-Hall.

(4) Reis, J. (1931) *Was ist ein Satz?* Prag: Taussig & Taussig.

(1) Ritchie, G.D. (1980) *Computational Grammar.* Brighton, Sussex: Harvester & Totowa, NJ: Barnes & Noble.

(7) Robey, D. (ed.) (1973) *Structuralism.* London: Oxford University Press.

(1) Robins, R.H. (1971) ‚The structure of language'. In Minnis (1971).

(2) Robins, R.H. (1974) ‚Language'. In *Encyclopaedia Britannica,* 15. Aufl.

(7) Robins, R.H. (1973) *Ideen- und Problemgeschichte der Sprachwissenschaft.* Mit einem Nachw. v. Gutknecht, C. & Panther, K.U. Frankfurt a.M.: Athenäum.

(7) *Robins, R.H. (1979a) *General Linguistics: An Introductory Survey,* 3. Aufl., London: Longman. (1. Aufl., 1964.)

(7) Robins, R.H. (1979b) *A Short History of Linguistics,* 2. Aufl. London: Longman. (1. Aufl., 1967.)

(3) Robinson, D.F. (ed.) (1975) *Workbook for Phonological Analysis,* 2. Aufl. Huntingdon Beach, Calif.: Summer Institute of Linguistics. (1. Aufl., 1970.)

(9) Robinson, W.P. (1972) *Language and Social Behaviour.* Harmondsworth: Penguin.

(5) Rosch, E. (1973) ‚On the internal structure of perceptual and semantic categories'. In Moore, T.E. (ed.) *Cognitive Development and the Acquisition of Language.* London & New York: Academic.

(10) Rosch, E. (1974) ‚Linguistics relativity'. In Silverstein, E. (ed.) *Human Communication.* Hillsdale: Erlbaum. Abgedr. in Johnson-Laird & Wason (1977).

(8) Rosch, E. (1975) ‚Universals and cultural specifics in human categorization'. In Brislin, R., Lonner, W. & Bochner, S. (eds). *Cross-Cultural Perspectives in Learning.* New York: John Wiley.

(8) Rosch, E. (1976) ‚Classification of real world objects: origins and representations in cognition'. In Johnson-Laird & Wason (1977).

(9) Rosen, H. (1972) *Language and Class: A Critical Look at the Theories of Basil Bernstein.* Bristol: Falling Wall Press.

(9) Rubin, J. & Shuy, R. (eds) (1973) *Language Planning: Current Issues and Research.* Washington, DC: Georgetown University Press.

(1) Rumbaugh, D.M. (ed.) (1977) *Language Learning by a Chimpanzee.* London & New York: Academic.

(1) Russell, C. & Russell, W.M.S. (1971) ‚Language and animal signals'. In Minnis (1971).

(8) Ryle, G. (1949) *The Concept of Mind.* London: Hutchinson. (Neuaufl. Harmondsworth: Penguin, 1963.) Dt. Übers. v. Baier, K., überarb. von Patzig, G. & Steinvorth, U. (1969) *Der Begriff des Geistes.* Stuttgart: Reclam.

(7) Samarin, W.J. (1967) *Field Linguistics.* New York: Holt, Rinehart & Winston.

(4) Sampson, G. (1975) *The Form of Language.* London: Weidenfeld & Nicolson.

(5) Sampson, G. (1980) *Making Sense.* Oxford: Oxford University Press.

(3) Sampson, R. (1976) *Phonetik und Phonologie.* Düsseldorf, Bern & München: Bagel/Francke.

(2) Sanders, C. (1979) *Cours de linguistique générale de Saussure.* Paris: Hachette.

(1) Sapir, E. (1921) *Language.* New York: Harcourt Brace. Dt. Übers. und Bearb. v. Homberger, C.P. (1972) *Die Sprache.* München: Hueber. (1. Aufl. 1961.)

(2) Sapir, E. (1947) *Selected Writings in Language, Culture and Personality.* Edited by D.G. Mandelbaum. Berkeley & Los Angeles: University of California Press.

(9) Saporta, S. (ed.) (1961) *Psycholinguistics. A Book of Readings.* With the assistance of J. Bastian. New York: Holt, Rinehart & Winston.

(2) Saussure, F. de (1916 = dt. 1931) *Cours de linguistique générale.* Paris: Payot 1973 (édition critique préparée par Tullio de Mauro), zuerst 1916; dt. Übers. v. Lommel, H. ([2]1967) *Grundfragen der allgemeinen Sprachwissenschaft.* Berlin: de Gruyter (1. Aufl. 1931).

(8) Savory, T. (1957) *The Art of Translation.* London: Cape.

(3) Schane, S. (1973) *Generative Phonology.* Englewood Cliffs, NJ: Prentice-Hall.

(3) Scherer, G. & Wollmann, A. (1986) 3. Aufl. *Englische Phonetik und Phonologie.* Berlin: E. Schmidt. (1. Aufl., 1972.)

(6) Schmitt, R. (Hrsg.) (1977) *Etymologie.* Darmstadt: Wissenschaftliche Buchgesellschaft.

(8) Schwarz, M. (1992) *Einführung in die Kognitive Linguistik.* Tübingen: Francke.

(9) Sebeok, T. A. (ed.) (1960) *Style in Language.* Boston, Mass.: MIT Press & London: Wiley.

(1) Sebeok, T. A. (ed.) (1968) *Animal Communication: Techniques of Study and Results of Research.* Bloomington: Indiana University Press.

(7) Sebeok, T. A. (ed.) (1974 a) *Current Trends in Linguistics,* Vol. 12. The Hague: Mouton.

(2) Sebeok, T. A. (1974 b) ‚Semiotics: A survey of the state of the art'. In Sebeok (1974 a).

(1) Sebeok, T. A. (ed.) (1977) *How Animals Communicate.* Bloomington: Indiana University Press.

(1) Sebeok, T. (1979) *Theorie und Geschichte der Semiotik.* Reinbek b. Hamburg: Rowohlt.

(1) Sebeok, T. A. & Ramsey, A. (1969) *Approaches to Animal Communication.*

(1) Sebeok, T. A., Hayes, A. S. & Bateson, M. C. (eds) (1964) *Approaches to Semiotics.* The Hague: Mouton.

(8) Seebaß, G. (1981) *Das Problem von Sprache und Denken.* Frankfurt a. M.: Suhrkamp.

(10) Shuy, R. W. & Fasold, W. (1973) *Language Attitudes: Current Trends and Prospects.* Washington, DC: Georgetown University Press.

(4) Sinclair, J. McH. (1972) *A Course in Spoken English: Grammar.* London: Oxford University Press.

(2) Siple, P. (ed.) (1978) *Understanding Language through Sign Language Research.* New York: Academic Press.

(7) Skinner, B. F. (1957) *Verbal Behavior.* New York: Appleton Crofts.

(9) Slobin, D. I. (1971) *Psycholinguistics.* Glenview, Ill.: Scott, Foresman.

(10) Sloman, A. (1978) *The Computer Revolution in Philosophy: Philosophy, Science and Models of Mind.* Hassocks, Sussex: Harvester & New York: Humanities Press.

(7) ⋆Smith, N. V. & Wilson, D. (1979) *Modern Linguistics: The Results of the Chomskyan Revolution.* Harmondsworth: Penguin.

(3) Sommerstein, A. H. (1977) *Modern Phonology.* London: Arnold.

(1) ⋆Southworth, F. C. & Daswani, C. J. (1974) *Foundations of Linguistics.* New York: Macmillan.

(1) Stam, J.H. (1977) *Inquiries into the Origin of Language:* The Fate of a Question. New York & London: Harper & Row.
(1) Stammerjohann, H. et al. (Hrsg.) (1975) *Handbuch der Linguistik.* Darmstadt: Wissenschaftliche Buchgesellschaft.
(9) Steger, H. (Hrsg.) (1982) *Anwendungsbereiche der Soziolinguistik.* Darmstadt: Wiss. Buchgesellschaft.
(5) Steinberg, D.D. & Jakobovits, L.A. (eds) (1971) *Semantics: An Interdisciplinary Reader in Philosophy, Linguistics & Psychology.* Cambridge: CUP.
(8) Steiner, G. (1975) *After Babel: Aspects of Language and Translation.* London: Oxford University Press. Dt. Übers. v. Plessner, M. (1979) *Nach Babel. Aspekte der Sprache und der Übersetzung.* Frankfurt: Suhrkamp.
(4) Stockwell, R.P. (1977) *Foundations of Syntactic Theory.* Englewood Cliffs, NJ: Prentice-Hall.
(1) Stokoe, W.C. (1961) *The Study of Sign Language.* Silver Spring, Md.: National Association for the Deaf.
(6) Strang, B.M.H. (1970) *A History of English.* London: Methuen.
(8) Szagun, G. (1986) *Sprachentwicklung beim Kind.* 3. Aufl. München: Urban & Schwarzenberg. (1. Aufl., 1980.)
(8) Szagun, G. (1980) *Sprachentwicklung beim Kind.* München: Urban & Schwarzenberg.
(6) Szemerényi, O. (1970) *Einführung in die vergleichende Sprachwissenschaft.* Darmstadt: Wissenschaftliche Buchgesellschaft.
(7) Tesnière, L. (1959) *Éléments de syntaxe structurale.* Paris: Klincksieck. Dt. Übers. v. Engel, U. (1980) *Grundzüge der strukturalen Syntax.* Stuttgart: Klett-Cotta.
(7) Thomsen, V. (1979; [1]1927) *Geschichte der Sprachwissenschaft bis zum Ausgang des 19. Jahrhunderts.* Bern, Frankfurt a.M. & Las Vegas: F. Lang.
(1) Thorpe, W. (1974) *Animal Nature and Human Nature.* London: Methuen & New York: Doubleday.
(9) Todd, L. (1974) *Pidgins and Creoles.* London: Routledge.
(1) Trabant, J. (1976) *Elemente der Semiotik.* München: C.H. Beck.
(4) Traugott, E.C. (1972) *A History of English Syntax.* New York: Holt, Rinehart & Winston.
(3) Trubetzkoy, N.S. (1939) *Grundzüge der Phonologie.* Prag.
(9) Trudgill, P. (1974) *Sociolinguistics: An Introduction.* Harmondsworth: Penguin.
(9) Trudgill, P. (1975) *Accent, Dialect and the School.* London: Arnold.
(9) Trudgill, P. (ed.) (1978) *Sociolinguistic Patterns in British English.* London: Arnold.
(9) Turner, G.W. (1973) *Stylistics.* Harmondsworth: Penguin.
(8) Tyler, S.A. (1969) *Cognitive Anthropology.* New York: Holt, Rinehart & Winston.
(1) Uldall, H.J. (1944) ‚Speech and writing'. *Acta Linguistica* (Kopenhagen) 4: 11–16. Abgedr. in Hamp et al. (1966).
(5) Ullmann, S. (1962) *Semantics.* Oxford: Blackwell.
(9) Ullmann, S. (1964) *Language and Style.* Oxford: Blackwell. Dt. Übers. v. Koopmann, S. (1972) *Sprache und Stil.* Tübingen: Niemeyer.
(1) Vachek, J. (1949) ‚Some remarks on writing and phonetic transcription'. *Acta Linguistica* (Copenhagen) 5: 86–93. Abgedr. in Hamp et al. (1966).

(7) Vachek, J. (ed.) (1964) *A Prague School Reader in Linguistics.* Bloomington: Indiana University Press.
(7) Vachek, J. (1966) *The Linguistics School of Prague.* Bloomington: Indiana University Press.
(1) Vachek, J. (1973) *Written Language: General Problems and Problems of English.* The Hague: Mouton.
(9) Valdman, A. (ed.) (1977) *Pidgin and Creole Languages.* Bloomington: Indiana University Press.
(9) Vildomec, V. (1963) *Multilingualism.* Leyden: Sythoff.
(8) Villiers, P.A. de & Villiers, J.G. de (1979) *Early Language.* London: Fontana/ Open Books.
(5) Waldron, R.A. (1979) *Sense and Sense Development,* 2. Aufl., London: Deutsch. (1. Aufl., 1967.)
(9) Weinreich, U. (1953) *Languages in Contact.* New York: Linguistic Circle & The Hague: Mouton. Dt. Übers. v. J. Kohlhase. Hrsg. u. mit einem Nachw. vers. v. de Vincenz, A. (1977) *Sprachen in Kontakt.* München: C. H. Beck.
(1) Welte, W. (1974) *Moderne Linguistik: Terminologie/Bibliographie.* München: Hueber.
(10) Werlen, I. (1989) *Sprache, Mensch und Welt.* Darmstadt: Wissenschaftliche Buchgesellschaft.
(1) Wescott, R.W. (ed.) (1974) *Language Origins.* Silver Spring, Md.: Linstok Press.
(9) Whiteley, W.H. (ed.) (1964) *Language Use and Social Change: Problems of Multilingualism with Special Reference to Eastern Africa.* London: Oxford University Press.
(10) Whorf, B.L. (1956) *Language, Thought and Reality.* Selected writings, edited by J. B. Carroll. Cambridge, Mass.: MIT Press & New York: Wiley. Dt. hrsg. u. übers. v. Krausser, P. (1963) *Sprache, Denken, Wirklichkeit. Beiträge zur Metalinguistik und Sprachphilosophie.* Reinbek b. Hamburg: Rowohlt.
(9) Widdowson, H.G. (1974) ‚Stylistics'. In Allen & Corder (1975 c).
(8) Widdowson, H.G. (1976) *Language in Education.* London: Oxford University Press.
(1) Widdowson, H.G. (1978) *Teaching Language as Communication.* London: Oxford University Press.
(9) Wiesinger, P. & Raffin, E. (1982): *Bibliographie zur Grammatik der deutschen Dialekte.* Bern & Frankfurt a. M.: P. Lang.
(9) Wilkins, D.A. (1972) *Linguistics in Language Teaching.* London: Arnold.
(1) Wilks, Y.A. (1972) *Grammar, Meaning and the Machine Analysis of Natural Language.* London: Routledge & Kegan Paul.
(1) Winograd, T. (1972) *Understanding Natural Language.* New York: Academic Press & Edinburgh: Edinburgh University Press.
(8) Wode, H. (1988) *Einführung in die Psycholinguistik. Theorien. Methoden. Ergebnisse.* München: Hueber.
(5) Zabeeh, F., Klemke, E.D. & Jacobson, A. (eds) (1974) *Readings in Semantics.* Urbana, Ill. & London: University of Illinois Press.

Personen- und Sachregister

Sprachwissenschaft

John Lyons
Einführung in die moderne Linguistik

7. Auflage 1989. XXI, 538 Seiten mit
35 Abbildungen und Tabellen. Broschiert

Gunter Bergmann
Kleines sächsisches Wörterbuch

1987. 223 Seiten mit 2 Karten. Gebunden

Ludwig Zehetner
Das bairische Dialektbuch

Unter Mitarbeit von Ludwig M. Eichinger,
Reinhard Rascher, Anthony R. Rowley und
Christopher J. Wickham
1985. 302 Seiten mit 5 Karten und
11 Tabellen. Gebunden

Eberhard Wagner
Das fränkische Dialektbuch

Mit einem Beitrag von Reinhard Rascher.
1987. 264 Seiten, 6 Abbildungen und 5 Karten.
Gebunden

Hans Friebertshäuser
Das hessische Dialektbuch

1987. 242 Seiten mit 2 Abbildungen
und 15 Karten. Gebunden

Hans Friebertshäuser
Kleines hessisches Wörterbuch

1990. 227 Seiten und 4 Karten. Gebunden